Oliver Kessler (Hrsg.)

Die Internationale Politische Ökonomie der Weltfinanzkrise

Globale Politische Ökonomie

Herausgegeben von
Brigitte Young, Hans-Jürgen Bieling, Oliver Kessler, Andreas Nölke

Oliver Kessler (Hrsg.)

Die Internationale Politische Ökonomie der Weltfinanzkrise

VS VERLAG

Bibliografische Information der Deutschen Nationalbibliothek
Die Deutsche Nationalbibliothek verzeichnet diese Publikation in der
Deutschen Nationalbibliografie; detaillierte bibliografische Daten sind im Internet über
<http://dnb.d-nb.de> abrufbar.

1. Auflage 2011

Alle Rechte vorbehalten
© VS Verlag für Sozialwissenschaften | Springer Fachmedien Wiesbaden GmbH 2011

Lektorat: Cori Mackrodt

VS Verlag für Sozialwissenschaften ist eine Marke von Springer Fachmedien.
Springer Fachmedien ist Teil der Fachverlagsgruppe Springer Science+Business Media.
www.vs-verlag.de

Umschlaggestaltung: KünkelLopka Medienentwicklung, Heidelberg
Gedruckt auf säurefreiem und chlorfrei gebleichtem Papier
Printed in Germany

ISBN 978-3-531-16535-6

Inhaltsverzeichnis

Einleitung

Oliver Kessler

Die jüngsten Ereignisse auf den globalen Finanzmärkten sind aus der Perspektive der Internationalen Politischen Ökonomie einzigartig: innerhalb weniger Monate hat sich das Platzen der spekulativen Blase auf den amerikanischen Immobilienfinanzierungsmarkt in die wohl größte Finanzkrise seit dem Ende des zweiten Weltkriegs entwickelt. Dabei erstaunt weniger das Platzen der Blase selbst. Im Zuge der allgemeinen Börsenerholung im Jahr 2001 mehrten sich bereits kritische Stimmen, die vor den Entwicklungen auf dem Immobiliensektor warnten. Aus dieser Perspektive erstaunt vielmehr, wie lange sich die Blasenbildung weiter entwicklen konnte. Was die Internationale Politische Ökonomie in praktischer wie auch theoretischer Sicht vor Probleme stellt, ist die unaufhaltbare Ausbreitung und Hartnäckigkeit der Krise. Die klassischen Krisenmechanismen wie die Bereitstellung von Liquidität oder konzertierte Aktionen seitens der Zentralbanken zeigten sich fast alle wirkungslos angesichts der fortschreitenden Ereignisse. Dabei wird deutlich, dass sich die Finanzkrise einer einfachen, monokausalen Erklärung entzieht. Vielmehr besteht die Krise aus einer Mehrzahl sich überlappender Dynamiken und Felder. Als erste Annäherung lassen sich insbesondere drei Themenfelder identifizieren: die Herausbildung und das Zerplatzen der Spekulationsblase auf dem amerikanischen Immobilienmarkt, die Ausbreitung der Finanzkrise, angetrieben durch neue Finanzprodukte, und die sich einstellenden diskursiven, institutionellen und regulatorischen Veränderungen.

1. Mögliche Ursachen der Krise

Auf den ersten Blick scheint die Herausbildung der Spekulationsblase einer schlichten Logik zu folgen: Angeheizt durch eine lange Periode von niedrigen Zinsen und stetig steigenden Immobilienpreisen wurden zunehmend Investitionsentscheidungen in Hinblick auf weiter wachsende Preise und nicht auf Basis von Fundamentaldaten getroffen (siehe hierzu Krugman 1994). Genau diese Form der Erwartungsbildung forciert allgemein Blasenbildung und führte in diesem Fall zu einem aggressiven Einstieg von Privatbanken in den Markt: zwischen 2003 und 2006 wuchs der Anteil der Privatbanken von 24% auf über 50% des Gesamtmarkts (siehe Kiffs und Mills 2007: 6). Mit der Privatisierung ging eine Ausweitung des Kreditangebots an sogenannte ‚Alt-A' und ‚Subprimes'-Kunden – bis hin zu Ninja-Krediten (no income, no job, no assets) einher. Insbesondere zwischen 2003 und 2006 wuchs der Markt für Subprime-Kredite stetig. Bereits 2006 machten Alt-A und

Subprime-Kredite knapp 50% des Gesamtmarktes aus (siehe Kiffs und Mills 2007: 6). In Zeiten steigender Hauspreise waren die mit der ‚Privatisierung‘ verbundenen Risiken überschaubar: in Not geratene Kreditnehmer konnten ihr Haus verkaufen und die Hypotheken zurückzahlen. Mit dem Kollaps des Immobilienmarktes und einem deutlichen Immobilienüberangebot stieg die Zahl der Zwangsversteigerungen und Kreditausfälle drastisch an. Doch diese etwas einfach gestrickte Logik bietet nur eine verkürzte Sicht.

Der Beitrag von Brigitte Young (Kapitel 1) verdeutlicht, dass die über Privatschulden finanzierte Immobilie eine wichtige Schaltstelle zwischen dem amerikanischen Wachstumsmodell auf der einen und den Praktiken der ‚Globalfinanz‘ auf der anderen Seite darstellt. Der sogenannte privatisierte Keynesianismus war dabei eingebunden in ein Gesellschaftsmodell der ‚homeownership society‘, das gerade von den Neokonservativen um den damaligen Präsidenten George W. Bush forciert wurde. Die Entwicklung des Subprime-Marktes muss daher als ein Aspekt eines spezifischen Bürgerrechtsdiskurses erkannt werden, der einen Inklusionsmechanismus für Minoritäten und schwache soziale Gruppen darstellt.

Der Beitrag von Marcel Heires und Andreas Nölke (Kapitel 2) weist in eine ähnliche Richtung: ein adäquates Verständnis der Finanzkrise kann nicht bei der spekulativen Blase oder der Gier der Bankmanager, sondern muss an den strukturellen Veränderungen der letzten drei Dekaden ansetzen. Gerade die Finanzialisierung zeigt ein vielschichtiges Bild ökonomischer Veränderungen, die von der Art der Profiterzielung, den Machtverhältnissen innerhalb der Unternehmungen, bis hin zu gesellschaftspolitischen Fragestellungen, z.B. dem Verhältnis von Arbeit und Kapital, oder von Staat und Markt, reichen. Dabei betonen Heires und Nölke die politische Dimension der Finanzialisierung und kommen schließlich zum Ergebnis, dass eine nachhaltige Lösung der Krise auch eine Eindämmung der Finanzialisierung erfordert.

Daniel Mügge (Kapitel 3) tritt den Erklärungsmustern auf Basis großer Narrative und großer Strukturveränderungen entgegen. Mügge sieht spezifische Form, Ausmaß und Zeitpunkt der Krise als ein unglückliches Aufeinandertreffen von relativ unabhängigen Triebkräften an. Im Mittelpunkt der Krise stehen weniger makroökonomische Umwälzungen als vielmehr die spezifische Rolle von Derivaten. Seine Diskussion führt uns zu unterschiedlichen Formen von Derivaten und deren mangelnde Regulierung. Dabei berührt Mügge ein weiteres Problemfeld der Finanzkrise: an das Zusammenspiel von Verbriefung und Derivaten.

Die Verbriefung der Subprime-Kredite läuft in zwei Schritten ab. In einem ersten Schritt wurde eine Mehrzahl von Hypothekenkrediten zu einem Kreditpool gebündelt und in ‚Collateralized Debt Obligations‘ (CDO), d.h. einer besicherten Schuldverschreibung umgewandelt. Dieser CDO wurde im zweiten Schritt in die Tranchen ‚Senior‘, ‚Mezzanine‘ und ‚Equity‘ mit spezifischen Risikoklassen aufgeteilt. Aus den eingehenden Zahlungen wird zunächst die Seniortranche bedient. Die

Seniortranche wird aus diesem Grund auch als sehr sicher bewertet und mit einem
sehr guten Rating, z.T. mit AAA, versehen.[1] Nachdem die Ansprüche der Senior-
tranche bedient sind, erhält eine mittlere oder ‚Mezzanine' Tranche ihre Zahlungen.
Das Ausfallrisiko ist hier schon deutlich höher und die Ratings liegen zum Teil unter dem Investitionsniveau, dem damit deutlich höhere Renditeerwartungen gegenüber stehen. Die Ansprüche der ‚Equity' Tranche werden zuletzt bedient. Die Equity
Tranche ist häufig nicht mit einem Rating versehen und erhält einen deutlichen Zin-
saufschlag.

Genau an dieser Stelle berühren sich die Beiträge von Daniel Mügge, Brigitte Young,
Marcel Heires und Andreas Nölke eventuell doch: denn der Aufstieg der Derivate und die Kreditverbriefung stehen in einem unmittelbaren Zusammenhang mit
Tendenzen einer Disintermediation im Zuge von Finanzialisierungsprozessen. Der
amerikanische Hypothekenmarkt ist eben nicht mehr durch ein bilaterales Verhältnis von Kreditgeber und Kreditnehmer charakterisierbar, sondern ist ebenso geprägt
durch das durch neue Finanzprodukte strukturierte Zusammenspiel zentraler Finanzinstitutionen der Wall Street, privaten und halb-öffentlichen Hypothekenbanken,
global agierenden institutionellen Investoren, Regulierungsbehörden und Rating-
Agenturen. Ebenso erscheint der Aufstieg von neuen Finanzmarktakteuren wie
Hedge Fonds sowohl für die Funktionsweise von Derivaten als auch für Fragen der
Finanzialisierung relevant zu sein.

2. Die globale Ausbreitung der Finanzkrise

Was als Platzen einer spekulativen Blase seinen Ausgangspunkt nahm, hat sich in
Windeseile zu einem globalen Phänomen ausgeweitet. Auch hier bietet sich zunächst
eine einfache Erklärung über die gerade angesprochene Vernetzung der Finanzinstitu-
te an: die Finanzprodukte wurden global verkauft und aus diesem Grund verwundert
es auch kaum, dass die Konsequenzen global zu spüren sind. Dabei verstärken zwei
Faktoren die einsetzenden Dynamiken: zum einen wurde ein Teil der Derivate im
Schattenbankensystem gehandelt. Eigens dafür gegründete Zweckgesellschaften sollten
bestehende Regelungen (u.a. von Basel II) umgehen und die Positionen nicht in der
Bilanz erscheinen lassen. Zum anderen wurde über die Hebelwirkung (Leverage) ein
Netzwerk an Kreditforderungen kreiert, dass aufgrund der Höhe des Hebels und der
Mehrfachverschuldung des Eigenkapitals immer undurchsichtiger wurde. Beide Fak-
toren führten auf je unterschiedliche Weise dazu, dass mit dem Kollaps keine Bank
mehr wußte, in welcher Höhe sie Positionen bei anderen Banken offen hatte, sofern

---

1   Zur Rolle der Rating Agenturen siehe vor allem Committee on the Global Financial System (2005,
     2008) und Sinclair (2005)

sie überhaupt ihre eigenen Positionen genau einschätzen konnte. Mit dem Bröckeln des institutionellen Vertrauens der Banken kommt der Interbankengeldmarkt fast vollständig zum erliegen und der gesamte Refinanzierungskreislauf gerät ins Stocken. Zwar versuchen die Notenbanken durch Bereitstellung von Liquidität die Märkte zu beruhigen, doch weitere Gerüchte und Abschreibungen in Milliardenhöhe konterkarieren diese Versuche. Insbesondere der Kollaps von Lehmann-Brothers verstärkt den Zusammenbruch des institutionellen Vertrauens und treibt die Turbulenzen in eine neue Dimension.

An dieser Stelle setzt auch der Beitrag von Andreas Langenohl (Kapitel 4) an. Er betont, dass wir es in den Finanzmärkten mit einer Deutungsökonomie zu tun haben: die nackten Daten sagen nichts aus. Im Gegenteil: wären Daten für Entscheidungen ausreichend, würden die Märkte sofort kollabieren. Vielmehr muss die generative und produktive Kraft von Interpretationen in den Blick gerückt werden, die den Daten notwendigerweise vorgelagert ist. Sein Beitrag verweist dabei auf einen wichtigen Punkt: der Preismechanismus wirkt in Güter- und in Finanzmärkten grundsätzlich unterschiedlich. Während in Gütermärkten Preise an auf Güter verweisen, stellen die Preise auf den Finanzmärkten bereits das Produkt dar: Preisbildung dient daher nicht der Koordination von Handlungen, sondern ist die materielle Grundlage der Produktion von Finanzmarktprodukten. Ein Analogieschluss von Güter- und Finanzmärkten, wie er dem Monetarismus zugrunde liegt, ist daher nicht möglich und übersieht die grundlegenden Dynamiken der Krisenausbreitung. Die Frage nach den Ausbreitungsmustern ist Gegenstand der folgenden Beiträge.

Der Beitrag von Thomas Teichler (Kapitel 5) analysiert die polit-ökonomischen Strukturen in Russland und betont die unterschiedliche Funktionsweise von Banken im ‚westeuropäischen' und im russischen System. Die Banken zeigen deutliche Züge eines Oligopols, das in ein spezifisches Netzwerk von Oligarchen und Regierung einbebettet ist. Die Züge der politischen Ökonomie in Russland führt letztlich dazu, dass die Krise zu einer Neudefinition der innenpolitischen Machtverhältnisse, aber auch zur Definition einer neuen außenpolitischen Rolle Russlands in der Weltpolitik genutzt wird. Die Konsequenzen der Krise können daher auch nicht von dem – auf den ersten Blick doch weit entfernten – Georgienkonflikt gesehen werden. Letztlich zeigt Thomas Teichler auf, dass die doch so natürlich angenommene funktional-orientierte Trennung von Politik, Wirtschaft, und Sicherheit kaum anwendbar ist, wenn es zu einer Beschreibung der russischen politischen Ökonomie kommt.

Eine für Afrika analoge Analyse stellt der Beitrag von Franziska Müller (Kapitel 6) zur Verfügung. Franziska Müller zeigt zunächst die politischen Hintergründe der Regionalisierungsprozesse in den südafrikanischen Staaten auf und betont dabei das Verhältnis zwischen der Europäischen Union und der Southern African Development Community (SADC). Die Regionalisierung ist durch eine fortschreitende Liberalisierung, einem grundlegenden Wandel in der Entwicklungspolitik seitens der EU, aber bei gleichbleibender staatlicher Kontrolle von wichtigen Unternehmen geprägt, bei denen der Fokus immer noch auf den Nationalstaaten liegt. Innerhalb der SADC-Staaten besteht die Überzeugung, dass die Finanzkrise die Staaten weniger berühren würde: die Staaten sind in die globalen Finanzmärkte kaum eingebunden und ein Handel mit Subprime-Derivaten oder ähnlichen strukturierten Produkten existiert nicht. Dennoch sind die Staaten mehr betroffen als sie eventuell wahrhaben möchten, denn die Krise führt zu einem Preisrückgang auf den Rohstoffmärkten und die großen Einnahmeeinbußen stellen die Staaten vor große Probleme. Das heißt, die Konsequenzen der Krisen zeigen sich zunächst nicht in den Kapitalmärkten, sondern in der Exportindustrie. In der Formulierung einer Lösung zeigt sich, dass primär nationale Lösungen und weniger eine regionale Antwort gefunden wird.

Mark Beeson (Kapitel 7) führt uns in die ostasiatische Region, die das Epizentrum der letzten großen Finanzkrise war und deren Nachhall immer noch spürbar ist. Eine Kontrastierung zwischen der Asienkrise und der jetzigen Finanzkrise erscheint aus diesem Grund nicht nur hilfreich, sondern geradezu geboten. Die Asienkrise führte zu einem stärkeren Regionalbewußtsein und ersten Versuchen, eine spezifisch regionale Antwort zu formulieren. Vorschläge eines Asian Monetary Fund scheiterten jedoch an dem politischen Willen der USA. Mit der heutigen Weltfinanzkrise haben sich die Vorzeichen verändert: der angloamerikanische Kapitalismus büßt an Legitimität ein und der Führungsanspruch Japans wurde durch China abgelöst. Das spezifische Verhältnis zwischen China und Amerika bestimmt letztlich die neuen Chancen aber auch Beschränkungen einer regionalen Antwort.

Die spezifische Möglichkeit einer europäischen Antwort wird im Beitrag von Hans-Jürgen Bieling (Kapitel 8) diskutiert. Er zeigt auf, dass das europäische Krisenmanagement noch stark durch die Strukturprinzipien der europäischen Ökonomie und die spezifische Form der Einbindung Europas in die ‚Globalfinanz' geprägt ist. Die Lösungskapazitäten der EU werden dabei von Bieling eher skeptisch eingeschätzt, da die EU selbst keine eigenen Lösungsressourcen bereitstellt, sondern die bestehenden Strukturprobleme nur reproduziert. Die in die europäischen Strukturen eingeschriebene Verzerrung in Richtung anglo-amerikanischer Grundüberzeugungen verhindert eine aktive Rolle bei der Ausgestaltung einer neuen Finanzordnung.

3. Zu einer neuen Weltwirtschaftsordnung?

Obwohl es sicherlich noch strittig ist, ob wir das Ende der Krise bereits absehen können, lassen sich bereits erste Konturen der institutionellen und ideellen Konsequenzen erahnen. Anscheinend hat der Monetarismus mit seiner Überzeugung in die Selbstheilungskräfte der Märkte ausgedient und wird durch eine erneute Hinwendung zum Keynesianismus ersetzt. Die massiven Interventionen in die Märkte bis hin zur Verstaatlichung von angeschlagenen Banken sind dabei ebenso Ausdruck des diskursiven Wandels, wie auch die neue Legitimität von Staatsschulden und proaktiver Fiskalpolitik. Dennoch stellt sich die Frage, ob die einsetzenden Debatten hinreichend für eine nachhaltige Lösung der Finanzinstabilität sind. Oder wird gerade die Mixtur der nächsten Krise bereits angerührt?

Der Beitrag von Timothy Sinclair (Kapitel 9) äußert sich skeptisch. Mit dem Versagen der Rating-Agenturen setzt eine öffentliche Debatte ein, die eine grundlegende Reform der globalen Finanzmärkte einfordert. In dieser Debatte verweist auf einen Interessenkonflikt bei den Rating-Agenturen: da Firmen und Emittenten für ihre eigenen Ratings zahlen müssen, können die Anreize zur objektiven Abbildung von ökonomischen Sachverhalten und der Aufrechterhaltung langfristiger Geschäftsbeziehungen divergieren. Doch dieser Fokus ist nicht nur irreführend, sondern greift auch zu kurz: es wird die konstitutive Funktion der Agenturen übersehen: Ratings haben sich in die sozialen Beziehungen innerhalb der Finanzmärkte eingeschrieben. Eine Reform der Agenturen setzt auch eine Neuorganisation der Finanzmärkte voraus.

Der Beitrag von Nils Remmel (Kapitel 10) fragt, ob im Rahmen der aktuellen Diskussion die richtigen Problemfelder und Themengebiete adressiert werden. Auch wenn heute an vielen Ecken und Enden die Finanzmarktarchitektur verändert wird, fehlt, so Remmel, ein Gesamtkonzept. Aus diesem Grund bleiben die aktuellen Veränderungen nur kurzfristiges Beiwerk und werden zukünftige Instabilitäten nicht unterbinden können. Um einen Schritt in die Richtung eines Gesamtkonzepts zu gehen, schlägt Nils Remmel das Konzept des Governance-Dreicks von öffentlichen Sektor, Finanzakteure und Investoren vor, um bestehende und sich dynamisch verändernde Interessenkonstellationen und -konflikte aufzuzeigenk, um somit die Grenzen der aktuellen Bemühungen nachzuzeichnen.

Danko Knothe (Kapitel 11) wendet den Blick auf die erhöhte Staatsverschuldung. Die Rolle des Staates im Zuge von Finanzkrisen sei durch einen impliziten Pakt charakterisiert, dass die Staaten die notwendigen Mittel zur Verfügung stellen, die das System weiterhin am Laufen halten. Das Problem daran ist aber, dass systematisch Systemrisiken unterschätzt und ‚schwarze Schwäne' in Form von neuen Krisen gezüchtet werden. Obwohl innerhalb der Krise die Rettungsfunktion des Staates nicht in Frage gestellt wird, zeigt sich das Resultat vor allem in einer hohen Staatsverschuldung. In dem Maße aber, in dem die Staatsschulden zunehmen, verlieren die Finanzmärkte ihr letztes Sicherheitsnetz.

Die durch die Finanzkrise aufgeworfenen Fragen sind sicherlich zahlreicher, als es momentan Antworten gibt. In diesem Sinne kann es in diesem Sammelband nicht um eine Erklärung der Finanzkrise vielmehr einen ersten analytischen Zugriff gehen. Freilich sind die einzelnen Beiträge durch die Aktualität der Ereignisse geprägt und bieten weder eine objektive Nachschau noch eine vollständige Analyse. Vielmehr versuchen die einzelnen Beiträge das Phänomen zu erfassen und in seinen Konsequenzen für die Politische Ökonomie darzustellen. Die Beiträge in diesem Sammelband gehen auf einen gemeinsamen Workshop in Bielefeld zurück. Ich danke vor allem der Thyssen-Stiftung für die finanzielle Unterstützung des Workshops und der Publikation. Ebenso möchte ich den Teilnehmern für ihre Mühen danken. Letztlich möchte ich Frau Linda Kohl, Nane Retzlaff und Herrn Florian Rudt danken, die bei der Erstellung des Manuskripts geholfen haben. Die Beiträge von Timothy Sinclair und Mark Beeson wurden von Frau Linda Kohl und mir übersetzt.

Literatur

Committee on the Global Financial System (2005): The role of Ratings in Structured Finance: Issues and Implications. CGFS Papers No 23. Basle: Bank for International Settlements.

Committee on the Global Financial System. (2008): Ratings in structured finance: what went wrong and what can be done to address shortcomings, CGFS Papers No 32. Basle: Bank for International Settlement

Krugman, Paul (1995): Dutch Tulips and Emerging Markets. Another Bubble Bursts. Foreign Affairs 74 (4): 28-44.

Sinclair, Timothy. (2005): The New Masters of Capital. Ithaca: Cornell University Press.

Der privatisierte Keynesianismus, die Finanzialisierung des ‚alltäglichen Lebens' und die Schuldenfalle

Brigitte Young

1 Einleitung

Die globale Finanzkrise hat ihren Ursprung im US-amerikanischen Subprimebankensektor und löste eine weltweite Kreditkrise aus, die die globale Realwirtschaft mit unvorhergesehener Wucht in ihren Bann zog.[1] Die Ursachen für die Subprime Krise werden in einer Bandbreite von Faktoren diagnostiziert: Angefangen mit dem Versagen der Manager im Bankensektor (Greenspan 2008), der zunehmenden Liberalisierung der Kapitalmärkte in den 1990er Jahren (Semmler 2006), den immanenten Instabilitäten der Finanzmärkte (Minsky 1986), den Regulierungsdefiziten im globalen Finanzbereich, über die Interessenkonflikte der Rating Agenturen, bis hin zu den quantitativen Modellen, die zu einer Unterbewertung der Risiken führten (Tett 2009). Diese teils durchaus plausiblen Einzelerklärungen übersehen jedoch die Zusammenhänge zwischen dem Wandel von einem über die Makroökonomie gesteuerten US-amerikanischen Sozial- und Wirtschaftsmodell hin zu einem Modell der ‚financialization of everyday life' (Froud et al., 2007) durch Kredite auf das Eigenheim und den globalen Finanzinnovationen von komplexen Hypothekenverbriefungen und strukturierten Finanzprodukten. Das Bindeglied zwischen diesen beiden Modellen bildete die über Privatschulden finanzierte Immobilie. Meine These, die im Folgenden empirisch geprüft werden soll, lautet daher, dass der Wandel der makroökonomischen Verhältnisse in den USA kombiniert mit den komplexen Finanzverbriefungen der Immobilienhypotheken sowohl Boom als auch Bust der Finanzkrise auslösten. Als essentielle Mikromechanismen beschleunigten diese Instrumente den Boom der Aktivhypotheken sowie den Bust. Gleichzeitig lässt sich empirisch nachweisen, dass insbesondere die ärmeren Schichten der Gesellschaft, durch die hohe Verschuldung und den damit einhergehenden ansteigenden Schuldentilgungsdienst,

---

[1] Das Bruttosozialprodukt fiel in Deutschland im ersten Quartal 2009 um 3,8 %, der größte Rückgang eines Mitgliedstaates in der Europäischen Union (EU 2.5%) und der größte Rückgang seit der Erstellung der ersten quartalveröffentlichten Daten im Jahre 1970 in Deutschland (FT, ‚Eurozone GDP falls 2,5%', 16.-17. Mai, 2009, S. 1).

die Kosten und Risiken der makroökonomischen Strategie des privatisierten Keynesianismus tragen (Montgomerie/Young 2009).

Der Aufsatz ist in vier Abschnitte gegliedert. Zunächst wird der Prozess der Finanzialisierung des alltäglichen Lebens als ein Wandel vom staatlichen zum privatisierten Keynesianismus dargestellt. Im zweiten Teil wird dann die Entwicklung des Subprime Sektors als ein Aspekt des Bürgerrechtsdiskurses erklärt, der mit verschiedenen Gesetzgebungen den Zugang zum Eigenheim für Minoritäten und schwache soziale Gruppen ermöglichte. Im dritten Teil wird der Frage nachgegangen, wie es dazu kam, dass Hypotheken diese zentrale Bedeutung erlangen konnten, die einerseits gigantische Profite für die Finanzbranche möglich machten, anderseits die weltweite Kreditkrise auslösten. Inmitten der andauernden Kreditkrise ist es kaum nachvollziehbar, dass noch vor drei Jahren (2006) die Finanzökonomen in den Blättern der renommierten Financial Times die These vertraten, man könne die Instabilitäten der Finanzmärkte durch ‚risk-dispersion‘ (Risikostreuung) anhand von Verbriefungen (Kreditderivate) überwinden. Man glaubte ernsthaft, dass Finanzkrisen, wie sie noch 1997/98 in Asien und 2000 in Lateinamerika und Russland auftraten, der Vergangenheit angehören würden. ‚Risk-dispersion‘ wurde als ein Instrument gefeiert, mit dem Banken ihre forderungsbesicherten Schuldpapiere (CDOs)[2] weltweit an Investoren verkaufen könnten (Tett 2009). Das von David X. Li entwickelte Risikobewertungsverfahren, ‚Gaussian Copula Correlation Model‘ genannt, wurde von Rating-Agenturen als Wunderinstrument zur Bewertung der hypothekenbesicherten Wertpapiere (MBOs)[3] herangezogen, die dann mit dem Stempel der ‚super-sicheren‘ Anlage (super-seniors) auf globalen Märkten gehandelt wurden. Im Endeffekt sind es gerade diese ‚super-senior‘ forderungsbesicherten Schuldpapiere (CDOs), die heute wertlos in den Büchern der Banken lagern. Statt einer ‚risk-dispersion‘ trat die umgekehrte Situation ein, da die in der Zwischenzeit als wertlos eingestuften ‚super-seniors‘ gigantische Verluste bei den Banken verursacht hatten und dadurch die Bilanzen belasteten.[4] Auf der einen Seite der Medaille sitzen Banken vielfach auf wertlosen hypothekenbesicherten Wertpapieren (MBOs). Auf der anderen Seite, wie dies im vierten Abschnitt empirisch gezeigt werden soll, gerieten die ärmeren Schichten durch den hoch verschuldeten Einstieg in den Subprime-Markt und der damit verbundenen Auszahlung (cash-out) des Eigenkapitals bei gleichzeitig stagnierenden Löhnen in eine hochriskante Schuldenfalle (Montgomerie/Young 2009).

---

2   Der gebräuchliche englische Begriff ist collateralized debt obligations (CDOs).

3   Übersetzung aus dem Englischen von mortgage-backed obligations (MBOs).

4   Der Internationale Währungsfond geht von einer Größenordnung der toxischen Wertpapiere in europäischen Banken (ohne UK) in Höhe von $ 875 Milliarden aus (IMF 2009). Nach Angaben des deutschen Finanzministers lagern derzeit toxische Wertpapiere im Buchwert von Euro 230 Milliarden in deutschen Banken (n-tv Nachrichtensender, 14.5.2009).

2 Der privatisierte Keynesianismus[5] und die Finanzialisierung des alltäglichen Lebens[6]

Mit dem Begriff der Finanzialisierung wird ein Prozess beschrieben, der nicht nur analysiert, ‚wie die Zwänge und Strukturen eines Finanzmarkt-Regimes in die internen Organisationsstrukturen der Unternehmen übersetzt werden' (Windolf 2005: 17), sondern auch, im erweiterten Begriff von Finanzialisierung des ‚alltäglichen Lebens', das Durchdringen des Alltags und die diskursive Macht der Finanzmärkte in den Blick nimmt (Nölke 2009). In seiner konstruktivistischen Interpretation definiert Leonard Seabrooke den Begriff ‚financialization of everyday activities'

> ‚as a way to understand how new financial practices are created through government regulation and the role of private institutions, and particularly to understand how they alter everyday routines, risk behavior, and intersubjective understanding among the broader population' (Seabrooke 2008: 6).

Mit anderen Worten, die Finanzialisierung des täglichen Lebens ist mit der Transformation des keynesianischen Wohlfahrtstaates eng verbunden und hatte zur Folge, dass die makroökonomische Nachfrage als Motor der Wirtschaftsdynamik nicht mehr über Sozialstaat und Koppelung von Reallöhnen an die Produktivität gesichert wurde, sondern durch den privatverschuldeten Immobilienbesitz (Schwartz 2008; Langley 2008; Young 2009).

Die Beschreibung der Transformation des fordistischen Akkumulationsregimes seit dem Amtsantritt von Margaret Thatcher 1979 und Ronald Reagan 1980 muss hier nicht detailliert wiederholt werden. Ausführlich hat Bob Jessop (1994) auf den Wandel vom keynesianischen Wohlfahrtsstaat zu einem schumpeterianischen ‚workfare state' hingewiesen. Im Mittelpunkt steht der Machtverlust der Gewerkschaften durch die angebotsorientierte Förderung von Flexibilität und ständige Innovation im Rahmen von grenzüberschreitenden, offenen Märkten. Die Nachfragepolitik des keynesianischen Wohlfahrtsstaates wurde dann durch die angebotsorientierte Politik der ‚Workfare-Policies' ersetzt, so dass die Sozialversicherungssysteme, die nicht der Erhöhung der Flexibilität und Konkurrenzfähigkeit dienten, um- oder abgebaut wurden. Gleichzeitig symbolisierte der schumpeterianische ‚workfare state' eine Aufhebung des institutionalisierten Kompromisses zwischen Kapital und Arbeitnehmer der Nachkriegszeit. ‚Die ‚Workfare-Policies' stellen', so Jessop, ‚auch den Versuch dar, jene wohlfahrtsstaatlichen Rechte zurückzunehmen, die in den Nachkriegsjahren als Klassenkompromiss etabliert wurden' (Jessop 2001: 88).

---

5 Der Begriff ‚privatized Keynesianism' wurde von Colin Crouch (2008) eingeführt. Meine Anwendung des Begriffs unterscheidet sich in wesentlichen Punkten von Colin Crouchs Interpretation (vgl. Young 2009).

6 Dieser Abschnitt des Aufsatzes bezieht sich auf Teilaspekte meines Beitrages ‚Vom staatlichen zum Privatisierten Keynesianismus. In: Zeitschrift für Internationale Beziehungen, 16,1: 141-159.

Dieser Wandel zu einem politischen Projekt, das Stephen Gill (2000) als ‚neuen Konstitutionalismus des disziplinierenden Neoliberalismus‘ (S. 26) bezeichnet, der für die Formen des Staates und für die globale Governance eine globale, markt-basierte und besitzindividualistische Strategie festschreibt, generiert jedoch ein Puzzle. Wenn nämlich der Neoliberalismus die Sozialversicherungssysteme als ineffizient, verschwenderisch und paternalistisch karikiert und gleichzeitig zu strenger fiskaler Sparsamkeit, restriktiver Geldpolitik und der Privatisierung von bisher über den Staat geleisteten Dienstleistungen aufruft, kommt man nicht umhin, sich zu fragen, wie insbesondere ärmere Einkommensgruppen Zugang zu einer Geldgesellschaft erhalten, die eine ‚financialization of everyday‘ activities voraussetzt. Die Verdrängung von öffentlichen Gütern durch individuelle, markt-basierte Leistungen (wie z.B. Privatpensionen, private Gesundheitsversicherungssysteme, private Krankenhäuser, Privatschulen, private Kinder- und Altenbetreuung, privatisierte Energie- und Transporteinrichtungen) ist zunehmend Ausdruck eines weltweiten Prozesses der Finanzialisierung des alltäglichen Lebens.

Dieses ‚paradox of necessity‘, wie es Janine Brodie bezeichnet, in dem ‚neoliberal globalism simultaneously maximizes the need for social intervention in the name of human security, while, at the same time, minimizes the political spaces and strategic instruments necessary to achieve this public good‘ (Brodie 2003: 60) wurde in den USA durch private Kreditexpansion und individuelle Haushaltsverschuldung gelöst. Die Antwort auf das Paradox von stagnierenden Löhnen und sinkenden Sozialdienstleistungen auf der einen, und den notwendigen Zugang zu Konsumgütern auf der anderen Seite (inklusive medizinischer Betreuung, Studiengebühren, Autodarlehen, Kreditkartenrückzahlungen, Startkapital für kleine Dienstleistungsfirmen) erfolgte in einer Verschuldung über Hypotheken. Abbildung 1 zeigt, wie die Hypothekenverschuldung der privaten Hauseigentümer mit dem Anstieg der realen Immobilienpreise korreliert. Es fällt auf, dass die Kurve der Privatverschuldung im Verhältnis zum Einkommen nach 2001 stärker ansteigt, als die realen Immobilienpreise. (Young 2009b).

Abbildung 1: Haushaltshypothekenschuld und reale Hauspreise (Quartalsdaten)

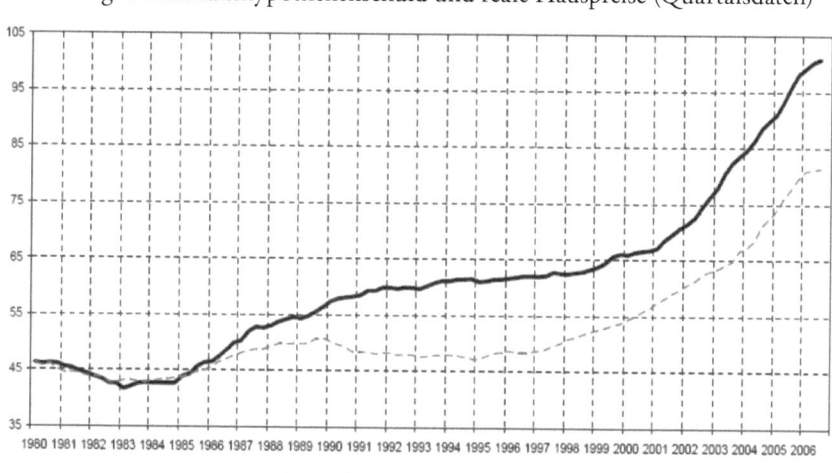

Quelle: Zitiert nach Finicelli (2007: 6); ursprünglich Bureau of Economic Analysis and Federal Reserve

Durch bisher größtenteils noch ungeklärte und nicht-intendierte Gegebenheiten, wie historisch niedrige Zinsraten in den USA seit den 1990er Jahren und internationale Liquiditätsüberschüsse, welche die nominalen Kosten der Kreditaufnahme global in den letzten zwanzig Jahren stark nach unten drückten, wandelte sich Immobilieneigentum in den USA (später auch in Großbritannien und Irland, Spanien und Australien) zum neuen Motor eines von Konsumenten angeführten und über Privatschulden finanzierten, ökonomischen Wachstumsmodells. Im Mittelpunkt der globalen Rekonfiguration von Gläubigern und Schuldnern stand der US-amerikanische Immobilienmarkt. Während die Mehrheit der sozialwissenschaftlichen (linken) Autoren die Rekonfiguration des keynesianischen Wohlfahrtsstaates nur in der Verschiebung der Machtverhältnisse zwischen Kapital und Arbeit analysierten, wurde Land (z.B. der Immobilienbesitz) als Wertbestand von keinem der Autoren als mögliche Substitution für staatliche Sozialversicherungssysteme anerkannt. Anders ausgedrückt fungierte der Immobilienmarkt als eine Form von Wohnimmobilien-Kapitalismus (Schwartz 2008:7), der sich durch die internationalen Liquiditätsüberschüsse finanzierte. Diese Kapitalflüsse förderten somit wiederum die US-amerikanische Wachstumsdynamik innerhalb der Konsumökonomie. Der Immobilienmarkt, der tief in den US-amerikanischen, konservativen Wertevorstellungen der 'ownership society'

---

7   Schwartz nennt dies einen 'residential capitalism'.

wurzelt, fungierte demnach als funktionales Äquivalent für die keynesianische Nachfragepolitik (Young 2009).

3   Die Entwicklung des Subprime Sektors als Bürgerrechtsdiskurs

In der heute zunehmend emotionalen Debatte über die teilweise durchaus krimi-
nellen Machenschaften der Banken bei der Vergabe von Subprime Hypotheken an
einkommensschwache Haushalte mit geringer Bonität (wie z.b. den Ninja Darlehen – No Income, No Job, No Assets), wird oftmals übersehen, dass der Zugang
zu günstigen Immobilienkrediten für alle US-amerikanischen Gesellschaftsschich-
ten als ein Bürgerrecht auf Eigentum über Jahrzehnte erkämpft wurde. Den hohen
Stellenwert von Wohneigentum in der US-amerikanischen Gesellschaft verdeutlicht
die hohe Anzahl der für Wohnungspolitik und Wohnungsfinanzierung zuständigen
Regierungsinstitutionen, die in den letzten 20 Jahren aktiv die Expansion von Hypothekenkrediten förderten. An dieser Stelle müssen die als quasi-staatlich gegründeten
Hypothekenbanken wie Fannie Mae, Freddie Mac und Ginnie Mae[8] Erwähnung
finden, die 2008 schließlich verstaatlicht wurden. Die Subprime Kreditvergabe wurde aber erst 1980 mit der Bundesgesetzgebung möglich, die die Zinsobergrenzen in
den einzelnen US-Staaten auf die erste Pfandhypothek (‚first lien home mortgage‘)
eliminierte. Gleichzeitig wurden die Zinsen und Gebühren für Konsumdarlehen in
der Entscheidung des Obersten Gerichtshofes in Marquette und Smiley dereguliert
(Montgomerie/Young 2009). Die Deregulierung gestattete Kreditgebern sich in
Staaten ohne Wuchergesetzgebung niederzulassen, wie z.B. in Delaware und Süd-
Dakota. Der Anstoß für die massive Vergabe von Subprime Krediten erfolgte jedoch
erst durch die Innovation der Kreditverbriefungen in der Finanzbranche, die das
Management von ‚loan pools‘ transformierte. Durch den Handel mit hypothekenbesicherten Wertpapieren (MBOs), die zur Gruppe der Derivate von collateralized
mortgage obligations (CMOs) gehören, werden die Rückzahlungen des Hypothekenbetrages von den Zinsraten getrennt und den Investoren in der Folge als Anleihen
mit unterschiedlichen Laufzeiten angeboten. Die Konsequenzen der Verbriefung von
Hypotheken sind so gefährlich, weil die Hypothekenbanken die Kredite als MBOs
verkaufen und somit ein Outsourcing von Kreditrisiken stattfindet, das wiederum
den Anreiz schwächt, die Bonität der Kreditnehmer zu überprüfen (Young 2009:
153). Abbildung 2 zeigt, mit 2003 beginnend, die Entwicklung des sogenannten Sub-

---

8   Fannie Mae wurde während des New Deals als Federal National Mortgage Agency gegründet.
     Freddie Mac wurde 1970 als Teil des Emergency Home Finance Act von der US-amerikanischen
     Regierung als eine Federal Home Loan Mortgage Corporation etabliert. Ginnie Mae wiederum
     wurde durch den Civil Rights Act von 1968 (Title VIII) für Kreditnehmer mit niedrigem Einkom-
     men und für Minderheiten gegründet und bedient nur den reinen öffentlichen Wohnungsmarkt
     (Seabrooke 2008: 7).

prime-Sektors als zunehmend wichtigen Anteil des Gesamtimmobilienmarktes und die rasante Zunahme von Subprime-Antragstellern (originators). Diese Gruppe hat sich zwischen 1998 und 2005 von 10% auf 24% erhöht. In anderen Worten, waren ungefähr eines von vier Darlehen ‚subprime originators‘ mit entsprechend höheren Zinsbelastungen für die Darlehensempfänger.

Abbildung 2: Subprime-Vergabe und deren Anteil an der Gesamtvergabe von Immobilien

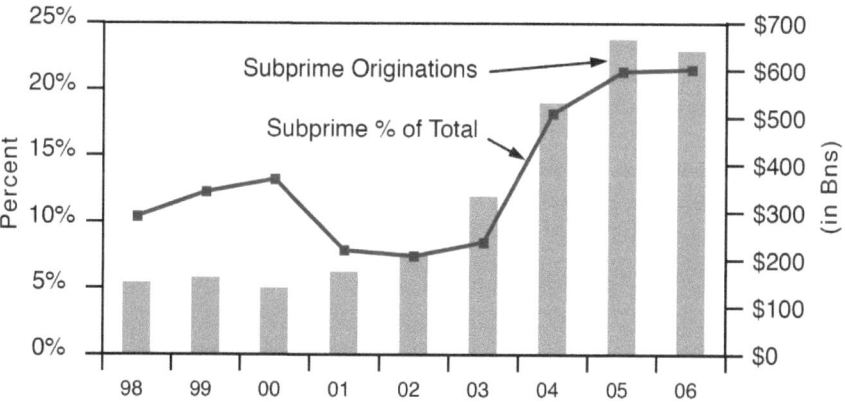

Quelle: McCulley 2007:3.

So paradox es auch klingen mag, war es gerade die Durchsetzung von Antidiskriminierungsgesetzen, die die Entwicklung des Subprime-Kreditnehmers förderte. Der 1974 verabschiedete Equal Credit Opportunities Act (Regulation B) verbot nämlich Diskriminierung der Kreditvergabe ‚based on the characteristics of gender, martial status, race, national origin, religion or income source‘ (Montgomerie/Young 2009). Die Integration von Subprime-Kunden in die Klasse der Eigentümer ist unmittelbar verbunden mit einem Rechtsanspruchsdiskurs und Alltagspolitik (Seabrooke 2008: 3). Damit weist Leonard Seabrooke auf die Tatsache hin, dass die Vergabe von billigen Krediten an Geringverdiener eine Form von ‚Sozialhilfe für die Massen‘ (S. 8) symbolisierte, die nicht mit den traditionell negativen Vorbehalten gegenüber den staatlichen Wohlfahrtsprogrammen der US-amerikanischen Unterklasse konnotiert war. Das Recht auf ein Eigenheim wurde zur Normalität im Diskurs der täglichen Politik unter der weit verbreiteten Annahme, dass Wohnimmobilien eine sichere Anlage für die Altersversorgung und gleichzeitig ein funktionales Äquivalent für stagnierende Reallöhne und gekürzte Sozialleistungen darstellen könnten (Langley 2008; Seabrooke 2008; Young 2009).

Die Entwicklung eines sogenannten ‚welfare-trade-offs‘ hat Francis Castles (1997) anhand einer komparativen Studie sehr überzeugend analysiert, indem er auf eine inverse Relation ‚between the level of home ownership and the degree of welfare state provisions‘ aufmerksam machte. Er schlussfolgerte daraus, dass ‚widespread home ownership may reduce the need for generous income maintenance for the aged and may redress the overall extent of inequality amongst the population (Castles 1997: 5). Somit kann der Wechsel hin zu einem auf Wertbestände basierenden Wohlfahrtsystem der Immobilieneigentümerschaft, der über private Hypotheken finanziert wurde, nicht als ein radikaler Wandel für die US-amerikanische politische Kultur des Individualismus, in der Eigentum im Vergleich zu Sozialhilfe quer durch alle Einkommensschichten als positiv bewertet wird, interpretiert werden.

Es überrascht daher kaum, wenn G. W. Bush die Vorteile einer Eigentümergesellschaft propagierte, die den Jeffersonschen Traum eines Eigenheims verkörpert und konservative Werte von Tugendhaftigkeit, Selbstverantwortung und Unternehmertum symbolisiert. Diese marktfreundlich konservative Politik der Eigentümergesellschaft ist, wie dies bereits Margaret Thatcher bei der Privatisierung von britischen Sozialwohnungen in den 1980er Jahren vertrat, im Kontext einer hegemonialen globalen Strategie von Individualismus, Demokratie und Freiheit zu sehen. In einer Rede vom 17.6.2004 erläuterte Präsident George W. Bush die Eckpfeiler der ‚ownership society‘ als die sicherste Grundlage für eine Stakeholder Kultur der normativen Verteidigung von US-amerikanischen Grundwerten (Bush 2004). Die Entwicklung der ‚ownership society‘ muss als konservative Politik verstanden werden, da sie Forderungen nach mehr öffentlichen Sozialdienstleistungen bereits im Ansatz ausschließt. Schwartz zeigt eindrucksvoll die transformative Auswirkung zwischen einer makroglobalen Dynamik der Finanzmärkte und der innenpolitischen Dynamik der US-amerikanischen Immobiliengesellschaft:

> ‚[T]he disinflation of the 1990s combined with the operation of global capital markets to differentially produce increased aggregate demand in countries characterized by wide-spread homeownership, high levels of mortgage debt relative to GDP, easy refinance of those mortgages, and mortgage securitization. In turn, this increased aggregate demand produced a self-fulfilling increase in employment and output that benefited politically critical cohorts in those countries. The increased housing costs those cohorts face gives them a stronger interest in cash income over collective social services and in keeping inflation, and thus nominal interest rates low. Housing outcomes and the financial structures for housing thus have important political consequences.‘ (Schwartz 2008: 264)

4 Das Bindeglied zwischen dem Privatisierten Keynesianismus und den Finanzmärkten: Hypothekenderivate und deren Bewertung durch die Gaussian Copula Default Function

Wie konnte sich ein System entfalten, in dem die Gurus der Ökonomie fest davon überzeugt waren, dass der neue finanzielle Kapitalismus die Regeln ökonomischen Handelns außer Kraft setzen könnte? Diese Frage ist insofern wichtig für die Diskussion, da einerseits die Banken durch das Outsourcing von Kreditrisiken nur wenig Anreiz fanden, die Bonität der Kreditnehmer zu überprüfen, aber andererseits der risikoreiche Subprime Markt sich erst dadurch etablieren konnte. Insbesondere die Anwendung des Modells des chinesischen rocket scientist, David X. Li, die als Gaussian Copula Default Function[9] in die Fachsprache eingegangen ist, erzeugte eine abstrakt mathematische Welt, die die Explosion des Handels mit Aktienanteilen und Derivaten ermöglichte. Es war die Geburtsstunde der ‚structured finance‘. Die Grundidee ist einfach: Banken können ihre Risiken auslagern und sie erscheinen fortan nicht mehr in ihren Büchern. Stattdessen wird eine neue Berechnungsgrundlage für den Handel mit hypothekenbesicherten Wertpapieren (MBOs) und forderungsbesicherten Wertpapieren (CMOs) geschaffen. Collateralized Mortgage Obligation sind Derivate, die die Rückzahlungen des Hypothekenbetrages von den Zinsraten trennen und diese dann, als Anleihen mit unterschiedlichen Laufzeiten, Investoren anbieten. Hypotheken dienten hierzu als erstklassiges Beispiel. Anstatt dass Banken ihre Profite durch die übliche Zinsdifferenz zwischen Depositengelder und Hypothekendarlehen erwirtschafteten, ging es nun darum, Darlehen zu bündeln und diese an eigens dafür gegründete Zweckgesellschaften zu verkaufen. Die Strategie der ‚structured investment vehicles‘ (SIV), die zur Gruppe des in der Zwischenzeit in Verruf geratenen ‚shadow banking‘ Systems gehören, ist es, Gelder mit niedrigen Zinsraten durch die Emittierung von kurzfristigen Anleihen (bonds) einzuwerben und die Gelder dann mit hohen Zinsraten langfristig zu investieren. Die Differenz zwischen diesen beiden Transaktionen bildet in der Folge den Profit für die Investoren (Jones 2009).

Um die Risiken der Zahlungsausfälle der Subprime-Anleihen (defaults) zu berechnen, kam David X. Li auf die Idee, die Wechselwirkungen (correlation) der Wahrscheinlichkeit von Zahlungseinstellungen so zu berechnen, dass historische Daten der Rückzahlungsausfälle nicht mehr als Basis für zukünftige Risikoberechnungen fungierten. Er hat dafür eine Formel[10] entwickelt, die sich im Wesentlichen

---

9 In der Statistik wird eine ‚copula‘ wie folgt definiert: ‚to couple the behavior of two or more variables and to come up with a single number" (Salmon 2009: 078).

10 Die Gaussian Copula Function wurde von David Li zum ersten Mal 2000 veröffentlicht und berechnet die Wahrscheinlichkeit der survival times, equality, copula, distribution functions, and gamma: $\Pr[T_A < 1, T_B < 1] = \varphi 2\varphi^{-1}(F_A(1)), \varphi^{-1}(F_B(1), \gamma)$ (siehe Salmon 2009: 78-79) für eine genaue Beschreibung dieser Variablen.

auf die Preise der neuen Instrumente von ,credit default swaps'[11] stützt und den Ver-
briefungsmarkt gänzlich veränderte.

> ,The effect on the securitization market was electric. Armed with Li's formula, Wall Street's
> quants saw a new world of possibilities. And the first thing they did was start creating a huge
> number of brand-new Triple-A securities. Using Li's copula approach meant that rating
> agencies like Moody's – or anybody wanting to model the risk of a tranche – no longer need-
> ed to puzzle over the underlying securities. All they needed was that correlation number,
> and out would come a rating telling them how safe or risky the tranche was. As a result, just
> about anything could be bundled and turned into a triple-A bond – corporate bonds, bank
> loans, mortgage-backed securities, whatever you liked" (Salmon: 2009: 79).

Der Zauber an dieser Formel war, dass die gebündelten Tranchen als Triple-A bonds
bewertet werden konnten ohne dass auch nur eine einzige Tranche der Triple-A Kategorie angehörte. ,You could even take lower-rated tranches of other CDOs, put them
in a pool and tranche them – an instrument known as CDO-squared, which at that
point was so far removed from any actual underlying bond or loan or mortgage that
no one really had a clue what it included. But it didn't matter. All you needed was
Li's copula function' (ibid). Es ist deshalb auch nicht verwunderlich, dass der durch
Subprime Hypotheken angeschwollene Markt der CDOs die astronomische Höhe
von 2 Billionen im Jahre 2007 erreichte (Jones, 2009: 35).

Wie aber Gillian Tett (2009) in ihrem soeben erschienenen Buch ,Fool's Gold'
über die Entwicklung dieser ,super-senior' Derivate schrieb, waren es gerade diese
,Win-Win' Triple-A Derivate, die den Sturz der Banken auslösten und sich als Katzengold entpuppten. Dies lag vorallem daran, dass sich der Subprime Immobilienmarkt nicht nach den Prophezeiungen der Gaussian Copula Funktion entwickelte. Vielmehr geriet die Gruppe der 2005 und 2006 Subprime Anleihen viel öfter
in Zahlungsverzug als frühere Gruppen. Noch zeigten sich die Banken über diese
Entwicklung während des Jahres 2006 nicht weiter beunruhigt. Sie hatten nach den
Modellberechnungen auch wenig Grund zur Sorge, da die Annahmen des Models
davon ausgingen, dass die immer deutlicher in Erscheinung tretenden Zahlungsver-
züge (defaults) quer durch die USA nicht miteinander korrelierten. Dies entpuppte
sich jedoch als die Achilles Ferse in den Gaussian Copula Modell Berechnungen.
Banken gingen von der Prämisse aus, dass die Risiken der mortgage backed obligations (MBOs) durch die regional gemischten Hypothekenverbriefungen gestreut
würden. Auch wenn eine geographische Region den Immobilien Crash erleben würde, hieße das nicht automatisch, dass auch andere Regionen mit in den Strudel dieser
Ereignisse gezogen würden. Die Zahlungsunfähigkeit der subprime Gläubiger nahm
aber in allen Teilen der USA 2006 weiter zu (Tett 2009; Jones 2009).

---

11   Credit default swaps sind Versicherungsprämien gegen Kreditrückzahlungsproblemen.

Die ökonomischen Theorien und die quantitativen Modelle gaben keinen Aufschluss darüber, warum der Subprime Immobilienmarkt quer durch die USA zusammen brach. Die Rating Agentur Moody's reagierte auf diese Marktentwicklung und stufte die Bonität der forderungsbesicherten Schuldpapiere (CDOs) zum ersten Mal im Juni 2007 herab. Ein Schritt, der dann auch von Standard & Poor's vollzogen wurde. Katastrophal in diesen Herabstufungen war insbesondere die Warnung, dass nicht nur die ‚junior' und andere risikoreiche Anleihen betroffen sein würden, sondern auch die Bonität der Triple-A Anleihen (super seniors) Gefahr laufen könnten, herabgestuft zu werden. Der ABX-Index, der die Preise von Immobilien Derivaten zeitlich rückverfolgte, verkündete Mitte Oktober:

> ‚Most ominously of all, the triple-A trance of the ABX index was trading at around 90 per cent of face value, while the AA was falling towards 80 per cent. To a casual observer, such dips might not have looked extreme. But bankers and investors had always assumed that the prices of triple-A or double-A assets would never move at all. They were utterly unprepared for the damage such price falls might inflict' (Tett, FT 9/10. Mai 2009: 17).

Der Subprime Immobilienmarkt brach 2007 endgültig zusammen und nach weiteren Abstufungen kam der Interbankenmarkt schließlich zum Stillstand. Was war geschehen? Erstens waren die Kredite ‚billig' und Hypotheken waren an Leute vergeben worden, die sogenannten Ninjas (No Income, No Job, and No Assets), die nicht über die entsprechende Bonität verfügten. Die ‚Schuld' lag aber nicht bei den überschuldeten Hausbesitzern und auch nicht bei einzelnen Finanzinstituten, sondern in einem systemischen Problem des Finanzkapitals (Scherrer 2009). Durch die innovativen Kreditderivate und die zugrunde liegenden Modellberechnungen der Gaussiane Copula ‚Zauberformel' wiegten sich die Banken in der Sicherheit, Risiken ausreichend gestreut zu haben. Es fehlte daher jeglicher Anreiz, die Bonität der Kunden zu überprüfen. David Lis Modell unterlief nämlich der gravierende Fehler ‚normale' Gruppierungen von Ereignissen zur Grundlage seiner Bemessungen zu nehmen. In anderen Worten, Li hatte den Immobilienmarkt der 1990er modelliert und ließ den inflationären Markt der ‚irrational exuberance' (Greenspan 2008; Shiller 2000) unberücksichtigt, der sich nach der Dot.com Blase 2001 entwickelte. Daher konnte das Modell von Li die binären Ereignisse, wie z.B. Leben und Tod zwar erfassen, die vielen unvorhergesehenen Zusammenhänge im Immobilienmarkt jedoch blieben unerkannt. ‚Markets – particularly the mortgage market – were far more prone to extreme correlation scenarios than were insurers' (Jones 2009: 35). Die Schwankungen der Anleihen auf dem subprime Sektor waren auf einmal ‚hoch korreliert' mit den Zahlungsausfallquoten quer durch die USA, den stark reduzierten Wiedererstattungsraten von zwangsversteigerten Immobilien, den Änderungen auf den Zinsmärkten, und der default correlation, die dann den gesamten Banken- und Investmentbereich in die Tiefe rissen (Semmler/Young 2010).

Diese tragische Fehlentwicklung durch mathematische Modelle, die auf den Laien hoch komplex wirken mögen, basieren auf verblüffend simplen Annahmen. Als Vorlage galt nämlich die statistisch erwiesene Tendenz in der Versicherungsbranche, dass der Tod eines langjährigen Ehepartners die Vorhersage des Todes des anderen Partner innerhalb kürzester Zeit erlaubt. Ein Phänomen, das in der Versicherungsbranche ‚broken heart syndrome‘ genannt wird. Wenn sich dieses broken heart Syndrom nun auf zahlungsunfähige (broken) Firmen übertragen ließe, so jedenfalls das Gedankenspiel von David Li in etlichen Interviews, dann würde er einen Weg gefunden haben ‚of mathematically modelling the effect that one company's default would have on the chance of default for others‘ (Jones 2009: 34). Der Haken in dieser binären default Korrelation ist, dass zwar die Bonität einzelner Tranchen in den Portfolien der Banken mit großer Wahrscheinlichkeit genau berechnet werden kann, eine Vorhersage dieser Modelle, wie sich die Insolvenz oder der Bankrott einer Firma oder Bank auf andere Immobilienmärkte oder auf andere ökonomischen Bereiche auswirken würde, jedoch schlicht nicht erfolgt. Der statistisch berechenbare Tod eines hinterbliebenen Ehepartners kann außer einem ‚broken heart syndrome‘ (binare Korrelation) wenig zusätzliche Information liefern.

Dieses gravierende ‚mismatch‘ (lack of correspondence) zwischen den simplen Annahmen der Neoklassik und den komplexen Verhalten von Marktakteuren hat George Soros (2008) als ‚reflexivity‘ bezeichnet. Reflexive Situationen sind für Soros den Theorien der traditionellen ökonomischen Zunft immanent. Die neoklassische Ökonomie geht nämlich davon aus, dass Marktakteure ihre Entscheidungen auf Grund von perfektem Wissen und Erkenntnissen treffen. Dies erklärt Soros anhand des Verhaltens auf den Aktienmärkten folgendermaßen:

> ‚People buy and sell stocks in anticipation of future stock prices, but those prices are contingent on the investors' expectations. The expectations cannot qualify as knowledge. In the absence of knowledge, participants must introduce an element of judgment or bias into their decision making. As a result outcomes are liable to diverge from expectations‘ (Soros 2008: 5).

Ohne hier auf die genauen Details dieses ‚reflexivity mismatch‘ und deren Kritiker einzugehen, lässt sich ableiten, dass die traditionelle Ökonomie davon ausging, dass zukünftige Immobilienpreise rational kalkulierbar wären. Alleine die Annahme, dass Immobilienpreise immer weiter steigen, hat sich bereits als grundlegend falsch erwiesen. Die Gaussian Copula Function konnte zwar dyadische, nicht jedoch Korrelationen modellieren, die z.B. entstehen, wenn zwei regional unterschiedlich Subprime Märkte von ein und derselben Investmentbank bedient werden (die in der Folge bankrott geht). Obwohl die beiden Subprime Märkte regional getrennt sind, entsteht durch die Investmentbank eine Wechselwirkung, welche die Subprime Sektoren in beiden Regionen in die Tiefe reißen kann. Gerade diese Wechselwirkungen (correlation) wurden durch die viel gepriesene Risikostreuung von Kreditderivaten von vornherein ausgeschlossen. Wie uns aber die Realität gezeigt hat, waren die regionalen Subprime Sektoren nicht nur auf einmal ,hoch korreliert. Sie waren auch hoch korreliert mit anderen real ökonomischen Bereichen sowie Weltregionen, die dann allesamt in den Turbulenzstrudel dieser Wechselwirkungen gerieten.

Der Kollaps des Subprime Sektors und mit ihm der Kollaps des Bankensektors sowie der Derivatengeschäfte stehen auf der einen Seite der Medaille. Sie zeigt die Verflechtung zwischen der Entwicklung eines Privatisierten Keynensianismus und der zunehmenden Finanzialisierung des ,alltäglichen Lebens' und entschleiert auf anschauliche Weise wie der Subprime Immobiliensektor zum Casinospiel der Finanzmärkte wurde. Auf der anderen Seite steht der Trade-off zwischen dem privatverschuldeten Eigenheim und der damit erhofften sicheren Anlage für die Altersversorgung bei gleichzeitig stagnierenden Löhnen und gekürzten Sozialleistungen. Der nächste Abschnitt befasst sich mit den Auswirkungen der Suprime Krise auf die verschiedenen Bevölkerungsgruppen und zeigt, dass die Expansion der Subprime Kredite trotz der Rhetorik von ,democratic finance' und der Inklusion von zuvor ausgeschlossenen Gruppen, die gesellschaftliche Ungleichheit in den USA weiter vertiefte (Montgomerie/Young 2009).

5 Der Trade-Off zwischen Eigenheim und Finanzialisierung des ,alltäglichen Lebens': Die Schuldenfalle

Wie bereits erwähnt, wurde mit dem Subprime Sektor ein wichtiger Aspekt der US-amerikanischen ,ownership society' zelebriert, der als ein vielversprechender Weg des sozialen Aufstiegs in die Mittelklasse insbesondere für Frauen und Minoritäten galt. Seit den 1980er Jahren hat die Anzahl der Frauen als Familienvorstände mit Hausbesitz von 48 % auf 53 % zugenommen (NCRW 2008). Der Vermögenswert durch den Hausbesitz ist deshalb so wichtig für Frauen und Minoritäten, weil die steigenden Immobilienpreise als wichtige Quelle für Konsumanschaffungen fungieren. Auf diese Weise konnten sich Subprime Besitzer den amerikanischen Traum vom Eigenheim erfüllen und gleichzeitig das gesparte Eigenkapital der Immobilie für weiteres Fremdkapital einsetzen. Hauseigentümer konnten durch collateral weitere Kredite auf bereits hohe Verschuldungen aufnehmen, die jedoch nur durch inflationäre Immobilienpreise gedeckt waren. Das System beruhte auf der fatalen Annahme, die Häuserpreise würden sich linear nach oben entwickeln. Ein möglicher Absturz des Immobilienmarktes wurde schlicht nicht bedacht. Der privatisierte Keynesianismus und die damit verbundenen Prozesse der Finanzialisierung der alltäglichen Aktivitäten hatten somit den realen Effekt, dass der gefühlte Reichtum auch der ärmsten Schichten trotz stagnierender Löhne und der Reduzierung von Sozialleistungen, immer größer wurde. Der scheinbar stabil anwachsende Turm stand jedoch nur auf dem wackeligen Fundament der Verschuldung. Die derzeitige Welle der Entschuldung trifft nun insbesondere die

Ärmsten. Die von staatlicher Seite propagierte US-amerikanische Eigentumsgesellschaft hatte auch weitere gravierende Schattenseiten, wenngleich empirische Studien
dazu nur im begrenztem Umfang vorliegen. Erstens haben die Anhörungen im US-
amerikanischen Senat nachgewiesen, dass Frauen (und Minoritäten), trotz gleicher
und in manchen Fällen sogar höherer Kreditwürdigkeit, bei der Vergabe von Immobilienkrediten in die Subprime Kategorie mit höheren Zinsauflagen herabgestuft wurden. Frauen mit einem überdurchschnittlichen Einkommen im Vergleich zu Männern
mussten oftmals Subprime Kreditkonditionen akzeptieren (Fishbein 2007; Fishbein
and Woodall 2006). In einer von Senator Edward Kennedy organisierten Anhörung
des US-amerikanischen Senats im Herbst 2008 wurde anhand von Kreditdaten gezeigt, dass Frauen 29% der Gesamtdarlehensnehmer für Immobilienkredite darstellen,
sie aber 32% der Subprime-Kunden repräsentieren (siehe Abbildung 3). Insbesondere
im ‚high-cost subprime market' sind Frauen mit 10,9% im Vergleich zu 7,7% der Männer zu finden. Frauen aus der Minorität landeten ungeachtet ihres Einkommens am
ehesten in der Subprime Kategorie. Farbige Frauen waren über alle Einkommensgruppen hinweg besonders davon betroffen (US-Senate 2008).

Abbildung 3: Frauen und Subprime Darlehen

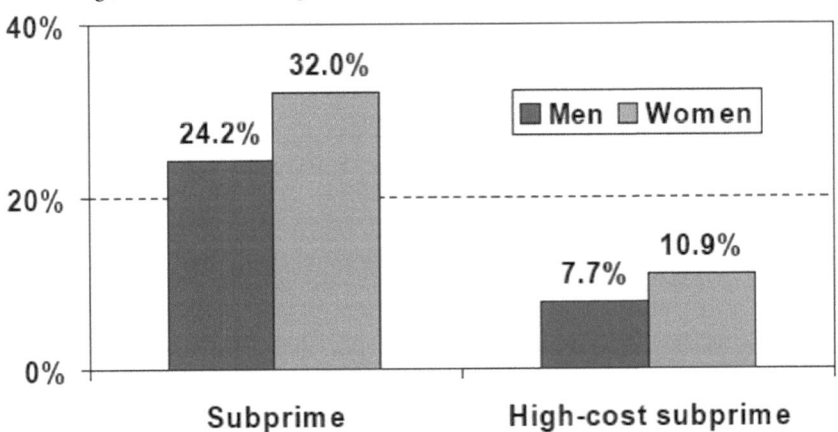

Percentage of All Mortgages that are Subprime By
Gender, 2005

Quelle: US Senate Hearing 2008: 7.

Zweitens kam hinzu, dass durch den Erwerb von Subprime Hypotheken die schwächs-
ten Gruppen der Gesellschaft (alleinerziehende Mütter sowie Mütter mit Minori-

tätenhintergrund) stärker durch die Hypothekenlast und dem hohen zu leistenden Schuldentilgungsdienst, bei relativ stagnierenden Einkommen, belastet wurden. Gerade deshalb bedeutet der Kollaps des Subprime Sektors für finanzschwache Gruppen eine Katastrophe, wie dies Oliver/Shapiro (2008) in ihrem Artikel ‚Subprime as a Black Catastrophe‘ zum Ausdruck bringen. Eigenkapital ist das wichtigste Reservoir zur Vermögensbildung für die durchschnittliche US-amerikanische Familie, aber disproportional für farbige Familien. Das Eigenkapital repräsentiert für farbige amerikanische Haushalte 63% ihres Gesamtnettovermögens, im Vergleich dazu 38,5% für weiße US-Amerikaner. Eigenkapital fungiert als Kreditsicherheit, um Fremdkapital aufzunehmen für die Finanzierung von Altersversorgung, Kreditkartenrückzahlung, Universitätsstudium, oder als ‚Versicherung‘ gegen Arbeitslosigkeit und Krankheit. Diese Strategie hat aber eine gänzlich perverse Dimension angenommen. Zwischen 2003 und 2007 hat sich der Betrag, der aus dem Immobilienvermögenswert abgezogen wurde auf $ 1.2 Billionen verdoppelt – ‚an incredible sum that allowed families to adjust to shrinking purchasing power and that significantly boosted gross national product. So, while homeownership reached historic highs, families today actually own a lesser share of their homes than at any previous time, because they have borrowed against their housing wealth‘ (Oliver/Shapiro 2008: 2).

Wenn wir die Dimension der Verschuldung durch die subprime Darlehen näher betrachten, können wir feststellen, dass diese Wende von einem sozial-staatlichen Keynesianismus zu einer privat verschuldeten ‚home-owner‘ Gesellschaft eine ausgeprägte geschlechtsspezifische, wie auch ethnisch konnotierte Dimension aufweist. Anhand von Daten des Survey of Consumer Finances (SCF) haben Montgomerie/ Young (2009) demonstriert, wie sehr sich die Verschuldung und der zu leistende Schuldentilgungsdienst im Vergleich zu den relativ stagnierenden Einkommen, insbesondere für alleinerziehende Mütter seit 2000 verschlechtert hat. Familien mit zwei Erwachsenen und finanziell abhängigen Kindern weisen zwar einen höheren absoluten Grad an Verschuldung auf, haben aber gleichzeitig ein höheres Einkommen und profitieren von der gemeinsamen Verantwortung für die Tätigkeiten im Haushalt. Im Vergleich dazu haben alleinerziehende Mütter nicht nur ein geringeres Einkommen, sie sind auch verhältnismäßig öfter in Teilzeitarbeit oder flexibler Arbeit zu finden und dies wiederum drückt das Lohngefälle nach unten. Hinzu kommt, dass alleinerziehende Mütter nicht mehr in dem früheren Maße öffentliche Dienstleistungen und staatliche Einkommenstransferleistungen erhalten, eine Situation, die ihre finanzielle Unsicherheit noch verstärkt.

Abbildung 4 illustriert eine Momentaufnahme von Schuldbeständen und der Einkommenshöhe von alleinerziehenden Mütter mit finanziell abhängigen Kindern.[12] Abgesicherte Kredite (SDebt) werden nach dem Survey of Consumer Finance definiert als

---

12 Die Berechnungen der Schuldbestände und Einkommen aus dem Survey of Consumer Finance in Abbildungen 4 und 5 stammen aus dem Artikel von Montgomerie/Young (2009).

‚total value of mortgages, home equity loans and home equity lines of credit secured by primary residence'. Dies bedeutet, dass der Kredit durch einen existierenden Wertbestand (zumindest theoretisch) abgesichert ist. Im Vergleich dazu besteht der unabgesicherte Kredit (UDebt) aus ‚total value of all outstanding loans on credit cards, instalment loans, other lines of credit, vehicle and education loans'. Somit dienen Kredite dieser Art vordergründig der Finanzialisierung des alltäglichen Lebens (Montgomerie/Young 2009: 16).

Abbildung 4: Median abgesicherte und unabgesicherte Kredite und Einkommen

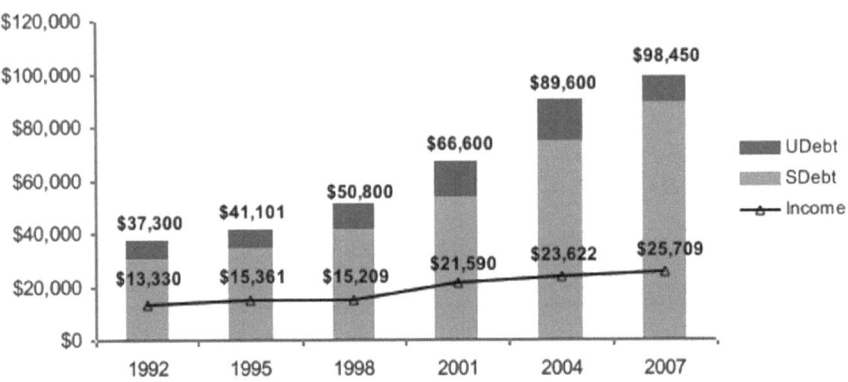

Quelle: Survey of Consumer Finances, SDebt = total value of mortgages, home equity loans and home equity lines of credit secured by primary residence, UDebt = total value of all outstanding loans on credit cards, instalment loans, other lines of credit, vehicle and education loans (Montgomerie/Young 2009: 20).

Abbildung 4 zeigt exemplarisch die Zusammenstellung von offenen Krediten und Einkommen (berücksichtigt sind darin auch staatliche Transfers für alleinerziehende Mütter mit finanziell abhängigen Kindern). Erstens hatten alleinerziehende Mütter 2007 ein sehr niedriges Einkommen von $ 25.709 im Vergleich zu Familien mit zwei Erwachsenen ($ 69.929). Zweitens stagnierten die Einkommen während der letzten zehn Jahre auf einem niedrigen Niveau. Dies kann durch niedrige Qualifikation, durch mangelnde Qualifizierungschancen, Teilzeitjobs und flexible Beschäftigungsverhältnisse erklärt werden. Im Vergleich dazu stieg während dieses Zeitraums die Höhe des abgesicherten offenen Kredits mit der höchsten Anstiegsrate nach 2001 um 190% von $ 31.000 auf $ 89.000. Dieser Grad an finanzieller Unsicherheit ist nicht nur wegen seines Ausmaßes erstaunlich, sondern auch wegen der Geschwindigkeit mit der die Verschuldung alleinerziehenden Müttern innerhalb einer Dekade zum Verhängnis wurde. Auf den ersten Blick wirken die unabgesicherten Darlehen relativ unproblematisch, da sie ihren Höhepunkt mit $ 14,600 im Jahre 2004 erreicht hatten und sich dann auf $ 9,450 verringerten. Wenn wir aber die Summe der Gesamtverschuldung für Haushalte alleinerziehender Mütter heranziehen, können wir feststellen, dass diese Verschuldung fast das Vierfache ihres Einkommens 2007 betrug. Jüngste Untersuchungen zeigen darüber hinaus, dass eine Mehrheit von Niedrigverdienern unabgesicherte Kredite für tägliche Lebensunterhaltungskosten verwenden. Einer aus drei Haushalten gab an, die Kosten für den täglichen Unterhalt während vier der letzten zwölf Monaten mit Kreditkarten bestritten zu haben. Alleine der Schuldentilgungsdienst, den diese verschuldeten Haushalte leisten müssen, betrug 2007 jährlich $ 12,795, ein Betrag der sich fast auf die Hälfte der vorsteuerlichen Einkommenshöhe belief. Es sieht auch nicht danach aus, dass sich die Probleme der hohen Verschuldungsrate der alleinerziehenden Mütter kurzfristig verbessern lassen würden.

Wenn wir nun die ethnische Komponente im Survey of Consumer Finance isolieren[13] und insbesondere die Verschuldung von farbigen alleinerziehenden Müttern mit finanziell abhängigen Kindern näher betrachten, zeigt sich, dass die Probleme der Ungleichheit und der finanziellen Unsicherheit noch gravierender ausfallen. Wie Abbildung 5 skizziert, hat das Einkommen von Gruppe 2007 mit $ 20.567 ihren Höhepunkt erreicht, um $ 5.000 geringer als für alleinerziehende Mütter (siehe Abbildung 4). Im Vergleich ist die Höhe des abgesicherten Darlehens von $ 22.000, 1992 auf $ 113.000, 2007 für schwarze alleinerziehende Mütter angestiegen, ein Höhenflug von 400%. Diese negative Entwicklung in der Schuldenlast von schwarzen alleinerziehenden Müttern kann nicht allzu sehr überraschen. Es wurde bereits mehrfach darauf hingewiesen, dass die Vergabe von Immobilienkrediten an farbige Frauen trotz gleicher und in manchen Fällen sogar höherer Kreditwürdigkeit unter Einstufung in die Subprime Kategorie mit höheren Zinsauflagen erfolgte (Fishbein and Woodall 2006; US Senate Hearing 2008).

---

13   Zur genauen Erklärung von ‚racial class' and ‚racial groups' und den Berechnungen siehe Montgomerie/Young 2009, Appendix.

Abbildung 5: Median Secured and Unsecured Debt Outstanding and Income

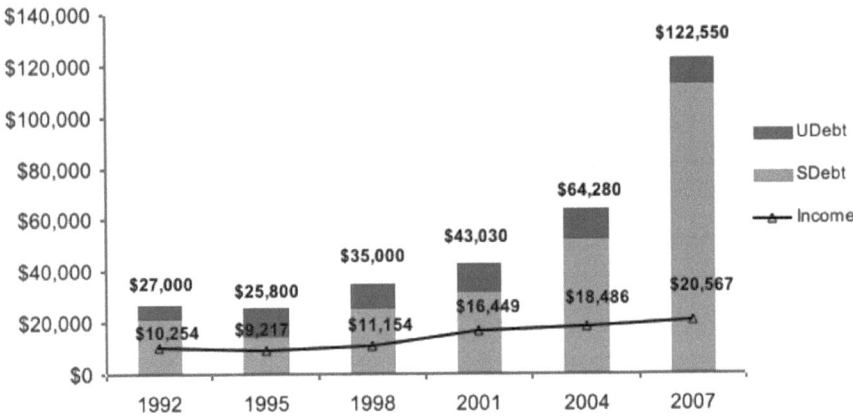

Andererseits kann wiederum belegt werden, dass die Rate der Hauseigentümer unter schwarzen alleinerziehenden Müttern deutlich zugenommen hat. Dieser Anstieg kann aber die hohen sozialen Kosten der Verschuldung nicht rechtfertigen. Alleine der zu leistende Schuldentilgungsdienst ist kaum mit dem existierenden Einkommen zu leisten. Die jährlichen Kosten der Schuldenrückzahlung betrugen im Jahr 2004 $ 11.601 und damit rund 63% des jährlichen vorsteuerlichen Einkommens. Die Lage hat sich 2007 noch einmal verschlechtert, so dass $ 14.670 jährlich an Kreditrückzahlungen zu leisten sind. Dies entspricht 72% eines mittleren Einkommensniveaus. Es erscheint geradezu utopisch, dass farbige alleinerziehende Mütter die Schuldentilgung ohne staatliche Hilfe kurzfristig in den Griff bekommen könnten.

Diese eskalierenden Summen der Gesamtverschuldung für alleinerziehende Mütter können nicht nur im Kontext der Subprime Kreditvergabe erklärt werden. Es muss auch hinterfragt werden, warum diese Haushalte sich überhaupt auf diese privatverschuldete Hauseigentümerschaft einließen. Die Verfügbarkeit von billigen Krediten zeigt nur die angebotsorientierte Perspektive und kann keinen Aufschluss darüber geben, warum sich auf der Nachfrageseite alleinerziehende Mütter und einkommensschwache Haushalte über Kredite den Zugang zur Finanzialisierung des ‚alltäglichen Lebens‘ erkaufen mussten. Ein Grund ist die Intensivierung der Finanzialisierungsprozesse in der US-amerikanischen Wirtschaft über die letzten zwei Dekaden, die sowohl finanzielle als auch soziale Unsicherheit der einkommensschwachen Haushalte enorm steigerte. Den Regierungen ist es seit dem Amtsantritt von Ronald Reagan 1980 gelungen, das Recht auf soziale Leistungen diskursiv umzudeuten, so dass der Staat immer weniger als Garant für soziale Leistungen ärmere

Gruppen fungierte. Stattdessen wurden Eigeninitiative und Selbstverantwortung als neues Credo propagiert. In dieser diskursiven Rekonfiguration staatlicher Rechtsverbindlichkeit für US-amerikanische Bürgerinnen und Bürger erschien es dann nur als logischer Schritt, die öffentlichen Subventionen und staatlichen Transfers für einkommensschwache Haushalte drastisch zu reduzieren. Die Regierungen in Washington haben einerseits den gesetzlichen Mindestlohn seit über zehn Jahren nahezu eingefroren und gleichzeitig die Arbeitslosenunterstützung stark gekürzt. Staatliche Dienstleistungen wurden zunehmend über den Markt für Einkommensgruppen zugänglich gemacht, die sich dies leisten konnten. Die Schuldenfalle des Subprime Klientels kann somit nicht nur von der Angebotsseite der billigen Kreditvergabe analysiert werden, sondern es muss auch hinterfragt werden, warum die Subprime-Kreditnehmer immer mehr ihre privatverschuldeten Immobilie als Gegenleistung für die Finanzierung des alltäglichen Lebens einsetzen mussten (Montgomerie/Young 2009).

6   Schlussbemerkungen

In der Zwischenzeit ist es zur finanzökonomischen Folklore verkommen, dass die globale Finanzkrise ihren Ursprung im US-amerikanischen Subprimesektor hatte. Jedoch liegen erstaunlich wenig Studien darüber vor, warum die Immobilie von verschuldeten Hauseigentümern (Subprime Klientel) den zentralen Stellenwert in der US-amerikanischen Wachstumsdynamik nach der Dot.com Blase 2001 erreichen konnte. Ziel des vorliegenden Kapitels war es, die angebotsorientierte Seite der Kreditmärkte und deren massive Ausweitung des Marktes für Hypothekenderivate mit den nachfrageorientierten Prozessen der Finanzialisierung des ‚alltäglichen Lebens‘ von verschuldeten Hauseigentümern auf der Mikroebene zu verbinden. Tatsächlich kann gezeigt werden, dass die staatlichen Kürzungen von sozialen Dienstleistungen sowie die Stagnation der Löhne seit den 1980er Jahren einen Wandel hin zu einem Privatisierten Keynesianismus generierten. Dieses über Konsum finanzierte und privatverschuldete makroökonomische Modell hat sich in den USA institutionell in den 1990er Jahren etabliert. Dies ist die eine Seite der Medaille. Die andere Seite besteht aus einer Verbindung der Immobilienpreisentwicklung und der aggressiven Expansionsstrategie des internationalen Handels mit Hypothekenanleihen und hypothekenbesicherten Wertpapieren. Die Verbriefungsinnovationen der Hypotheken und das damit eingeleitete Outsourcing von Kreditrisiken der Banken basierte auf der Annahme, dass die Instabilitäten der Finanzmärkte durch Risikostreuung überwunden werden könnten. Das von David X. Li entwickelte Risikobewertungsverfahren, das sogenannte Gaussian Copula Correlation Model, hat demnach eine Scheinwelt von mathematischer Genauigkeit kreiert und damit Triple-A Derivate in den Umlauf gebracht, die sich als Katzengold entpuppten. Im Endeffekt durchblickte keiner der

Derivatehändler diesen Teufelskreis von irrationaler ‚exuberance'. Aber solange die Musik spielte, wurde musste getanzt werden, wie Chuck Prince, der damalige CEO von Citigroup, der FT 2007 anvertraute: ‚When the music stops in terms of liquidity, things will be complicated. But as long as the music is playing, you've got to get up and dance. We're still dancing' (FT 4.6.2009). Tragisch an dieser Entwicklung ist nicht nur, dass die Realökonomie global einbrach und in der Folge hunderttausende von Arbeitsplätzen verloren gehen. Tragisch ist auch, dass just in dem Moment in dem US-amerikanische Frauen und Minoritäten in die finanzielle Wertsteigerung des Immobilienmarktes durch massive Privatschulden integriert wurden, diese Strategie der ‚last in – first out' sie nun mit zunehmender Wucht durch die Zwangsversteigerungen der hochverschuldeten Immobilien trifft.

Literatur

Ash, Amin (Hrsg) (1994): Post-Fordism: A Reader. Oxford: Blackwell.
Bakker, Isabella/Gill, Stephen (Hrsg.) (2003): Power, Production, and Social Reproduction. New York: Palgrave.
Brodie, Janine (2003): Globalization, In/Security, and the Paradoxes of the Social. In: Bakker, Isabella/Gill, Stephen (Hrsg.) (2003): 47-65.
Bush, George W. (2004): President Bush's Policies to Promote the Ownership Society. White House. In: Office of the Press Secretary. 17.6.2008.
Castles, Francis G. (1997): The Really Big Trade-Off. Home Ownership and the Welfare State in the New World and the Old. In: Acta Politica 32 (4): 440-443.
Crouch, Colin (2008): Vortrag auf der Konferenz The Political Economy of the Subprime Crisis – The Economics, Politics and Ethics of Response. In: University of Warwick. 18-19. September.
Federal Reserve Bank of the United States (2001): Recent Changes in US Family Finances. Evidence from the 1998 and 2001 Survey on Consumer Finances. Washington: Federal Reserve Bank.
Financial Times (2009): Anticipating when the music would grind to a halt. 4. Juni: 8.
Fishbein Allen/Woodall, Patrick (2006): Women are Prime Targets for Subprime Lending: Women are Disproportionately Represented in High-Cost Mortgage Market. Washington, DC: The Consumer Federation of America.
Fishbein, Allen (2007): Testimony before the Subcommittee on Financial Institutions and Consumer Credit of the Committee on Financial Services. US House of Representative regarding Subprime and Predatory Lending: New Regulatory Guidance, Current Market Conditions and Effects on Regulated Financial Institutions. 27. März.
Froud, Julie/Leaver, Adam/Williams,Karel (2007): New Actors in a Financialised Economy and the Remaking of Capitalism. In: New Political Economy 12 (3): 339-347.
Gill, Stephen (2000): Theoretische Grundlagen einer neo-gramscianischen Analyse der europäischen Integration. In: Bieling, Hans-Jürgen/Steinhilber, Jochen (Hrsg.) (2000): 23-50.

Greenspan, Alan (2008): The Age of Turbulence. With a new Chapter on the Current Credit Crisis. London: Penguin Books.

Hirsch, Joachim/Jessop, Bob/Poulantzas, Nicos (2001): Die Zukunft des Staates. Denationalisierung, Internationalisierung, Renationalisierung. Hamburg: VSA-Verlag.

International Monetary Fund (2009): Global Financial Stability Report. Responding to the Financial Crisis and Measuring Systemic Risks. Abrufbar unter www.imf.org/external/pubs/FT/6FSR/2009/09/01/index.htm. Letzter Zugriff am: 30.4.2009.

Jessop, Bob (1994): Post-Fordism and the State. In: Ash, Amin (Hrsg.): 251-279.

Jessop, Bob (2001): Die Globalisierung des Kapitals und die Zukunft des Nationalstaates. Ein Beitrag zur Kritik der globalen politischen Ökonomie. In: Hirsch Joachim/Jessop, Bob/Nicos Poulantzas (2001): 139-170.

Jones, Sam (2009): Of Couples and Copulas. In: Financial Times Weekend, 25/26. April: 30-35

Langley, Paul (2008): When Credit Becomes Debt: Foreclosures and Forbearance in Sub-Prime Mortgages. Papier für die Konferenz The Political Economy of the Subprime Crisis. In: Warwick University. 18-19. September.

McCulley, Paul (2007): The Plankton Theory Meets Minksy. Abrufbar unter: http://media.pimco-global.com/pdfs/pdf/GCB%20Focus%20MAR%2007%20WEB.pdf?WT.cg_n=PIMCO-US&WT.ti=GCBFocusMAR07WEB.pdf. Letzter Zugriff am: 30.9.2008.

Minsky, Hyman P. (1986): Stabilizing an Unstable Economy. New Haven: Yale University. Press.

Montgomerie, Johnna/Young, Brigitte (2009): No Place Like Home? Gender Dimension of Indebtedness and Homeownership (under review).

National Council of Research on Women (2008): NCRW Big Five: Women, Homeownership, and Sub-Prime Mortgages – A Need for Fair Lending Practices 10/2008. Abrufbar unter: www.ncrwbigfive.org. Letzter Zugriff am: 20.11.2008.

Nölke, Andreas (2009): Finanzkrise, Finanzalisierung und Vergleichende Kapitalismusforschung, in: Zeitschrift für Internationale Beziehungen, 16 (1): 123-139.

Oliver, Melvin L./Shapiro, Thomas M. (2008): Sub-Prime as a Black Catastrophe (Sept 22). In: The American Prospect, abrufbar unter www.prospect.org/cs/article=sub-prime_as_a_black_catastrophe. Letzter Zugriff am: 20.22.2008.

Salmon, Felix (2009): A Formula for Disaster. In: Wired. März: 74-79.

Scherrer, Christoph (2009): Von George Bush zu Barack Obama: Wie das US-Finanzkapital seine Krise selbst managt. In: Informationsbrief Weltwirtschaft und Entwicklung. Januar: 2-4.

Schwartz, Hermann (2008): Housing, Global Finance and American Hegemony: Building Conservative Politics One Brick at a Time. In: Comparative European Politics 6 (3): 262-284.

Seabrooke, Leonard (2008): Embedded Liberalism is Dead, Long Live Embedded Liberalism: National Welfare Concerns and International Policy Responses to the Subprime Crisis. Papier für die Konferenz The Political Economy of the Subprime Crisis. In: Warwick University. 18-19. September.

Semmler, Willi (2006): Asset Prices, Booms and Recessions: Financial Economics from a Dynamic Perspective. Heidelberg/New York: Springer Publ. House. 2. Auflage.

Semmler, Willi/Young, Brigitte (2010): Lost in The Temptations of Risk: Financial Market Liberalization, Financial Market Meltdown and Policy Reactions. Comparative European Politics 8 (3): 327–353.

Shiller, Robert J. (2000): Irrational Exuberance. Princeton: Princeton University Press.

Soros, George (2008): The New Paradigm for Financial Markets. The Credit Crisis of 2008 and what it means. New York: Public Affairs.

Tett, Gillian (2009a): Fool's Gold: How Unrestrained Greed Corrupted a Dream. Shattered Global Markets and Unleashed a Catastrophe. New York: Free Press.

Tett, Gillian (2009b): The case for a radical intellectual overhaul. In: Financial Times. 20. März: 3.

US- Senate Committee on Health, Education, Labor and Pensions (2008): Taking a Toll: The Effects of Recession on Women. Senator Edward M. Kennedy, Chairman, US-Senate, April 18. Abrufbar unter: http://Kennedy.senate.gov/imo/media/doc/Taking%20a%20 Toll--%20report%20on%20effects%20of%20recession%20on%women1.pdf. Letzter Zugriff am: 20.11.2008.

Windolf, Paul (2005): Die neuen Eigentümer. In: Windolf (Hrsg.): Finanzmarkt-Kapitalismus. Analysen zum Wandel von Produktionsregimen. Sonderheft 45/2005, Kölner Zeitschrift für Soziologie und Sozialpsychologie. Wiesbaden: Verlag für Sozialwissenschaften.

Young, Brigitte (2009a): Vom staatlichen zum privatisierten Keynesianismus. Der globale makroökonomische Kontext der Finanzkrise und der Privatverschuldung. In: Zeitschrift für Internationale Beziehungen 16 (1): 141-159.

Young, Brigitte (2009b): Globale Finanzkrisen und Gender. In: femina politica, März/April 2009.

Finanzkrise und Finanzialisierung

Marcel Heires und Andreas Nölke

1   Einleitung[1]

In der öffentlichen Diskussion über die Ursachen und Konsequenzen der Subprime-Krise werden aus einer Reihe von Perspektiven Erklärungen für den Ausbruch der Krise angeboten: Zu den populärsten zählen hierbei zum einen die individuell-moralisierende, die einen wesentlichen Faktor in der viel gescholtenen Gier der Bankmanager sieht, oder zum anderen die regulatorische, die auf das Versagen der staatlichen Aufsichtsbehörden hinweist. Im Gegensatz zu diesen, einzelne Faktoren fokussierenden Darstellungen, vertreten wir in diesem Beitrag die These, dass die Finanzkrise systemische – und damit tiefliegende wie langfristige – Ursachen hat.

Wir argumentieren, dass die Subprime-Krise nur dann adäquat verstanden werden kann, wenn sie als Folge von strukturellen Verschiebungen im Finanz- und Wirtschaftssystem während der letzten drei Dekaden interpretiert wird, die im Folgenden als ‚Finanzialisierung' bezeichnet werden. Damit geht die Vorstellung einher, dass es nur dann möglich sein wird, die aktuelle Krise zu überwinden und die Gefahr ähnlicher Krisen in der Zukunft zu verringern, wenn es gelingt der Finanzialisierung Einhalt zu gebieten. Die bisher gewählten Maßnahmen zur Eindämmung der Krise erfüllen diesen Maßstab bei weitem nicht. Eine Erfüllung wäre jedoch nicht nur wünschenswert, sondern auch prinzipiell möglich, da, wie wir im Folgenden zeigen werden, es sich bei diesen jüngsten Entwicklungstendenzen des Kapitalismus nicht um Notwendigkeiten handelt, die sich zwingend aus technologischem Fortschritt und Finanzinnovationen ergeben. Vielmehr wurden sie durch konkrete politische Weichenstellungen eingeleitet und befördert.

Um dieses Argument zu entwickeln, werden wir zunächst das Konzept der Finanzialisierung umreißen und die zentralen Charakteristika der darin analysierten Verschiebungen herausarbeiten (Abschnitt 2). In der Folge diskutieren wir den Zusammenhang, in dem die Finanzialisierungsprozesse der letzten Jahrzehnte mit der Subprime-Krise stehen. (Abschnitt 3). Wir schließen mit einer Skizze der politischen

---

[1]   Teile des Beitrags bauen auf Überlegungen auf, die bereits in dem Artikel ‚Finanzkrise, Finanzialisierung und die kapitalistische Vielfalt' publiziert wurden (Nölke 2009) und hier weiter entwickelt werden. Dieser Artikel entstand im Rahmen eines Aufenthaltes von Andreas Nölke am Max-Planck-Institut für Gesellschaftsforschung, dem er für dessen großzügige Unterstützung sehr verbunden ist.

Konsequenzen, die sich aus unserer Sicht aus ihnen ergeben (Abschnitt 4). Dabei argumentieren wir, dass diese Tendenzen, entgegen der gängigen Meinung, keinesfalls durch die Krise und die bisherigen Gegenmaßnahmen gestoppt wurden. Die Phase der Finanzialisierung aber muss überwunden werden, um die Gefahr weiterer schwerer Krise in der Zukunft zu verringern.

2   Was ist Finanzialisierung?

2.1   Die neue Dominanz des Finanzsektors

Bevor nachhaltige politische Antworten auf die globale Finanzkrise zu erwarten sind, bedarf es zunächst einer grundlegenden Reflexion darüber, welche Veränderungen in den letzten Dekaden die heutige Krise ermöglicht haben. Das Konzept der Finanzialisierung erscheint uns für die Beantwortung dieser Frage als besonders vielversprechend, da es eine breite und dynamische Perspektive auf die jüngste Transformationen des Kapitalismus ermöglicht. Im Kern dieses Konzeptes steht die These, dass es zu einer Machtverschiebung zwischen dem Finanzsektor und dem ‚produktiven' Wirtschaftssektor gekommen ist (Nölke/Perry 2007: 4–6). Diese Perspektive stellt die herkömmliche Sichtweise des Kapitalismus, wonach der Finanzsektor lediglich eine Infrastruktur zur Unterstützung der ‚Realökonomie' darstellt, auf den Kopf. Während bereits in vorherigen Perioden auf die Gefahren einer Dominanz des Finanzsektors im Kapitalismus hingewiesen wurde (Hilferding 1910), haben die dramatischen Entwicklungen der jüngsten Zeit zu einer Fülle von neuen Arbeiten geführt, die die Rolle des Finanzsektors kritisch thematisieren.[2]

Die Ursprünge des Begriffs der Finanzialisierung (‚Financialization') sind unklar, die neue Dominanz des Finanzsektors seit den 1960ern wurde jedoch zuerst von marxistischen Autoren thematisiert (Magdoff/Sweezy 1983). Nachdem die dort aufgezeigten Entwicklungen in den 1990ern immer deutlicher hervortraten, fand die Vorstellung eines finanzdominierten Kapitalismus Eingang in viele weitere sozialwissenschaftliche Debatten, etwa in die Regulationstheorie (Aglietta 2000, Boyer 2000), die post-keynesianische Ökonomie (Epstein 2001, Palley 2007, Stockhammer 2008) und in die so genannte ‚cultural political economy', welche den prägenden Einfluss der Finanzmärkte auf das Alltagsleben betont (Martin 2002, Leyshon/Thrift 2007,

---

2   Die Diskussion des ‚Finanzkapitals' bei Hilferding folgt allerdings einem anderen Argument als die gegenwärtige Debatte über die Finanzialisierung: Während letztere die Entkopplung des Finanzsektors von der Realwirtschaft hervorhebt, analysierte Hilferding seinerzeit die Verschmelzung von Banken- und Industriekapital mit dem Zweck der Monopolbildung durch die Ausschaltung der Konkurrenz durch kleinere Unternehmen und Anleger (Höpner 2003: 318).

Langley 2008). Inzwischen ist der Begriff auch in den öffentlichen Diskurs übergegangen und hat mit der aktuellen Finanzkrise weiter an Popularität gewonnen.[3]

Die Debatte über die Finanzialisierung benennt sehr viele wichtige Entwicklungen während der letzten drei Jahrzehnte, die ihren Anfang vorrangig in den USA und Großbritannien nahmen und sich von dort aus verbreitet haben.[4] Dazu gehören z.B. die Deregulierung und Globalisierung der Kapitalmärkte, die verstärkte Vermarktlichung von Finanzbeziehungen, die explosionsartige Verbreitung neuer Finanzinstrumente, der Aufstieg von institutionellen Investoren und Investmentbanken, das Aufkommen des Shareholder-Value Konzepts als neue Leitideologie für das Management der Unternehmen und die Umgestaltung der Unternehmenskontrolle, sowie die dramatische Ausweitung des Kredit- und Anlagegeschäftes für Privatkunden in Form von Hypotheken, Konsumentenkrediten und der privaten Alterssicherung (Stockhammer 2008: 184).

Ohne, dass sich in dieser Debatte eine einheitliche Definition von Finanzialisierung herausgebildet hätte, ist dennoch ein gemeinsamer Kern der dort beschriebenen vielfältigen Entwicklungen deutlich erkennbar. Als zentrales Merkmal der Finanzialisierung findet sich bei allen Autoren eine Verschiebung der Bedeutung von Einkommen aus Lohnarbeit oder Produktion hin zu Profiten aus Finanzgeschäften:

> ‚I define financialization as a pattern of accumulation in which profit making occurs increasingly through financial channels rather than through trade and commodity production‘ Krippner 2005: 174).

Dieser Bedeutungszuwachs lässt sich zunächst sehr gut daran ablesen, dass sich die Anteile des Finanzsektors an den Gewinnen der US-Ökonomie in den vergangenen 30 Jahren mehr als verdoppelt haben (ebenda 179). Weiterhin hat sich nicht nur (nach den aktuell verwendeten Rechnungslegungsstandards) die Profitabilität des Finanzsektors besser entwickelt als jene der meisten produktiven Sektoren, sondern auch innerhalb von Unternehmen des produktiven Sektors ist der Anteil der Profite aus Finanzmarktgeschäften deutlich gestiegen (Crotty 2002: 34-36). Mit diesen Entwicklungen geht eine umfassende Verschiebung ökonomischer und gesellschaftlicher Prioritäten zugunsten der Interessen des Finanzsektors und der Kapitalbesitzer einher:

---

3   Andere geläufige Bezeichnungen dieser Entwicklung sind ‚Casino-Kapitalismus‘ (Strange 1986),
     ‚Wertpapierkapitalismus‘ (Sablowski 2003a) oder ‚Finanzmarkt-Kapitalismus‘ (Windolf 2005a).
     Das Konzept der Finanzialisierung ist aber prinzipiell breiter angelegt als bisherige Ansätze, da es
     auch die Ebene der Haushalte und der Alltagserfahrungen in den Blick nimmt.

4   Damit soll selbstverständlich nicht gesagt werden, dass sich diese Prozesse gleichmäßig in allen
     (westlichen) Ökonomien ausgebreitet haben. Nicht zuletzt sind jene kontinentaleuropäischen
     Ökonomien, die weniger finanzialisiert waren, vom Ausmaß der ursprünglichen Subprime-Krise
     wesentlich geringer betroffen als die hochgradig finanzialisierten Ökonomien des angelsächsischen
     Kernlandes (Nölke 2009); der nachfolgenden schweren weltweiten Rezession konnten sich allerdings auch weniger finanzialisierte Ökonomien nicht entziehen.

> ‚Financialization refers to the increasing importance of financial markets, financial motives, financial institutions, and financial elites in the operation of the economy and its governing institutions, both at the national and international level' (Epstein 2001: 1).

Wie deutlich wird, meint Finanzialisierung daher nicht nur eine Veränderung in der Zusammensetzung von Profiten, sondern zwangsläufig auch in der Bedeutung der Interessen des Finanzsektors für den Rest der Wirtschaft und der Gesellschaft. Dies spiegelt sich entsprechend auch in der laxen Regulierung des Finanzsektors wider, zu deren Zweckbestimmung es letztendlich wird, das Wachstum der Finanzmärkte zu fördern statt zu beschränken. Der Finanzsektor wird somit zur maßgeblichen ökonomischen Institution für den Rest von Wirtschaft und Gesellschaft. Im Folgenden wird der Einfluss des Finanzsektors genauer untersucht.

2.1 Machtverschiebungen in Wirtschaft und Gesellschaft

Im Zentrum der Diskussion über die strukturierende Wirkung der Finanzialisierung steht vor allem die Umgestaltung der Unternehmenskontrolle, die unter dem Schlagwort des ‚Shareholder-Value' geführt wurde (Froud et al. 2000, Overbeek et al. 2007). Hierbei geht es um eine Verschiebung im internen Machtgefüge von Unternehmen – zwischen Beschäftigten, Managern und Eigentümern – zugunsten von zumeist eher kurzfristig orientierten externen Aktionären und zulasten von Beschäftigten und Gewerkschaften (Stockhammer 2008: 187). Während in dieser Diskussion zunächst die Rolle von Pensionsfonds und anderen institutionellen Investoren im Vordergrund stand (Useem 1996; Nölke 1998; Crotty 2002), verlagerte sich in jüngerer Zeit die Aufmerksamkeit auf Hedgefonds und Private-Equity-Unternehmen (Watson 2005).

Zu den einzelnen Instrumenten der Shareholder-Value-Agenda gehören unter anderem Aktienoptionspläne (um die Interessen der Manager an die Interessen der Aktionäre zu koppeln), die Schaffung eines aktiven Markts für Unternehmenskontrolle (zur Disziplinierung erfolgloser Manager) und Aktienrückkaufprogramme, bei denen die Gewinne der Unternehmen nicht reinvestiert, sondern zur Erhöhung der Aktienkurse verwendet werden.[5] Allerdings sind die von den Kapitalmärkten zuletzt erwarteten 12-15% Kapitalrendite langfristig allenfalls von Unternehmen in oligopolistischen Märkten oder mit hochgradig spekulativen und riskanten Strategien zu erzielen – oder mit betrügerischen Praktiken wie im Fall von Enron und Worldcom (Froud et al. 2000: 106-107; Crotty 2002: 30-34, Windolf 2008: 10-13). In der Regel wird der Druck der Finanzmärkte daher hauptsächlich in Form von Lohnkürzungen,

---

5   Umstritten ist allerdings, ob die Shareholder-Value-Agenda von den genannten Finanzmarktakteuren hautsächlich mit direkten Einzelfallinterventionen durchgesetzt wurde, oder ob sich eher die damit verbundenen institutionellen Mechanismen (Kädtler/Sperling 2001) bzw. der veränderte Diskurs über Ziele und Strategien der Unternehmensführung (Froud et al. 2000) indirekt ausgewirkt haben.

Umstrukturierungen sowie intensivierter Arbeit an die Beschäftigten weitergegeben (Boyer 2000: 119, Dörre 2005: 101-108).

Während zu Beginn der Finanzialisierungsprozesse noch die Unternehmens-finanzierung im Vordergrund stand, dehnte sich deren Einfluss später auch auf den Bereich der Haushalte und des privaten Konsums aus, einschließlich der Alterssiche-rung sowie der Konsumgüter-, Studienkredit- und Immobilienfinanzierung (Mont-gomerie 2006). In Form einer Masseninvestitionskultur (Erturk et al. 2005) erfasste Finanzialisierung auch die breite Bevölkerung und band sie stärker an die Finanz-märkte – allen voran durch die Ausweitung des Anteils von Bevölkerungsschichten mit (kreditfinanziertem) Immobilienbesitz und Anteilen an Investmentfonds. Diese begleitend, nahmen Ideen von Eigenverantwortung, Selbstvorsorge und Anlagemög-lichkeiten im öffentlichen Diskurs einen größeren Raum ein, so dass Finanzinvesti-tionen zu einem elementarern Teil des 'neoliberalen Selbstverständnisses' der westli-chen Mittelschichten wurden (Langley 2007: 75).

Hier zeigt sich die besondere Dimension der Finanzialisierung: Während es in früheren Perioden der Dominanz des Finanzsektors vor allem eine kleine Elite von Kapitalbesitzern, die 'haute finance', war die diese Entwicklungen vorangetrieben und von ihnen profitiert hat (Polanyi 1978: 102-129), so wird sie heute vor allem von den 'financialized masses' (Erturk et al. 2008: 4) der Mittelschicht getragen. Mit der Verschiebung der relativen Anteile von Lohnarbeit und finanziellen Aktivitäten an den Haushaltseinkommen gehen daher notwendigerweise auch politische Effek-te einher: Da eine Eigentümergesellschaft tendenziell politisch eher konservativen und marktliberalen Positionen zuneigt, wird die Position des Finanzsektors durch die Rentierinteressen der Mittelschichtsangehörigen gestärkt, die als Erben, Anteilseigner von Pensionsfonds oder Immobilienbesitzer von der Privilegierung des Finanzsektors profitieren (Deutschmann 2008, Schwartz/Seabrooke 2008). Vor diesem Hinter-grund ist es wenig überraschend, dass sich die Bemühungen um eine Intensivierung der Finanzialisierung bisher auf eine breite gesellschaftliche Basis stützen konnten.

Ferner eröffnet das Konzept der Finanzialisierung auch eine neue Perspekti-ve auf die Debatte über die Autonomie des Staates gegenüber den Finanzmärkten (Helleiner 1994, Strange 1998). Im politischen Diskurs werden soziale Einschnitte für gewöhnlich mit dem globalen Wettbewerb um Investitionen begründet. In der Regel ist aber nur ein kleiner Teil der Unternehmen außerhalb ihres Heimatmarktes aktiv und hat somit die Möglichkeit zur Produktions- oder Standortverlagerung. Dennoch reagieren Staaten auf das Drohpotential der Kapitalmobilität und richten ihre Politik an den Erfordernissen der Finanzmärkte neu aus. Aus Sicht der Finanzialisierung lässt sich dies damit erklären, dass die Verschiebung von Unternehmensprofiten von Produktion hin zu finanziellen Aktivitäten, die Abhängigkeit der Unternehmen von ihrem Heimatmarkt und ihrer Stammbelegschaft reduziert hat und damit als ein 'funktionelles Äquivalent' zur oft postulierten absoluten Kapitalmobilität fungiert (Krippner 2005: 203).

Hinzu kommt, dass die rapide angestiegene Staatsverschuldung während der letzten Jahrzehnte die meisten Regierungen abhängiger von der Zinsentwicklung für ihre Anleihen auf den globalen Finanzmärkten werden ließ. Gleichzeitig legt die von den Finanzmärkten erwartete Haushaltsdisziplin weitere Zügel an die Handlungsmöglichkeiten der Staaten (Boyer 2000: 121). Daneben hat es auch eine Verschiebung in den makroökonomischen Zielsetzungen des Staates gegeben. Während die Priorität vorher vornehmlich auf Vollbeschäftigung durch eine expansive Fiskalpolitik lag, wurde nun die Sicherung von Preisstabilität mit den Mitteln der Geldpolitik zum wichtigsten Ziel – eine Maßnahme, die ebenfalls eher den Kapitalbesitzern als der breiten Arbeiterschaft zu Gute kommt (Stockhammer 2008: 187). Vor allem aber haben insbesondere die USA und Großbritannien, aber auch die EU, auf die Liberalisierung des Finanzsektors als neuen Wachstumsmotor ihrer Ökonomien gesetzt, und sich dadurch in Abhängigkeit von seinem Gedeihen begeben.[6]

2.2 Zusammenfassung

Zusammenfassend lässt sich Finanzialisierung als ein Prozess von Verschiebungen begreifen, durch den Unternehmen, Haushalte und der Staat materiell, institutionell und diskursiv stärker an die Entwicklung der Kapitalmärkte gebunden werden. Verschoben haben sich zunächst die Profitanteile zwischen dem produktiven und dem Finanzsektor, als auch zwischen finanziellen Aktivitäten und den Einnahmen aus Produktion innerhalb von Unternehmen. Eine ähnliche Verschiebung hat es auch bei den Haushaltseinkommen gegeben, in denen Finanzmarktaktivitäten nun ebenfalls einen größeren Raum einnehmen. In der Folge änderte sich auch die Zielsetzung des Staates, dessen Funktionen zunehmenden an den Erfordernissen des Finanzsektors ausrichtet wurden.

In der Summe erhob sich durch diese Verschiebungen die strukturelle Macht des Finanzsektors und der Kapitalbesitzer über den Rest der Wirtschaft und der Gesellschaft. Unter dem Einfluss der Finanzialisierung, so im Folgenden unser Argument, wurde ein enormer Überschusses von Kapital auf der Suche nach rentablen Investitionsobjekten freigesetzt und dadurch die Renditeerwartungen und die Risikobereitschaft auf den Finanzmärkten verändert. Diese Entwicklungen trugen zu einer zunehmenden Volatilität und Krisenanfälligkeit des Finanzsystems bei und stellten damit eine strukturelle Voraussetzung für den Ausbruch der Finanzkrise dar.

---

6   Eingeleitet wurde die Welle der Finanzmarktliberalisierung mit der Tolerierung der kaum regulierten Euromärkte in den 1960er Jahren (Burn 1999) und der Liberalisierung des internationalen Kapitalverkehrs nach Ende des Systems von Bretton-Woods, sowie den nachfolgenden Maßnahmen zur Reform der nationalen Kapitalmärkte (Helleiner 1994, Abdelal 2007). Betrieben wurden diese Entwicklung vor allem durch die USA und Großbritannien, aber auch von der Europäischen Union durch ihre Wettbewerbspolitik im Bereich der Finanzmärkte (Bieling 2005).

Jene Maßnahmen, die der Vertiefung der Finanzialisierung dienen sollten, gehören demnach auch zu den Faktoren, welche die Krise schließlich ausgelöst und intensiviert haben. Der nächste Abschnitt untersucht die Verbindungen zwischen den Prozessen der Finanzialisierung und der Subprime-Krise.

3   Finanzialisierung und Subprime-Krise

Bisher ist noch nicht systematisch geklärt, welchen Anteil die Finanzialisierung an der Subprime-Krise hatte. Grundsätzlich gehen wir davon aus, dass ihr Ausmaß nicht ohne die Prozesse der Finanzialisierung denkbar gewesen wäre. Offensichtlich entstand die Finanzkrise im direkten Zusammenhang mit einer zentralen Innovation der Finanzialisierung: durch die Transformation von konventionellen, durch einen greifbaren Gegenwert gesicherten Hypotheken, in anonymisierte, verbriefte Finanzprodukte. Unser Ansatzpunkt ist allerdings weniger der unmittelbare Ausbruch der Subprime-Krise, sondern vielmehr der Versuch, jene Elemente der Finanzialisierung herauszuarbeiten, welche die Krise ermöglicht und schließlich intensiviert haben.

3.1   Fragilität der Finanzialisierung: ‚boom and bust‘

Bereits vor dem Ausbruch der aktuellen Krise wurde unter dem Eindruck der Technologie-Blase der 1990er Jahre und der sich abzeichnenden Immobilienblase der frühen 2000er Jahre intensiv darüber diskutiert, ob die zunehmende Finanzialisierung der Ökonomie tatsächlich in einem stabilen Wachstumsmodell münden könnte, wie es zuvor der Fordismus war (Aglietta 1997, Boyer 2000, Deutschmann 2005, Stockhammer 2008). Die fordistische Periode, die etwa in den 1930ern begann, zeichnete sich durch eine standardisierte Massenproduktion für Massenbedarf auf der Grundlage von an Produktivitäts- und Preisentwicklung gekoppelten Löhnen aus, die zwischen Großunternehmen, gut organisierten Gewerkschaften und dem keynesianischen Staat, jeweils auf nationaler Basis ausgehandelt wurden. Abgesichert wurde dieses Modell durch relativ stark kontrollierte, nationale Finanzmärkte und Restriktionen für grenzübergreifende Finanzflüsse.

Mit der allmählichen Abschwächung der Produktivitätszuwächse in der industriellen Basis der USA, geriet das Wachstumsmodell des Fordismus ab Ende der 1960er Jahre ins Wanken (Sablowski 2003b). Durch den Aufstieg der Chicago-Schule in den Wirtschaftswissenschaften bestärkt, setzten die westlichen Länder unter Führung der USA und Großbritanniens nach dem Zusammenbruch des Bretton-Woods-Systems 1973 konsequent auf die Liberalisierung der Finanzmärkte und auf den Finanzsektor als neuen Wachstumsmotor ihrer Ökonomien. Der private Konsum der Haushalte sollte auch weiterhin eine zentrale Triebfeder dieses Wachstums

bleiben. Wurde dies im Fordismus allerdings durch stetig steigende Löhne, über die
Arbeiter an den Produktionszuwächsen ihrer Arbeit partizipieren konnten, erreicht,
so sollte diese Funktion nun zunehmend von Gewinnen aus Finanzmarktgeschäften
erfüllt werden. Vor diesem Hintergrund wurde eine enorme Ausweitung des privaten
Besitzes an Finanzinstrumenten wie Aktien und Anleihen und kreditfinanziertem
Immobilienbesitz gefördert. Eine immer stärker werdende Verschuldung der privaten
Haushalte wurde dabei als unproblematisch verstanden und in Kauf genommen bzw.
sogar gefördert, da ihr Konsum das Wachstum der Wirtschaft und damit auch den
Wert ihrer Einlagen befördern würde – quasi die Antwort des Neoliberalismus auf
die keynesianischen Nachfragestimulierung (Young 2009).

Für einen begrenzten Zeitraum wurde das Wirtschaftswachstum, insbesondere in den hochgradig finanzialisierten Ökonomien der USA und Großbritanniens,
dann auch tatsächlich durch eine erhebliche Nachfragestimulierung aufgrund von
Wertsteigerungen auf den Aktien- und Immobilienmärkten befeuert (Stockhammer
2007: 8-12). Im Nachhinein führte diese Politik aber zu massiven Überbewertungen
und Spekulationsblasen, wie zuletzt der Technologie- oder eben der Immobilienblase.

Finanzialisierte Ökonomien sind wesentlich stärker von solchen ‚boom and bust‘-
Zyklen geprägt als herkömmliche Systeme, da Spekulationsblasen einen notwendigen Bestandteil der Finanzialisierung darstellen: Um in finanzialisierten Ökonomien
Wachstum zu schaffen, werden immer wieder neue Anlageperspektiven benötigt, deren Dynamik sich steigert, bis kaum noch ein Bezug zu den ursprünglich vorhan-
denen realwirtschaftlichen Veränderungen besteht. Diese dynamische Entwicklung
geht mit relativ hohen Wachstumsraten und der Steigerung von Vermögenswerten
einher, endet jedoch regelmäßig im Platzen der Blase und in einer Krise, bei der die geschaffenen Werte wieder verfallen. Dies hat in der aktuellen Krise beispielsweise dazu
geführt, dass viele der neuen Immobilienbesitzer inzwischen hoch verschuldet sind
und ihre Immobilien verloren haben, was die Fragilität des mit der Finanzialisierung
einhergehenden Nachfrageschubs verdeutlicht (Emunds 2008: 462–464).

3.2 Finanzialisierung und die Überdimensionalisierung des Finanzsektors

Dass sich die Immobilienblase zu einer dermaßen weit reichenden Finanzkrise entwickeln konnte, lässt sich selbstverständlich nicht ohne das extreme Aufblähen des
Finanzsektors durch die Verschiebungen im Zuge der Finanzialisierung verstehen.
Zwar hat es auch früher Phasen von Spekulationen und Finanzkrisen gegeben, die
aktuelle Periode ist aber wegen der Größe und der Dynamik ihrer Finanzmärkte wesentlich volatiler und krisenanfälliger als das frühere fordistische Produktionsmodell.
Ohne Finanzmärkte von hypertrophen Ausmaßen hätte sich eine Krise in einem
obskuren Sektor des US-Immobilienmarktes kaum zur schwersten Wirtschaftskrise
seit den 1920er Jahren ausweiten können.

Das enorme Wachstum des Finanzsektors während der letzten Dekaden lässt sich vor allem dadurch erklären, dass ihm enorme Mengen an Kapital zuflossen, die durch die Prozesse der Finanzialisierung mobilisiert wurden und auf den Finanzmärkten investiert werden sollten, z.B. in Form von Einlagen zur Alterssicherung in Pensionsfonds. Zudem änderten viele Finanzinstitutionen ihr Geschäftsmodell aber auch dahingehend, dass sie sich – neben ihrer Rolle als Finanzdienstleister – nun auch selbst als Mitspieler auf eigene Rechnung ('own-acccount-trading') an den Spekulationen auf den Finanzmärkten beteiligten (Erturk/Solari 2007). Da dem durch die Finanzialisierung mobilisierten Kapital jedoch ein Mangel an tatsächlich verfügbaren rentablen Anlagemöglichkeiten gegenüberstand (Deutschmann 2005: 67-71), floss das Kapital zunehmend in risikoreichere Investitionen. Letztere wurden nicht im normalen, für die Regulierungsbehörden sichtbaren Teil des Finanzsystems, sondern in einem 'Schattenbanksystem' aus wenig bis gar nicht regulierten Hedge Fonds und Zweckgesellschaften, verwaltet. Obwohl Banken im sichtbaren Teil des Finanzsystems für die Verluste ihrer oftmals 100%-igen Töchter voll verantwortlich waren, standen den Investitionen in diesem Schattensystem nur unzureichende Sicherheiten gegenüber.

Die Kombination aus dem Überschuss an zu investierendem Kapital und der Bereitschaft der Finanzmarktakteure deutlich überhöhte Risiken einzugehen, führte zu der paradoxen Situation, dass der Finanzsektor trotz eines (durch seine zunehmende Liberalisierung) generell verschärften Wettbewerbsdrucks stark wachsen und außerordentlich hohe Renditen erzielen konnte (Crotty 2007, 2008). Die im Zuge der Finanzialisierung überhöhten Renditeziele des Finanzsektors setzten den produktiven Sektor weiter unter Druck, ähnliche Ergebnisse zu erzielen und entwickelten die Finanzialisierung dadurch zu einem sich selbst verstärkenden Prozess weiter.

3.3 Institutionelle Voraussetzungen der Subprime-Krise

Einige weitere konkrete institutionelle Komponenten des Finanzsystems, die zentral für die Finanzialisierung waren, haben auch ganz erheblich zur Entstehung und Verschlimmerung der Subprime-Krise beigetragen. Hierbei möchten wir insbesondere die Rolle von Securitization, irreführenden Risikobewertungen durch Rating-Agenturen sowie die Umstellung auf Rechnungslegung auf der Basis von Marktbewertungen, hinweisen.

'Securitization' oder Verbriefung war eine zentrale Innovation der Finanzialisierung, die zumindest in der Theorie dazu dienen sollte, durch die Transformation von Krediten und Hypotheken in handelbare Finanzinstrumente, die Liquidität auf dem Kreditmarkt zu erhöhen und dadurch mehr Kredite zu günstigeren Konditionen bereitzustellen –insbesondere für jene Gruppen von Kreditnehmern, die normalerweise nur begrenzten Zugang zu Krediten haben, wie etwa ärmeren Haushalten und kleineren Unternehmen. In der Praxis verwendeten Banken dieses auch ‚Originate and Distribute‘ genannte Prinzip dazu, eine große Zahl von Krediten zu vergeben ohne die Bonität der Schuldner ausreichend zu prüfen und diese hochriskanten Verbindlichkeiten in handelbare Pakten zu schnüren, damit sie diese alsbald wieder aus ihren Büchern verschieben konnten. Durch fehlende Regulierung dieser Praktiken und die enorme ‚Innovationskraft‘ der Banken erlangte der Handel mit verbrieften Krediten bald eine Komplexität, die praktisch nicht mehr zu überschauen oder gar zu kontrollieren war (Langley 2006).

Anreize für die Praktiken wurden gerade durch die Risikoregulierung im Rahmen der Abkommen Basel I und II geschaffen. Das erste Abkommen zielte zwar darauf ab, dass Banken ausreichende Sicherheiten für ihre Kredite vorweisen mussten, diese Anforderung führte aber dazu, dass sie ihre risikoreichen Verbindlichkeiten verbrieften und an Zweckgesellschaften oder die Finanzmärkte weiterreichten, um wieder über ihr Sicherungskapital verfügen zu können (King/Sinclair 2003: 59–60, Langley 2006: 293). Die Änderungen im Rahmen von Basel II, welches vor dem Ausbruch der Finanzkrise noch nicht offiziell in Kraft getreten war, aber bereits angewandt wurde, linderten dieses Problem nur scheinbar. Zwar mussten nun auch Sicherheiten für Verbindlichkeiten in Zweckgesellschaften vorgehalten werden, der Umfang der benötigten Sicherheiten wurde aber der Risikobewertung dieser Kreditpakete durch private Rating-Agenturen angepasst, die aufgrund der Komplexität dieser Produkte überwiegend überschwänglich positiv ausfiel und die Sicherheiten somit viel zu gering ausfielen.

Rating-Agenturen spielten nicht erst in der Subprime-Krise eine äußerst unglückliche Rolle, sondern waren bereits nach der Südostasienkrise und den Betrugsfällen von Enron und Worldcom in die Kritik geraten. Die besondere Rolle von Rating-Agenturen in der Finanzialisierung liegt darin begründet, dass auf großen, liberalisierten und kompetitiven Finanzmärkten nur noch selten direkte und längerfristige Beziehungen zwischen Kreditgebern und -nehmern (wie z.B. bei Hausbanken) auftreten und die Finanzmarktakteure daher auf externes Wissen zur Bewertung der Bonität eines Schuldners angewiesen sind. Die Autorität der Rating-Agenturen wird dadurch gestützt, dass ihr Urteil ganz selbstverständlich in nationale und internationale Regulierung inkorporiert wird, z.B. im Rahmen des bereits erwähnten Basel-II-Abkommens. In der Subprime-Krise hat dieses Modell der Bewertung durch Rating-Agenturen versagt, weil Pakete aus Subprime-Hypotheken (Collateralized Morgage Obligation/CMOs) viel zu optimistisch bewertet bzw. falsch interpretiert wurden. Die Ratings waren irreführend, weil sie nur die Möglichkeit eines individuellen Kreditausfalls berücksichtigen, die Möglichkeit einer systemischen Krise in den ihnen zugrundeliegenden Modellen allerdings nicht ausreichend einkalkulierten (Goodhard 2008: 337-339).

Eine weitere Verbindung von Finanzialisierung und Subprimekrise bedeutete die Umstellung von Rechnungslegungsstandards historischer Anschaffungswerte auf aktuelle Marktbewertung (‚Fair Value‘ oder ‚Mark-to-Market Accounting‘). Diese Umstellung, die maßgeblich durch die Finanzialisierung bedingt war und zur Vertiefung dieses Prozesses beigetragen hat (Perry/Nölke 2006; Nölke/Perry 2007), gehört nun jedoch zu den ersten Maßnahmen, die im Rahmen der Krisenbekämpfung zumindest teilweise wieder korrigiert worden sind: Während die Bewertung von Finanzgütern zu Marktpreisen in einer Aufschwungperiode – im Vergleich zur Bewertung nach den historischen Anschaffungspreisen – höher ausfällt (und damit zur oben dokumentierten Steigerung des Anteils von Finanzgütern an den Gewinnen führt), führt die gleiche Vorgehensweise in einer Abschwungphase zu einer niedrigeren Bewertung dieser Güter. Die Schwierigkeiten von Banken und anderen Finanzmarktakteuren werden damit ganz erheblich intensiviert, zumal diese Akteure durch die Wertberichtigungen und damit einhergehenden Verluste zu Verkäufen gezwungen werden, die wiederum einen weiteren Preisverfall nach sich ziehen (Allen/Carletti 2006:1).

4 Fazit: Politische Perspektiven zur Überwindung der Finanzialisierung und zur Vermeidung künftiger Finanzkrisen

Zusammenfassend stellen wir erstens fest, dass die Phase der Finanzialisierung wesentlich anfälliger gegenüber Finanzkrisen ist, als der vormalige Fordismus und zweitens, dass Finanzialisierung entscheidend zur Entstehung, Diffusion und Verschärfung der Subprime-Krise beigetragen hat. Aus finanzialisierungstheoretischer Perspektive war diese Krise dann auch keine Überraschung und wurde bereits seit einiger Zeit erwartet:

> ‚The stability of an equity-based regime depends on monetary policy which controls financial bubbles and thus the diffusion of finance may push the economy into a zone of structural instability. The next major crisis may originate in the USA whose economy approximates most closely to the model‘ (Boyer 2000: 111).

Allerdings muss unserer Auffassung nach nicht nur die Krisenanfälligkeit finanzialisierter Systeme als hochgradig problematisch gesehen werden. Vielmehr scheint auch diese Form des Kapitalismus insgesamt aus einer Reihe von Gründen, die mit den in diesem Beitrag beschriebenen mehrfachen Verschiebungen zusammenhängen, nicht sonderlich erstrebenswert. Es konnte inzwischen nachgewiesen werden, dass Finanzialisierung ganz erheblich zu Einkommensungleichheiten beigetragen hat, trotz (bzw. wegen) der Ausweitung des Besitzes an Immobilien und Anteilen an Investmentfonds, da nur ein Teil der Bevölkerung über überschüssige Mittel verfügt, die in Finanzprodukte investiert werden können (Froud/Williams 2001: 13; Palley 2007: 10-14). Zudem hat die durch den Druck des Shareholder-Value in Form von Lohn- und Sozialkürzungen bedingte Vermögensumschichtung, von unten nach oben auch gesamtwirtschaftlich eher wachstumsbremsend gewirkt, da Rentiers, mit Ausnahme derjenigen in den USA mit ihrer traditionell geringen Sparquote, generell über eine geringere Konsumneigung als Arbeitnehmer verfügen (Van Treeck et al. 2007: 640). Weiterhin hat Finanzialisierung zu einer Verkürzung des Kalkulationshorizonts in Unternehmen geführt: Interne Finanzreserven und Investitionen in Forschung und Entwicklung werden reduziert um Dividenden und den Aktienkurs zu erhöhen, was sich wiederum langfristig negativ auf die Wettbewerbsfähigkeit der Unternehmen und damit auch der Gesamtwirtschaft auswirkt (Crotty 2002, Stockhammer 2004, Orhangazi 2007).

In unserer Diskussion sollte deutlich geworden sein, dass die Finanzialisierung keine naturgegebene Entwicklung des Kapitalismus darstellt, sondern durch entsprechende politische Weichenstellungen herbeigeführt wurde. Was aber politisch befördert wurde, sollte ebenso politisch reversibel sein, auch wenn sich durch Verschiebungen der Interessenlagen, wie z.B. durch die Herausbildung einer Eigentümergesellschaft oder durch institutionelle ‚lock-ins‘, wie z.B. durch internationale oder regionale Abkommen, eine gewisse Pfandabhängigkeit eingestellt hat, die nur mit Mühe durchbrochen werden kann.

Die Finanzkrise hat allerdings durchaus solche Versuche befördert und bereits jetzt zu einer Vielfalt von Initiativen geführt, die sich um eine Re-Regulierung der Finanzmärkte bemühen. Offenbar öffnet sich durch die Krise derzeit ein ‚window of opportunity‘ für relativ weitreichende wirtschaftliche Reformen, wie es lange nicht mehr zu finden war. Zudem ist die Zielrichtung dieser Reformen erstmals seit mehr als 30 Jahren auf die Einhegung und nicht die Entfesselung der Finanzmärkte gerichtet. Notwendig ist eine Rückbesinnung auf die eigentliche Funktion des Finanzsektors, der als Infrastruktur dem Rest der Wirtschaft und der Gesellschaft zu dienen hat und nicht ungekehrt. Es sollte unmittelbar einleuchten, dass die Renditeziele der letzten Jahre nicht nur unrealistisch, sondern vielmehr schädlich waren und das Wachstum des Finanzsektors durch das Wachstum des produktiven Sektors beschränkt ist.

Die oben diskutierten institutionellen Voraussetzungen der Finanzialisierung stellen hierbei konkrete Ansatzpunkte zur Re-regulierung und Umkehrung dieser Entwicklung dar. Aus der von uns entworfenen Perspektive reichen die bisherigen Initiativen allerdings bei weitem nicht aus, um die Tendenzen der Finanzialisierung grundsätzlich umzukehren und damit die Gefahr zukünftiger Finanzkrisen nachhaltig zu verringern.

Die bisher diskutierten Schritte zur verstärkten Kontrolle von Rating-Agenturen beschränken sich beispielsweise lediglich auf die Überwachung dieser Organisationen, greifen jedoch nicht grundlegend in das Modell der Securitization ein. Auch die Einbeziehung der Rating-Agenturen in die nationale und internationale Regulierung wird nicht angetastet. Neben diesen für eine Überwindung der Finanzialisierung dringend nötigen Schritten wäre auch eine erhebliche Dekonzentration der oligopolistischen Strukturen dieses Sektors geboten, die etwa durch die Zerschlagung der großen Rating-Agenturen oder die Etablierung staatlicher Rating-Agenturen, z.B. auf der europäischen oder internationalen Ebene, zu bewerkstelligen wäre.

Die im Rahmen der Finanzkrise entschiedene selektive Abkehr von der mark-to-market-Bewertung für einige Finanzprodukte ist nur sehr begrenzt und bei den an der Konsistenz ihrer Regelsysteme interessierten Institutionen der Rechnungs-legungsstandardisierung (zum Beispiel dem International Accounting Standards Board) hochgradig umstritten, so dass eine baldige Revision zu befürchten ist. Zur Überwindung der Finanzialisierung notwendig wäre hingegen eine grundsätzliche Rückkehr zu historischen Anschaffungskosten als grundlegendes Paradigma der Rechnungslegung.

Insgesamt hoffen wir, gezeigt zu haben, dass die Transformation des modernen Kapitalismus durch die Finanzialisierung ausschlaggebend für Ausbruch und Schwe-re der Finanzkrise war. Bisherige Maßnahmen zur Re-Regulierung der internatio-nalen Finanzmärkte reichen allerdings bei weitem nicht aus, um diese grundlegende Prägung des aktuellen Wirtschaftssystems zu überwinden. Vollkommen hoffnungs-los ist dieses Bestreben allerdings nicht, denn so wie die Finanzialisierung politisch eingeleitet wurde, sollte sie auch zu überwinden sein.

Literatur

Aglietta, Michel (2000): Ein neues Akkumulationsregime. Die Regulationstheorie auf dem Prüfstand. Hamburg: VSA-Verlag.

Allen, Franklin/Carletti, Elena (2006): Mark-to-Market Accounting and Liquidity Pricing. In: CFS Working Paper 2006/17. Frankfurt am Main: Center for Financial Studies.

Bieling, Hans-Jürgen (2005): Finanzmarktintegration und transnationale Interessengruppen in der Europäischen Union. In: Eising, Rainer/Kohler-Koch, Beate (2005): 179-226.

Blackburn, Robin (2008): The Subprime Crisis. In: New Left Review 50 (March-April): 63-108.

Boyer, Robert (2000): Is a Finance-led Growth Regime a Viable Alternative to Fordism? A Preliminary Analysis. In: Economy and Society 29 (1): 111-145.

Burn, Gary (1999): The State, the City and the Euromarkets. In: Review of International Po-litical Economy 6 (2): 225-261.

Crotty, James (2002): The Effects of Increased Product Market Competition and Changes Financial Markets on the Performance of Nonfinancial Corporations in the Neoliberal Era. In: PERI Working Paper 44. Amherst: Political Economy Research Institute, Uni-versity of Massachusetts at Amherst.

Crotty, James (2007): If Financial Market Competition is so Intense, Why are Financial Firm Profits so High? Reflections on the Current Golden Age of Finance. PERI Working Paper 134. Amherst: Political Economy Research Institute, University of Massachusetts at Amherst.

Crotty, James (2008): Structural Causes of the Global Financial Crisis: A Critical Assessment of the ‚New Financial Architecture‘. In: PERI Working Paper 2008-14. Amherst: Political Economy Research Institute, University of Massachusetts at Amherst.

Czada, Roland/Zintl, Reinhard (Hrsg.) (2003): Politik und Markt. PVS-Sonderheft 34. Wiesbaden: VS Verlag für Sozialwissenschaften.

Deutschmann, Christoph (2008): Der kollektive ‚Buddenbrooks-Effekt‘. Die Finanzmärkte und die Mittelschichten. MPIfG Discussion Paper 08/5. Köln: Max-Planck Institut für Gesellschaftsforschung.

Deutschmann, Christoph (2005): Finanzmarkt-Kapitalismus und Wachstumskrise: In Windolf, Paul (2005a): 58-83.

Dörre, Klaus/Brinkmann, Ulrich (2005): Finanzmarkt-Kapitalismus: Triebkraft eines flexiblen Produktionsmodells? In: Windolf, Paul (2005a): 85-116.

Eising, Rainer/Kohler-Koch, Beate (Hrsg.) (2005): Interessenpolitik in Europa. Baden-Baden: Nomos.

Emunds, Bernhard (2008): Wirtschaftsethik – Risiken, die niemand im Griff hat. Sozialethische Anmerkungen zur aktuellen Finanzmarktkrise. In: Herder-Korrespondenz 62 (9): 460-464.

Epstein, Gerald A. (Hrsg) (2001a): Financialization and the World Economy. Cheltenham: Edward Elgar.

Epstein, Gerald A. (2001b): Introduction: Financialization and the World Economy. In: Ders. (2001a): 3-16.

Erturk, Ismail/Froud, Julie/Johal, Sukhdev/Leaver, Adam/Williams, Karel. Manchester: University of Manchester (2008): Financialization at Work: Kex Texts and Commentary. London/New York: Routledge.

Erturk, Ismail/Froud, Julie/Solari, Stefano/Williams, Karel (2005): The Reinvention of Prudence: Household Savings, Financialisation and Forms of Capitalism. CRESC Working Paper 11. Manchester: ESRC Centre for Research on Socio-Cultural Change, University of Manchester.

Froud, Julie/Haslam, Colin/Sukhdev, Johal/Williams, Karel (2000): Shareholder Value and Financialization. Consultancy Promises, Management Moves. In: Economy and Society 29 (1): 80-110.

Froud, Julie/Williams, Karel (2001): Finanzialisierung und ihre Folgen. In: Kurswechsel 8: 8-17.

Goodhard, Charles (2008): The background to the 2007 financial crisis. In: International Economics and Economic Policy 4 (4) 331-346.

Helleiner, Eric (1994): States and the Reemergence of Global Finance: From Bretton Woods to the 1990s. Ithaca: Cornell University Press.

Hilferding, Rudolf (1910): Das Finanzkapital: Eine Studie über die jüngste Entwicklung des Kapitalismus. Wien : Wiener Volksbuchhandlung.

Höpner, Martin (2003): Der organisierte Kapitalismus in Deutschland und sein Niedergang. In: Czada, Roland/Zintl, Reinhard (2003): 300-324.

Krippner, Greta R. (2005): The Financialization of the American Economy. In: Socio-Economic Review 3 (2): 173-208.

Kädtler, Jürgen/Sperling, Hans Joachim (2001): Worauf beruht und wie wirkt die Herrschaft der Finanzmärkte auf die Ebene von Unternehmen? Oder: Taugt die Finanzialisierung als neue Software für die Autoindustrie? SOFI-Mitteilungen 29. Göttingen: Soziologisches Forschungsinstitut an der Universität Göttingen.

King, Michael R./Sinclair, Timothy J. (2003): Private Actors and Public Policy: A Requiem for the New Basel Capital Accord. In: International Political Science Review 24 (3): 345-362.

Langley, Paul (2006): Securitising Suburbia: The Transformation of Anglo-American Mortgage Finance. In: Competition and Change 10 (3): 283–299.

Langley, Paul (2007): Uncertain Subjects of Anglo-American Financialization. In: Cultural Critique, 65: 67-91.

Leyshon, Andrew/Thrift, Nigel (2007): The Capitalization of Almost Everything: The Future of Finance and Capitalism. In: Theory, Culture & Society 24 (7-8): 97-115.

Magdoff, Harry/Sweezy, Paul M. (1983): Production and Finance. In: Monthly Review 35 (1): 11-12.

Montgomerie, Johnna (2006): The Finanzialisation of the American Credit Card Industry. In: Competition and Change 10 (3): 301-319.

Nölke, Andreas (1998): Nichtkonventionelle Nichtmarktstrukturen bei der Unternehmensfinanzierung: Kapitalismustypen und die Auswirkungen der Globalisierung am Beispiel der institutionellen Investoren. In: Comparativ 8 (4): 45-62.

Nölke, Andreas (2009): Finanzkrise, Finanzialisierung und die kapitalistische Vielfalt. In: Zeitschrift für Internationale Beziehungen 16 (1): 123-139.

Nölke, Andreas/Perry, James (2007): The Power of Transnational Private Governance: Financialization and the IASB. In: Business and Politics 9 (3): Article 4.

Orhangazi, Özgür (2007): Financialization and Capital Accumulation in the Non-Financial Corporate Sector: A Theoretical and Empirical Investigation of the U.S. Economy: 1973-2003. PERI Working Paper 149. Amherst: Political Economy Research Institute, University of Massachusetts at Amherst.

Overbeek, Henk/Van Appeldoorn, Bastiaan/Nölke, Andreas (Hrsg.) (2007): The Transnational Politics of Corporate Governance Regulation. London/New York: Routledge.

Palley, Thomas I. (2007): Financialization: What it is and why it matters? IMK Arbeitspapier 525. Düsseldorf: IMK Institut für Makroökonomie und Konjunkturforschung in der Hans-Böckler-Stiftung.

Perry, James/Nölke, Andreas (2006): The Political Economy of International Accounting Standards. In: Review of International Political Economy 13 (3): 559-586.

Polanyi, Karl (1978): The Great Transformation: Politische und ökonomische Ursprünge von Gesellschaften und Wirtschaftssystemen. Frankfurt: Suhrkamp.

Sablowski, Thomas (2003a): Bilanz(en) des Wertpapierkapitalismus. Deregulierung, Shareholder Value, Bilanzskandale. In: PROKLA Zeitschrift für kritische Sozialwissenschaft 33 (2): 201-233.

Sablowski, Thomas (2003b): Krisentendenzen der Kapitalakkumulation. In: Das Argument 251: 438-452.

Stockhammer, Engelbert (2004): Financialisation and the slowdown of accumulation. In: Cambridge Journal of Economics 28 (5) 719-741.

Schwartz, Herman M./Seabrooke, Leonard (2008): Varieties of Residential Capitalism in the International Political Economy: Old Welfare States and the New Politics of Housing. In: Comparative European Politics 6 (3): 237-261.

Strange, Susan (1986): Casino Capitalism, Oxford: Oxford University Press.

Strange, Susan (1998): Mad Money: When Markets Outgrow Governments, Ann Arbor: University of Michigan Press.

Stockhammer, Engelbert (2008): Some Stylized Facts on the Finance-dominated Accumulation Regime. In: Competition and Change 12 (2): 184-202.

UNCTAD (2009): The Global Economic Crisis: Systemic Failures and Multilateral Remedies. New York/Genf: United Nations.

Useem, Peter (1996): Investor Capitalism: How Money Managers Are Changing the Face of Corporate America. New York: Basic Books.

Van Treeck, Till (2008): The political economy debate on financialisation. A macroeconomic perspective. IMK Arbeitspapier 2008/1. Düsseldorf: IMK Institut für Makroökonomie und Konjunkturforschung in der Hans-Böckler-Stiftung.

Van Treeck, Till/Hein, Eckhard/Dünhaupt, Petra (2007): Finanzsystem und wirtschaftliche Entwicklung in den USA und in Deutschland im Vergleich – Eine makroökonomische Skizze. WSI Mitteilungen 12/2007. Düsseldorf: Hans-Böckler-Stiftung.

Watson, Mattew (2005): Hedge Funds, the Deutsche Börse Affair and Predatory Anglo American Capitalism. In: The Political Quarterly 76 (4) 516-528.

Williams, Karel (2000): From Shareholder Value to Present-Day Capitalism. In: Economy and Society 29 (1): 1-12.

Windolf, Paul (Hrsg.) (2005a): Finanzmarkt-Kapitalismus: Analysen zum Wandel von Produktionsregimen. Kölner Zeitschrift für Soziologie und Sozialpsychologie Sonderheft 45. Wiesbaden: VS Verlag für Sozialwissenschaften.

Windolf, Paul (2005b): Einleitung – Die neuen Eigentümer. In: Ders. (Windolf, Paul 2005a): 8-19.

Windolf, Paul (2005c): Was ist Finanzmarkt-Kapitalismus? In: Ders. (Windolf, Paul 2005a): 20-57.

Windolf, Paul (2008): Eigentümer ohne Risiko. In: Zeitschrift für Soziologie 37. 6. 516-535.

Young, Brigitte (2009). Vom staatlichen zum privatisierten Keynesianismus. Der globale makroökonomische Kontext der Immobilienblase und der Privatverschuldung, in: Zeitschrift für Internationale Beziehungen 16 (1): 141-159.

Kreditderivate als Ursache der globalen Finanzkrise: Systemfehler oder unglücklicher Zufall?

Daniel Mügge

1 Einleitung

Es ist weithin anerkannt, dass Kreditderivate in der gegenwärtigen Finanzkrise eine entscheidende Rolle gespielt haben (Hellwig 2008; Kragt 2008; Morris 2008; Wray 2008). Weit weniger klar hingegen ist, wie sich der kometenhafte Aufstieg dieser Finanzprodukte verstehen lässt, und welche treibenden Kräfte dahinter stehen. Eine Antwort auf diese Frage hilft nicht nur, die Krisendynamik selbst besser zu verstehen. Sie kann auch Aufschluss darüber geben, inwieweit die Krise in langfristige Umwälzungen der Gesellschaft und der Weltwirtschaft eingebettet ist. Zusammengefasst stellt sich die Frage wie folgt: Beobachten wir eine Krise in der Weltwirtschaft oder etwa eine Krise der Weltwirtschaft selbst? Anders gefragt, können wir diese Krise als getrieben von den inneren Widersprüchen und inhärenten Grenzen des Kapitalismus verstehen?

In der gegenwärtigen Debatte gibt es zwei Argumentationsstränge, die diese letzte Frage bejahen. Der erste zeichnet die Krise als Resultat der neoliberalen Umstrukturierung westlicher Volkswirtschaften, einschließlich einer zunehmenden ,Finanzialisierung' des Alltagslebens (Blackburn 2008, siehe auch die Beiträge von Heires/Nölke und Young).[1] Eine solche Perspektive schließt an Polanyis Beobachtung einer stetigen Ausweitung von Marktmechanismen quer durch die Gesellschaft an, mit all den sozialen und wirtschaftlichen Verwerfungen, die daraus folgen (Polanyi 2001 [1944]). Der zweite Argumentationsstrang stellt auf makroökonomische Ungleichgewichte in der Weltwirtschaft ab (Wolf 2009). Diese Ungleichgewichte werden oft interpretiert als Resultat eines relativen Niedergangs der US-amerikanischen

---

[1] Schon vor der Krise haben Bryan und Rafferty Derivate als eine Intensivierung kapitalistischer Verwertungsdynamiken interpretiert. Siehe Bryan, D. and M. Rafferty (2005). Capitalism with Derivatives: A Political Economy of Financial Derivatives, Capital and Class. Houndmills, Palgrave MacMillian. Vgl. kritisch dazu Mügge, D. (2009). ,Tales of tails and dogs: Derivatives and financialization in contemporary capitalism', Review of International Political Economy, 16(3), forthcoming.

Dominanz im Zuge der Verlagerung von Produktionskapazitäten zum Beispiel nach China, während der US Dollar (vorübergehend) noch seine zentrale globale Rolle behält. Eine solches ‚Auslaufen‘ amerikanischer Vorherrschaft fügt sich ein in historische Analysen hegemonialer Übergänge in der Weltwirtschaft (Arrighi/Silver 1999).

Beide Sichtweisen finden viele Anhänger vor allem bei jenen Beobachtern, denen die Negativseiten der gegenwärtigen Wirtschaftsordnung klar bewusst sind (cf. Glyn 2006). Aber hat diese Krise wirklich ‚tiefere‘ Wurzeln in den Schwächen und möglichen Widersprüchen des Kapitalismus als die milderen Krisen der letzten zwei Jahrzehnte, wie zum Beispiel Gamble (2009) meint? Dieses Kapitel argumentiert, dass bei genauerem Hinsehen solche ‚grand narratives‘ auf schwächeren Beinen stehen als deren Befürworter meinen, und es macht sich für eine viel weniger ‚holistische‘ Sichtweise der Krise stark. Deren spezifische Form, genauso wie ihr Ausmaß und der Zeitpunkt ihres Einsetzens, sind der Zusammenkunft von voneinander relativ unabhängigen Triebkräften geschuldet, die erst in ihrer Kombination die Krise möglich gemacht haben. (Politische) Ökonomen haben uns seit jeher darauf hingewiesen, dass Wirtschafts- und Finanzkrisen ein ständiger Begleiter wirtschaftlicher Entwicklung sind. Die gegenwärtige Krise ist in der Tat gravierender als ihre Vorgänger der letzten Jahrzehnte, aber dieser Umstand ist eher dem Zufall geschuldet als einem inhärenten Systemfehler des globalen Kapitalismus, der jetzt die Weltwirtschaft zu Fall bringen würde.

Diese Schlussfolgerung ergibt sich aus zwei aufeinander aufbauenden Argumenten, die dieses Kapitel darlegt: Erstens ist diese Krise in großem Maß eine Derivat-Krise. Derivate sind weit mehr gewesen als nur eine Art Turbobooster, ein Verstärker von schon bestehenden Problemen; sie stehen zentral. Das praktisch ungebremste Wachstum von Kreditderivatmärkten war eine notwendige, wenn auch nicht hinreichende Bedingung für die gegenwärtige Malaise. Die Krise erschließt sich dementsprechend entscheidend aus einem Verständnis der Entstehung und Rolle von Kreditderivaten.

Zweitens hatte das Wachstum des Derivatehandels selbst eine Reihe von notwendigen Bedingungen, die nur relativ lose miteinander zusammenhängen. Solche Bedingungen waren spezifische Deregulierungsinitiativen in verschiedenen Domänen der Finanzmärkte, aber auch die Entwicklung neuer Bewertungsmodelle für Finanzinnovationen und die transatlantische Integration von Finanzmärkten während der letzten zwei Jahrzehnte. Die lose Verknüpfung dieser Ursachen bedeutet, dass sich die gegenwärtige Krise nicht auf eine alles überspannende Dynamik reduzieren lässt, sei es die ‚Vermarktung‘ der Gesellschaft oder der Niedergang amerikanischer Wirtschaftshegemonie.

Nach einer kurzen Darlegung der Funktionsweise der beiden wichtigsten Kategorien von Kreditderivaten analysiert dieses Kapitel die Rolle solcher Derivate in der gegenwärtigen Krise und legt die Ursachen des Derivathandelwachstums dar. Der letzte Abschnitt dieses Kapitels kehrt dann zu der seiner zentralen Frage zurück, nämlich inwieweit sich Kreditderivate einfügen lassen in die ‚grand narratives‘ der Krise – oder auch nicht.

2 Kreditderivate – eine kurze Einführung

Zahlreiche Beobachter haben treffende Beschreibungen von Kreditderivaten als Teil der ,Mechanik' der Krise vorgelegt (Hellwig 2008; Kragt 2008; Morris 2008; Wray 2008). Das Ziel des Kapitels ist es nicht, deren Argumentationen lediglich wiederzugeben. Trotzdem ist es unabdingbar, sich die Funktionsweise der zwei entscheidenden Derivat-Typen noch einmal zu vergegenwärtigen, bevor deren Rolle in der Krise beurteilt werden kann. Es geht hier um collateralized debt obligations (CDOs) (Kragt 2008: 61ff) und credit default swaps (CDS) (Alexander, Eatwell et al. 2007: 10).[2] Ungeachtet ihrer unterschiedlichen Funktionsweise werden beide Derivat-Typen gängigerweise in der Kategorie der Kreditderivate verordnet (Partnoy und Skeel 2006). Im Gegensatz zu anderen Derivaten ist ihr (vermeintliches) Ziel, Kreditausfallrisiken im Finanzsystem neu zu verteilen.[3] Das unterscheidet zum Beispiel CDOs von ,collateralized mortgage obligations' (CMOs), einer Kategorie von Derivaten, die davon abgesehen viele Eigenschaften mit CDOs teilen.

2.1 Collateralized Debt Obligations

Die Umverteilung von Kreditausfallrisiken mittels CDOs funktioniert wie folgt: der Einfachheit halber stelle man sich eine Bank vor, die als Teil ihrer Aktiva 100 Hypotheken in ihrem Portfolio hält. In einem ersten Schritt könnte diese Bank die Hypotheken in einem verhandelbaren Wertpapier bündeln (einer ,asset-backed security', abgekürzt als ABS) und das ganze Bündel und die damit verbundenen Risiken an Investoren weiterverkaufen. Das Risikoprofil dieses neuen Anlageprodukts wäre schlicht eine Abspiegelung der unterliegenden Hypotheken; deren Ausfallrisiko wäre in diesem Fall einfach an den externen Anleger weitergereicht, ohne dass es sich verändert hätte. Ein CDO dahingegen hat verschiedene ,Tranchen' und konstituiert damit verschiedene ,Klassen' von Anlegern, deren Rendite aus den Zinsen und Tilgungen der Hypotheken besteht. Diese Zahlungen (und damit auch Zahlungsausfälle) werden jetzt nicht mehr einfach gleichmäßig auf alle Anleger verteilt. Stattdessen gibt es eine Rangordnung von Anlegern, als wenn sie sich jedes Quartal in einer stets gleichen Reihenfolge an einem Bankschalter anstellen müssten, der die Einkünfte aus dem Portfolio (Tilgungen und Zinsen) an die Anleger ausbezahlt. Erst wenn die Anleger der besten ,Klasse' voll ausbezahlt sind, bekommen auch die Anleger in den niedrigeren Klassen, die in der Schlange weiter hinten stehen, ihr

---

2   Auch in der deutschen Diskussion hat sich die englische Terminologie durchgesetzt; dieses Kapitel folgt diesem Sprachgebrauch.

3   Partnoy und Skeel (2006: 1019) definieren Kreditderivate als ,financial instruments whose payoffs are linked in some way to a change in credit quality of an issuer or issuers' – als Wertpapiere, deren Auszahlungen von der Bonität und Solvenz bestimmter Schuldner abhängt.

Geld. Im Fall von Kreditausfällen im Portfolio von Hypotheken, die mittels eines CDO verbrieft sind, konzentrieren sich die Verluste damit bei den Anlegern, die ganz am Ende der Schlange stehen, da sie die niedrigste Klasse von CDOs gekauft haben. Die Investoren der besten Klasse von Anlagen, die ‚ganz vorne in der Reihe stehen‘, werden dahingegen praktisch immer voll ausgezahlt, und müssen erst Verluste hinnehmen, wenn die Ausfallraten im Portfolio als Ganzes Ausmaße annehmen, die bis zum Sommer 2007 als praktisch undenkbar galten.[4]

Der Clou eines CDO ist, dass er aus Anlagen mit einem mittleren Ausfallrisiko wie Hypotheken neue Anlagekategorien ‚destilliert‘ – (vermeintlich) extrem sichere Anlagen (die sogenannten ‚senior‘ oder ‚supersenior‘ Tranchen des CDO), die zum Beispiel für Pensionsfonds interessant sein können, und risikovolle, aber in guten Zeiten auch renditeträchtige Anlagen (die ‚mezzanine‘ oder ‚equity‘ Tranchen des CDO). Die Wahrscheinlichkeit, dass Investoren in diesen verschiedenen Kategorien Verluste hinnehmen müssen, wird wiederum von Ratingagenturen beurteilt. Diese Urteile spannen die ganze Bandbreite an Risikokategorien ab, vom begehrten AAA-Rating für die super-senior Tranchen bis zum Junk-Status für die niedrigsten Tranchen des CDO. Letztere sind dann zum Beispiel für Hedge Fonds attraktiv, die klare Anreize haben, um kurzfristig immense Renditen zu erzielen, auch wenn damit die Einlagen ihrer Investoren mittelfristig gefährdet werden (Foster/Young 2007). Die als sicher beurteilten Tranchen dahingegen sind vor allem für risikoaverse Investoren interessant, zum Beispiel Pensionsfonds.

2.2 Credit Default Swaps

Auf den ersten Blick sind CDS wesentlich simplere Derivate. Sie erinnern an Versicherungspolicen. Der Ausgeber des CDS verpflichtet sich, dem Käufer des CDS bei Eintritt eines festgelegten Ereignisses eine bestimmte Summe zu zahlen. Für das Recht – eine substantielle Auszahlung wenn zum Beispiel eine Firma Bankrott anmeldet – zahlt der Käufer des CDS dem Aussteller in regelmäßigen Abständen eine fixe Summe, ganz ähnlich einer Versicherungsprämie. Auf diese Weise können zum Beispiel Gläubiger von großen Firmen sich gegen Kreditausfallrisiken versichern.

Gleichzeitig gibt es entscheidende Unterschiede zwischen CDS und Versicherungspolicen. Erstens muss man üblicherweise Besitzer eines Autos sein um zum Beispiel eine Vollkaskoversicherung abschließen zu können. Ein CDS hingegen erlaubt es dem Käufer, sich gegen den Bankrott einer Firma ‚zu versichern‘, auch wenn

---

4   In einer typischen CDO-Struktur würden die ‚super-senior‘ und ‚senior‘ Tranchen zum Beispiel 65 Prozent des Hypotheken-Pools abdecken. In ihrer Untersuchung der Ratings von CDO-Tranchen kamen Partnoy und Skeel (2002: 1029) zu dem Ergebnis, dass von Standard & Poor's mit AAA bewertete Tranchen einer Insolvenzrate von 30 Prozent im gesamten Hypotheken-Pool standhalten können mussten, ohne selbst Verluste hinnehmen zu müssen.

er ihr gar kein Geld geliehen hat. Um bei dem Auto-Beispiel zu bleiben: Mit dem CDS könnte man sich gegen einen Autounfall seines Nachbarn versichern, und ein neues Auto bekommen, falls dieser einen Totalschaden hat. Kurzum, CDS können sowohl benutzt werden um sich gegen mögliche Kreditausfälle abzusichern als auch um enorme Wetten auf die finanzielle Gesundheit von Unternehmen abzuschließen. Zweitens werden CDS, ganz im Gegensatz zu Versicherungsgeschäften, im Großen und Ganzen nicht reguliert, da sie formal weder als Versicherungsvertrag, noch als Terminkontrakt oder als Wertpapier gelten (Hakenes/Schnabel 2009: 113). Drittens brauchen die Ereignisse, die zu einer Zahlung an den Käufer des CDS führen, sich nicht auf den Bankrott einer bestimmten Firma zu beschränken. Der CDS kann sich auf mehrere Firmen gleichzeitig beziehen, oder gar auf ganze Pools von Firmen. Um ein letztes Mal das Auto-Beispiel zu bemühen, die Auszahlung könnte erfolgen wenn einer der Nachbarn im Straßenzug einen Unfall hat, oder der Unfall zwischen März und Mai passiert, etc. Der Fantasie sind keine Grenzen gesetzt.

Im Kontext der Krise sind vor allem zwei Merkmale von CDS entscheidend: erstens hatten sie es Finanzfirmen scheinbar ermöglicht, sich gegen Kreditausfälle zu versichern. Eine solche ‚Austreibung des Risikos' war wiederum eine essentielle Voraussetzung für das Überangebot an Kredit, das so kennzeichnend für diese Krise gewesen ist. Zweitens können CDS gebraucht werden, um sogenannte synthetische CDOs zu fabrizieren (im Gegensatz zu den oben besprochenen ‚cash CDOs'). Vergegenwärtigen wir uns noch einmal die Zahlungsverpflichtungen, die in einem CDS enthalten sind: Der Käufer des CDS zahlt dem Aussteller eine regelmäßige ‚Prämie'. Wenn der Bankrott oder ein anderes festgelegtes Ereignis eintritt, zahlt der Aussteller dem Käufer den übereingekommenen Betrag, und macht dementsprechend einen großen Verlust. Dieses Schema deckt sich grob mit dem eines normalen Kredits: die ‚Prämien' entsprechen den regelmäßigen Zinszahlungen und Tilgungen die der Gläubiger erhält solang alles gut geht. Und sollte der Schuldner zahlungsunfähig werden, leidet der Gläubiger einen enormen Verlust. Der entscheidende Unterschied zwischen dem Kredit und dem CDS: Bei Letzterem wurde nie ein Grundbetrag – der Kredit im Bankbeispiel – ausgezahlt. Es ist eher so, als ob der Aussteller des CDS Zinsen für einen Kredit bekommt, den er nie vergeben hat, und im Falle eines Bankrotts Geld verliert, dass er nie hatte. An genau diesem Risiko ist der amerikanische Versicherungsgigant AIG zugrunde gegangen.

Aufgrund der Ähnlichkeiten im Zahlungsmuster von regulären Krediten und CDS lassen sich letztere zu Finanzprodukten bündeln die normalen (‚cash') CDOs gleichen. Ein Anleger, dem es zu riskant ist um direkt in Hypotheken zu investieren, kann trotzdem die ‚besten' Tranchen eines CDOs für sicher genug befinden, um darin sein Geld zu investieren. Analog dazu kann es einem Anleger zu riskant sein, selbst (indirekt) CDS auszustellen, aber er kann durchaus willens sein, in ganze Pools von CDS zu investieren, wenn die damit verbundenen Risiken in einer Equity-Tranche konzentriert werden können und es damit unwahrscheinlich wird, dass die Verluste ihn je erreichen. Investmentbanken können auf diese Weise Finanzprodukte kreieren – die synthetischen CDOs – die den cash CDOs in vielerlei Hinsicht gleichen, allerdings ohne dass diese auf unterliegenden Krediten basieren.

Warum ist es relevant, dass CDS gebraucht werden können, um daraus CDOs zu fabrizieren? Die Ausgabe von ‚cash CDOs' ist in der Praxis durch den Vorrat an Krediten, die sich auf diese Art verbrieflichen lassen, begrenzt. Bei synthetischen CDOs gibt es kein Limit. Solang Käufer für die CDS gefunden werden können, ist die Ausgabe unbegrenzt. Natürlich können die Cash-Elemente mit synthetischen zu hybriden CDOs vermengt werden, bei denen das Verhältnis von realen unterliegenden Werten im Vergleich zu deren Emulation durch CDS undeutlich ist. Diese Undurchsichtigkeit von CDOs ist dann auch dafür verantwortlich, dass frei verfügbares Zahlenmaterial zur Ausgabe von CDOs keine genauen Angaben zum relativen Verhältnis von Cash- und synthetischen ‚Zutaten' in den verkauften Produkten macht. Selbst die Ausgabe von ‚reinen' synthetischen CDOs allein erreichte in 2006 allerdings über 66 Milliarden US Dollar.[5]

Grafiken 1 und 2 geben einen schematischen Überblick über die Entwicklung des Marktes sowohl für CDOs als auch CDS in den Jahren vor der Krise. Zwei Dinge springen dabei ins Auge. Erstens ist der Umfang des Marktes enorm gewesen. Mindestens ebenso wichtig für das Argument dieses Kapitels ist allerdings, dass das massive Wachstum vor allem nach 2004 einsetzte: innerhalb von ungefähr drei Jahren wuchs der CDO-Markt achtfach, der CDS-Markt sogar neunfach. Kreditderivate waren auch in den Neunzigern bekannt, aber der fatale Boom war eine Sache weniger Jahre.

Grafik 1: Neuausgabe von CDOs

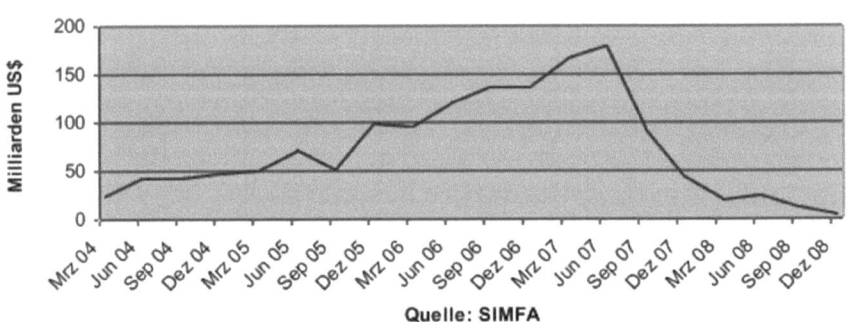

Quelle: SIMFA

---

5   Die Zahlen sind von SIFMA, Global CDO market issuance data, New York, 15 January 2009.

Grafik 2: Ausstehende CDS

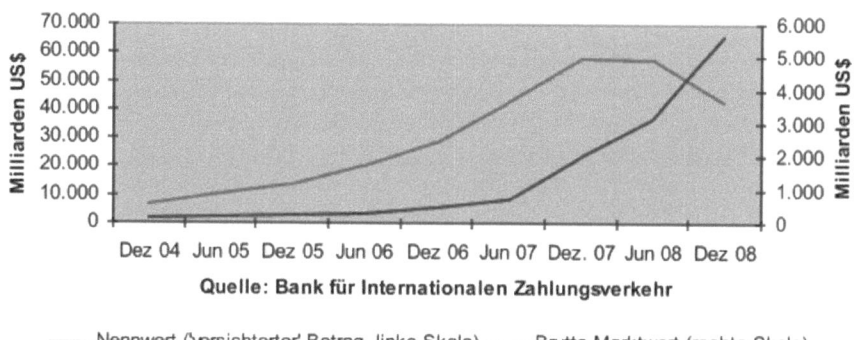

Quelle: Bank für Internationalen Zahlungsverkehr

—— Nennwert ('versicherter' Betrag, linke Skala) —— Brutto Marktwert (rechte Skala)

3   Die Rolle von Kreditderivaten in der gegenwärtigen Krise

Das enorm gestiegene Volumen an ausgegebenen Kreditderivaten seit Beginn des Jahrzehnts hat selbst die entlegensten Ecken der Wirtschaft mit Krediten überspült. Paradebeispiel sind die sogenannten Subprime-Hypotheken an Schuldner mit niedriger Bonität.[6] Nun ist es eigentlich Aufgabe der Zentralbanken, das Geld- und Kreditangebot abzustimmen. In der Praxis wird dieses Angebot allerdings nicht direkt gesteuert. Zentralbanken arbeiten vielmehr mit Zielvorgaben für die Zinsen, die Banken einander für kurzfristige Kredite in Rechnung stellen. Sind diese Zinsen höher als Zentralbanken es für wünschenswert halten, stellen sie den Banken extra Liquidität zur Verfügung bis deren Zinssatz untereinander aufgrund des gestiegenen Geldangebots ausreichend gesunken ist. Bei jedem ‚Zielzinssatz' stellt eine Zentralbank daher unbegrenzt Liquidität zur Verfügung, solang sich die Interbank-Zinsen nicht nach unten aus dem Zielkorridor bewegen aufgrund fehlender neuer Kreditvergabemöglichkeiten, und damit einem Überangebot an Geld. Andersrum erhöht eine Zentralbank automatisch die Geldmenge, wenn dem Kreditkreislauf neue Sektoren der Wirtschaft erschlossen werden. Genau diesen Effekt haben Kreditderivate im Fall des Subprime-Hypothekenmarktes gehabt und sind damit verantwortlich gewesen für eine Flutung der Wirtschaft mit Kredit, ohne dass dem eine gestiegene Produktion oder reales Wirtschaftswachstum gegenübergestanden hätten.

---

6   Goderis et al. haben errechnet, dass Banken die im Markt für collateralized loan obligations, einem Subsegment des CDO-Markts, aktiv waren, ihre Zielvorgaben für die Kreditvergabe als Folge davon mit bis zu 50 Prozent erhöht haben. Goderis et al. (2006).

Traditionellerweise haben Zentralbanken die Kreditschöpfung von Banken dadurch reguliert, dass sie letzteren Auflagen über die Kreditvergabe relativ zum Eigenkapital von Banken gemacht haben. Eine Risikogewichtung – mehr Eigenkapital als Absicherung für riskantere Kredite – hat risikovolle Kredite normalerweise relativ teuer gemacht, und damit die Kreditschöpfung in diesen Bereich beschränkt. Spekulationsblasen waren damit nicht ausgeschlossen, aber die Menge an Krediten, die Banken ‚selbständig' im System kreieren konnten, war klar begrenzt.

CDOs haben all das für den Hypothekenmarkt durch riskante Kredite verändert. Durch eine Konzentration der Risiken in den Equity und Mezzanine-Tranchen konnten sich die verbleibenden Teile des CDOs hohe Ratings sichern und damit Investoren anziehen, die bislang in diesem Segment kein Geld angelegt hätten. Pensionsfonds sind wiederum ein Beispiel, aber auch – zum Schrecken der Aufsichtsbehören – Banken selbst. Als sicher eingestufte Wertpapiere erforderten weit weniger Eigenkapital als die unterliegenden Sicherheiten für sich genommen. Und durch eine ‚Versicherung' der verbleidenden Risiken wurden CDOs als Anlage dermaßen vertrauenswürdig, dass die Eigenkapitalerfordernisse der Banken praktisch gegen Null gingen. Ohne eine solche Beschränkung von Anlagen durch Eigenkapitalanforderungen und mit dem Einverständnis der Zentralbanken, Mittel zur Verfügung zu stellen, solang die Zielzinsraten sich nicht unter das gewünschte Niveau bewegten, war das Angebot an Kredit auch im Subprime-Hypothekenmarkt praktisch unbegrenzt. Und solang dieses enorme Kreditangebot für stetig steigende Immobilienpreise sorgte, konnten Hauseigner auch exorbitante Zinsraten durch Refinanzierungen ihrer Immobilien und ein ständiges Aufstocken der Hypothek finanzieren. Die relativ niedrige Insolvenzrate unter neuen Hauseigentümern (besonders zwischen 2003 und 2006) wiederum limitierte Verluste selbst in den Equity und Mezzanine-Tranchen der CDOs, was deren Anziehungskraft auf zum Beispiel Hedge Fonds nur verstärkte. Durch diesen Mechanismus generierte Kredit automatisch mehr Kredit.

In dieser Kette haben Kreditderivate eine entscheidende Rolle gespielt. Ohne sie wäre der Subprime-Hypothekenmarkt, genau wie andere risikovolle Hypothekenmärkte, für viele Anleger schlicht zu unattraktiv gewesen, als dass er zum Epizentrum der gegenwärtigen Krise hätte werden können. Die einzige Grenze des Wachstums von CDOs lag ursprünglich in der Verfügbarkeit von Hypotheken – und wie oben argumentiert verschwand dank synthetischer CDOs selbst dieses Limit.

So wie Kreditderivate die Verfügbarkeit von Kredit im Aufschwung steigerten, so haben sie dafür gesorgt, dass die negativen Folgen des Platzens der Blase in Niedergang nicht auf den Subprime-Markt beschränkt geblieben sind. Die Kreditderivaten geschuldete gestiegene Nachfrage nach Immobilien machte sich notwendigerweise auch im ‚Prime'-Segment des Marktes bemerkbar, in dem Preise stiegen und Hauseigentümer über neue, höhere Hypothekenabschlüsse extra Kredite aufnehmen konnten, etwa um Konsum zu finanzieren. Gleichzeitig wurden im Zuge der Implosion des Subprime-Marktes auch die Immobilienwerte von Schuldnern mit im Prinzip fleckenloser Bonität und Zahlungskapazität getroffen. Vermögensverluste blieben damit nicht auf den Subprime-Markt beschränkt; die negativen Auswirkungen für das Baugewerbe, aber auch das gesamtgesellschaftliche Privatvermögen und den Konsum waren dementsprechend massiv.

Die wirtschaftlichen Verluste wären weniger schädlich gewesen, wenn sie sich nicht direkt auf die Bankbilanzen niedergeschlagen hätten. Ironischerweise wurde Verbriefung lang als ultimatives Mittel gepriesen, um Risiken quer durch das Finanzsystem zu verteilen und letzteres damit stärker und krisenresistenter zu machen. Banken würden Risiken weiterreichen sobald sich die Gelegenheit dazu bieten würde, so die Idee. Im traditionellen Kreditgeschäft waren es die Banken selbst, die das Insolvenzrisiko der Schuldner trugen. Mit der Umwandlung von Krediten in handelbare Wertpapiere konnten diese Risiken auf Anleger wie Versicherungsfirmen oder Investitionsfonds übertragen werden. Verbrieflichung hatte so das Potenzial, das Risiko zu vermindern, das Banken als Nervenzentren des globalen Finanzsystems aus Insolvenzen erwachsen kann.

In der Praxis haben CDOs diesen Effekt umgedreht. Verbriefte Kredite der ersten Generation, schon weit verbreitet in den Achtzigern und bekannt als Asset-Backed Securities (ABS), bündelten Kredite und machten sie interessant für externe Investoren. CDOs hingegen haben ABS selbst (noch mal) verbrieflicht. Die neuen, hoch ‚gerateten‘ Produkte waren wegen der geringen Eigenkapitalrücklagen nun für Banken selbst attraktiv. Während die Vorgaben für Kapitalrücklagen ursprünglich ein Anreiz waren, Kredite weiterzuverkaufen, machte deren (vermeintliche) Trennung vom Insolvenzrisiko durch CDOs und CDS' es für Banken, die Kredite zu behalten, interessant. Auf diese Weise haben Kreditderivate die Risiken zu den Banken zurückgebracht, obwohl der gesamtwirtschaftlichen Nutzen von Derivaten darin hätte liegen sollen, sie aus dem Portfolio von Banken zu entfernen.[7]

Durch ihren direkten Effekt auf die Banken haben Verluste im Subprime-Markt die Verfügbarkeit von Krediten in der Gesamtwirtschaft maßgeblich beeinflusst. Der Bauwirtschaft gänzlich unverwandte Sektoren konnten plötzlich bestenfalls noch mit Mühe Kredite erhalten und mussten als Folge Investitionen beschränken. Dieser Effekt der Subprime-Krise auf die Realwirtschaft ist eine direkte Folge von Kreditderivaten, die Banken verleiteten, genau solche Risikoprofile aufzubauen, die frühere Formen von Verbrieflichung hätte vermeiden sollen. Ernome Verluste waren die Folge.

Der genaue Umfang dieser Verluste wird dabei bis heute durch die Komplexität von Kreditderivaten verschleiert, die die Unsicherheit generiert haben, die zum ‚Einfrieren‘ von Kreditmärkten und damit dem Mangel an frischen Geldern für Unternehmen geführt hat. Diese Komplexität erschwert ein Werturteil von Kreditderiva-

---

7 Am Anfang waren Banken als eigentliche Eigentümer und Träger der Risiken nicht sichtbar, da sie sich hinter sogenannten Zweckgesellschaften (besser bekannt als securitized investment vehicles, SIVs) verborgen hatten. Diese SIVs haben aber nichts an der Bloßstellung der Banken zu diesen Risiken geändert, und sind daher an diesem Punkt von zweitrangiger Bedeutung. Siehe Kragt, J. (2008).

ten, die unmöglich ohne Computermodelle auskommt – ein Punkt, der später wieder aufgegriffen wird. Solange verschiedene Marktparteien vergleichbare Modelle, Daten und Annahmen benutzen, werden sie sich auf Preise einigen können, zu denen sie Transaktionen abschließen. Sollte eine dieser Zutaten zur Preisermittlung hingegen zweifelhaft werden, kann es schwierig werden, Gegenparteien zu finden, die noch zum Handel bereit sind. Liquidität verschwindet rapide aus dem Markt.

Durch diese Unsicherheit und den entsprechenden Liquiditätsverlust kann der Marktwert von OTC-Derivaten weit tiefer fallen als dies durch den Wert der unterliegenden, wenn auch jetzt schwer zu greifenden, Risiken gerechtfertigt ist. Sobald Banken ihre Wertpapierbestände nach Marktpreisen bewerten und in ihre Bilanzen aufnehmen müssen, müssen sie möglicherweise übertriebene Wertberichtigungen hinnehmen. Darüber hinaus werden Banken extrem zögerlich, einander noch Gelder zu leihen, da sie die Insolvenz anderer Marktparteien als Folge solcher Wertberichtigungen fürchten. Am extremsten zeigte sich diese Situation nach der Insolvenz von Lehmann Brothers am 15. September 2008. Das mangelhafte Kreditangebot von anderen Marktparteien in Kombination mit der Unsicherheit über den Wert der eigenen Derivat-Bestände ließ Banken Geld horten, anstelle es dem Privatsektor zu leihen. Der Kreditmangel wurde noch mal verstärkt, mit den dazugehörenden Feedback-Loops über Privat- und Unternehmensinsolvenzen, die daraus folgen können.

Durch diese Mechanismen hat die Undurchsichtigkeit der Kreditderivate das Zusammenschmelzen verfügbarer Kredite als Folge fallender Immobilienmärkte weiter verstärkt. Das Einfrieren des Kreditmarktes – sowohl unter Banken als auch zwischen Banken und dem Rest der Wirtschaft – in der zweiten Hälfte von 2008 war damit eine direkte Folge der Kreditderivate und deren Intransparenz.

4   Triebkräfte hinter dem Wachstum der Kreditderivate

Wenn man die oben angeführten Punkte zusammennimmt wird klar, dass es sich bei der gegenwärtigen Krise in großem Maße um eine Derivatkrise handelt. Ohne Derivate hätte der amerikanische Immobilienmarkt immer noch einen Abschwung erlebt, und die globalen makroökonomischen Ungleichgewichte hätten immer noch der mittelfristigen Anpassung bedurft. Trotzdem sind sowohl Ausmaß und Intensität der Krise, ebenso wie ihr direkter Effekt auf die Realwirtschaft, eine Folge der Entwicklungen in den Derivatmärkten. Die Wurzeln der Krise verstehen heißt daher, diese Entwicklungen zu verstehen. Genauer gesagt heißt es, jene Faktoren zu verstehen, die das enorme Wachstum in diesem Markt in den letzten ein bis zwei Jahrzehnten ermöglicht haben.

Dieser Abschnitt will dabei nicht einfach nur die verschiedenen treibenden Kräfte hinter den Derivatmärkten auflisten; er will auch analysieren, wie diese Kräfte miteinander verwoben sind – oder auch nicht: Lassen sie sich zurückführen auf eine

Kerndynamik, und damit auf eine der ‚grand narratives' der Krise? Oder haben sie selbst voneinander losgelöste Wurzeln, so dass die Krise besser als ein zufälliges Zusammentreffen von unabhängigen Dynamiken verstanden werden sollte? Die folgende Analyse unterstützt klar diese zweite Lesart der Ereignisse.

4.1 Mangelnde Regulierung von Kreditderivaten

Dass Kreditderivate unzureichend reguliert worden sind, ist mittlerweile relativ unumstritten (e.g. High Level Group on Financial Supervision in the EU, 2009: 16, 18; Financial Services Authority, 2009: 58). Was viel weniger klar ist, und auch weniger diskutiert wird, ist wie ein solcher Mangel an Regulierung bestehen bleiben konnte, wenn Warnungen zu OTC-Derivaten doch beinah zurückreichen bis in die Tage ihres Entstehens in den USA.[8] Eine öffentliche Debatte gab es schon in den frühen neunziger Jahren, gefördert von einer (vergleichsweise milden) Krise im amerikanischen Anleihenmarkt in 1993. Ein Jahr zuvor schon hatte Jim Leach, Mitglied des amerikanischen Repräsentantenhauses, das General Account Office (GAO) beauftragt, Derivate genauer zu untersuchen (Partnoy 2002: 147f; Goodman 2008). Der GAO-Bericht von 1994 zeigte klare Regulierungslücken auf und warnte vor ernsthaften Gefahren. In seiner Aussage vor dem Kongress warnte Charles Bowsher als Chef der GAO, dass ein plötzlicher Zusammenbruch und abrupter Rückzug vom [Derivat-]Handel von einem der großen US Dealer Liquiditätsprobleme in den Märkten verursachen könnte und damit auch Risiken für andere, einschließlich der bundesstaatlich versicherten Banken und das finanzielle System als Ganzem.[9]

Alan Greenspan hingegen war ganz anderer Meinung, und das Gesetzesvorhaben, das dem Kongress noch im selben Jahr vorgelegt wurde, ist nie verabschiedet worden.[10]

---

8   Die Darlegung konzentriert sich vor allem auf die USA, da auch in Europa Kreditderivate nach New Yorker Recht gehandelt wurden und es darüber hinaus keine nennenswerten Regeln gab. US-Regeln waren damit der globale Standard in diesem Geschäft.

9   Übersetzung vom Autor. Im Original: ‚[T]he sudden failure or abrupt withdrawal from trading of any of these large U.S. dealers could cause liquidity problems in the markets and could also pose risks to the others, including federally insured banks and the financial system as a whole'. Aussage von Charles Bowsher, Comptroller General of the General Accout Office, vor dem Congressional Committee on Banking, Finance and Urban Affairs, 23. Juni 1994.

10   In den Anhörungen vor dem Kongress seinerzeit wurde regelmäßig auf einen Reprt der G30 verwiesen, einer Mischung aus Think Tank und Lobby-Gruppe, die sich für freiwillige Standards und Selbstregulierung eingesetzt hatte. Siehe Tsingou (2003). Auch Bowsher bezog sich auf die G30 Empfehlungen als de facto Standards; er merkte allerdings kritisch an, dass diese Standards nicht rechtsverbindlich seien und man sich daher nicht auf sie verlassen könnte, wenn es um die Stabilität des Finanzsystems als Ganzes gehe.

Wie stark der Einfluss der Finanzindustrie auf diese Entscheidung war, ist nicht klar. Als sie einmal genommen war, gründeten führende Banken schnell die Derivatives Policy Group (DPG) mit dem Auftrag, Regeln für den Derivatsektor zu entwickeln (Faerman, McCaffrey et al. 2001: 373; Tsingou 2003: 19). Dieser Gruppe glückte es nicht nur wie geplant, eine staatliches Eingreifen zu vermeiden (Faerman, McCaffrey et al. 2001: 379); sie standen auch Modell für den späteren Umgang mit Hedge Fonds im Zuge des Zusammenbruchs des Hedge Fonds Long Term Capital Management (LTCM) 1998 durch eine vergleichbare Initiative (Ibid: 384). Während sich die DPG mit Derivaten beschäftigte, verschwand das Thema weitgehend aus dem Blickfeld.

Es tauchte wieder auf, als Brooksley Born 1997 als Chefin der Commodities and Futures Trading Commission (CFTC) eingesetzt wurde, der in Chicago basierten Regulierungs- und Aufsichtsbehörde für die amerikanischen Terminmärkte (Goodman 2008). Besorgt über Risiken von OTC-Derivaten schlug Born ihren Kollegen bei der Zentralbank, dem Finanzministerium und der Börsenaufsicht SEC vor, diese Märkte zu regulieren und zu beaufsichtigen (Faiola et al. 2008). Alan Greenspan und Robert Rubin, seinerzeit Clintons Finanzminister, lehnten Borns Ideen jedoch ab (Schmitt 2009). Arthur Levitt, Chef der SEC, stellte sich hinter Greenspan und Rubin, auch wenn er mehr Zweifel hatte als seine beiden Kollegen. Alle drei blieben auch nach der Implosion von LTCM bei ihrer Ablehnung und sorgten dafür, dass Born im Alleingang im folgenden halben Jahr – dem Rest ihrer Amtsperiode – keine Initiativen mehr durchdrücken konnte. Um die Nicht-Regulierung von OTC-Derivaten ein für allemal zu zementieren, verabschiedete der Kongress im Jahr 2000 den Commodities Futures Modernization Act, der die CFTC der Zuständigkeit für OTC-Derivate enthob (Goodman 2008) (Faiola, Nakashima et al. 2008). Zwischen der Verabschiedung dieses Gesetzes und der gegenwärtigen Krise wurde Regulierung von OTC-Derivaten nie noch mal so thematisiert wie das noch Mitte der Neunziger passiert war.

Was sagt das alles über die mangelnde Regulierung von OTC-Derivaten und damit auch von Kreditderivaten, die in dieser Krise eine so zentrale Rolle gespielt haben, aus? Erstens gab es relativ wenige Akteure im Kreis der relevanten politischen Spieler, die sich auf ein solides Hintergrundwissen im Bereich Derivate hätten verlassen können. Die Komplexität des Themas machte es Politikern, Aufsehern und Lobbyisten mit ausreichendem Wissen viel einfacher, Autorität zu erlangen, als dass in anderen Politikbereichen der Fall gewesen wäre. Insbesondere der Einfluss von Alan Greenspan muss so verstanden werden.

Zweitens haben die Grundüberzeugungen von sowohl Greenspan als auch anderen öffentlichen Figuren in der Anti-Regulierungs-Allianz eine entscheidende Rolle gespielt (Cloke 2009). Der Glaube an die Selbstregulierungskraft des Marktes hatte das Niveau eines Dogmas erreicht (vgl. Tickell 2000). Während der US-Regierung noch oft Zynismus oder zumindest Opportunismus in ihrer Unterstützung von neoliberalen Ideen vorgeworfen wird, waren die Akteure im Finanzmarktbereich allem Anschein nach selbst von der Superiorität des Marktes überzeugt. Dieser Dogmatismus, der nicht notwendigerweise einem spezifischen Politikziel untergeordnet war, hat einen entscheidenden Beitrag zum Boom der Derivatmärkte geleistet.

Drittens hat die Finanzindustrie starke Anreize gehabt, um sich staatlicher Einmischung zu erwehren. Rubin zum Beispiel argumentiert rückblickend, er sei zur Zeit von Borns Initiative eigentlich für Regulierung gewesen, aber ein solches Vorgehen sei politisch unmöglich gewesen, vor allem auf Grund von Widerständen aus der Industrie (Goodman 2008; Schmitt 2009). Solche Rechtfertigungen lassen sich im Nachhinein schwer verifizieren. Klar ist aber, dass die Finanzindustrie nicht nur die G30-Initiative stütze, sondern auch voll auf Selbstregulierung setzte (und damit freies Spiel), sobald diese Option sich als Alternative zu und vor allem Schutz gegen Staatseinmischung anbot.

4.2 Verwässerung von Glass-Steagall

Ein zweiter Quell von Problemen, der mit der Nicht-Regulierung von Derivaten bestenfalls indirekt zusammenhängt, war die Aufhebung des Glass-Steagall-Acts im Jahre 1999. Mit diesem Gesetz aus 1933 hatte – nach Meinung seiner Befürworter – ein Webfehler im amerikanischen Finanzsystem beseitigt werden sollen, der entscheidend zur Börsenblase von 1929 und dem darauf folgenden Crash beigetragen hatte: die Verquickung von klassischem Kreditgeschäft und Kapitalmarktaktivitäten. Zwei Jahrzehnte des Lobbying von Banken, die gerne ein Stück vom lukrativen Kapitalmarktkuchen haben wollten, sorgte allerdings dafür, dass das Gesetz 1999 durch den Gramm-Leach-Bliley Act zurückgenommen wurde, und dass Konglomerate wie die Citibank wieder ganz verschiedene Finanzdienstleistungen unter einem Dach vereinigen durften.

Obwohl die Aufhebung des Glass-Steagall Acts klassische (Kredit-)Banken und Investmentbanken einander auf dem Papier gleichgestellt hat, blieben doch gravierende Unterschiede. Banken mit riesigen Bilanzen, zum Beispiel aus dem Kleinkundengeschäft, haben im Vergleich zu den schlanken Investmentbanken einen wichtigen Vorteil beim Verpacken von Hypotheken in CDOs: zwischen dem Kauf oder der ‚Produktion‘ von Wertpapieren, die in CDOs umverpackt werden sollen, müssen erstere ‚zwischengelagert‘ werden. Auch wenn sie letztendlich, zumindest für Buchhaltungszwecke, von den Bankbilanzen verschwinden, binden sie doch Eigenkapital, bis der Umverpackungsprozess und Weiterverkauf abgeschlossen sind. In dieser Phase – wenn die Wertpapiere noch bei der Bank lagern bevor sie anderen Anlegern verkauft werden (können) – können Banken mit einem großen Bilanzvolumen viel mehr CDOs verarbeiten als schlankere Institute mit einer dünneren Kapitaldecke. Auf diese Weise hat die Aufhebung des Glass-Steagall Act, die großen Banken den Weg ins Kapitalmarktgeschäft geebnet hat, das Entstehen der Derivat-basierten Kreditblase begünstigt.

Das Ende von Glass-Steagall wird meist der intensiven Lobbyarbeit der Banken zugeschrieben (Kroszner 2000). Ernsthafte Bemühungen, das Gesetz zu unterminieren, reichen zurück bis in die Sechziger und Siebziger, als Finanzdienstleister ohne Banklizenz doch Wege ins Kreditgeschäft fanden, zum Beispiel durch Kleinkundenkonten, die formell nicht unter die Bankgesetzgebung fielen (WGBH Educational Foundation 2003). Die wirkliche Aushöhlung begann aber erst 1986, als es Banken erlaubt wurde, fünf Prozent ihres Einkommens mit Kapitalmarktgeschäften zu verdienen; in den folgenden zehn Jahren wurde diese Grenze schrittweise auf 25 Prozent angehoben. Schätzungen zufolge hat die Finanzindustrie insgesamt rund 300 Millionen Dollar in die Lobbyarbeit gegen Glass-Steagall investiert. In Greenspan als Chef der amerikanischen Notenbank hatte sie einen mächtigen Verbündeten. Wenn verschiedene frühere Gesetzesinitiativen um Glass-Steagall ganz abzuschaffen (1984, 1988, 1991 und 1995) scheiterten, dann hatte das vor allem mit internen Querelen im Kongress oder zwischen diesem und dem Weißen Haus zu tun; ohne diese Hindernisse wäre die Bankenlobby wahrscheinlich schon früher am Ziel gewesen. Kurzum, die Widerrufung von Glass-Steagall steht in einer langen Tradition von Grabenkämpfen zwischen Finanzdienstleistern, die um die lukrativsten Marktsegmente wetteifern und zu diesem Ziel versuchen, die Regulierung ihren eigenen Interesse anzupassen (Sobel 1994; Mügge 2006a). Damit war das Ende von Glass-Steagall vor allem der Wettbewerbsdynamik unter den Finanzdienstleistern geschuldet gepaart mit einem Gesetzgebungsverfahren in den USA, das finanzkräftigen Lobbyisten außerordentlichen Einfluss einräumte (Kroszner und Stratmann 1998).

4.3 Begünstigende Regulierung in benachbarten Domänen

Dass Banken solche enormen Anreize gehabt hatten, mit Kreditderivaten zu handeln, ist nicht nur eine Folge der praktischen Nicht-Regulierung solcher Derivate gewesen, sondern auch von begünstigenden Regeln in benachbarten Domänen der Finanzmärkte. Zwei sind dabei besonders wichtig: die Regulierung und Struktur von Ratingagenturen und Buchhaltungsstandards.

Das heutzutage gängige Geschäftsmodell und die Regulierung von Ratingagenturen – die aus wenig mehr besteht als einer Registrierung bei der SEC – besteht seit den siebziger Jahren (Partnoy 1999). Dass die Agenturen so leicht übergehen konnten von der Beurteilung von Staats- und Unternehmensschulden zur Analyse von neuverpackten Krediten und Tranchen von CDOs ist damit einem Regulierungsregime geschuldet, dass schon lange bestand, bevor Kreditderivate überhaupt erfunden waren. Theoretisch wäre es natürlich möglich gewesen, die Regulierung diesen neuen Entwicklungen anzupassen, und Zweifel an der Fähigkeit der Agenturen, solche Produkte kompetent zu beurteilen, waren nicht neu (Partnoy und Skeel 2007: 1040ff).

Im Licht der generellen ideologischen Einstellung führender Figuren in der Finanz-marktpolitik der Achtziger und Neunziger ist es allerdings wenig überraschend, dass es nie zu solchen Schritten gekommen ist. Abgesehen von diesem allgemeinen Pro-Markt-Klima hat sich die Ratingindustrie, die eine zentrale Rolle in der Krise gespielt hat, relativ unabhängig von anderen Entwicklungen im Finanzmarktsektor entwickelt, zum Beispiel der Abschaffung von Glass-Steagall oder der Nicht-Regulierung von Kreditderivaten.

Neben dem Regime für Ratingagenturen sind Buchhaltungsstandards das zwei-te benachbarte Feld von Regeln, das einen entscheidenden Einfluss auf das Wachs-tum von Kreditderivaten gehabt hat (Ricol 2008: 50ff). Buchhaltungsregeln auf bei-den Seiten des Atlantik bewerteten Derivate, die Banken zum Verkauf bereit hielten, zu ihren Marktpreisen. Dementsprechend führten positive Wertberichtigungen sol-cher Derivate direkt zu steigenden Unternehmensgewinnen; damit stiegen nicht nur Dividenden und Managergehälter, sondern auch das Eigenkapital der betreffenden Banken, was wiederum eine Ausweitung der Kreditschöpfung ermöglichte. Gleich-zeitig ließ der Marktcrash die Werte der CDOs direkt sinken, was in der Bilanz re-lativ unvermittelt zu Verlusten und damit zum Wegschmelzen des Eigenkapitals der Banken führte. Notverkäufe von Wertpapieren zu denkbar ungünstigen Zeitpunkten und allgemeine Panik im Finanzsystem waren die Folge. Kurzum, die Bewertung von Derivaten zu deren Marktwert hatte starke prozyklische Effekte.

Die Bewertung von Derivaten zu Marktpreisen ist Teil eines generellen Schwenks in der Buchhaltung weg von historischen Akquisitionskosten hin zum sogenannten ‚fair value accounting' (FVA), das Aktiva entsprechend ihres derzeitigen Marktpreises in die Buchhaltung mit einbezieht (Barlev und Haddad 2003: 388ff). Dabei hat das FVA eine Geschichte, die den gegenwärtigen Bedenken über dessen Rolle in der Kri-se direkt entgegenläuft: FVA wurde vor allem im Zuge der amerikanischen Savings-and-Loans Krise der späten Achtziger populär, in der Buchhaltung nach historischen Akquisitionskosten Verluste verschleiert hatte, die sich bei Finanzdienstleistern an-gehäuft hatten. FVA wurde seinerzeit als Antwort auf solche Krise gesehen, auch wenn mittlerweile klar ist, dass es durch Verstärkung wirtschaftlicher Prozyklität seine eigenen Nachteile in Bezug auf Entwicklung und Verlauf von Krisen hat. In jedem Fall aber hat sich das FVA unabhängig von den anderen hier beschriebenen Trends entwickelt.

In Europa hat sich FVA vor allem in Zuge von EU-Unterstützung für Inter-nationale Rechnungslegungsstandards verbreitet – eine Unterstützung die weniger mit der inhaltlichen Ausrichtung dieser Standards zu tun hatte als mit dem Versuch, der amerikanischen Dominanz in der globalen Finanzmarktregulierung die Stirn zu bieten (Dewing und Russell 2004). Sicher: auf der europäischen Seite des Atlantik war die Einführung von FVA eher transatlantischem bürokratischem Wettbewerb geschuldet als einer bewussten Entscheidung für im weiteren Sinne neoliberale Stan-dards – ungeachtet der letztendlichen Folgen.

4.4 Der Glaube an Computermodelle und die Handhabbarkeit von Risiken

Die Bewertung von ‚senior' CDO Tranchen durch Ratingagenturen, die rückwir-
kend so kritisiert worden ist (e.g. Hunt 2009), baute ihrerseits auf einer Entwicklung auf, die wiederum relativ losgelöst war von den bis jetzt besprochenen Faktoren:
der Entdeckung einer relativ simplen mathematischen Formel zur Bewertung von
CDOs. Das von David Li entwickelte und 1999 veröffentlichte Modell machte aus
einem vertrackten Problem eine scheinbar einfache Übung (Salmon 2009).[11] Durch
diese Formel war professionelles Risikomanagement für CDOs nicht länger den Investmentbanken vorbehalten, die die Pioniere in diesem Bereich waren. Jetzt konnten
auch andere Anleger und weniger avancierte Banken sich sicher schätzen Dank der
Modelle, die vorgaben, präzise Bewertungen von CDOs zu ermöglichen. Allem Anschein nach arbeiteten auch Ratingagenturen selbst mit Lis Modellen. Damit entstand
quer durch die Finanzgemeinschaft ein Konsens über den Wert der neu geschaffenen
Produkte. Der Boom in der Ausgabe von CDOs, der der Veröffentlichung von Lis
Modell folgte, konnte auf eine drastische Vereinfachung der CDO-Bewertung bauen
– bis der Markt zusammenbrach, die Modelle sich als relativ nutzlos erwiesen, und
Hilflosigkeit in der Bewertung an die Stelle von Sicherheit trat.

Diese Episode erinnert an andere Fälle von Modell-induziertem Herdentrieb in
Finanzmärkten. Wie der Titel von MacKenzies Buch (2006) zu recht herausstellt, sind
mathematische Modelle vom Finanzmarktverhalten oft ‚ein Motor, nicht eine Kamera' realer Marktentwicklungen. Der Wert von Wertpapieren ist eine soziale Konstruktion, und sowohl im Vorfeld des Börsencrashs von 1987 wie auch des oben erwähnten
Zusammenbruchs von LTCM benutzten eine Vielzahl von Finanzmarktakteuren äußerst ähnliche mathematische Modelle oder auf ihnen basierte Finanzprodukte. Die
Bewertung von Derivaten aufgrund dieser Modelle generierte ein falsches Gefühl von
Sicherheit: Marktpreise für Kreditderivate waren nicht länger basiert auf voneinander unabhängigen Einschätzungen verschiedener Marktteilnehmer; de facto waren sie
auf einer einzigen Einschätzung basiert – der des Modells. Unglücklicherweise griffen
diese Modelle auf historische Preisentwicklungen, Korrelationen zwischen Anlagen
sowie Volatilitätsdaten zurück. Diese Daten wiederum werden von der Anwendung
des Modells geprägt, so dass eine sich selbstverstärkende Überbewertung eintreten
kann. Im Fall von auf Schulden basierten Kreditderivaten waren die günstigen Szena-
rien, mit denen die Modelle gefüttert wurden, sowohl Ursache als auch Wirkung des
Überangebots an Krediten und steigender Immobilienpreise.

Wann genau ein mathematisches Modell, das eine derartige Dynamik ermöglicht, entwickelt wird, ist erst einmal unabhängig von anderen Faktoren, die das
Wachstum von Kreditderivaten oder die Überbewertung von Immobilien möglich
gemacht haben. Wie MacKenzie (2006: 69ff) in Bezug auf die wissenschaftlichen

---

11   Die Veröffentlichung, um die es geht, ist Li, D. X. (1999).

Entwicklungen rundum die Finanzwirtschaft zwischen den Fünfzigern und Siebzigern gezeigt hat, spielte sich die Entwicklung der entscheidenden Ideen in einem
relativ überschaubaren Kreis von Experten ab; im Nachhinein wurden ‚erfolgreiche'
Entwicklungen dann von Marktteilnehmern in die Praxis umgesetzt. Natürlich
dienten auch Probleme aus der ‚realen Welt' als Inspirationsquelle für die Forschung,
aber es würde der Geschichte der Finanzwirtschaft als Wissenschaft grobe Gewalt
antun, wenn Forschungsprogramme schlicht als Resultat solcher Praxisprobleme gesehen würden. Wenn das Wachstum von Kreditderivaten also von der Entwicklung
brauchbarer mathematischer Modelle abhing, dann war die Copula-Formel, die Li
populär machte, ein entscheidender Faktor hinter der gegenwärtigen Krise.

4.5   Transatlantische Integration des Investmentbanking

Wie oben bereits erwähnt, hat der grenzüberschreitende Charakter des CDO-Mark-
tes dafür gesorgt, dass die Krise schnell auch auf Volkswirtschaften außerhalb der
USA übersprang, insbesondere in Europa. Damit ist natürlich noch nicht geklärt,
wie diese tiefe Integration der Kapitalmärkte entstehen konnte und, warum europäische Banken derartige Anreize hatten, in amerikanische Hypotheken zu investieren.
Schließlich waren zum Beispiel die japanischen Banken, die Ende der Achtziger noch
als die Hauptherausforderer ihrer US-Gegenspieler galten, in diesem Markt kaum
aktiv.

Die grenzüberschreitende und vor allem transatlantische Integration der Kapitalmärkte lässt sich auf veränderte Wettbewerbsinteressen in der europäischen und
amerikanischen Finanzindustrie zurückführen (Mügge 2006b). Im Laufe der Neunziger verlagerten kontinentaleuropäische Banken wie ABN Amro, Paribas oder Deutsche Bank ihren Fokus weg vom nationalen Kreditgeschäft hin zum internationalen
Investmentbanking. Die amerikanischen Investmentbanken, die die City seit Mitte
der Neunziger kontrollierten (Augar 2000), wiesen dabei den Weg mit ihren exorbi-
tanten Profiten (Augar 2005). Mit fragmentierter EU-Regulierung als Kernhinder-
nis auf dem Weg zu internationaler Expansion wurden die europäischen Banken zu
den wichtigsten Unterstützern von grenzüberschreitender Marktintegration. Damit
schlossen sie sich de facto der Position der US-Banken an, die aufgrund ihres Wettbe-
werbsvorteils freieren Marktzugang von Anfang an befürwortet hatten.

Die neuen, viel offeneren Kapitalmärkte, die sich in Europa seit rund der Jahrtau-
sendwende entwickelten, bescherten den erfolgreichen europäischen Banken – nicht
mehr als einem Dutzend – enorme Profite. Gleichzeitig traten sie damit in direkten
Wettbewerb mit ihren amerikanischen Vorbildern. Vor dem Hintergrund ihrer eigenen Ambitionen beförderte die europäische Finanzindustrie ein regulatives Umfeld,
das sie dazu verleitete, jetzt alle zur Verfügung stehenden Mittel einzusetzen, um mit
den US-Banken mitzuhalten. Den Boom der Kreditderivate zu verpassen war dabei

keine ernstzunehmende Option, wie Hellwig (2008: 21f) am Bespiel der Schweizer
UBS dokumentiert. Im Kampf um Marktanteile machte es dann auch wenig aus,
dass die europäischen Banken von amerikanischen Hauseignern relativ weit entfernt
waren. CDOs konnten aus bereits verbrieften Hypotheken in der Form von MBS
geschmiedet werden, oder selbst aus CDS, wie oben beschrieben. Vermittelt durch
die regulativen Formen, die die Banken entscheidend vorangetrieben hatten, war die
Marktliberalisierung, die diesen scharfen und im Endeffekt fatalen Wettbewerb her-
vorrief, letztendlich eine Folge der überzogenen Ambitionen europäischer Banken.
Auch in diesem Fall waren die regulativen und wirtschaftlichen Konsequenzen vom
Wettbewerb im Finanzsektor entscheidend für die Entfaltung der Krise für die Weltwirtschaft, ohne dass die auf direktem Wege auf inhärente und umfassende Webfehler
in letzterer zurückzuführen wäre.

5   Kreditderivate und die Krise: Das Gesamtbild

Eine volle Ergründung der gegenwärtigen Krise, und damit auch eine definitive Antwort auf die Frage, die dieses Kapitel leitet, liegen noch in der Zukunft. Nur rückblickend werden wir sagen können, ob diese Krise einen hegemonialen Übergang der
Art hervorruft, wie Arrighi und Silver (1999) ihn beschrieben haben und, der sich in
wichtigen Punkten an liberale Argumente anlehnt, die in globalen makroökonomischen Ungleichgewichten die Wurzel allen Übels sehen. Und wir werden auch erst
in der Zukunft sicher wissen, ob die Krise ein Ende der unablässigen Ausweitung
von Marktmechanismen quer durch alle Gesellschaftsbereiche signalisiert – eine
Trendumkehr die sich mit Polanyis Gegenbewegung zum Marktliberalismus vergleichen ließe, nur dass sie diesmal hoffentlich weniger dramatische Konsequenzen
zeitigen würde. Dieses Kapitel hatte sich darum für eine andere Herangehensweise
entschieden und sich auf die Zentralität von Kreditderivaten in der gegenwärtigen
Krise konzentriert sowie auf deren Wurzeln und treibende Kräfte. Sollten letztere
sich nicht auf eine Kerndynamik reduzieren lassen, so das Argument, dann müssten die zu Beginn dargestellten ‚grand narratives‘ nicht notwendigerweise verworfen
werden, aber sie würden auch sicher keine Unterstützung finden, und sollten mit
Vorsicht genossen werden.
        Wenn wir also die in dem vorhergehenden Abschnitt aufgeführten Faktoren zu-
sammennehmen, welches Gesamtbild entsteht dann? Das Wachstum von Kreditderivaten resultierte aus Wettbewerbsdynamiken zwischen Unternehmen in verschiedenen Sektoren, und deren institutionell bedingten Möglichkeiten, ihre Präferenzen in
der Politik umzusetzen. Auch ‚Ideen‘ waren entscheidend – sowohl die dominanten
neoliberalen Einstellungen unter den zentralen Figuren in den relevanten Politikfeldern und eher ‚technische‘ Neuerungen, zum Beispiel bei Bewertungsmodellen.
Und obwohl es unmöglich ist, solche Faktoren genau zu gewichten, haben einzel-

ne Marktakteure Schlüsselrollen gespielt. An entscheidenden Weggabelungen in der Entwicklungen der amerikanischen Finanzmärkte erwies sich Alan Greenspan mit seinen starren Überzeugungen als Kernperson – ein Punkt der für die Geldpolitik der letzten zwei Jahrzehnte weithin anerkannt ist, aber ebenso für die Finanzmarktregulierung gilt. Alle diese Faktoren sind natürlich miteinander verwandt, aber sie lassen sich nicht auf eine singuläre Dynamik reduzieren. Die Finanzkrise mag also die wirtschaftliche Vormachtstellung der USA in Frage gestellt haben, ohne dass sie eine Krise dieser Vormachtstellung selbst wäre. Und ebenso mag die Finanzkrise die weitere ‚Vermarktung' der Gesellschaft (vorerst) gestoppt haben, ohne dass sie damit aus dieser Vermarktung selbst resultieren müsste.

Nichts von alledem schmälert die Tatsache, dass westliche Gesellschaften in den letzten zwei Jahrzehnten tatsächlich stets mehr ‚vermarktet' worden sind (Leyshon/ Thrift 2007) und dass Derivate dabei eine wichtige Rolle gespielt haben. Genauso wenig ist zu bestreiten, dass eine relative Schwächung der Produktivkraft der USA die Entstehung einer finanzialisierten Wirtschaft begünstigt hat, in der Wirtschaftswachstum (oder was man dafür hielt) vor allem im Finanzsektor generiert wurde (Krippner 2005). Und selbst wenn keiner von diesen zwei Prozessen als Ursache der gegenwärtigen Krise gelten mag, dann sind sie trotzdem gravierend genug um zu entscheidenden wirtschaftlichen und sozialen Konfliktfeldern der Zukunft zu werden, die allein schon darum unsere volle Aufmerksamkeit verdienen.

Literatur

Alexander, Kern/Eatwell, John/Persaud, Avinash/Reoch, Robert (2007): Financial Supervision and Crisis Management in the EU. Brussels. Policy Department Economic and Scientific Policy of the European Parliament.

Arrighi, Giovanni/Silver, Beverly (1999): Chaos and Governance in the Modern World System. Minneapolis: University of Minnesota Press.

Augar, Philip (2000): The Death of Gentlemanly Capitalism. London: Penguin Books.

Augar, Philip (2005): The Greed Merchants. How the Investment Banks played the Free Market Game. New York: Portfolio.

Barley, Benzion/ Haddad, Joshua (2003): Fair Value Accounting and the Management of the Firm. Critical Perspectives on Accounting 14 (4): 383-41.

Blackburn, Robin (2008): The Subprime Crisis. In: New Left Review 50 (March-April): 1-44

Bryan, Dick/Rafferty, Michael (2005): Capitalism with Derivatives. A Political Economy of Financial Derivatives, Capital and Class. Houndmills: Palgrave MacMillian.

Cloke, Jon (2009): „An economic wonderland: derivative castles built on sand." Critical Perspectives on International Business 5 (2): 107-119.

Dewing, Ian/ Russell, Peter (2004): Accounting, Auditing and Corporate Governance of European Listed Countries: EU Policy Developments Before and After Enron. Journal of Common Market Studies 42 (2): 289-319.

Faerman, Sue/McCaffrey, David/Van Slyke, David M. (2001): Understanding Interorganizational Cooperation: Public-Private Collaboration in Regulating Financial Market Innovation. Organization Science 12 (3): 372-388.

Faiola, Anthony/Nakashima, Ellen/Drew, Jill (2008): What went wrong. The Washington Post. 15 Oktober: A01.

Foster, Dean/Young,Peyton (2007): The Hedge Fund Game: Incentives, Excess Return, and Performance Mimics. Wharton Financial Institutions Center working paper 07-42. University of Pennsylvania.

Goderis, Benedikt/ Marsh, Ian/ Castello, Judit Vall/ Wagner, Wolf (2006): Bank Behavior with Access to Credit Transfer Markets. London: Cass Business School Research Paper

Goodman, Paul (2008): Taking a Hard Look at a Greenspan Legacy. New York Times. 8. Oktober.

Hakenes, Hendrik/ Schnabel, Isabel (2009): The Regulation of Credit Derivatives Markets. In: Dewatripont, Mathias/Freixas, Xavier/ Portes, Richard (Hrsg.): Macroeconomic Stability and Financial Regulation: Key Issues for the G20. London, Centre for Economic Policy Research: 113-127.

Hellwig, Martin. (2008): Systemic Risk in the Financial Sector: An Analysis of the Subprime Mortgage Financial Crisis. Preprints of the Max Planck Institute for Research on Collective Goods. Cologne.

Hunt, John (2009): Credit Rating Agencies and the Worldwide Credit Crisis: The Limits of Reputation, the Insufficiency of Reform, and a Proposal for Improvement. Columbia Business Law Review 2009 (1).

Kragt, Jac (2008): De Kredietcrisis. De implosie van de financiele market van binnenuit bekeken. Den Haag: SMO.

Krippner, Greta (2005): The Financialization of the American Economy. Socio-Economic Review 3(2): 173-208.

Kroszner, Randall (2000): The Economics and Politics of Financial Modernization. In:FRBNY Economic Policy Review October: 25-37.

Kroszner, Randall/Stratmann,Thomas (1998): Interest-Group Competition and the Organization of Congress. Theory and Evidence from Financial Services' Political Action Committees.The American Economic Review 88 (5): 1163-1187.

Leyshon, Andrews/Thrift, Nigel (2007): The Capitalization of Almost Everything. The Future of Finance and Capitalism. Theory Culture & Society 24 (7-8): 97-115.

Li, Daniel X. (1999): On Default Correlation: A Copula Function Approach: SSRN.

MacKenzie, Donald (2006): An Engine, Not a Camera: How Financial Models Shape Markets. Cambridge: MA, MIT Press.

Morris, Charles (2008): The Trillion Dollar Meltdown. Easy Money, High Rollers, and the Great Credit Crash. New York: Public Affairs.

Mügge, Daniel (2006a): Private-Public Puzzles. Inter-firm Competition and Transnational Private Regulation. New Political Economy 11 (2): 177-200.

Mügge, Daniel (2006b): Reordering the Market Place. Competition Politics in European Finance. Journal of Common Market Studies 44 (5): 991-1022.

Partnoy, Frank (1999): The Siskel and Ebert of Financial Markets: Two Thumbs Down for the Credit Ratings Agencies. Washington University Law Quarterly 77 (3): 619-712.

Partnoy, Frank (2002): Infectious Freed: how Deceit and Risk Corrupted the Financial Markets. New York: Times Books.

Partnoy, Frank/Skeel, Davidl (2007):The Promise and Perils of Credit Derivatives. University of Cincinnati Law Review 75: 1019-1051.

Polanyi, Karl (2001 [1944]): The Great Transformation. Boston: Beacon Press.

Ricol, René (2008): Report to the President of the French Republic on the Financial Crisis. Paris.

Salmon, Frank (2009): Recipe for Disaster. The Formula that Killed Wall Street. Wired.

Schmitt, Rick (2009): Prophet and Loss. In: Stanford Magazine.

Sobel, Andrew (1994): Domestic Choices, International Markets: Dismantling National Barriers and Liberalizing Securities Markets. Ann Arbor: University of Michigan Press.

Tsingou, Eleni (2003): Transnational policy communities and financial governance: the role of private actors in derivatives regulation. CSGR Working Paper. University of Warwick.

WGBH Educational Foundation. (2003): The long demise of Glass Steagall. Abrufbar unter: http://www.pbs.org/wgbh/pages/frontline/shows/wallstreet/weill/demise.html. Letzter Zugriff am 14.Mai 2009.

Wolf, Martin (2009): What the G2 must discuss now the G20 is over. In: Financial Times.

Wray, Randall (2008): Financial Market Meltdown. What can we learn from Minsky? Levy Economics Institute Public Policy Brief No. 94. Annandale-on-Hudson.

Die Ausweitung der Subprime-Krise: Finanzmärkte als Deutungsökonomien

Andreas Langenohl

1   Einleitung

Der vorliegende Artikel interessiert sich für die Ausbreitungsmechanismen der Subprime-Krise, die ursprünglich als eine Liquiditätskrise des Immobilienkreditgewerbes in den USA begann und sich dann über den gesamten Finanzsektor erstreckte. Es geht dabei um die Ausweitung von einer Krise einzelner Kreditinstitute und Investmentbanken zu einer Krise des Finanzmarktes und seiner Produkte, insbesondere des Aktienmarktes. Im Zentrum der Überlegungen stehen, neben einer empirischen Analyse zu diesem Ausbreitungsprozess am Beispiel der USA, theoretische Erörterungen zur soziologisch-ökonomischen Ontologie von Finanzmärkten, weil diese m. E. für diejenigen Finanzmarktstrukturen verantwortlich zeichnet, die eine Ausbreitung der Krise maßgeblich befördert und verstärkt haben.

Der Ansatzpunkt dieses Aufsatzes ist, dass sich Finanzmarktkrisen im Vehikel des Preismechanismus fortsetzen. Auf diese Weise hat die Kredit- und Liquiditätskrise auf weite Teile des Finanzmarktes (insbesondere den Aktien- und Geldmarkt) übergegriffen (Abschnitt 2). Dieser generelle Mechanismus erklärt jedoch noch nicht, warum es zu dieser Ausbreitung kommen konnte. Hierzu schlägt der Aufsatz vor, Finanzmärkte als Deutungsökonomien zu verstehen. Das will sagen, dass Finanzmärkte, um funktionieren zu können, auf Deutungen angewiesen sind. Ohne kollektive Deutungsprozesse wäre Finanzmarkthandeln nicht möglich, weil die Informationen, die Finanzmärkte über sich selbst generieren – Preise – keine Anhaltspunkte bezüglich ihrer Deutung beinhalten (Abschnitt 3). Auf die Ausweitung der Subprime-Krise kann dieser Ansatz insofern angewandt werden, als der Umschlag von einer Kredit- in eine Finanzkrise mit einem bestimmten Diskursereignis in Verbindung gebracht werden kann: der Teilinsolvenz der Investmentbank Lehman Brothers am 14. September 2008. Mit Lehman versagte ein statushoher Marktakteur. Die Deutungen der Krise spiegeln den Umschlagpunkt von einer Kredit- zu einer Finanzkrise insofern wieder, als dass sie sich mit der Insolvenz drastisch generalisieren, was wiederum mit einer Ausweitung der Krise vor allem in die Aktienmärkte und einem Anstieg der Volatilität in Verbindung gebracht werden kann (Abschnitt 4).

2   Einstieg: Wie weiten sich finanzökonomische Krisen aus?

Die ‚Subprime-Krise' ist weit mehr als eine klassische Kreditkrise. Es handelt sich um das bislang unabsehbare Resultat des Umschlags einer Kredit- und Liquiditätskrise in eine Finanzmarktkrise. Um zu verstehen, wie es zu solchem Umschlag kommen kann, empfiehlt es sich zu fragen, wie die Mechanismen gemacht werden, durch die sich die Krisen auf den Finanzmärkten konstituieren und verbreiten. Dies geschieht nämlich auf andere Weise als auf Märkten, die Güter der produktionsbasierten Wirtschaft bzw. solche Güter handeln, die zur Konsumption bestimmt sind. Im Falle einer solchen Krise ist zu Recht von einer Absatzkrise die Rede, d.h. die sinkende Nachfrage nach bestimmten Gütern führt dazu, dass diese nicht mehr verkauft und unter Umständen dann nicht mehr hergestellt werden. Es handelt sich somit um eine Ertragskrise der in die Produktionswirtschaft involvierten Unternehmen. Daher bildet die kleinste Einheit der Ausbreitung der Krise das einzelne Unternehmen, sie pflanzt sich von Unternehmen zu Unternehmen fort. Bestimmte Produkte können nicht mehr abgesetzt werden, was zu einer Ertragskrise führt – die Produktion wird daraufhin zurückgefahren – dies führt zu einer Absatzkrise der beliefernden Unternehmen und so weiter.

Auch Finanzmarktkrisen beginnen mit Absatzkrisen – in diesem Fall handelt es sich um Engpässe in der Absatzbarkeit finanzwirtschaftlicher Güter wie Aktien, Optionsscheine, Schulden und Kredite. Der entscheidende Unterschied zu einer Absatzkrise in der produktionsbasierten Wirtschaft besteht aber darin, dass die Produktion dieser ‚Güter' weder zurückgefahren werden kann, noch durch Konsumption aufgebraucht werden. Aktien, Optionen, Schulden, Kredite etc. bleiben bestehen, auch wenn sie niemand nachfragt. Das Problem der ‚faulen Kredite' besteht genau darin, dass diese nicht einfach aus der Welt geschafft oder ‚eingelagert' werden können, ebenso wie das Problem eines massiv gesunkenen Aktienportfolios darin besteht, dass es nicht nur nichts einbringt, sondern womöglich Minuserträge produziert.

Die Folge einer finanzwirtschaftlichen Absatzkrise ist daher ein unmittelbar einsetzender Preisverfall der gehandelten Güter. In die Finanzwirtschaft involvierte Unternehmen – und dies sind ja nicht nur die eigentlichen Unternehmen des Finanzsektors wie Banken, sondern alle Unternehmen, die sich in der einen oder anderen Form über den Finanzmarkt finanzieren, sei es durch Ausgabe von Aktien oder durch Aufnahme von Krediten, die dann wiederum am Finanzmarkt gehandelt werden – werden also nicht von einer Ertragskrise, sondern von einer Finanzierungskrise betroffen. Aus diesem Grund ist nicht das einzelne Unternehmen kleinste Einheit der Ausweitung der Krise, sondern das einzelne Produkt (Aktien, Derivate, Schulden, Währungen etc.), dessen Wert sinkt und das dadurch seine Eigentümer schädigt. Die Fortpflanzung der Krise erfolgt also nicht, wie bei einer Absatzkrise in der produktionsbasierten Wirtschaft, von Unternehmen zu Unternehmen, sondern von Finanzprodukt(-klasse) zu Finanzprodukt(-klasse). Die Ausweitung der Subprime-

Krise auf die gesamte Finanzwirtschaft, und mittlerweile darüber hinaus, hängt in entscheidender Weise von diesem Ausbreitungsmechanismus ab: Finanzmarktprodukte, die in der einen oder anderen Form Unternehmenswerte repräsentieren (seien es Aktien, Optionen oder Schulden), werden nicht mehr nachgefragt und verlieren drastisch an Wert, was die betroffenen Unternehmen in Finanzierungsengpässe bis hin zur Zahlungsunfähigkeit bringt.

Krise der Produktionswirtschaft	Finanzmarktkrise
Absatzstockung (Güter)	Absatzstockung (Finanzgüter)
Ertragsprobleme	Finanzierungsprobleme
Ausbreitung über Unternehmen	Ausbreitung über Finanzprodukte
Verringerung der Produktion	Abwertung der Finanzgüter und Unternehmenswerte
Absatzstockung bei Zulieferern	Solvenzkrise

Tabelle 1: Ausbreitungsdynamiken produktions- und finanzökonomischer Krisen

Die Ausweitung der Subprime-Krise auf den gesamten Finanzsektor wurde somit durch einen Rückgang der Nachfrage nach Finanzmarktprodukten ausgelöst und erfolgte im Vehikel einer ‚Ansteckung‘ von Finanzmarktprodukten. Dieser Nachfragerückgang, der auf veränderten Erwartungen und Erwartungserwartungen der Marktteilnehmer beruht, erfolgte nun keineswegs schleichend, sondern schockartig. Insbesondere kann ein zentrales Ereignis gemutmaßt werden, das in maßgeblicher Weise krisenverstärkend wirkte und die Unsicherheit von einigen Bankhäusern und Kreditinstituten auf die gesamte Finanzwirtschaft ausdehnte. Die Rede ist von der am 14. September 2008 erklärten Teilinsolvenz der Investmentbank Lehman Brothers. Ihr Effekt wird von Beobachtern häufig auf die Signalwirkung zurückgeführt, die der Sturz dieses bis dahin renommierten Instituts hatte (vgl. Abschnitt 4). Gegenstand des vorliegenden Artikels ist der Beitrag von durch die Lehman-Insolvenz veränderten Erwartungen bei der Ausweitung der Kredit- zu einer Finanzkrise.

Lehman Brothers galt bekanntlich als besonders solides Haus mit einem hohen Prestige innerhalb der Branche. Der Einfluss seines Untergangs auf die Finanzwelt liegt daher vermutlich in diesem Status beschlossen und motiviert den Vorschlag, Finanzmärkte zunächst als Statusökonomien einzustufen. Der Begriff ‚Statusökonomie‘ ist unlängst von Patrik Aspers (2007) in die wirtschaftssoziologische Diskussion gebracht worden. Aspers zufolge lassen sich Märkte grundsätzlich einem von zwei Typen zuordnen – ‚Statusmärkten‘ und ‚Standardmärkten‘ – wobei die Übergänge fließend sind. Das Unterscheidungskriterium bildet dabei der Typ von Wissen, das Akteure haben müssen, um sich auf den jeweiligen Märkten orientieren zu können. Auf Standardmärkten steht das Wissen um die Eigenschaften des gehandelten Guts im Vordergrund. Dieses Wissen unterliegt einer starken Standardisierung insofern, als dass das Gut in

verschiedene, ratifizierte Qualitätskategorien eingeordnet werden kann und dementsprechend Preiserwartungen der Akteure sich direkt aus dem Wissen über diese Qualitätskategorien ergeben.[1] Der Begriff ‚Standardmarkt' bedeutet ebenfalls, dass Kauf- und
Verkaufstransaktionen weitgehend routiniert ablaufen können und daher Beziehungen
und Interaktionen zwischen den Akteuren kaum eine Rolle spielen. – Dies gilt nicht
für Statusmärkte. Hier ist das gehandelte Gut wenig standardisiert (etwa Kunstobjek-
te), weswegen der Einschätzung des Werts der einzelnen Objekte durch Kenner eine
entscheidende Rolle zukommt. Für Marktakteure bedeutet dies, dass wichtiger als das
Wissen um die Eigenschaften des gehandelten Guts das Wissen um die Einschätzung
seiner Qualität durch Kenner ist. Daher kommen Preisbewegungen hauptsächlich
durch die Stellungnahmen und Marktaktivitäten von Akteuren zustande, denen große
Expertise zuerkannt wird. Diese begründet deren Status, und deswegen ist von einer
Statusökonomie zu sprechen. Eine solche verlangt den Akteuren ein Wissen um Einschätzungen und Verhalten statushoher Marktakteure ab.

Auch Finanzmärkte können als Statusökonomien gelten, obwohl auf ihnen stark
standardisierte Produkte gehandelt werden.[2] Zu diesem Befund kommt man auf der
Grundlage einer vielfältigen Literatur, die von der psychologischen Finanzmarktfor-
schung (Behavioral Finance, vgl. Avery/Zemsky 1998, De Bondt 1998) über die ‚Cultural Economy' mit ihrem ausgeprägten Interesse an massenmedialen Effekten auf
Finanzmarktdynamiken (Clark/Thrift/Tickell 2004, Thrift 2005) bis hin zu interakti-
onistischen und soziologischen Studien über Orientierungen von Finanzmarktakteuren reicht (Fenton-O'Creevy et al. 2005; Beunza/Garud 2005). In sehr grober Zusam-
menfassung kann man diese Literatur dahin gehend zusammenfassen, dass die Akteure
– und zwar professionelle wie nicht nicht-professionelle – sich nicht nur in allgemeiner
Weise an Vermutungen über die Erwartungen und die Kauf- und Verkaufstätigkeiten
anderer Marktteilnehmer orientieren, sondern den Verlautbarungen und Handlungen
bestimmter, besonders angesehener Marktteilnehmer besonderes Gewicht beimessen.
Dem liegen unterschiedliche Kalküle zugrunde, die von einer Überzeugung bezüglich
der herausragenden finanzökonomischen Erfolge jener reputierten Akteure bis hin zu

---

1   Als Beispiel nennt Aspers den Ölmarkt, auf dem verschiedene Ölsorten gehandelt werden, die je
     nach Qualität unterschiedliche Preise erzielen bzw. Preisbewegungen auf unterschiedlichen Ni-
     veaus unterliegen.

2   Dies gilt nur zum Teil, aber in erheblichem Maße. Saskia Sassen (1991) argumentiert, dass Finanz-
     märkte die Konstruktion hochindividualisierter Finanzprodukte involvieren, auf deren Grundlage
     – ganz im Sinne des Begriffs der Statusökonomie – sie die Notwendigkeit einer hohen Interakti-
     onsdichte in den ‚global cities' als Produktionsstätten jener Produkte begründet. Indes machen
     andere Arbeiten deutlich (etwa Knorr Cetina/Bruegger 2000, 2002), dass der umsatzstärkste Teil
     der Finanzmärkte – nämlich die FX-Märkte – das standardisierte Produkt schlechthin handeln:
     Währungen. Vermutlich wäre der Begriff der Standardisierung, den Aspers gebraucht, näher zu
     bestimmen. Denn hoch standardisierte Finanzprodukte wie etwa Währungsoptionen gelten nicht
     deswegen als standardisiert, weil ihre ‚Qualität' eindeutig bestimmbar wäre, sondern weil sie uni-
     versell konvertibel sind.

der reflexiven Einsicht reichen, dass deren Handeln schon deswegen zu beachten ist, weil die meisten anderen Marktteilnehmer es beachten. Jedoch ist es nicht von primärer Relevanz, auf welcher Grundlage die Reputation angesehener Marktteilnehmer zustande kommt – wichtig ist vielmehr, dass sie sich auf Angebot und Nachfrage nach Finanzprodukten und somit auf die Preisbildung auswirkt.

Auf diese Weise kann der rapide Ansehensverlust der Bankenbranche nach dem Lehman-Zusammenbruch als Störung der ‚Ökonomie der Konventionen' (Boltanksi/Thévenot 1991) bzw. der ‚Statusökonomie' der Finanzmärkte interpretiert werden, da mit Lehman gerade ein als besonders vertrauenswürdig geltendes Haus scheiterte. Öffentliche Deutungen, die, wie in Bezug auf Deutschland nachgewiesen werden konnte (Langenohl 2009), nach der Teilinsolvenz die Schwierigkeiten einzelner Banken nicht mehr als primär unternehmensbezogene Probleme, sondern als Indizien einer branchenweiten Krise deuteten, hatten an dieser Zerrüttung der Statusökonomie des Finanzsektors maßgeblichen Anteil, da sie Negativerwartungen der Investoren erzeugten, schürten und bestätigten.

3   Finanzmärkte und der Preismechanismus

Diese Erklärung allein trägt jedoch nicht sehr weit. Das Argument der Statusökonomie macht nämlich dafür sensibel, dass die Abwertung der gesamten Branche nur ein mögliches – und unwahrscheinliches, daher erklärungsbedürftiges – Resultat der Teilinsolvenz war. Nach der Logik der Statusökonomie wäre denkbar und wahrscheinlich, dass die Abwertung einzelner Marktteilnehmer bisher peripheren Teilnehmern eine Aufstiegschance bietet (Aspers 2007: 435-438; s. auch White 2002). Anders gesagt: während die Reputationskrise eines statushohen Akteurs in einer Statusökonomie normalerweise dazu führt, dass ein anderer Akteur dessen Platz einnehmen kann, erlitt im Gefolge der Lehman-Insolvenz die gesamte Finanzbranche einen generalisierten Reputationsverlust. Was sagt dieser massive und generalisierte Reputationsverlust über die Besonderheiten des Finanzmarkts aus?

Mein diesbezügliches Hauptargument lautet, dass öffentliche Deutungen der Finanzkrise selbige in gewisser Weise erst heraufbeschworen, weil an Finanzmärkten dem öffentlichen Diskurs eine sehr große performative Bedeutung für die Preisentwicklung zukommt. Insofern sind Finanzmärkte Deutungsökonomien. Dies hängt – nur scheinbar paradoxerweise – mit einem anderen Merkmal von Finanzmärkten zusammen, das Gegenstand dieses Abschnitts ist: nämlich ihrer ontologischen Konstitution durch den ökonomischen Mechanismus der Preisbildung. Diese Märkte konstituieren sich in unmittelbarer Weise erst durch den Preismechanismus, weil der Preismechanismus für die Produktion finanzmarktlicher Güter von konstitutiver Bedeutung ist. Im Folgenden wird argumentiert, dass erst vor dem Hintergrund der für

Finanzmärkte konstitutiven Funktion der Preisbildung öffentliche Deutungen und Bewertungen des Handelns statushoher Akteure zu ihrem Einfluss gelangen.

3.1 Finanzmärkte als Preismärkte

Die gegenwärtige finanzmarktsoziologische Forschung hat sich am, wie die Ökonomie sagt, ‚Mechanismus' der Preisbildung hauptsächlich von einer zeitdiagnostischen Warte aus interessiert gezeigt. Bekannt geworden sind die Thesen Manual Castells' (1996), Paul Virilios (2001), Peter Dickens (2003) oder Jean Baudrillards (1992, 2000), die auch innerhalb der politischen Ökonomie diskutiert wurden (s. Albert et al. 1999), dass die Finanzmärkte der Gegenwart aufgrund der in ihnen realisierten Echtzeitkommunikation von Preiszeichen eine Dynamik erreicht hätten, die den finanzmarktlichen Wertschöpfungsprozess von der produktionsbasierten Wirtschaft abgelöst hätten. Ich habe diese Strömung an anderer Stelle als ‚Entkopplungsthese' bezeichnet (Langenohl 2007: 1f.). Zu diesem Diskurs quer steht die forschungspraktische Orientierung vieler gegenwärtig durchgeführter finanzmarktsoziologischer Studien, die sich nicht für Preisbildung als – tendenziell eigenlogischen – Mechanismus, sondern im Gegenteil für Preise als soziale Konstrukte interessieren. Gemäß der programmatisch zu verstehenden Überschrift eines einflussreichen Artikels von Daniel Beunza, Iain Hardie und Donald MacKenzie (2006) ist der Preis ‚a social thing', was bedeutet, dass er nicht als Erscheinung mit ökonomischer Eigendynamik, sondern als Resultat sozialer Praktiken zum Gegenstand soziologischer Forschung wird.[3]

Im vorliegenden Papier verfolge ich einen Ansatz, der versucht, den Preismechanismus weder als gesellschaftlich vollkommen entkoppelt noch als in seiner Hervorbringung ‚vergesellschaftet' darzustellen, sondern ihn als sozial hergestellten ökonomischen Prozess auszuweisen, der aufgrund seiner Ökonomizität gesellschaftliche Konsequenzen hat. Damit befinde ich mich im Einklang mit Michel Callon (1998a), der daran erinnert, dass ein soziologisches Verständnis von Märkten bei deren ökonomischer Natur ansetzen muss. Diese ökonomische Natur der Märkte liegt, Callon und Niklas Luhmann (1988) zufolge, in ihrer Fähigkeit, die Komplexität der Umwelt auf eine mathematisch kalkulierbare Frage nach der Existenz und der Höhe einer Zahlung – also nach einem Preis – zu reduzieren. Sowohl Callon als auch Luhmann betonen, dass dieser eingegrenzte Bereich des Ökonomischen nicht ein für allemal abgegrenzt ist, sondern in seiner Eingrenzung ständig neu hergestellt werden muss. In Callons Begriff handelt es sich bei Preisbildung auf Märkten um eine Aktivität des ‚framing', welches durch das Auftauschen immer neuer Umweltkomplexitäten – Callon nennt dies ‚overflowing' – herausgefordert wird (vgl. auch Kalthoff 2005).

---

3   Ich habe die Debatte etwas ausführlicher, als hier notwendig ist, an anderer Stelle dargestellt (Langenohl 2009).

Bei Luhmann (1988: 32) stellt sich derselbe Vorgang als eine Gefährdung der konstitutiven Instabilität der Preise dar – damit Preise funktionieren können, darf nicht der Verdacht aufkeimen, sie seien durch ‚Externalitäten‘ (etwa politische Einflussnahmen) künstlich stabilisiert. Wie man diese Dynamik auch fasst, kommt es darauf an, bei der Leistung der Preisbildung als ökonomisch gerahmtem Prozess anzusetzen und nicht bereits, wie es die gegenwärtiger Finanzmarktsoziologie zumeist tut, bei der sozialen Konstruktion dieser Rahmung. Es geht also darum, die ökonomische Bildung von Preisen als Resultat von ‚framing‘ von ihrer sozialen Interpretation als Beispiel für ‚overflowing‘ analytisch zu unterscheiden und zu fragen, welche Operationen in der Herstellung dieser Ökonomizität der Finanzmärkte am Werke sind und welche Effekte sie hat.

Hierzu genügt es nun freilich nicht, auf das ökonomische ‚Gesetz‘ von Angebot und Nachfrage zu verweisen. Stattdessen ist zu fragen, welche Prozesse dieses Gesetz operativ machen. Preisbildung auf Märkten setzt Öffentlichkeit voraus, weil sie auf Vergleichen beruht (Langenohl 2007: 12-16). Ohne einen Vergleich von Angebot und Nachfrage sowie zwischen verschiedenen Angeboten und Nachfragen ist Preisbildung auf Märkten nicht möglich.[4] Die Öffentlichkeit von Preisinformationen ist eine Vorbedingung für die Preisbildung als ökonomisch kalkulierter Operation.[5] Angebot und Nachfrage müssen also den Marktakteuren bekannt sein, um zur Preisbildung zu führen; und der effizienteste Weg der Bekanntmachung von Angebot und Nachfrage ist die Veröffentlichung von Preisen als systemisch kondensierte Resultate von Angebot und Nachfrage (vgl. Habermas 1995b [1981]: 455; Luhmann 1988: 17-23).

Der springende Punkt bei Finanzmärkten ist nun, dass der Tendenz nach Preisbildung auf solchen Märkten sich von einer koordinierenden auf eine produktive Funktion ausdehnt oder gar verlagert. Anders gesagt: Preisbildung führt nicht nur zur Bildung neuer Preise und orientiert ökonomische Handlungen, sondern ist die materielle Grundlage der Produktion von Finanzmarktprodukten. Dies ist unmittelbar einsichtig, wenn man sich klar macht, dass sämtliche ‚derivative‘ Finanz-‚instrumente‘ tatsächlich Preise sind, die wie Waren gehandelt werden. Der Kauf einer Aktienoption oder eines Futures etwa ist nichts anderes als der Kauf eines Preises (bzw. des Rechts oder der Pflicht, zu diesem Preis zu handeln), der zu einem Zeitpunkt in der Zukunft gilt. Kritische Beobachter hat dies dazu veranlasst, von einer

---

4   Preisbildung als solche ist auch in nicht-marktförmigen Kontexten möglich. So kann ein Preis durch direkten Zwang einseitig gesetzt werden (wie bei Erpressung oder Monopolismus). Außerdem ist es möglich, Preise durch Dekret einer nichtinvolvierten Partei (etwa einer Einheitspartei in autoritär regierten Gesellschaften) zu setzen.

5   Dies gilt unabhängig davon, ob jene Öffentlichkeit vollständig verwirklicht ist oder nicht. Das ‚framing‘, das die Preisbildung darstellt, funktioniert auch bei unvollständig öffentlichen (in der Finanztheorie: ‚ineffizienten‘) Märkten. Die prinzipielle Herausforderung durch ‚overflowing‘ (also: Informationsineffizienzen) behindert empirisch nicht die aktuelle Kalkulierbarkeit von Preisen.

Kommodifizierung der Zukunft zu sprechen (Lee/LiPuma 2002, 2004); festzuhalten ist hier, dass eine solche Kommodifizierung voraussetzt, dass die Preisbildung sich in vollkommener Ökonomizität vollzieht. Der Kauf dieses Preises ergibt nur unter Bedingungen einer rein mathematisch kalkulierten – also ‚geframten‘ – Preisbildung einen Sinn, d.h. nur unter Bedingungen vollkommener Ökonomizität behalten Preise ihren Wert. Ohne kontinuierliche ökonomische Preisbildung verlöre das Produkt Preis völlig seinen Wert, weil es keinen ‚Preis‘ mehr für es gäbe.

Die bisherige soziologische Forschung zu den Finanzmärkten hat die Bedeutung der Ökonomizität der Preisbildung für die Aufrechterhaltung der Finanzwirtschaft hinter ihrer Fokussierung auf den sozialen und politischen Produktionsmitteln finanzmarktlicher Produkte verdeckt. Die Studien von Saskia Sassen zu den ‚global cities‘ ebenso wie Arbeiten zur (post-)sozialen Infrastruktur der Märkte (etwa Knorr Cetina/Brügger 2000, 2002) gehen davon aus, dass ein bestimmtes soziales Substrat – etwa hohe Interaktionsdichte oder Echtzeitkommunikation mit abwesenden Anderen – nicht nur das Schmiermittel, sondern die Ermöglichungsbedingung der Finanzwirtschaft darstellt. Hinter dieser Argumentation verschwand der Prozess der Preisbildung. Vor allem wurde übersehen, dass finanzwirtschaftliche Produkte nicht einfach einmal ‚hergestellt‘ und dann konsumiert werden, sondern dass ihr Wert ständig aufs Neue validiert werden muss – und eben dies leistet die Ökonomizität, d.h. die rein mathematische Fabrikation von Preisen durch simple Verrechnung von Angebot und Nachfrage. Preisbildung ist daher Produktionsmittel finanzmarktlicher Waren (Preise) in einem viel radikaleren und materielleren Sinne als es primäre und sekundäre Produktionsmittel sind. Denn ein Agrar- oder Industrieprodukt behält seinen Wert und Preis, auch wenn das Produktionsmittel aufhört zu existieren, etwa indem es zerstört wird. Wird indessen der Preismechanismus als Produktionsmittel von Finanzmarktprodukten zerstört oder auch nur empfindlich eingeschränkt, gleiten auch seine Produkte in die Nichtexistenz ab.[6]

---

6   Die Bedeutung dieses Aspekts scheint von der Kulturanthropologie, Soziologie und soziologischen Systemtheorie stärker gesehen zu werden als von der neoklassischen Finanzökonomie (vgl. etwa Luhmann 1988: 33; Lee/LiPuma 2002). Allerdings hat sie sich, vor allem in jüngster Zeit, eines in die Irre führenden Vokabulars bedient, um diesen Aspekt zu benennen und auszubuchstabieren. Während etwa Max Weber (1894) die Kontinuität (und damit Verschränktheit) zwischen der ‚realwirtschaftlichen‘ Rationalität der Finanzmärkte (nämlich als Einhegungsmechanismen von Preisschwankungen für Primär- und Sekundärgüter) und ihrer ‚spekulativen‘ Verlängerung deutlich benannte und damit die Selbstentwindungsdynamiken der Finanzwirtschaft in den Kontext ihrer Produktionsbasierung stellte, hat die neuere (vor allem die poststrukturalistisch informierte) Finanzmarktsoziologie mit dem Argument, die Finanzmärkte ‚entkoppelten‘ sich von der produktionsbasierten Wirtschaft, den umgekehrten Weg eingeschlagen. Damit macht sie sich aber blind für den Mechanismus der Produktion von Finanzmarktprodukten (Preisen) und seiner Vorbedingungen.

3.2 Preisbildung und Preisdeutung: Marktkonstitution und Marktkontinuierung

Der Preismechanismus ist somit unmittelbares Produktionsmittel finanzmarktlicher Preise gerade kraft seiner Eigenschaft, ökonomisch ‚geframt' zu sein. Damit hängt allerdings auch ein Defizit zusammen, das er aufweist: nämlich seine Unfähigkeit, ökonomisches Handeln zu orientieren. Die Informationen, die durch Preise transportiert werden, repräsentieren nur das Verhältnis von Kauf- zu Verkaufsofferten (Nachfrage und Angebot). Jürgen Habermas (1995b: 455) hat argumentiert, dass der Preismechanismus ein geradezu idealtypisches Beispiel systemischer, im Unterschied zu sozialer, Integration darstelle: die Effektivität und Universalität von Marktkommunikationen durch das Medium des Geldes – d.h. Preisbildung – sei damit erkauft, dass die Preise keine Auskunft über die ihnen zugrunde liegenden partikularen Motivationen gäben (vgl. auch Luhmann 1988: 18). Auf Märkten orientieren sich Akteure, Habermas zufolge, daher nicht an den Motivationen anderer, sondern einzig an deren kumulierten Handlungsfolgen. Im Hinblick auf Finanzmärkte, auf denen Kauf- und Verkaufsakte mit Blick auf noch nicht gebildete, zukünftige Preise stattfinden, wäre hier indes noch ein Schritt weiter zu gehen, denn unter diesen Bedingungen ermöglichen Preise allein überhaupt keine Orientierung. Weil sie die Repräsentanz der ihrer Bildung zugrunde liegenden Motive, Erwartungen und Intentionen abschneiden, informieren Preise über vergangene Kauf- und Verkaufsakte, aber gewähren keine Orientierung für die Zukunft.[7] Könnten sich finanzmarktliche Entscheidungen lediglich auf Preisinformationen stützen, brächen die Märkte sofort zusammen.

Finanzmärkte sind somit durch eine eigentümliche Konstellation von konstituierenden und kontinuierenden Momenten gekennzeichnet. Die konstitutive Kernoperation ist, wie im letzten Abschnitt gezeigt wurde, die Preisbildung als ökonomisch gerahmter Prozess. Fehlt dieser Aspekt, ist nicht mehr von Finanzmärkten zu reden, weil Finanzmarktprodukte ohne Preisbildung weder hergestellt noch in ihrem Wert erhalten werden können. Gleichzeitig reicht diese Operation aber noch nicht aus, um die Märkte zu kontinuieren, d.h. weitere Tauschhandlungen zu veranlassen. Denn Tauschhandlungen setzen, im Unterschied zur Preisbildung, Orientierungspunkte voraus, die aus der Preisbildung selbst unbeziehbar sind. Weil Preise von partikularen Motivlagen, Intentionen und Erwartungen der Käufer und Verkäufer abstrahieren müssen, damit das Tauschmedium Geld seine Vergleichsuniversalität entfalten kann, sind sie aus eigenen Kräften nicht in der Lage, diejenigen Deutungen

---

7   Dies stellt eine Gegenthese zu der Luhmanns (1988: 18, 19) dar, nach der Preise allein schon Erwartungen bezüglich zukünftiger Preise ausbilden, denn ‚[d]ie notwendigen Informationen über Bedarf und Angebotsmöglichkeiten werden durch Preise und Zahlungen selbst erzeugt.' Diese Informationen sind aber durchaus nicht hinreichend, denn sie stellen keinerlei Interpretationsfundus für die Extrapolation von einem gegenwärtigen auf einen zukünftigen Preis dar, von der an Finanzmärkten – außer der Arbitrage – praktisch alles abhängt.

zu erzeugen, zu unterstützen oder nahezulegen, auf die am Finanzmarkt Handelnde angewiesen sind.

3.3 Preisdeutung in öffentlichen Debatten

Finanzmärkte können sich nur deswegen durch Preisbildung konstituieren, weil der Preismechanismus, indem er einen ausschließlich ökonomisch-mathematisch regulierten Raum absteckt, ein funktionales Außen erzeugt, das er selbst nicht einholen kann. Es besteht in einem Deutungsdefizit. Dieses Deutungsdefizit von Preisen auf Finanzmärkten, das gerade ihrer Ökonomizität geschuldet ist, wird durch eine Deutungsöffentlichkeit aufgewogen. Dieselbe Abstraktheit von Preisen, die Preisbildung auf Märkten funktional ermöglicht und Finanzmarktprodukte hervorbringt, erzeugt ein Außen, in das Kommunikation über Preise einrückt.

Diese Kommunikation ließe sich typologisch aufgliedern. So kann man massenmediale Deutungsforen, die vor allem auf Finanzmärkten der Gegenwart wichtige Orientierungspunkte setzen, von Milieu- und professionellen Deutungsforen unterscheiden, die stärker sozial exklusiv sind und mit Terminologien operieren, die eine Distinktion zwischen Professionellen und Laien signalisieren und bewirken. Im Kontext der Frage dieses Aufsatzes – welchen Anteil hatte die Lehman-Teilinsolvenz an der Verbreitung der Finanzkrise – geht es jedoch primär darum zu fragen, ob öffentliche, massenmedial zirkulierte Deutungen hier eine Rolle spielten. Auf der allgemeinen Grundlage der Literatur zum Verhältnis zwischen Massenmedien und Finanzmärkten kommt man dabei zu dem Ergebnis, dass sich im 20. Jahrhundert drei Prozessmuster ausweisen lassen, die sich wechselseitig verstärken und den Massenmedien mittlerweile eine herausgehobene Relevanz bei der Formulierung finanzmarktlicher Deutungsangebote verschafft haben.

Erstens ist die Entwicklung der Massenkommunikationsmedien und die der finanzmarktlichen Kommunikationsstrukturen schon rein technologisch besehen von einer weitgehenden Parallelität gekennzeichnet. Dies beginnt schon beim ‚Börsenticker‘ als eine Art Fernschreiber und endet (vorläufig) beim virtuellen Raum des Internets, durch den Informationen ebenso wie Information gewordene Finanzmittel in Echtzeit gesandt werden können (vgl. Stäheli 2007: 310-342 und Castells 1996). Es operieren so die Echtzeit der Informationsmedien und die der Finanzmärkte im selben medialen Dispositiv.

Zweitens fand eine Entwicklung der Popularisierung der Finanzmärkte und eine Professionalisierung der Finanzberufe statt, die sich ebenfalls wechselseitig verstärkte und förderte. In historischer Perspektive kann man davon ausgehen, dass Preis- und Interpretationsöffentlichkeit an den Finanzmärkten ursprünglich identisch und in ein und dasselbe, räumlich und sozial bestimmte Milieu eingekapselt waren (vgl. exemplarisch für die USA Preda 2007 und für Frankreich Djelic/Lagneau-Ymonet

2008). Das 20. Jahrhundert war durch eine zunehmende Ausdifferenzierung der Interpretationsöffentlichkeit und eine Popularisierung der Preisöffentlichkeit gekennzeichnet: einerseits wurden Preise öffentlich zugänglich und gegen Ende des Jahrhunderts auch der Handel für praktisch jedermann geöffnet; andererseits gewann genau deswegen der Finanzmarkt an Bedeutung für eine breite Öffentlichkeit von Nicht-Experten. Die Popularisierung der Finanzmärkte bewirkte eine steigende Nachfrage nach Deutungen des Börsengeschehens bei einem Publikum, das noch keinerlei ‚financial literacy‘ hatte (vgl. zum Aufkommen dieses Konzepts Langley 2007). Die Kehrseite hiervon war eine Professionalisierung der Finanzberufe und die damit verbundene Entstehung eines exklusiven Wissenskorpus und einer Herrschaft von Deutungseliten (Lounsbury 2002, 2007). Die öffentlichen Medienfiguren des ‚Börsengurus‘, des ‚Staranalysten‘, des ‚Bankenprofessors‘ etc., ebenso wie massenmediale Berichterstattung über die Finanzmärkte, gewinnen ihre Popularität und Deutungshoheit durch diese parallel verlaufenden Prozesse: einerseits durch das Anwachsen einer investierenden Laienklientel und ihres Anspruchs auf Deutung der Finanzmärkte und andererseits durch eine zunehmende Professionalisierung der Finanzbranche, d.h. Differenzierung von Berufsbildern, Erzeugung abstrakten Wissens und Abgrenzung von Laien.

Drittens schließlich erzeugen Massenmedien gleichsam ihre eigene Relevanz bei der Deutung des Finanzmarktgeschehens, und zwar deswegen, weil angesichts ihrer schieren Omnipräsenz Finanzmarktakteure es sich nicht leisten können, sie nicht in Betracht zu ziehen. Ähnlich wie der ‚print capitalism‘ im 18. und 19. Jahrhundert (Anderson 1987) erzeugt der Informationskapitalismus im 20. und 21. Jahrhundert die Fiktion einer ‚imagined community‘ der besonderen Art, nämlich einer ‚financial community‘. Diese Gemeinschaft, die in den Massenmedien gleichsam Gestalt gewinnt, bringt die Anwesenheit von Erwartungen und Erwartungserwartungen zum Ausdruck, die Handelnde, selbst wenn sie sie nicht in Betracht ziehen möchten, dennoch in Betracht ziehen müssen, weil andere sie in Betracht ziehen könnten. Wenn daher auch professionelle wie auch Laien-Finanzmarktakteure sich untereinander über zu erwartende Entwicklungen konsultieren und an diesen Kommunikationen ihr Handeln orientieren mögen (Fenton-O'Creevy et al. 2005; Harrington 2007), geschieht dies doch immer vor dem Hintergrund massenmedial vermittelter Deutungen.

Dies führt uns zur gegenwärtigen Finanzkrise und zu Lehman Brothers zurück. Denn nun stellt sich die Frage, ob und wie jenseits dieser allgemeinen Charakterisierung des gegenwärtigen Verhältnisses von Finanzmarkt und massenmedialer Öffentlichkeit genauere Aussagen über die performativen Effekte öffentlicher Deutungen auf Finanzmarktdynamiken möglich sind. Die Teilinsolvenz von Lehman Brothers am 14.9.2008 und ihre öffentlichen Deutungen sind daher nicht nur zur Klärung der Frage nach der Ausbreitung von Finanzkrisen relevant, sondern können darüber hinaus exemplarisch aufzeigen, in welchen konkreten Formen Deutungen sich in der Preisbildung bemerkbar machen.

4   Die Lehman-Insolvenz im September 2008: Preise und ihre Deutungen – Deutungen und ihre Preise

4.1   Konzeptionelle Überlegungen: Preisbildung als Auflösungsform sozialen Sinns

Es existieren wenige empirische Studien über die performative Dimension öffentlicher Diskurse in Bezug auf das Finanzmarktgeschehen.[8] Sofern es sie gibt, befassen sie sich entweder mit der massenmedialen Konstruktion des Images bestimmter Finanzprodukte oder -produktklassen (Clark/Thrift/Tickell 2004), oder sie interessieren sich für das Ausmaß, in dem das Markthandeln professioneller Akteure durch massenmediale Repräsentationen beeinflusst sind (Beunza/Garud 2005; Fenton-O'Creevy et al. 2005; Langenohl 2007; Langenohl/Schmidt-Beck 2008, 2009). Es geht, mit anderen Worten, um die kulturelle Repräsentation von Finanzmarktvorgängen, deren Einfließen in Handlungsmuster und somit Rückwirkungen auf finanzmarktliche Dynamken. Im Einklang mit dieser Agenda gehen die angesprochenen Studien meist im Sinne der interpretativen Sozialforschung vor, d.h. sie versuchen die Sinngebungsprozesse zu rekonstruieren, die Marktakteure ihrem Handeln zugrundelegen.

Im vorliegenden Aufsatz möchte ich quer zu dieser Richtung vorgehen, d.h. nicht die kulturellen Repräsentationen als dem Handeln und den Dynamiken der Finanzmärkte vorgängig, sondern Finanzmarktdynamiken als Auflösungsformen sozialen und kulturellen Sinns betrachten. Diese Entscheidung ist nicht als programmatisch zu verstehen, sondern ergibt sich aus dem Untersuchungsgegenstand der vorliegenden Sammelschrift: den Gründen der Subprime-Krise und den Mechanismen ihrer Verbreitung. Im letzten Abschnitt wurde argumentiert, dass der finanzmarktliche Preismechanismus nur deswegen funktioniert, weil er von Gründen und Motiven, und damit von essenziellen Aspekten interpretativen Sinns und ‚Kultur', abstrahiert. Preisbildung muss bar sozialen Sinnes bleiben und ist insofern als ‚mathematisch' – oder mit Callon als ‚framed' – zu bezeichnen, als sie sich in der Hochmoderne ‚zu einer Technik formaler Zeichenmanipulation entwickelt, ohne mit mentalen oder realen Gegenständen zu operieren.' (Rustemeyer 2008: 84) Deutungen setzen sich somit nicht unmittelbar in Preise um, sondern nur durch ihr Aufgehen in Erwartungen und Erwartungserwartungen der Marktteilnehmer bezüglich der Preisbildung. Um zu verstehen, wie sich die Subprime-Krise auf die gesamte Finanzwirtschaft ausbreiten konnte, sollte man die Untersuchung daher nicht bei der Rekonstruktion der semantischen Ordnung des Diskurses beginnen, sondern beim Effekt der Erwartungen der Marktteilnehmer.

---

8   Hierzu zähle ich nicht Studien zur Semantik finanzmarktlicher Operationen (etwa Stäheli 2007), weil diese sich nicht für das ökonomische Geschehen bzw. für den Bezug zwischen Finanzsemantik und Finanzmarkt interessieren.

Der Effekt von Erwartungen, insofern diese durch Deutungen angeleitet sind, auf Finanzmarktpreise ist die spezifisch finanzökonomische Reduktionsform sozialen Sinns. Die methodologisch primäre Frage ist daher nicht, welchen sozialen Sinn ökonomische Preisbewegungen haben bzw. welcher Sinn ihnen durch Marktakteure verliehen wird, sondern was jene Reduktionsform sozialen Sinns über die Wirkung dieses Sinns aussagt. Interpretativer Sinn wird in dem Moment annulliert, in dem er durch sein Aufgehen in Erwartungen ökonomische Effekte zeitigt. Demnach erlaubt die Art und Weise, wie er annulliert wird und dadurch welche Effekte er zeitigt, Rückschlüsse auf ihn selbst, so wie eine Analyse der Strahlung, die in Schwarze Löcher stürzende Objekte im Moment ihrer Vernichtung abgeben, Informationen über diese Objekte enthält.

Für die vorliegende Analyse heißt das, dass sie nicht bei den durch Akteure interpretierten Folgen der Krise als semantische Explananda ansetzt (und insofern die Krise bloß nacherzählt), sondern diese medial zirkulierten Interpretationen im Moment ihrer Auflösung in finanzmarktliche Dynamiken, d.h. in Kursgewinne und -stürze, Volatilitäten und branchen- oder produktklassenspezifische Preisbildungsprozesse, beobachtet. Von diesen ausgehend lässt sich eine formale Erwartungsstruktur rekonstruieren, von der aus dann sich auf den ökonomischen Einfluss massenmedial zirkulierter Deutungen schließen lässt. Dieser Einfluss ist daher nicht aus der semantischen Ordnung heraus erschließbar, sondern aus der Perspektive ökonomisch 'gerahmter' Bewegungsmodalitäten von Preisen an Finanzmärkten.

Ich nehme daher zunächst eine Analyse der relevanten Finanzmarktbewegungen im Umfeld der Lehman-Krise vor und versuche anschließend, aus diesen Bewegungen die formale Struktur der ihnen unterliegenden (Erwartungs-)erwartungen zu rekonstruieren. Von formaler Struktur ist hier insofern zu sprechen, als dass (Erwartungs-)erwartungen an Finanzmärkten sich auf unterschiedliche Gruppen von Marktteilnehmern (unterschiedliche Märkte) beziehen können, stabil oder instabil, sicher oder unsicher und konkret oder diffus sein können. Erst auf der Grundlage einer solchen Rekonstruktion kann die Semantik der öffentlichen Deutungen in ihrem ökonomischen Effekt dargestellt werden, sofern sich zeigen lässt, dass die formalen Strukturen der (Erwartungs-)Erwartungen durch bestimmte Deutungen begünstigt, unterstützt oder heraufbeschworen wurden.

Die Darstellung einer solchen Bewegungsanalyse muss bei den Analyseinstrumenten beginnen, die der Finanzmarkt selbst bereitstellt und die aus seinen Bewegungsmodalitäten abgeleitet sind. Die grundlegenden Modalitäten sind (a) numerisch bzw. prozentual dargestellte Kursbewegungen nach oben und unten und (b) numerische bzw. prozentual dargestellte Stärken von Kursbewegungen (Volatilität). Umfang und Stärke der Bewegung sind die beiden Kernkriterien, die jeder formalen Finanzproduktanalyse (etwa der technischen Analyse) zugrunde liegen.

4.2 Bewegungsmuster am Aktienmarkt vor und nach der Lehman-Teilinsolvenz

Mein Vorgehen besteht darin, differenzierte Bewegungsmuster für (a) ausgewählte einzelne Unternehmenswerte der Finanzbranche, (b) ausgewählte Unternehmen
anderer Branchen (etwa Nahrungsmittelindustrie, Retail, Flugzeugbau und chemi-
sche Industrie) und (c) den Gesamtindex (Dow Jones) miteinander zu vergleichen.
Die Bewegungsmuster werden durch ein formales Bewegungsmaß und ein formales
Stärkemaß dargestellt. Während das Bewegungsmaß die Veränderung des jeweiligen
Aktien- oder Indexkurses ist und in Geldwerten bzw. (bei Indexen) Punktzahlen
angegeben wird, wird die Stärke der Bewegungen durch ein Volatilitätsmaß dargestellt. Das gewählte Volatilitätsmaß ist der Average True Range (ATR), der die
Heftigkeit und Frequenz von Kursbewegungen nach oben bzw. unten misst und in
Punktzahlen angibt, die (a) relativ zur Höhe/zum Wert des jeweiligen Kurses und (b)
relativ zu einem Abweichungsdurchschnitt innerhalb eines bestimmten Zeitraums
zu interpretieren sind.[9] Entsprechende Daten für ausgewählte Unternehmen aus dem
und jenseits des Finanzsektors im engeren Sinne, die von Faz.net bezogen wurden,
finden sich in Tabelle 2, die die Kursbewegungen in zwei Zeiträumen – vier Wochen
vor und vier Wochen nach der Lehman-Teilinsolvenz – dokumentiert.

---

9   Es wurde hier der Standardzeitraum von 38 Tagen gewählt (Alternativen: 90 und 200 Tage), weil
     diese Zeitspanne weitgehend mit den beiden Untersuchungszeiträumen vor und nach der Lehman-
     Teilinsolvenz übereinstimmt.

	15.8.		15.9.		15.10.	
	Kurs (US$, NYSE)	Volatilität (ATR 38 Tage)	Kurs (US$, NYSE)	Volatilität (ATR 38 Tage)	Kurs (US$, NYSE)	Volatilität (ATR 38 Tage)
Dow Jones	11500 Punkte	210	10500 Punkte	250	8500 Punkte	500
Im Dow gelistete Unternehmen des Finanzsektors (Auswahl):						
Citigroup	18,30	1,25	16,00	1,2	15,00	2,5
Bank of America	30,00	2,2	27,50	2,5	23,20	3,6
JP Morgan Chase	37,50	2,35	34,10	2,4	40,80	4,3
American Express	36,00	2,0	35,80	2,0	24,00	3,5
Im Dow gelistete Unternehmen außerhalb des Finanzsektors (Auswahl):						
Wal Mart	59,50	1,65	62,00	1,50	49,00	3,05
Coca Cola	54,80	1,2	54,00	1,2	44,00	2,55
Boeing	65,00	2,15	57,00	2,25	45,00	3,3
Du Pont	45,00	1,25	45,00	1,3	34,00	2,45

Tabelle 2: Kurs- und Volatilitätsentwicklungen innerhalb und außerhalb des Finanzsektors

Auf Grundlage dieser Daten ist es nun möglich, die Bewegungsmuster weiter zu verdichten, um sie miteinander vergleichbar zu machen. Insbesondere interessiert das Verhältnis zwischen Bewegungsrichtung und Bewegungsstärke. Zu diesem Zweck werden in Tabelle 3 die prozentualen Kurswertveränderungen in den Zeiträumen zwischen dem 15.8. und dem 15.9. einerseits und dem 15.9. und dem 15.10. andererseits untereinander sowie mit den Veränderungen der Bewegungsstärke (Volatilität) verglichen.

	15.8. – 15.9.		15.9. – 15.10.	
	Kursverän- derungen in %	Volatilitäts- veränderungen in %	Kursverän- derungen in %	Volatilitäts- veränderungen in %
Dow Jones	-9	+19	-19	+100
Im Dow gelistete Unternehmen des Finanzsektors (Auswahl):				
Citigroup	-12,5	-4,2	-7	+103
Bank of America	-8,8	+8,6	-15,7	+44
JP Morgan Chase	-9	+0,2	+19,6	+79
American Express	-0,5	0	-33	+75
Im Dow gelistete Unternehmen außerhalb des Finanzsektors (Auswahl):				
Wal Mart	+4,2	-10	-21	+103
Coca Cola	-1,5	0	-18,5	+112
Boeing	-12,3	+4,6	-21,1	+57
Du Pont	0	+4	-24,5	+89

Tabelle 3: Vergleich der Veränderungen der Kurse und Volatilitäten in Prozent

Aus diesen beiden Vergleichen gehen mehrere Sachverhalte hervor: Erstens ist der 15.9. – der erste Handelstag nach Bekanntgabe der Insolvenzbeantragung durch Lehman Brothers am 14.9., einem Sonntag – in der Tat ein Wendepunkt in der Preisentwicklung innerhalb des Finanzsektors im engeren Sinne, aber auch jenseits davon. Die Veränderungen zwischen dem 15.9. und dem 15.10. sind wesentlich heftiger als die im Monat zuvor.

Zweitens erfasst der allgemeine Abschwung nach dem 15.9. nicht nur Finanzmarktprodukte, die der Finanzbranche direkt zugehören wie etwa Aktien von Banken, sondern auch die Titel anderer Unternehmen. Das Ausmaß der Abwärtsbewegung ist dabei in beiden Kategorien nicht wesentlich unterschiedlich.

Gleiches gilt, drittens, für die Stärke der Abweichungen vom Kursdurchschnitt, die Volatilität. Hier liegt der Dow Jones (als Durchschnitt der 30 in ihm notierten

Unternehmen) und die nicht in der Finanzbranche angesiedelten Unternehmen sogar noch leicht höher als die Volatilitätsanstiege der Aktien von Finanzunternehmen.

Viertens ist der Anstieg der Volatilität im fraglichen Zeitraum über alle Branchen hinweg um ein Etliches höher als der tatsächliche Kursverfall der Aktien. Die Stärke der Bewegungen um den Durchschnitt herum nimmt erheblich drastischer zu, als sich dieser Durchschnitt nach unten verschiebt. Daher ist davon auszugehen, dass sich die Krise über die unterschiedlichen Branchen weniger in Gestalt rapider Kursverluste, sondern in der Form drastisch gestiegener Volatilität verbreitete. Dies deutet von Herdeneffekten im eigentlichen Sinne weg, da diese, wie die finanzpsychologische Forschung betont, Kauf- oder Verkaufstendenzen in einer selbstverstärkenden Weise und nur in eine Richtung begünstigen, etwa bei der Bildung bzw. dem Platzen einer finanzwirtschaftlichen ‚Blase‘ (Devenow/Welch 1996). Vielmehr ist davon auszugehen, dass die erhöhte Volatilität in den Aktienmärkten aller Branchen auf eine gesteigerte Unsicherheit und einen schnellen Wechsel von (Erwartungs-)erwartungen der Marktteilnehmer hindeutet.

Erschließt man somit die Frage nach der Rolle öffentlicher Deutungen von den Prozessmustern der Preisbildung her, stellt sie sich folgendermaßen: Welche diskursiven Entwicklungen zum fraglichen Zeitpunkt könnten zu einem Anwachsen der Diffusität und Unsicherheit von Erwartungen und Erwartungserwartungen beigetragen haben? Im Folgenden Unterabschnitt präsentiere ich eine Inhaltsanalyse von im Internet erschienenen Wirtschafts- und Finanznachrichten.

4.3 Die Lehman-Teilinsolvenz: Steigende Volatilität und entspezifizierte Diskurse

Die Inhaltsanalyse stellt zwei Erhebungszeiträume einander gegenüber: 5. bis 13. September und 14. bis 20. September 2009. Als Datengrundlage dienen exemplarisch ausgewählte und über Lexis-Nexis erschlossene Internet-Quellen (CNN Financial All, Suchbegriff ‚Lehman‘, Einschränkung ‚USA‘). Die Artikel gehören unterschiedlichen Genres an, von eigentlichen Nachrichtentexten über Kommentare und Zusammenfassungen der Entwicklung bis hin zu Interviews.[10]

Der Inhalt der Texte wurde daraufhin untersucht, in welche Rahmung (Goffman 1977) das Unternehmen Lehman Brothers jeweils gestellt wird. Dies geschieht vor dem Hintergrund der Beobachtungen des letzten Abschnitts. Da sich die Subprime-Krise weniger über Kursverluste als über Volatilitätsanstiege fortpflanzte, was auf diffusere (Erwartungs-)erwartungen und größere Unsicherheit der Marktteilnehmer

---

10 Der Hauptgrund für die Beschränkung der empirischen Erhebung auf die Berichte nur eines Nachrichtenanbieters liegt darin, dass im fraglichen Zeitraum eine sehr hohe Redundanz von mit Lehman Brothers zusammenhängenden Meldungen herrschte und die Nachrichtendienste sich gegenseitig zitierten. Eine zahlenmäßig umfassendere Erhebung hätte somit eher zu einer Verzerrung des Samples durch Kreuzzitation als zu größerer Repräsentativität geführt.

schließen lässt, ist damit zu rechnen, dass öffentliche Deutungen die zunehmend dif-
fuser und unspezifischer werdenden Erwartungen bestätigten und beförderten. Da
das Ereignis ‚Lehman‘ offenbar in einer Korrelation mit dem Zeitpunkt des dramatischen Volatilitätsanstiegs steht, ist das Material daraufhin zu untersuchen, inwieweit
die Erwähnung des Unternehmens in eher spezifischer oder eher allgemeiner Weise
gerahmt ist. Konkret lautet die Frage, ob Lehman mit anderen einzelnen Unternehmen, die mehrere wichtige Repräsentanten der Finanzwirtschaft oder mit dem Finanzsystem (dem als Produkte auch Unternehmensaktien angehören) in Zusammenhang gebracht wird: wird, vor dem 14.9., das Ringen um die Zukunft von Lehman
bzw., seit dem 14.9., die Teilinsolvenz als relevant für (a) einzelne Unternehmen, (b)
die Finanzbranche oder (c) das Finanzsystem angesehen?

Die Auswertung der Artikel folgte dem Prinzip, diejenigen Äußerungen zu identifizieren, welche die Rahmung der Schwierigkeiten von Lehman Brothers festlegten,
und die Artikel danach zu klassifizieren, welche Rahmung in ihnen allein vorherrschte bzw. überwog oder die anderen dominierte. Die Ergebnisse dieser Inhaltsanalyse
werden unten in numerischer Form dargestellt. Zuvor sollen einige Beispieläußerun-
gen aus dem untersuchten Material wiedergegeben werden, damit deutlich wird, auf
welcher empirischen Grundlage die Klassifizierung der Artikel erfolgte:

Beispiel für auf ein einzelnes anderes Unternehmen bezogene Lehman-Rahmungen:

> ‚Though AIG's [American Internaional Group's] problems have been apparent for months,
> it is coming under fire now because of Wall Street's increasing skittishness over Lehman
> Brothers, also a big player in credit default swaps, said Chip MacDonald, partner in the
> capital markets group at Jones Day, a law firm.‘[11]

Beispiel für auf die Finanzbranche bezogene Lehman-Rahmungen:

> ‚There's also been renewed speculation about industry consolidation, most notably chatter
> about a takeover of investment bank Lehman Brothers. That's given bank investors some-
> thing to cheer even though many analysts remain skeptical that any big mergers will be
> announced anytime soon.‘[12]

---

11   Tami Luhby, ‚AIG: Pressure mounts with downgrades‘, in: CNNMoney.com, 15.9. 2008, kontak-
      tiert am 30.5. 2009.

12   David Ellis, ‚No joke: Bank stock are rallying‘, in: CNNMoney.com, 5.9. 2008, kontaktiert am
      30.5. 2009.

Beispiel für auf die gesamte Finanzwirtschaft bezogene Lehman-Rahmung:

‚Stocks tumbled Tuesday, erasing most of the previous session's rally, as worries about Lehman Brothers' ability to raise capital, and about the extent of AIG's mortgage-related losses, exacerbated broad recession fears.‘[13]

Die Auswertung für die beiden Untersuchungszeiträume ergibt folgendes quantitatives Bild:

N = 19 Artikel	… einzelner Unternehmen	… wichtiger Branchenfirmen	… des Finanzsystems als Ganzem
Lehman wird erwähnt im Kontext…	0	7	12

Tabelle 4: Lehman-Rahmungen vom 5. – 13. 9.

N = 45 Artikel	… einzelner Unternehmen[a]	… wichtiger Branchenfirmen	… des Finanzsystems als Ganzem
Lehman wird erwähnt im Kontext…	4	9	32

a) In dreien der vier Artikel wird Lehman mit der American International Group (AIG) in Zusammenhang gebracht, die zwei Tage nach der Lehman-Teilinsolvenz von der US-Regierung mit US$ 85 Milliarden unterstützt wurde.

Tabelle 5: Lehman-Rahmungen vom 14. – 20. 9.

Ein Vergleich ergibt, dass die Rahmungen von Lehman nicht signifikant unterschiedlich sind: in beiden Zeiträumen werden die Schwierigkeiten der Investmentbank überwiegend mit dem Finanzsystem als Ganzem in Verbindung gebracht. Ein näherer Blick auf die Daten zeigt indes, dass die Finanzsystem-Rahmung recht genau am 8. September einsetzt, als sich zum ersten Mal schwere Bedenken bezüglich der Zukunft von Lehman-Brothers zu artikulieren, nachdem die Firma Verluste im dritten Quartal in Höhe von fast 4 Milliarden US$ angegeben hatte und Citigroup und Goldman-Sachs daraufhin ihre Ratings von Lehman herabgesetzt hatten.[14] Bis zu

---

13   Alexandra Twin, 'Wall Streets slides on Lehman fears", in: CNNMoney.com, 9.9. 2008, kontaktiert am 30.5. 2009.

14   Vgl. Alexandra Twin, ‚Stock gain on Lehman buyout talk‘, in: CNNMoney.com, 11.9. 2008, kontaktiert am 30.5. 2009.

diesem Zeitpunkt wird das Unternehmen ausschließlich als Teil der Finanzbranche – nicht des Finanzsystems – thematisiert und mit anderen Firmen in Verbindung gebracht.

Dieser Befund bedeutet zweierlei: Erstens kann davon ausgegangen werden, dass der Anstieg von Volatilität im Markt – von der in der Berichterstattung ca. ab dem 8. September die Rede ist – mit einer Entspezifizierung der Rahmung von Lehman Brothers einher ging. Die Kontexte, in die der Lehman-Vorgang gestellt wurde, wurden allgemeiner und umfassten schließlich die gesamte Finanzwirtschaft. Während bis zum 8. September Lehman meist mit einzelnen anderen Häusern, die zuvor schon in Schwierigkeiten geraten wurden, in Beziehung gesetzt wurde, figurierte das Haus nach Beantragung der Insolvenz als schlechtes Omen nicht nur für die Finanzbranche – also etwa andere Banken – sondern als Untergangszeichen des gesamten Finanzsystems und wurde mit dem Niedergang des gesamten Aktienmarktes in Verbindung gebracht.[15]

Zweitens begann diese Entspezifizierung nicht erst am 14. September, sondern schon einige Tage zuvor, als sich die Aussichten für eine Rettung des Bankhauses verschlechterten und seine Ratings herabgesetzt wurden. Dies bestärkt jedoch die diesem Artikel zugrunde liegende Ausgangshypothese, dass Lehman als eine Art Menetekel des Finanzsystems interpretiert wurde, weil es sich um einen statushohen Akteur handelte.

Die Interpretation der Daten beruht auf der Prämisse, dass im Mediendiskurs formulierte Deutungen nicht als inhaltliche Deutungen ins Finanzmarktgeschehen Eingang gefunden haben, sondern dass die inhaltlichen Deutungen eine formale Entspezifizierung und ein Diffuser-Werden der Erwartungen und Erwartungserwartungen der Marktteilnehmer begünstigt haben (s. Abschnitt 4.1). In einer solchen Entspezifizierung (oder in ihrem Gegenteil) ist eine typisch finanzökonomische Reduktionsform sozialen Sinns zu sehen, weil die Operation der Erwartungsbildung an Finanzmärkten direkt auf den Produktionsmechanismus finanzmarktlicher Güter bezogen ist.

Die Grenzen dieser empirischen Untersuchung bestehen hauptsächlich darin, dass sie keine Angaben über die Stärke des Zusammenhangs zwischen öffentlichem Diskurs und der Entwicklung der Finanzmärkte machen kann. (Dies gilt vor allem

---

15   Eine analoge Untersuchung des Diskurses um die Lehman-Pleite in Deutschland hat Vergleichbares erbracht: auf diskursivem Gebiet fand eine Entspezifizierung und Generalisierung der Deutungsweisen statt (Langenohl 2009). Während vor der Pleite die Krisen einzelner Bankhäuser in den USA (Fannie Mae, Freddie Mac) überwiegend als Unternehmenskrisen dargestellt worden waren (wobei im Unterschied zu den USA die Entspezifizierung erst am 14.9. einsetzte), verwandelte sich der ‚Fall Lehman‘ im öffentlichen Diskurs in eine Metonymie für das gesamte Finanzsystem. Dies mag den Ausschlag gegeben haben, Erwartungen der Marktteilnehmer ebenfalls zu generalisieren und zu entspezifizieren. Mit einer solchen steigenden Erwartungsunsicherheit kann die wesentlich höhere Volatilität, die auch im DAX und den dort verzeichneten Unternehmen zu beobachten ist, in Verbindung gebracht werden.

mit Blick auf den unbekannten Anteil an Verkaufsaktivitäten, die auf automatische Handelssysteme zurückgehen.) Es kann aber vor dem Hintergrund verhaltenspsychologischer Studien (Avery/Zemsky 1998, Froot/Scharfstein/Stein 1992, Devenow/Welch 1996, Menkhoff/Röckemann 1994) angenommen werden, dass in Zeiten hoher Unsicherheit (die anhand der Stärke und Häufigkeit eintretender Nachrichten – also unerwarteter Entwicklungen – bestimmt werden kann) Marktakteure in größerem Ausmaß als sonst auf allgemein zugängliche Informationen wie Massenmedien zurückgreifen. Lehman war das unerwartete Ereignis schlechthin, ebenso wie die nicht für möglich gehaltenen Kalamitäten renommierter Unternehmen, die ihm folgten.

5   Implikationen und Ausblick

Der vorliegende Aufsatz hat verschiedene Implikationen. Erstens ist es angesichts der Subprime-Krise wichtig, darauf hinzuweisen, dass Finanzmärkte Deutungsökonomien sind. Dies äußert sich in der Aufladung bestimmter Akteure mit geradezu paradigmatischer Reputation und kommt vermutlich vor allem in Phasen rapider Auf- und Abschwünge zum Tragen. Da solche Phasen an den Finanzmärkten der Gegenwart häufiger vorzukommen scheinen als Phasen, in denen, um mit Keynes zu sprechen, ‚the ocean is flat again' (Keynes 1971 [1923]: 65), ist die Deutungsökonomie als Statusökonomie zu untersuchen.

Indes muss man sich, zweitens, davor hüten, diese Untersuchungsperspektive zum Anlass zu nehmen, das Ökonomische auf das Gesellschaftliche oder Kulturelle zu reduzieren. Das Beispiel der Finanzmärkte macht deutlich, dass auch Deutungsmärkte einen ökonomischen Kern haben, dessen Operationsweise mit repräsentationstheoretischem Vokabular kaum zu beschreiben ist. Denn diese Operationsweise basiert auf Prozessen, deren Charakteristikum darin besteht, soziale und kulturelle Repräsentationen aufzulösen und unkenntlich zu machen.

Diese Feststellung bezieht, drittens, ihre Prägnanz aus dem Hintergrund der gegenwärtigen Tendenz in der Wirtschafts- und Finanzsoziologie, ökonomische Prozesse als kulturell und sozial gerahmt (oder umgekehrt als kulturelle und soziale Integrationsformen) zu fassen. Im Gegensatz hierzu möchte ich, im Kontext des vorliegenden Sammelbandes, eine Perspektive stark machen, die die politisch-ökonomischen Aspekte von Finanzmarktdynamiken durch eine genuin soziologische Perspektivierung erschließt. Soziologische Arbeiten zu den Finanzmärkten haben unzweifelhaft gesellschaftswissenschaftliches Licht auf die scheinbar ‚nur' ökonomischen Prozesse von Markthandeln und Marktdynamiken geworfen. Aber darin haben sie ebenso dazu beigetragen, das Studium der gesellschaftlichen und politischen Effekte ökonomischer Prozesse zugunsten einer theoretischen und epistemologischen ‚Vergesellschaftung' des Marktes zu marginalisieren. Wenn im vorliegenden Aufsatz die Eigenlogik von Marktprozessen (Preisbildung) gerade in ihrer Eigenschaft als

A-Logik betont wurde – d.h. als Operationsweise, die kein semantisches Substrat hat – geschah dies nicht zuletzt zum Zweck einer Einholung dieser Diskussion mit politisch-ökonomischen Mitteln. Denn wenn die Preisbildung an Finanzmärkten, wie hier argumentiert wurde, kraft jener A-Logik ein Produktionsmittel ist (d.h. Preise als Waren herstellt), stellt sich die dringliche Frage, ob der Finanzkapitalismus sich wirklich von der produktionsbasierten Wirtschaft abgekoppelt oder ob nicht vielmehr die Materialität der Produktionsprozesse eine neue Stufe erreicht hat. Anders gefragt: sind Finanzmärkte virtuell, weil sie die realwirtschaftliche und produktionswirtschaftliche Basis verlassen; oder sind sie real, weil Materialität in den Preismechanismus eingewandert ist und ihn zu einem Produktionsmittel macht?

Literatur

Aspers, Patrik (2007): Wissen und Bewertung auf Märkten. In: Berliner Journal für Soziologie 17 (4): 431-449.

Ayers, Christopher/Zemsky, Peter (1998): Multidimensional Uncertainty and Herd Behavior in Financial Markets. In: The American Economic Review 88 (4): 724-748.

Baecker, Dirk/Kettner, Matthias/Rustemeyer, Dirk (Hrsg.) (2008): Über Kultur. Theorie und Praxis der Kulturreflexion. Bielefeld: transcript.

Baudrillard, Jean (1992): Transökonomisch. In: Transparenz des Bösen. Ein Essay über extreme Phänomene. Berlin: Merve: 33-43.

Baudrillard, Jean (2000): Der unmögliche Tausch. In: Der unmögliche Tausch. Berlin: Merve: 9-40.

Beunza, Daniel/ Garud, Raghu (2007): Calculators, lemmings or frame-makers? The intermediary role of securities analysts. In: Callon et. al (2007): 13-39.

Beuzna, Daniel/Hardie, Iain/MacKenzie, Donald (2006): A Price is a Social Thing: Towards a Material Sociology of Arbitrage. In: Organization Studies 27 (5): 721-745.

Blomert, Reinhard (2005): Das Ende der ‚neuen Ökonomie': Eine finanzsoziologische Untersuchung. In: Berliner Journal für Soziologie. 15 (2): 179-198.

Blomert, Reinhard (2007): Wie viel Demokratie verträgt die Börse? Eine finanzsoziologische Untersuchung. In: Leviathan 35 (4): 430-457.

Boltanski, Luc/Thevenot, Laurent (1991): De la justification: Les économies de la grandeur. Paris: Gallimard.

Callon, Michel (1998): An Essay on Framing and Overflowing. In: Callon, Michel (Hrsg.) (1998b): The Laws of the Market. Oxford/Malden: Blackwell: 244-269.

Callon, Michel, Millo, Yuval/Muniesa, Fabian (Hrsg.) (2007): Market Devices. Oxford/Malden/Carlton: Blackwell.

Castells, Manuel (1996): The Rise of the Network Society. Cambridge, Mass. et al.: Blackwell

De Bondt, Werner F.M. (1998): A Portrait of the Individual Investor. In: European Economic Review 42 (3-5): 831-844.

Devenow, Andrea/Welch, Ivo (1996): Rational Herding in Financial Economics. In: European Economic Review 40 (3-5): 603-615.

Diaz-Bone, Rainer/Krell, Getraude (2009): Diskurs und Ökonomie. Diskursanalytische Perspektiven auf Märkte und Organisationen. Wiesbaden: VS Verlag für Sozialwissenschaften.

Clark, Gordon L./Thrift, Nigel/Tickell, Adam (2004): Performing Finance: The Industry, the Media and Its Image. In: Review of International Political Economy 11 (2): 289-310.

Dicken, Peter (2003): Global Shift: Reshaping the Global Economic Map in the 21st Century. London/Thousand Oaks/New Delhi: Sage.

Djelic, Marie-Laure/Lagneau-Ymonet, Paul (2008): From the Playground of Baron Nucingen to Global Financial Operator: Institutional Work and the Profound Reinvention of the Paris Stock Exchange. Paper prepared for Subtheme 22: Understanding how Actors Create, Maintain and Disrupt Institutions. 24th EGOS Colloquium. Amsterdam.

Fenton-O'Creevy, Mark/Nicholson, Nigel/Soane, Emma/Willman, Paul (2005): Traders: Risks, Decisions, and Management in Financial Markets. Oxford/New York: Oxford University Press.

Froot, Kenneth/Scharfstein, David S./Stein, Jeremy C. (1992): Herd on the Street: Informational Inefficiencies in a Market with Short-Term Speculation. In: The Journal of Finance 47 (4): 1461-1484.

Goffman, Erving (1977): Rahmen-Analyse. Ein Versuch über die Organisation von Alltagserfahrungen. Frankfurt a.M.: Suhrkamp.

Habermas, Jürgen (1995a): Theorie des kommunikativen Handelns. Band 1: Handlungsrationalität und gesellschaftliche Rationalisierung. Frankfurt a.M.: Suhrkamp.

Habermas, Jürgen (1995b): Theorie des kommunikativen Handelns. Band 2: Zur Kritik der funktionalistischen Vernunft. Frankfurt a.M.: Suhrkamp.

Harrington, Brooke (2007): Capital and Community: Findings from the American Invest¬ment Craze of the 1990s. In: Economic Sociology the European Economic Newsletter 8 (3): 19-25.

Kalthoff, Herbert (2005): Practices of Calculation: Economic Representations and Risk Ma¬nagement. In: Theory, Culture & Society 22 (2): 69-97

Keynes, John Maynard 1971 [1923]: A Tract on Monetary Reform. The Collected Writings of John Maynard Keynes, vol. IV. London/Basingstoke: Macmillan/St Martin's Press.

Knorr Cetina, Karin/Bruegger, Urs (2000): The Market as an Object of Attachment: Exploring Postsocial Relations in Financial Markets. In: Canadian Journal of Sociology 25 (2): 141-168.

Knorr Cetina, Karin/Bruegger, Urs (2002): Global Microstructures: The Virtual Societies of Financial Markets. In: American Journal of Sociology 107 (4): 905-950.

Knorr Cetina, Karin (2007): Economic sociology and the sociology of finance. In: Economic Sociology European Economic Newsletter 8 (3): 4-10.

Langenohl, Andreas (2007): Finanzmarkt und Temporalität. Imaginäre Zeit und die kulturel¬le Repräsentation der Gesellschaft. Stuttgart: Lucius & Lucius.

Langenohl, Andreas/Schmidt-Beck, Kerstin (2008): Die Medien als Bühne für Finanzprofis? In: Rehberg (Hrsg.) (2006): 4345-4356 (CD-ROM).

Langenohl, Andreas/Schmidt-Beck, Kerstin (2009): Krise der Theatralität(stheorie)? Der Zusammenbruch des Neuen Marktes aus der Sicht von Finanzmarktprofessionellen. In: Willems (Hrsg.) (2009): 101-116.

Langenohl, Andreas (2009): Finanzmarktöffentlichkeiten. Die funktionale Beziehung zwischen Finanzmarkt und öffentlichem Diskurs. In: Diaz-Bone et. al (2009): 245-266.

Langenohl, Andreas (2010): Sinnverengung an Finanzmärkten. Zur finanzsoziologischen Produktivität des Erwartungsbegriffs. In: Pahl,Hanno/Meyer,Lars (Hrsg).

Langley, Paul (2007): Uncertain Subjects of Anglo-American Financialization. In: Cultural Critique 65 (Winter): 67-91.

Lee, Benjamin/LiPuma, Edward (2002): Cultures of Circulation: The Imaginations of Modernity. In: Public Culture 14 (1): 191-213.

Lee, Benjamin/LiPuma, Edward (2004): Financial Derivatives and the Globalization of Risk. Durham/London: Duke University Press.

Lounsbury, Michael (2002): Institutional Transformation and Status Mobility: The Professionalization of the Field of Finance. In: Academy of Management Journal 45 (1): 255-266.

Lounsbury, Michael (2007): A Tale of Two Cities: Competing Logics and Practice Variations in the Professionalizing of Mutual Funds. In: Academy of Management Journal 50 (2): 289-307.

Luhmann, Niklas (1988): Die Wirtschaft der Gesellschaft. Frankfurt a.m.: Suhrkamp

Menkhoff, Lukas/Röckemann, Christiann (1994): Noise Trading auf Aktienmärkten. Ein Überblick zu verhaltensorientierten Erklärungsansätzen nicht-fundamentaler Kursbildung. In: Zeitschrift für Betriebswirtschaft 64 (3): 277-295.

Pahl, Hanno/Lars, Meyer (Hrsg.) (2010): Die Gesellschaftstheorie der Geldwirtschaft. Soziologische Beiträge. Marburg: Metropolois.

Preda, Alex (2007): Technology and Boundary-marking in Financial Markets. In: Economic sociology the European electronic newsletter 8 (3): 33-40

Preda, Alex (2009): Framing Finance: The Boundaries of Markets and Modern Capitalism. Chicago/London: University of Chicago Press.

Rehberg, Karl-Siegbert (Hrsg.) (2006): Die Natur der Gesellschaft. Verhandlungen des 33. Kongresses der Deutschen Gesellschaft für Soziologie in Kassel 2006. Frankfurt a.M./New York: Campus, 4345-4356 (CD-ROM).

Rustemeyer, Matthias (2008): Philosophie als Kulturreflexion. In: Baecker et. al (2008): 69-95.

Sassen, Saskia (1991): The Global City: New York, London, Tokyo. Princeton, NJ: Princeton University Press.

Stäheli, Urs (2007): Spektakuläre Spekulation. Das Populäre der Ökonomie. Frankfurt a.M.: Suhrkamp.

Thrift, Nigel (2005): Knowing Capitalism. London/Thousand Oaks/New Delhi: Sage.

Virilio, Paul (2001): Fluchtgeschwindigkeit. Frankfurt a.M.: Fischer.

Weber, Max (1988 [1894]): Die Börse. In: Gesammelte Aufsätze zur Soziologie und Sozialpolitik. Tübingen: Mohr: 256-322.

White, Harrison (2002): Markets from Networks: Socioeconomic Models of Production. Princeton: Princeton University Press.

Willems, Herbert (Hrsg.) (2009): Theatralisierung der Gesellschaft. Band 2: Medientheatralität und Medientheatralisierung. Wiesbaden: VS Verlag für Sozialwissenschaften.

,Es ist nicht alles Gold, was glänzt.' Russland und die internationale Finanz- und Wirtschaftskrise

Thomas Teichler

1 Einleitung

Der folgende Beitrag untersucht den Umgang Russlands mit der Finanz- und Wirtschaftskrise und legt dabei ein besonderes Augenmerk auf die politische Dimension. Im Zusammenhang mit der gegenwärtigen Krise, verspricht eine Analyse der russischen Erfahrung drei interessante Erkenntnisse. Erstens ermöglicht sie ein besseres Verständnis der Krise selbst. So fiel der Wert der wichtigsten russischen Aktienindizes von ihrem Höchststand am 19. Mai 2008 bis Ende März 2009 um 60%.[1] Der Rubel verlor von August 2008 bis Mitte Februar 2009 gegenüber dem Dollar 30% seines Wertes (Clover/Belton 2009). Aus diesem Grund kommen russische und ausländische Analysten zum dem Schluss, dass es sich bei Russland neben China um das von der Krise am härtesten betroffene Land der Welt handelt (Mau 2008).

Aber auch aus außen- und sicherheitspolitischen Gründen lohnt sich eine Analyse der Finanzkrise. Der selbstbewusstere Kurs des Landes seit 2005 hatte wiederholt zu Spannungen mit den ,westeuropäischen' Staaten geführt. Man braucht sich nur an politisch motivierte Unterbrechung von Gaslieferungen nach Westeuropa erinnern; oder an Irritationen über die Anerkennung Kosovos durch mehrere westliche Staaten, an die Verstimmung über die NATO- und EU-Erweiterungen oder an das von George W. Bush geplante Raketenschild in Osteuropa. Im August 2008 schließlich erreichten die Konfrontationen zwischen westlichen Ländern und Russland im Zuge des Georgienkrieges sowie der Anerkennung Südossetiens und Abchasiens ihren Höhepunkt. Doch während im Hochsommers 2008 von einem ,neuen kalten Krieg' gesprochen wurde und ausländische Investoren binnen eines Monats $ 60 Mrd. abzogen, kühlt die Finanz- und Wirtschaftskrise die erhitzten Gemüter bis zum Frühjahr 2009 deutlich ab. Das wirft die Frage auf, inwiefern die Außen- und Sicherheitspolitik Moskaus einerseits zur Finanz- und Wirtschafskrise im eigenen Land beitrug und

[1] Die Indizes der anderen BRIC Staaten sind demgegenüber deutlich weniger gefallen: Brasiliens Industrial Sector Index -56% vom Höchstand am 19.5., Indiens BSE Stat -27% vom Höchstand am 21.5. und Chinas SSE -28% vom Höchstand am 10.6. (Financial Times 2009).

in wieweit diese andererseits das Auftreten der Regierung auf dem internationalen
Parket beeinflusste.

Zuletzt lässt der Umgang mit einer Krisensituation das Selbstverständnis eines Landes besonders klar hervortreten. ‚Krise‘, etymologisch verwandt mit ‚Kritik‘,
meint im Griechischen ursprünglich ‚Ent-scheidung‘, eine herausfordernde Situation
oder Zeit, die oft zu einer Distanzierung oder sogar Trennung von früheren Entwicklungen führt (Duden 2009). Für uns Europäer, die wir mit Russland aus wirt-
schafts- und sicherheitspolitischen, aber auch historischen und kulturellen Gründen
verbunden sind, erlaubt eine Analyse der Krise auch einiges über Russland selbst zu
erfahren. Eine Analyse der russischen Reaktionen auf die Krise kann uns verdeutlichen, was für ein Land Russland sein will, welche Normen in der Gesellschaft gelten
sollen, wie die Macht verteilt ist und mit welchem Gewicht das Land im internationalen Rahmen auftreten möchte.

Das folgende Kapitel wird Aussagen zu allen drei Fragenkomplexen treffen.
Dazu wird zuerst der Verlauf der Finanz- und Wirtschafskrise beschrieben, bevor auf
die besonderen Umstände der Krise in Russland eingegangen wird. Anschließend
erfolgt eine Untersuchung von innen- und abschließend außenpolitischen Wechselwirkungen.

2   Anzeichen und Verlauf der Krise

Bevor Russland in der zweiten Jahreshälfte vor zwei großen Herausforderungen gestellt wurde, verlief das Jahr 2008 zunächst außerordentlich erfolgreich. Wirtschaftlich hatte Russland seit 1999 jährliche Wachstumsraten von vier bis zehn Prozent
erlebt. Auch im zweiten Quartal 2008 war das BIP um 7,5% im Vergleich zum Vor-
jahr gewachsen. Ein Großteil dieser Wachstumsraten geht vor allem auf die Rohstoffexporte zurück. Seit 2004 war der Ölpreis beständig und stark gestiegen und
erreichte im Juli 2008 eine Rekordhöhe von US$ 147 pro Barrel. Die Gewinne aus
dem Rohstoffexport führten zu 2007 zu einer positiven Haushalts- und Handelsbi-
lanz und galt für ausländische Investitionen als äußerst attraktiv. Die Kapitalreserven des Landes hatten mit US$ 750 Mrd. Mitte 2008 ihren höchsten Stand erreicht
und entsprachen den drittgrößten Reserven der Welt. Teile davon wurden von einem
Staatsfond verwaltet und strategisch im Ausland angelegt. Damit wirkte die russische
Wirtschaft im Vergleich zu der bereits krisenerschütterten westlichen Welt als deutlich sicherer (Clover/Belton 2008c, Mau 2008).

Nach der reibungslosen Wahl Medwedews zum Präsidenten und der Ernen-
nung Putins zum Premierminister wurde größtenteils von einer stabilen politische
Zukunft des Landes ausgegangen. Doch Mitte des Jahres zeigte sich die Nervosität
der Investoren, gespeist durch die aggressive Haltung der russischen Regierung gegenüber in- und ausländischen Unternehmen. Im Juli zum Beispiel sorgten kritische

Bemerkungen Putins gegenüber dem Mechel Vorstand Oleg Zyuzin für einen kurzen Einbruch an der Börse, da eine Yukos-ähnliche Kampagne gegen das führende Bergbau und metallverarbeitende Unternehmen befürchtet wurde.[2] Die aufsehenerregende Enteignung des Oligarchen Alexander Chodorowskis und die Verstaatlichung des von ihm geführten Yukos Konzerns von 2003 bis 2006 stellte nicht nur die Garantie von Eigentumsrechten in Frage, sondern wurde auch als Warnung an die Oligarchen verstanden, sich aus der Politik herauszuhalten. Im Mai 2008 war dem CEO von BP-TNK derart zugesetzt worden, dass er nach langem Widerstand seinen Posten schließlich aufgab. Zuvor hatte die Regierung gegenüber Royal Dutch Shell, Mitsui und Mitsubishi sowie British Petroleum Mehrheitsbeteiligung russischer Firmen in den Gemeinschaftsprojekten Sakhalin II bzw. am Kovykta Feld durchgesetzt und damit deutlich gemacht, dass es den Einfluss ausländischer Unternehmen zurückzudrängen suchte. Obwohl es bei all diesen Anlässen noch nicht zu einem systematischen Abzug ausländischen Kapitals kam, verdeutlichen die Reaktionen seitens der Investoren bereits ein Vertrauensschwund in die Sicherheit ihrer Anlagen.

Als Russland dann im August 2008 die militärische Operation Georgiens gegen Suedossetien und Abchasiens für eine starke militärische Vergeltung nutzte und nach Ende der Kampfhandlungen die beiden Teilrepubliken einseitig anerkannte, verloren viele ausländische Unternehmen ihr Vertrauen in die russische Regierung und änderten daraufhin ihre Risikobewertungen. Zwischen dem 8. August und dem 19. September wurden insgesamt US$ 57 Mrd. aus Russland abgezogen (Aboulian 2008). Der MICE Index verlor dabei 19% seines Wertes (Financial Times 2009). Gleichzeitig verlangten Gläubiger eine Anpassung der Kreditkonditionen, was russische Unternehmen und Banken mit Auslandsschulden belastete. Hinzu kam Anfang September 2008 eine überraschend große Liquiditätskrise. Eine der Ursachen war die Aktivierung von ‚margin calls‘: Viele russische Unternehmen finanzieren sich über kurzfristige ausländische Kredite, die quartalsweise fällig und durch Wertpapiere abgesichert werden. Ändern sich die Risikobeurteilungen der Gläubiger führt dies zu einer notwendigen Anpassung der Portfolios, was in diesem Fall zu einem Abzug von Liquidität führte (Belton/Clover 2008). Zeitgleich mussten die Unternehmen ihre vierteljährlich fälligen Mehrwertsteuern zahlen, was zusätzliche Liquidität beanspruchte (Рубченко 2008).

Diese beiden Faktoren führten zum Beispiel am 12. September dazu, dass die russische Bank KIT-Finance nicht mehr ihren Verpflichtungen gegenüber der Gazprombank nachkommen konnte. Die OAO Gazprombank dominiert gemeinsam mit der OAO Sberbank und der VTB Group den russischen Interbankenhandel. Als diese ‚Troika‘ sich am 15. September aus den Transaktionen an der MICEX Börse

---

2   Der Aktienkurs brach zweimal um über 30% ein, nachdem Dementi durch das Unternehmen sowie beruhigenden Bemerkungen durch einen Regierungsvertreter von Putin erneute kontakariert worden waren (Lesova 2008a).

zurückzog, kam der Refinanzierungsmechanismus zum Erliegen und führte noch am gleichen Tag zum Zusammenbruch der Svyaz Bank (Рубченко 2008). Die russische Regierung versuchte dagegen zu steuern und stellte am 16. September US$ 20 Mrd. an zusätzlicher Liquidität für den Interbankenhandel zur Verfügung und gewährte gleichzeitig den drei wichtigsten Banken einen Tag später weitere Kredite in Höhe von US$ 44 Mrd. (Nicholson 2008). Gleichzeitig reduzierte die Zentralbank die Mindestkapitalanforderungen, um eine zusätzliche Liquidität von US$ 11 Mrd. bereitzustellen (Рубченко 2008). Doch trotz dieser und weiterer Maßnahmen, belebte sich der Bankenrefinanzierungsmarkt erst Ende März 2009 (Clover/Belton 2009).

Die Dramatik der damaligen Situation wird deutlich, wenn man sich die Entwicklung der Aktienindizes vor Augen führt: Am 16. September mussten die beiden dollar-denominierten russischen Börsen RTS and MICEX den Handel für eine Stunde aussetzen, nachdem beide Indizes mit mehr als 15% die stärksten Einbußen seit 1998 hatten hinnehmen müssen. Auch an den kommenden beiden Tagen blieben die Börsen nach einer Entscheidung des Federal Financial Markets Services geschlossen. Am 6. Oktober fielen der MICEX and RTS Indizes erneut, diesmal jeweils um mehr als 18%, was wiederum zum Aussetzen des Handels für den nächsten Tag führte. Natürlich sahen auch die internationalen Märkte einen Einbruch ihrer Indizes, jedoch nicht in dem Ausmaß, wie wir es in Russland sehen konnten. Am 8. Oktober fielen beide Indices erneut um jeweils mehr als 11%, so dass der Handel bis zum 10. Oktober ausgesetzt wurde, eine Maßnahme, die auch Anfang November nochmals notwendig wurde (Lesova 2008c). Zur Stützung des Aktienmarktes begann die Regierung im Oktober Papiere russischer Unternehmen zu kaufen (Bryansky and Vorobyova 2008).

Die anhaltende Vertrauenskrise erhöhte den Druck auf den russischen Rubel und Ende Oktober schließlich kamen erste Gerüchte über eine Abwertung auf. Auch die Rating Agenturen erhöhten den Druck durch Abwertungen. Am 8. Dezember senkte zum Beispiel Standards und Poor's ,foreign currency credit rating' von BBB+ auf BBB. Aufgrund der schnellen Reduzierung der Währungsreserven und der zu erwartenden Schwierigkeiten bei der Schuldenrückzahlung wurde Russlands langfristiger ,sovereign credit rating' auf ,negative' gestuft (Belton 2008b). Während Premierminister Putin eine Abwertung im Oktober noch ausschloss, erweiterte die Zentralbank Mitte November die Bandbreite, in der der Rubel zum Dollar gehandelt wurde um 1% (Lex 2008a). Auch die Zentralbank sah sich zu mehreren Stützungskäufen durch den Verkauf ihrer Währungsreserven gezwungen, was sich wiederum negativ auf die Kreditwürdigkeit des Landes auswirkte (Belton 2008b, Clover 2008b).

Diese schleichende Abwertung setzte sich bis Mitte Februar fort. Seit August 2008 büßte der Rubel gegenüber dem Dollar insgesamt 30% seines Wertes ein (Clover/Belton 2009). Der fallende Rubel reduzierte die Anreize zur Kreditvergabe für die Banken weiter, was sich letztlich auch negativ auf die Wirtschaftsaktivität auswirkte (Belton 2009). Ende 2008 erfasste die Krise dann auch die russische Realwirtschaft. Zwar konstatierte die Regierung schon im September ein Wachstum von lediglich

0,4%, doch dies hatte wenig Aufsehen erregt. Obwohl im Oktober Premierminister Putin noch von einem Wirtschaftswachstum von 4% für das Jahr 2009 ausgegangen war. Im Januar schließlich kontrakierte die Wirtschaft um 8,8% und die industrielle Leistung ging um 20% zurück (Clover/Belton 2009, Clover 2009).

3   Zu den spezifischen Ursachen der Krise

Im Vergleich zu anderen Ländern hatte die Krise Russland bei weitem stärker getroffen, was auf einige spezifischen Charakteristika der russischen Situation zurückzuführen ist. Ein Grund liegt in der Ineffizienz des russischen Bankensektors, der von drei staatsnahen Banken – OAO Gazprombank, OAO Sberbank und VTB Group – dominiert wird. Die ‚Troika' hält 60% aller Einlagen und 40% aller russischen Bank-Aktiva. Auf die folgenden 25 Banken entfallen lediglich 30% aller Aktiva. Diese Marktmacht nutzt die Troika über den Interbankenhandel gegenüber privaten Banken aus (Рубченко 2008, Clover 2008a).

Gerade diese strukturelle Machtkonzentration, sowie die enge Verzahnung von Banken, Politik und einigen Unternehmern führte aber auch dazu, dass die Bereitstellung zusätzlicher Liquidität im September 2008 nur von begrenztem Erfolg war.[3] Die drei Banken gaben das Geld nur an die Geldhäuser ‚ihrer Gruppe' – jedoch nicht an ihre Konkurrenten – weiter und auch dann nur etwa zu einem Drittel des Volumens wie vor der Krise (Рубченко 2008). Sie tauschten die Rubel in ausländische Währungen und nutzten die Mittel für eine Sicherung ihrer instabilen Position. Erst nach Beschwerden kleinerer Banken dehnte das Finanzministerium die Unterstützung gezielt auf die Gruppe der nächstgrößeren Geldhäuser aus.[4]

Der Großteil der etwa 1.500 Banken Russlands gilt als unterkapitalisiert. Es existiert kein hinreichend leistungsfähiges System für die Zirkulation und Akkumulation von Geld, das es erlauben würde, Kredite auf der Basis inländischer Mittel zu generieren. Vielmehr finanzieren die Banken den Großteil ihrer Aktivitäten – von Autokrediten, über Hypotheken bis hin zum ‚Working Capital' der Energie- und Rohstoffunternehmen – durch ausländisches Kapital (Stratfor 2008a).

Diese Auslandschulden privater Unternehmen sowie der privaten und staatlichen Banken stellen eine der größten hausgemachten Ursachen für die Krise in Russland dar. Von den insgesamt US$ 527,1 Mrd. Auslandsschulden entfallen US$ 228 Mrd. auf Banken und weitere US$ 142 Mrd. auf Energie- und Rohstoffunternehmen.

---

3   Am 19. September hatte die Regierung die Haushaltsmittel für die Deckung kurzfristiger Liquiditätslücken verdoppelte, indem sie den drei staatlich kontrollierten Banken US$ 59,1 Mrd. gab (Belton and Clover 2008a). Zusätzlich gewährte die Regierung Anfang Oktober der Troika langfristige 5-Jahres Kredite in Höhe von US$ 37 Mrd. (Clover/Belton 2008b).

4   Am 21. September stellte die Regierung weitere US$ 24,21 Mrd. für Dreimonatskredite zum Zins von 8,75% für die größten 28 Banken bereit (Clover 2008a).

Während die Staatsverschuldung, gemessen an den öffentlichen Haushalten, im internationalen Maßstab gering ist, ist die Gesamtverschuldung Russlands recht hoch. Der Anstieg der Gesamtverschuldung seit 2007 hatte die Anfälligkeit Russlands gegenüber den globalen Finanzmärkten aus vier Gründen erhöht (Mau 2008):

Erstens verstärkten die Auslandsschulden die Liquiditätsprobleme und trugen damit entscheidend zum Engpass Anfang September bei. Zum einen dadurch, dass ein gegenüber dem Dollar schwächerer Rubel, sei es aufgrund von Kapitalflucht, fallender Rohstoffpreise und steigender Risikoerwartungen über Russland, zu einer Steigerung des Nominalwerts ausländischer und in Dollar dotierter Schulden führt.[5] Da der Rubel seit Beginn der Krise um 30% gefallen ist, haben sich die Kosten der dollarnotierten Schulden um denselben Wert erhöht. Zum anderen hatten russische Unternehmen ihre Kredite über ihre Aktien oder Fonds gesichert, obwohl ihnen die wirtschaftliche Entwicklung der letzten Jahre auch andere Kreditstrukturierungen erlaubt hätten (Mau 2008). Der Nachteil dieser Form ist, dass der Kreditgeber den Kreditnehmer auffordern kann, weitere Wertpapiere oder Barmittel einzubringen, um das Verhältnis von Kredit zum Wert des Fonds zu halten („margin call").

Zweitens verändert die große Nähe der Energie- und Rohstoffunternehmen zum Staat die Anreizstrukturen im Markt. Die Kreditoren wissen, dass die Unternehmen im Ernstfall nicht von der Regierung fallengelassen werden. Damit werden für sie auch risikoreiche Geschäfte attraktiv, die sie mit ‚normalen' russischen Unternehmen nicht eingehen würden. Dieser ‚moral hazard', der auch zur Asienkrise 1997 beigetragen hat, wirkte auch in Russland (Mau 2008).

Eine dritte Ursache liegt in der einseitigen Struktur der russischen Wirtschaft. So entfallen 66% bzw. 14% der Exporte auf Rohstoffe und Metallprodukte. Dies bringt eine starke Abhängigkeit der Staatseinnahmen von den Entwicklungen in Nachfrageländern sowie vom Preisniveau auf den Weltmärkten mit sich (Mau 2008). Die Höhe der Staatseinnahmen sind dabei insbesondere von Ölpreisschwankungen betroffen. Der Ölpreis war seit 2004 stetig gestiegen und fiel nach einem Hoch von US$ 147 im Juni auf unter US$ 40 pro Barrel. Der fallende Ölpreis schränkte die Optionen der Regierung bei der Schaffung fiskalischer Anreize für die Produktion und Investition stark ein (Koroljow 2009).

Letztendlich muss man berücksichtigen, dass Russland in den vergangenen Jahren eine rasante wirtschaftliche Entwicklung durchlaufen hatte, die sich vor allem in eine hohe Inflation übersetzte und deren Bekämpfung eines der zentralen wirtschaftspolitischen Ziele war. So konnte die Inflationsrate von 20% im Jahr 2000 auf 7,5% im März 2007 reduziert werden. Jedoch stieg sie danach wieder an und belief sich auf 12% im Gesamtjahr 2007 und 15% im Sommer 2008 (Clover 2008a). Die Regierung war über die Entwicklung so besorgt, dass sie eine Kommission mit Finanz-

---

5   Hinzu kommt, das sinkende Rohstoffpreise, die in Dollar notiert sind, diesen stärken, den Rubel
     aber weiter schwächen, doch darauf sei hier nicht näher eingegangen (Stratfor 2008a).

minister Kudrin an der Spitze bildete, die die Teuerungsrate auf unter 9% reduzieren sollte (Gilman 2008).[6] Auch die Zentralbank konzentrierte ihre Anstrengungen
seit dem Frühjahr 2008 auf die Bekämpfung der Inflation, d.h. auf ein Abschöpfen
der Liquidität. So wurden von April bis September Refinanzierungsniveau sowie die
Zwangseinlagen der Banken dreimal erhöht (Рубченко 2008). Die letzte Erhöhung
erfolgte noch am 1. September 2008.

Zu diesem Zeitpunkt wurde, neben der bereits erwähnten Aktivierung der
‚margin calls' auch die Zahlung der Mehrwertsteuer durch russische Unternehmen
fällig. Im Herbst 2007 verabschiedete die Duma ein Gesetz, das die vierteljährliche
Zahlung der Mehrwertsteuer einführte. Bereits zu diesem Zeitpunkt hatten Experten
darauf hingewiesen, dass diese Terminierung mit den Kreditfälligkeitszeitpunkten
zusammenfallen würde und daher vor allem bei großen Unternehmen zu Liquiditätsengpässen führen könnte. Allerdings wurden die von der Zentralbank im April
bereitgestellten Sondermittel zur Verwunderung der Experten kaum in Anspruch
genommen. Man nahm daher eine ‚normale' Liquiditätssituation an. Zwar verzeich-
nete die Zentralbank seit dem Frühjahr eine Verringerung der Kreditrate russischer
Banken und das Center for Macroeconomic Analysis and Short-Term Forecasting[7]
bemerkte, dass die Bankenliquidität im April 2008 derjenigen vom Ende 1997 glich,
doch diese Überlegungen beeinflussten das Handeln der Zentralbank keineswegs.
Bereits zu Beginn des Sommers hatte sie entschieden, die Zwangseinlagen zum 1.
September zu erhöhen, was dem Markt ca. US$ 4 Mrd Liquidität entzog. Somit war
weniger Liquidität im russischen Bankensystem gegeben als noch im August des Kri-
senjahres 1998 (Рубченко 2008).

Als dann auch noch der Ölpreis zwischen dem 10. und 13. September einbrach
und der Dollar weiter anstieg, führt dies letztlich zu der Liquiditätskrise (Рубченко
2008). Wenig später, in dem Maße wie die Liquidität des russischen Marktes aus-
trocknete und den Abwärtstrend der Aktienwerte weiter verstärkte, brach der Rubel
ein und die weltweite Wirtschaftskrise erfasste auch die russische Ökonomie.

Folgt man dieser Analyse, so ist die Krise in Russland nicht, wie von manchen
Analysten behauptet, auf heimische Probleme zurückzuführen, die dann durch die
Krise der internationalen Finanzmärkte verstärkt wurde, wie es 1998 der Fall war.
Damals durchlebte Russland eine Transformationskrise, die durch den Übergang
von Plan- zur Marktwirtschaft verursacht worden war. Dieses Mal war und ist Russland Teil einer globalen Krise (Mau 2008, Lex 2008b). Während die Problematik
von 1998 vor allem auf Probleme der russischen Wirtschaft zurückzuführen war, so
wurde die Krise 2008 von externen Effekten verursacht, die jedoch durch spezifisch
russische Umstände und Maßnahmen weiter verstärkt wurden. Dies führte dazu,

---

6   Im zweiten Halbjahr 2008 hatte die Zentralbank das Ziel, die Inflation auf 11% zu senken (Clover
     2008a).

7   Центр макроэкономического анализа и краткосрочного прогнозирования (ЦМАКП).

dass Russland im Vergleich zu allen anderen Schwellenländern von der Krise besonders hart getroffen wurde. Mit anderen Worten: die Krise verdeutlicht, dass Russland abhängiger von der Weltwirtschaft ist, als manche seiner führenden Persönlichkeiten zu Beginn wahrhaben wollten.

4   Zum innenpolitischen Umgang mit der Krise

Erstaunlich lange Zeit haben die russischen Behörden die Bedeutung der weltweiten Krise für ihr eigenes Land unterschätzt. So wurden effektive Gegenmaßnahmen lange hinausgezögert. So gelang erst Anfang Oktober die Bildung einer außerordentlichen Kommission zur Bekämpfung der Krise, die alle Maßnahmen von da an zentral koordinierte. Der Fakt, dass sie unter der Leitung des Ersten Stellvertretenden Premierministers Igor Schuwalow stand, wurde als ein wichtiger Sieg des liberal orientierte Teils der Regierung über konservative Gruppen gewertet. Damit kommen wir zu der Frage, wie sich das Land der globalen Krise stellt, wie es sich positioniert und formiert und demnach zum außen- und innenpolitischen Umgang mit der Krise.

Innenpolitisch nutzte und nutzt die russische Regierung die Krise um einige der oben genannten strukturellen Schwächen zu beseitigen und ihre Macht über die Gesellschaft zu festigen Diese betrifft erstens den Umgang mit den Medien. Hier versuchte die Regierung, nicht nur die Wahrnehmung der Krise per se, sondern auch die ihrer eigenen Rolle zu steuern. Die gezielte Übernahme eines Teils der Auslandschulden bot der Regierung in Moskau zweitens die Möglichkeit, den Einfluss sowohl westlicher Gläubiger, als auch einheimischer Unternehmer, vor allem der Oligarchen zurückzudrängen. Drittens veranlasste sie im Zuge der Krisenbewältigung Maßnahmen zur Aktivierung und Restrukturierung des Bankensektors.

4.1   Der Einfluss auf die Medienberichterstattung

Zu allererst festigte die Regierung ihren Einfluss über die Medien und sicherte sich so die Definitionshoheit über die Krise. Schrittweise musste sie hier den Fakt, dass auch Russland von einer Krise erfasst war einräumen, kommunizierte dabei jedoch keineswegs ihren schleichenden Kontrollverlust über fortschreitende Entwicklungen. Drei Phasen lassen sich hier unterscheiden: Bis September 2008 betrachtete die russische Führung die Finanzkrise als eine Krise des Westens, von der Russland weitgehend ausgenommen sei. Diese ‚wenn wir es nicht sagen, so ist es nicht passiert' – Taktik konnte bereits in anderen Krisenmomenten beobachtet werden, so zum Beispiel beim Überfall auf die Schule in Beslan im Jahre 2004, nach dem Sinken der ‚Kursk' 2000 oder auch bei Breshnews Tod 1982 (Smolchenko 2008).

Als sich die Probleme in Russland zu häufen begannen, versucht die Regierung in einer zweiten Phase die Märkte damit zu beruhigen, dass die Risiken in Russland nicht von ‚außergewöhnlicher und systemischer Natur' seien.[8] So äußerte Präsident Medwedew am 19. September, nach dem die Börsen für drei Tage geschlossen werden mussten, dass die ‚Situation in unserer Wirtschaft im großen und ganzen vollkommen stabil sei und wir es definitiv nicht mit einer Krisen oder Vorkrisensituation zu tun haben' (Clover/Belton 2008a). Noch Mitte Oktober, als die Regierung die Börsen zum zweiten Mal mehrere Tage wegen enormer Kursverluste geschlossen hatte, wurden russische Medien angewiesen, die Worte ‚Finanzkrise' oder ‚Kollaps' nicht im Zusammenhang mit der Entwicklung in Russland zu verwenden. Während dies auf eine gezielte Propaganda hinweist, so soll nicht unerwähnt bleiben, dass einige Berichterstatter aus Gründen der Selbstzensur nicht vom vollen Ausmaß der Krise berichteten. Sie hatten sich diese auferlegt, da ihre Unternehmen sowie ihre Entlohnung von der Marktlage abhängig ist (Smolchenko 2008).

Premier Putin sprach bis Anfang November davon, dass Russland gegen die weltweite Krise immun sei und der Krise trotzen würde. Die Komsomolskaja Prawda verwies in diesem Zusammenhang auf (General) ‚Winter': sollten die Antikrisenmaßnahmen der russischen Regierung nicht fruchten, so würde ein zu erwartender kalter Winter dem Ölpreis schon wieder auf die Beine helfen (Russia Today 2008). Der vom Staat kontrollierte Sender Kanal 1 zeigte Anfang Oktober, wie der Multimilliardär Michael Fridman Präsident Medwedew erklärte, dass der ‚globale Finanzkollaps' neue Möglichkeiten für russische Unternehmen im Ausland eröffnen würde und dass ‚das russische Finanzsystem vor so einem fundmentalen Schock besser geschützt sei als das vieler anderer Länder' (Smolchenko 2008).

Inwieweit die starke Kontrolle der Medien dazu beigetragen hat, einen Vertrauensverlust in der Bevölkerung und eine Panik zu verhindern, muss hier offen bleiben. Es gibt Hinweise darauf, dass die russische Öffentlichkeit sehr wohl in der Lage war, die ‚Codes' ihrer Führung zu ‚dechiffrieren' (Berdy 2008). So verwiesen im Oktober 2008 54% der Teilnehmer einer Umfrage auf instabile Weltmärkte als Ursache der Krise; immerhin 34% sahen jedoch auch die russische Regierung in der Verantwortung (Восток-Медиа 2008). Andererseits musste der Staat konsequente Maßnahmen ergreifen, um einen Ansturm auf die Kasse einiger Banken zu unterbinden. So erhöhte er beispielsweise die Garantiesumme von Bankeinlagen privater Personen. Im In- und Ausland wurde dabei immer wieder der Bezug zur Krise von 1998 hergestellt, als das Land zahlungsunfähig wurde und die gerade entstehende Mittelschicht ihre Ersparnisse daraufhin verlor. Da sich aktuelle politische Erwartungen auch immer

---

8 So bemerkte Finanzminister Kudrin am 16. September: ‚Es gibt Risiken in unserem System und wenn es mehr Schocks von der globalen Krise gibt, gibt es mehr Risiken in Russland, doch diese seien nicht von außergewöhnlicher und systemischer Natur' (Reuters 2008).

aus historischen Erfahrungen rekrutieren verwundert es kaum, dass Moskau mit verschiedenen Mitteln versuchte, die öffentliche Wahrnehmung zu beeinflussen.

4.2 Die Kontrolle über die Wirtschaft

Die Bewältigung der spezifisch russischen Ursachen der Krise gab der Regierung die Möglichkeit zum Ausbau ihrer Kontrolle über die Wirtschaft, die in den vergangenen Monaten auch für eine Restrukturierung des Bankensektors genutzt werden sollte. Um die Liquiditätsprobleme zu überwinden, stellte Moskau, ähnlich wie andere Regierungen der Welt, mehr Liquidität zur Verfügung. Am 19. September verdoppelte die Regierung die Haushaltsmittel für die Deckung kurzfristiger Liquiditätslücken, indem sie die drei staatlich kontrollierten Banken mit US$ 59,1 Mrd. versorgte (Belton and Clover 2008a). Mit Blick auf die Liquiditäts- und Investitionslage im Energiesektor entschied sie zudem die Ölexportsteuern mit Wirkung zum 1. Oktober um fast 25% zu senken.[9] Die betroffenen Unternehmen sollten dadurch zusätzliche US$ 5,5 Mrd. erhalten, die sie dringend für Investitionen in die Infrastruktur des Energiesektors benötigten (Lesova 2008b): die hohen Zölle hatten den Unternehmen 80% aller Einnahmen über US$ 27 pro Barrel genommen und ausländische Partner waren nach der Politik der harten Hand gegenüber Shell und BP nicht geneigt, große Summen in Russland zu investieren (Belton/Clover 2008a, Bryant 2008).

Eng verbunden mit dem Liquiditätsproblem sind auch die privaten Auslandsschulden, deren Höhe und Struktur bereits als eine der spezifisch russischen Ursachen für das große Ausmaß der Krise erwähnt wurden. Von den gesamten russischen Auslandsschulden von US$ 527 Mrd. entfielen US$ 146 Mrd. auf private Banken und US$ 142 Mrd. auf Energie- und Rohstoffunternehmen (Stratfor 2008a). Bis Ende 2008 wurde die Rückzahlung von US$ 39 Mrd. fällig, und bis Ende 2009 müssen weitere US$ 115,7 Mrd. zurückgezahlt werden (Belton/Clover 2008b).

Von der Verschuldung waren die wichtigsten und größten russischen Unternehmen betroffen. So betrugen die Außenstände bei Gazprom US$ 55 Mrd., Rosneft US$ 23 Mrd., RUSAL US$ 11,2 Mrd., TNK-BP US$ 7,5 Mrd., Evraz US$ 6,4 Mrd., Norilsk US$ 6,3 Mrd. und LUKoil US$ 6 Mrd. (Stratfor 2008a). Der größte Teil dieser Kredite wurde durch Aktien der betroffenen Unternehmen gesichert (Belton and Clover 2008b). Um ihre Zahlungsverpflichtungen aus den margin calls erfüllen zu können, hatten die Oligarchen im September damit beginnen müssen, einen Teil ihrer Wertpapiere im In-, aber auch im Ausland zu verkaufen und im Oktober hatten diese Unternehmen die Regierung in unterschiedlichem Maße um eine Unterstützung bei der Bedienung ihrer Kredite gebeten (Belton/Clover 2008b).

---

9   Zum ersten Dezember wurden die Ölexportzöllen um ein weiteres Drittel verringert (Gorst 2008).

Ende Oktober legte die russische Regierung mit US$ 50 Mrd. ein Programm zur Refinanzierung der Unternehmens- und Bankenkredite auf. Am 30. Oktober, gewährte die VNB Bank davon einen Kredit in Höhe von US$ 5,4 Mrd. an Oleg Deripaska, der damit einen Kredit für sein RUSAL Unternehmen ablösen und eine Abwanderung von Anteilen in Ausland verhindern konnte (Kramer 2008). Die Anteile des Oligarchen Michael Fridman am Mobilfunkunternehmen Vimpelcom mussten zunächst durch einen Gerichtsbeschluss vor einer Beschlagnahme durch ausländische Gläubigerbanken geschützt werden. Eine Strategie, die in der Vergangenheit bereits von anderen Oligarchen mehrmals angewandt worden war. Doch innerhalb weniger Tage hatte die russische Regierung auch diese Schulden übernommen (Belton 2008a).

Die Konsequenz dieser Strategie ist, dass die als Sicherung hinterlegten Pakete nicht an ausländische Banken, sondern an den russischen Staat fallen. Damit wurde eine große Unsicherheit für die russischen Unternehmen genommen, denn die Banken waren zum großen Teil selbst von einer Krise betroffen. Doch die Strategie war politisch motiviert: Putins anhaltende Kritik an der ‚Schlussverkaufsprivatisierung' in den 90er Jahren wäre so auch auf ihn zurückfallen und hätten als eine politische Niederlage gedeutet werden können. Zudem würde die Regierung den bereits gewonnenen Einfluss über wichtige Bereiche der Wirtschaft wieder verlieren.

Gleichzeitig definierte der Kreml so auch sein Verhältnis zum privaten Sektor um. Einerseits erhöhte er seinen Einfluss über die wichtigsten Bereiche der russischen Wirtschaft, andererseits änderte er auch die Spielregeln für Oligarchen. Diese hatte man nun zu Bittstellern der russischen Regierung degradiert, die ihrerseits über das Fortbestehen von Unternehmen und die Größe persönlichen Reichtums entscheiden konnte. Dieser Wandel und die einhergehende Machtverschiebung wurden nicht nur durch die gezielte Vergabe von Krediten oder die Übernahme von ausgewählten Auslandsschulden, sondern auch in medialer Form vollzogen. So konnte die Öffentlichkeit im staatlichen Sender Kanal 1 verfolgen, wie Oligarchen bei Premierminister Putin um finanzielle Unterstützung ihrer angeschlagenen Firmen baten.[10] Ähnliche Thematiken, sowie Berichte über die enormen Verluste der Oligarchen an den Aktienmärkten fanden sich Mitte November in allen großen russischen Tageszeitungen. Diese kombinierte Politik hatte jedoch zwei problematische Konsequenzen: Einerseits gingen die Reserven der russischen Regierung langsam aber stetig zurück.[11] Betrugen sie Anfang September noch US$ 650 Mrd. so waren sie Ende Februar 2009 inzwischen um US$ 200 Mrd. gefallen. Auch das war ein Grund, warum Ende Dezember 2008 und Anfang Februar verschiedene Ratingagenturen die russische Kreditwürdigkeit nun schlechter einschätzten. Andererseits übersetzten sich die zusätzlichen

---

10   Die Kamera fing ein, wie sie in einen grossen prunkvollen Saal eintraten, an dessen Ende Putin hinter einem Tisch stand. Nach Begrüßung per Handschlag, setzten sie sich gebeugten Hauptes vor den Tisch und reichten ihm Papiere. Die gesamte Szene glich der Darstellung eines Bittgangs reuevoller Männer, dem der Herrscher gnädig entsprach.

11   Es sei auch erwähnt, dass ein Teil der Reserven für Stützungskäufe des Rubels verwendet wurden.

staatlichen Ausgaben in eine steigende Inflation die, wie gerade erwähnt, im Februar 2009 bei etwa 13% lag (Mau 2008, Gilman 2008).

Hier wird das besondere Dilemma deutlich: Während eine expansive Fiskalpolitik in den entwickelten Staaten durchaus die wirtschaftliche Aktivität ankurbeln kann (selbst hier bezweifeln Experten dies), so ist es wahrscheinlich, dass dieselbe Strategie in nicht voll entwickelten Volkswirtschaften sowohl zu einer Flucht aus der heimischen Währung als auch zu einer Erhöhung der Geldzirkulation und Inflation führt. Bei einer globalen Rezession bedeutet dies eine Stagflagtion (Mau 2008). Die Regierung muss also der Inflation entgegentreten. Dementsprechend wurde, auch um dem weiteren Verfall des Rubels entgegenzuwirken, im Februar über die Zentralbank der Refinanzierungszins auf 15% bis 19% erhöht (Belton/Wagstyl 2009).[12]

4.3 Reorganisation des Bankensektors

Parallel zu dieser Änderung ihrer geldpolitischen Strategie konzentrierte sich die Regierung auf eine Reform des Bankensektor. Man ging von einem Anteil von 20% an notleitenden Krediten aus. Die Regierung setzte nun Haushaltmittel ein, um Banken im Tausch für Anteile zu refinanzieren. Sie übernahm damit bereits die Mehrheit bei den drei größten Geldhäusern. Damit konzentriert sich Russland nun auch wie westliche Regierungen vor allem auf eine Stärkung des Finanzsektors, der gleichzeitig konsolidiert und restrukturiert werden muss: Von den derzeit etwa 1.100 Banken sollen 600 aufgelöst werden (Belton/Wagstyl 2009). Gleichzeitig wird so versucht, den Bankensektor in die Refinanzierung der Unternehmen einzubeziehen.

Es bleibt abzuwarten, wie erfolgreich diese langfristiger angelegte Reformpolitik in der Krise sein wird, vor allem da sich die gleichzeitige Bekämpfung von Inflation und die Ankurbelung der Realwirtschaft als Dilemma präsentieren. Damit bleibt ein weiterer Rückgang der Wirtschaftstätigkeit zu erwarten. Russland kann in dieser Situation nur schwer auf die amerikanische Forderung nach einem weltweit koordinierten, fiskalischen Stimulus eingehen. Dies bringt uns zur außenpolitischen Dimension der russischen Krise.

5   Zum außenpolitischen Umgang mit der Krise

Seit 2005 verfolgte die russische Regierung außenpolitisch einen Kurs, dem neorealistische Vorstellungen zugrunde liegen: Die internationalen Beziehungen sind prin-

---

12   Allerdings ist zu erwarten, dass eine solche Geldpolitik negative Auswirkungen auf die Liquiditätslage sowie die Fähigkeit der Rubel einnehmenden Unternehmen und Banken hat, ihre ausländischen Schulden zu tilgen, was wiederum die Wirtschaftstätigkeit dämpfen wird.

zipiell anarchisch geprägt und von ‚zunehmendem Misstrauen' gekennzeichnet. In dieser Welt sieht sich Russland als ohne Freunde und seine Regierung befindet sich tagtäglich in einem Nullsummenspiel, bei dem die anderen Regierungen von einem schwachen Russland profitieren. Doch das Land hat seiner Meinung nach derartig viele ‚moralische und physische Ressourcen akkumuliert', dass es berechtigter Weise nur einen Platz als Großmacht neben den USA und vielleicht China beansprucht. In diesem Wettbewerb stellen Energie und Rohstoffe wichtige Machtressourcen für Russland dar, die politisch genutzt werden sollen. Oder wie Bordachev and Lukyanov es formulieren: ‚Moskau ist enttäuscht von den mageren Fähigkeiten internationaler Regulierungen und begreift multilaterale Institutionen als in hohem Maße ineffizient'.[13] Der zentrale Unterschied der neuen Politik gegenüber der vorhergehenden ist, dass Russland nicht länger nach Anerkennung strebt, was nicht zuletzt im Georgienkonflikt und der unilateralen Anerkennung der beiden separatistischen georgischen Provinzen klar zu Tage trat (Trenin 2006).

In diesem Selbstverständnis hatte Russland vor August 2008 einige bemerkenswerte außenpolitische Initiativen gestartet, die im Westen jedoch wenig Resonanz fanden. So schlug Präsident Medwedew in einer Rede in Evian vor, in Anlehnung an den Helsinki Prozess eine Konferenz unter Beteiligung der USA, Russlands und der 27 EU Staaten einzuberufen, auf der Regeln für die europäische Sicherheitsarchitektur verhandelt werden sollten. Darüber hinaus wollte die Regierung Moskau als internationales Finanzzentrum etablieren und schlug vor, das globale Finanzsystem dahingehend zu reformieren, dass auch der Rubel als Reservewährung anerkannt würde. Umfangreiche militärische Manöver im Inland sowie in Lateinamerika, das Festmachen eines russischen Schlachtschiffes in einem lybischen Hafen, Waffenlieferungen an Syrien und eine nachgiebige Haltung im Irankonflikt, unterstreichen den Anspruch auf eine globale Rolle Russlands.

Viele westliche Beobachter gingen beim Ausbruch der Finanz- und Wirtschaftskrise sowie nach den ersten Reaktionen der russischen Regierung davon aus, dass das Land zukünftig seine außenpolitischen Ambitionen dämpfen müsse. Dies wurde mit Blick auf das wirtschaftliche Engagement in Lateinamerika und dem ‚nahen Ausland' geäußert. Insbesondere der konfrontative Kurs gegenüber dem Westen müsse nun wieder eingestellt werden und Russland solle sich auf die Rolle einer ‚emerging economy' mit gerade mal 3% des weltweiten Bruttoinlandsprodukts und eines Viertels des US amerikanischen Lebensstandards beschränken (Skidelsky 2008). In der Tat kann die Tatsache, dass auf Regierungsebene bereits vereinbarte Investitionen russischer Energiekonzerne in Venezuela eingestellt wurden oder auch die Reduktion der Militärausgaben im Januar 2009 als Zeichen einer entsprechenden Anpassung interpretiert werden (Welt Online 2009).

---

13 Alle Zitate sind (Bordachev/Lukyanov 2008) entnommen. Eine ähnliche Analyse findet sich in (Trenin 2006).

Doch aus russischer Perspektive hat die Krise vor allem den Westen delegiti-
miert. Der Präsident und sein Premierministers stellen die Krise von Anfang an nicht
als eine Krise im Westen, sondern auch als eine Krise des Westens dar, in der Russland gewinnen werde (Chinaview.cn 2008). Dabei gelten nicht nur die westlichen
Länder, allen voran die Vereinigten Staaten als de-legitimiert, sondern auch das von
ihnen ‚dominierte internationale System‘ im Allgemeinen und das Finanzsystem im
Besonderen. Hauptverantwortlich für die Krise sind in den Augen der russischen
Führung die ‚aggressive Finanzpolitik der USA‘, die inkorrekten Risikobewertungen durch die Unternehmen, aber auch ein strukturelles Problem des internationalen
Systems. So sagte Medwedew im Juni 2008: ‚Einer der entscheidenden Gründe für
die aktuelle Krise ist die Diskrepanz zwischen der Rolle der USA in der Weltwirtschaft und den wirklichen Kapazitäten dieses Landes‘ (AFP/dpa 2008). In einer Rede
im Oktober in Evian führte Medwedew die Krise auf den ‚Egoismus einer Reihe
von Ländern‘ zurück. Diese Kritik brachte Vladimir Putin neben Chinas Präsident
Wen Jiabao auch nochmals deutlich in seiner Ansprache in Davos zum Ausdruck
(Edgecliffe-Johnson et al. 2009).

Moskau unterstrich seinen Anspruch, das zukünftige globale Finanzsystem aktiv durch eine Reihe außenpolitischer Initiativen mitzugestalten. So griff die Regierung in Moskau gezielt finanziell in Not geratenen Regierungen unter die Arme und
dies besonders in den Fällen, in denen westliche Länder oder Institutionen ihre Hilfe
versagten, oder die betroffenen Ländern der nötige Zugang fehlte. Im Oktober 2008,
als Island mit großen Liquiditätsengpässen zu kämpfen hatte, offerierte Russland
dem Inselstaat einen Kredit in Höhe von US$ 5,34 Mrd. an, während alle westlichen
Verbündeten sowie der IWF ihre Unterstützung versagt hatten. Während einige russische und westlichen Beobachter diesen Kredit als Teil einer weltweiten Strategie,
die USA herauszufordern interpretierten, hatte die Geste eher eine symbolische Bedeutung (Stratfor 2008b). Wie schon in den 50er Jahren als die Sowjetunion Island in
einem Handelsdisput gegen Großbritannien durch die Kauf von Fisch unterstützte,
will das Angebot einen guten Willen schaffen. Einen Willen, auf den Russland bei
den sich abzeichnenden Auseinandersetzungen im Hohen Norden, zum Beispiel bei
Fragen des Zugangs und der Nutzung der Arktis, zurückgreifen möchte (Belikov et
al. 2008).

Finanzpolitisch verfolgt Russland eine kombinierte globale und regionale Strategie. Mit Blick auf das globale Finanzsystem nutzt Russland die Krise auch zur Le-
gitimation seiner bereits vorher wiederholt geäußerten Vorschläge, das System zu de-
zentralisieren, zusätzliche Mechanismen zur gemeinsamen Entscheidungsfindung zu
etablieren sowie die Währungsreserven auf weitere Währungen zu streuen (Skidelsky
2008, Chinaview.cn 2008). Im ‚nahen Ausland‘ verfolgt Russland eine noch aktivere
Politik. So bot es im Oktober 2008 Weißrussland einen Kredit zur Überbrückung der
Liquiditätsprobleme an. Im Februar 2009 vereinbarten der russische Präsident und
die Führer Weißrusslands, Kasachstans, Kirgisistans und Tadjikistans die Bildung

eines Fonds von US$ 10 Mrd. zur finanziellen Unterstützung ‚benachbarter Republiken' und ‚anderer Alliierter' an (Wagstyl and Belton 2009).

Mit Blick auf Europa bemüht sich Russland um eine erneute Annährung zur EU, in den Augen mancher Beobachter, um die USA langfristig vom ‚alten Kontinent' zu verdrängen. Als Grundlage für eine ‚strategische EU-Russland Union' fungieren die europäischen Interessen an einer stabilen Versorgung mit Rohstoffen und Energieträgern (Bordachev and Lukyanov 2008).[14] Ausdruck findet dieses Bemühen unter anderem in dem wiederholten Versuch Russlands, die Sicherheitsarchitektur Europas neu festzuschreiben. So einigten sich die Präsidenten Russlands und Frankreichs im November 2008 auf die Ausrichtung des bereits erwähnten ‚Europäischen Sicherheitsgipfels' unter Schirmherrschaft der OSZE (Barber and Wagstyl 2008). Dieses Mal scheint es sich eher um taktische Zugeständnisse des EU Ratspräsidenten in Verhandlungen über den Georgienkonflikt zu handeln, denn um eine verbindliche Zusage.[15] Doch auch diese Initiative zeigt, dass Russland seinen allgemeinen Ansatz in der Außenpolitik durch die Krise nicht geändert hat, sondern dieselben Ziele nun mit adjustierten Mitteln in einem neuen Umfeld verfolgt.

6 Schlussfolgerungen und Ausblick

Der vorliegende Beitrag untersuchte den Verlauf und die innen- und außenpolitischen Reaktionen der Finanz- und Wirtschaftskrise in Russland. Während die Krise überall auf der Welt zu Liquiditätsproblemen, einem Absturz der Aktienmärkte, einer Reduktion der Währungsreserven und einem Rückgang der Wirtschaftstätigkeit führte, waren die Konsequenzen der Krise in Russland besonders zu spüren. Dazu wurden eine Reihe spezifischer Charakteristika der russischen Wirtschaft, wie zum Beispiel der ineffiziente Bankensektor, die hohe Abhängigkeit der Export- und Staatseinnahmen von Energie- und Rohstoffpreisen, sowie die Höhe und Struktur der Auslandsschulden privater Banken und Unternehmen als Ursachen herausgestellt.

Zusammenfassend kann gesagt werden, dass die russische Regierung bei der Bekämpfung der Krise neben einigen besonderen Maßnahmen auf dieselben Mittel zurückgriff, wie auch westliche Regierungen: Bereitstellung zusätzlicher Liquidität aus Reserve bzw. laufenden Haushaltmitteln, Senkung von Steuern, erweiterte Garantien für Bankeinlagen privater Personen, eine Abwertung der heimischen Währung gegenüber dem Dollar, oder der Aufkauf von Bankanteilen. Andere Mittel, wie

---

14 Interessant ist in diesem Zusammenhang die Argumentationsweise. Sie hebt darauf ab, dass die EU Russland braucht, doch läßt umgekehrt das russische Interesse an der EU, wie zum Beispiel an Technologie, Kapital oder Berücksichtigung in politischen Überlegungen unerwähnt (Bordachev and Lukyanov 2008).

15 Auch als Sarkozy seinen europäischen Kollegen einen OSZE Sondergipfel zu diesem Thema vorschlug, reagierten diese sehr zurückhaltend.

die Schließung der Börsen für eine begrenzte Zeit, das Verbot bestimmter Finanzge-
schäfte oder die massive Ablösung von ausländischer Unternehmensschulden durch
den Staat entsprangen aus der spezifisch russischen Situation.

Zur Politik der Krise in Russland gehört, dass sie die Regierung dazu nutzte, die
inneren Machtverhältnisse zu verändern. Dazu zählen, wie in westlichen Ländern
auch, eine erweiterte Rolle des Staates als Eigentümer vor allem von Finanzinstituten, sowie eine Neudefinition des Verhältnisses zwischen Zentralregierung und den
größten privaten Firmen des Landes. Des Weiteren wurde der Einfluss ausländischer
Banken zurückgedrängt. In der gegenwärtigen Phase der Krise versucht die Regierung, den Bankensektor zu konsolidieren, der im Vergleich zu westlichen Ländern
noch sehr fragmentiert und unterkapitalisiert ausfällt.

Außenpolitisch kommt der Krise besondere Bedeutung zu, da Russland zum
ersten Mal durch eine zyklische Krise aufgrund seiner Verbundenheit mit dem Welt-
wirtschaftssystem und nicht durch eine Transformationskrise ging. Auch haben
die außenpolitischen Spannungen gegenüber dem Westen zum großen Ausmaß der
Probleme Russlands beigetragen. Andererseits ermöglichte die Finanz- und Wirtschafskrise eine schnelle Überwindung der offenen Konfrontation mit den westlichen
Ländern, insbesondere mit den USA. Russland ist dabei jedoch seinem grundlegenden Kurs einer selbstbewussten Wahrnehmung der Landesinteressen ohne besondere
Rücksichtnahme auf Reaktion und zukünftige Haltung ausländischer strategischer
Partner, treu geblieben. Wider den Erwartungen einiger westlicher Beobachter, nutzt
das Land die Krise um sich als Reformer und Garant des globalen Finanzsystems
einzubringen und damit seinen Anspruch auf eine wichtige globale Rolle zu unter-
mauern.

Literatur

Aboulian, Bapiste (2008): Russian funds re-open after stocks plunge. The Financial Times.
     28 September.
Afp/Dpa (2008): Russland macht USA für Finanzkrise verantwortlich. Abrufbar unter: http://
     www.abendblatt.de/daten/2008/06/09/891544.html. Letzter Zugriff am 09.06.2008.
Barber, Timofei/Wagstyl Stefan (2008): Medvedev backs plan for Europe security summit.
     The Financial Times. 15. November.
Belikov, Yevgeniy/Aniskin, Artem/Krasnikov Nikita (2008): Why Should Russia save Iceland?
     Moscow may Loan Far-Off Nation Four Billion Euro in Credit. Komsomolskaya Pra-
     wda, 14. Oktober.
Belton, Catherine (2008a): Oligarchs practices raise investor concerns. The Financial Times.
     10. November.
Belton, Catherine (2008b): Rouble exodus hits credit rating of Russia. Financial Times. 9.
     Dezember.

Belton, Catherine (2009): Moscow sees End to Capital Drain. The Financial Times, 26. Februar.

Belton, Catherine/Clover, Charles (2008a): Medvedev pledges $20bn liquidity boost. The Financial Times. 19. September.

Belton, Catherine/Clover, Charles (2008b): Moscow dictates rescue of oligarchs. The Financial Times. 14. Oktober.

Belton, Catherine/Wagstyl Stefan (2009): State aid urged for Russian banks. The Financial Times. 26. März.

Berdy, M. A. (2008): Decoding Politician-Speak. The Moscow Times.com, Vol. 4012. 17. Oktober.

Bordachev, Timofei/Lukyanov Fyodor (2008): A time to cast stones. Russia in Global Affairs, Vol. 2 (April-June).

Bryansky, Gleb/Vorobyova Toni (2009): Russia to buy shares from next week, still defend rouble. Abrufbar unter: http://www.reuters.com/article/companyNewsAndPR/idUS-LH36820220081017 (letzter Zugriff am 10.05.2009).

Bryant, Chris (2008): RWE backs our of Russian TGK-2 deal. The Financial Times. 19. September.

Chinaview.Cn (2008): Medvedev: Russia can emerge from financial crisis stronger economy. Abrufbar unter: www.chinaview.cn. Letzter Zugriff am 10.10.2008.

Clover, Charles (2008a): Moscow widens Emergency Funding. The Financial Times. 21 September.

Clover, Charles (2008b): Putin unveils Tax Cuts in $20bn Stimulus Deal. The Financial Times. 21. November.

Clover, Charles (2009): Russian economy hit by 8.8% decline. The Financial Times. 25. Februar.

Clover, Charles/Belton Catherine (2008a): Kremlin economic liberals feel the heat. The Financial Times. 19 September.

Clover, Charles/Belton, Catherine (2008b): Moscow to Pump $37bn into Biggest State Institutions. The Financial Times. 8. Oktober.

Clover, Charles/Belton, Catherine (2008c): Retreat from Moscow: Investors take Flight as Global Fears Stoke Russian Crisis. The Financial Times. 17. September.

Clover, Charles/Belton Catherine (2009): Russian Industrial Output falls 20%. The Financial Times.

Duden (2009): Duden. Abrufbar unter: http://www.duden.de. Letzter Zugriff am 15.04.2009

Edgecliffe-Johnson, Andrew/Tett, Gillian/Thornhill, John/Belton Catherine (2009): Wen and Putin Criticise Western Leaders at Davos. The Financial Times. 29. Januar.

Financial Times (2009): Interactive Charting at ft.com/marketsdata. Abrufbar unter: http://markets.ft.com/markets/interactiveChart.asp. Letzter Zugriff am 04.04. 2009.

Furman, Dimtry (2008): The Fork in the Road in 2008. Russia in Global Affairs 2 (April-June).

Gilman, Martin G. (2008): Russia and Global Inflation: The Unanticipated Crisis. Russia in Global Affairs, 2 (April-June).

Gorst, Isabel (2008): Russia to cut Oil Export Duty by Third. The Financial Times. 17. November.

Handelsblatt (2009): Finanzkrise: Russland kürzt Militärausgaben. Handelsblatt. 12 Februar.

Koroljow, Ivan S. (2009): Wywosy dlja Rossii. Mirowoi krisis: ugrosy dlja rossii. Moscow.

Kramer, Andrew. E (2009): First government bailouts awarded to Russian Oligarchs. International Herald Tribune. 30. Oktober.

Lesova, Polya (2008): Fresh criticism as Putin sends Mechel shares tumbling again. Abrufbar unter: http://www.marketwatch.com/news/story/fresh-criticism-putin-sends-mechel/story.aspx?guid={8C4B2044-12EA-4F2A-A20B-5E640B836CA2}&dist=msr_9. Letzter Zugriff am 08.10.2008.

Lesova, Polya (2009): Russia moves to stem crisis; stock markets closed. Abrufbar unter: http://www.marketwatch.com/news/story/russian-stock-markets-remain-hold/story.aspx?guid={8901F86A-FF6D-4658-BC1C-4D926CA478BF}&dist=msr_5%3dMarketWatch&print=true&dist=printMidSection. Letzter Zugriff am 29.03.2009.

Lesova, Polya (2008): Russian equities tumble, as ruble drops 1%. Abrufbar unter: http://www.marketwatch.com/News/Story/russian-equities-fall-sharply-ruble/story.aspx?guid=%7BB7D21F39%2D0A06%2D459A%2D904A%2D2B83491C9F1A%7D. Letzter Zugriff am 11.11.2008.

Lex (2008a): Rouble rethink. Financial Times. 16. November.

Lex (2008b): Russian lessons. The Financial Times. 19. September.

Mau, Vladimir (2008): The Global Crisis as Seen from Russia. Russia in Global Affairs 1 (Januar - März).

Nicholson, Alex (2008): Russia offers Sberbank, VTB, Gazprombank $44 billion (Update1). Abrufbar unter: http://www.bloomberg.com/apps/news?pid=20601085&sid=a1sZsKZ32kvU&refer=europe#. Letzter Zugriff am 18.09.2008.

Reuters (2009): Russian stocks suspended in worst plunge since 1998. Reuters Update-1 . 16. September. Abrufbar unter: http://www.reuters.com/article/rbssFinancialServicesAndRealEstateNews/idUSLG65392720080916. Letzter Zugriff am 29.03.2009.

Russia Today (2008): Tuesday's Russian Press Review. Russia Today. 24. September.

Skidelsky, Robert (2008): Crisis-hit Russia must scale down its ambition. The Financial Times. 30. Oktober.

Smolchenko, Anna (2008): Economic Crisis Will Not Be Televised. The Moscow Times. 9. Oktober.

Stratfor (2008a): The Financial Crisis in Russia. Abrufbar unter: http://www.stratfor.com/analysis/20081024_financial_crisis_russia#top. Letzter Zugriff am 28.Oktober 2008.

Stratfor (2008b): Iceland: Financial Crisis and a Russian Loan. Abrufbar unter: www.stratfor.com. Letzter Zugriff am 07.10.2008.

Trenin, Dmitri (2006): Der Westen und Russland: Das verlorene Paradigma. russlandanalysen.de Vol. 88.

Wagstyl, Stefan/Belton, Catherine (2009): Moscow abandons bail-outs for bank aid. The Financial Times. 4. Februar.

Welt Online (2009): Russland senkt wegen Finanzkrise Militärausgaben. Abrufbar unter: http://www.welt.de/politik/article3190761/Russland-senkt-wegen-Finanzkrise-Militaerausgaben.html#reqRSS. Letzter Zugriff am 12.02.2009.

Восток-Медиа (2008): The Russians: Crisis? What Crisis? Abrufbar unter. http://vostokmedia.com/_print27930.html. Letzter Zugriff am 27.10.2008.

Рубченко, М (2008): Второе дно бесплатно. Эксперт, Vol. 38 (627).

Alles sonnig im Süden? Warum die Finanzkrise vor Subsahara-Afrika nicht Halt macht.

Franziska Müller

1 Einleitung

Subsahara-Afrika scheint fern. Fern von spektakulären Börsencrashs, ‚toxischen' Finanzprodukten und fern von Konjunkturpaketen. Die Auswirkungen der Finanzmarktkrise äußern sich hier nicht im aufsehenerregenden Scheitern von Banken, sondern im schleichenden Verlust politischer Regulationsmöglichkeiten, im Rückgang staatlicher und privatwirtschaftlicher Einnahmen, im Preisverfall für Rohstoffe und in der Abhängigkeit von ausländischen Direktinvestitionen und Entwicklungshilfegeldern. Typisch sind dabei indirekte und ambivalente Auswirkungen, die erst mit gewisser Zeitverzögerung sichtbar werden. Die geringe Einbindung in internationale Finanzmärkte, die lange Zeit beklagt wurde, erweist sich nun für lokale und regionale Banken als Vorteil. Für einzelne Staaten bedeuten auch die im letzten Jahrzehnt intensivierten Süd-Süd-Kooperationen eine gewisse Unabhängigkeit. Doch selbst wenn direkte Folgen geringere Ausmaße annehmen, haben Subprime-Krise und Weltwirtschaftskrise auch die Staaten Subsahara-Afrikas längst erreicht.

Ihre Auswirkungen machen sich in anderer Weise als in Europa oder in den USA bemerkbar, sind jedoch nicht weniger bedrohlich. Sie betreffen die Staaten Subsahara-Afrikas in unterschiedlicher Härte, abhängig vom Grad der Eingebundenheit in globale Handelsströme, abhängig aber auch von der handelspolitischen Positionierung und von regionaler Integration. Dies gilt insbesondere hinsichtlich der Einstellungen gegenüber Liberalisierungsbestrebungen, wie sie im Zuge der Verhandlungen zu den Economic Partnership Agreements und zum African Growth and Opportunities Act seit 2000 von der Europäischen Union und den USA verstärkt artikuliert worden sind. Seit den 1990er Jahren befinden sich einige Schwellen- und Entwicklungsländer wie beispielsweise Ghana, Ruanda, Mosambik und Angola auf Liberalisierungskurs und streben eine Weltmarktintegration an. Politische Weichenstellungen wie der Abbau von Zöllen, die Abschaffung von Kapitalverkehrskontrollen, und die Umsetzung von Programmen der Weltbank markieren dies.

Eine Wirtschaftsregion, die in den vergangenen Jahren eine verstärkte Liberalisierung der Handelspolitik betrieben hat, und auf die sich das Interesse der Europäischen Union konzentriert, ist die Southern African Development Community

(SADC). Im vorliegenden Beitrag wird an ihrem Beispiel untersucht, in welcher Weise sich die Finanz- und Weltwirtschaftskrise im Rohstoffsektor sowie im Finanz- und Investmentsektor äußert, welche politischen ‚Rahmungen' der Krise erfolgen und in welche Lösungsstrategien dies mündet. Unterschieden wird dabei zwischen unterschiedlichen ‚Liberalisierungspfaden', die in den vergangenen Jahren von SADC-Staaten wie Südafrika, Botswana und Angola eingeschlagen worden sind.

2 Eine Region auf Liberalisierungskurs

Viele Staaten im südlichen Afrika haben in den 1990er Jahren eine rasante wirtschaftliche Entwicklung durchlaufen. Das Interesse der Europäischen Union, aber auch von Staaten wie Russland, Indien, Brasilien oder China an agrarischen und mineralischen Rohstoffen aus dieser Region hat sich deutlich erhöht. Bislang allerdings stellen Zölle, Quoten und Niederlassungsbestimmungen aus der Sicht ausländischer Investoren eine empfindliche Beschränkung unternehmerischer Freiheiten dar. Schrittweise vollzieht sich jedoch ein wirtschaftspolitischer Kurswechsel vom Protektionismus hin zu Liberalismus und Weltmarktintegration. Er spielt sich zum einen auf der multilateralen Ebene in der Doha-Runde der WTO ab, auf der Bündnisse wie die G-33[1] für einen moderaten Liberalisierungskurs, welcher Ausnahmeregelungen für Entwicklungsländer einschließt, eintreten. Zum anderen bildet sich seit den neunziger Jahren ein Netzwerk bilateraler Abkommen aus, mit denen ebenfalls liberale Handelsbedingungen durchgesetzt werden sollen. Freihandelsabkommen wie der African Growth and Opportunities Act, den die USA im Jahre 2000 mit 40 afrikanischen Staaten abgeschlossen haben, oder die Verhandlungen für Wirtschaftspartnerschaftsabkommen (Economic Partnership Agreements), die die Europäische Union seit 2001/2002 mit den AKP-Staaten[2] führt, streben liberale Handelregime an, die den veränderten Interessenlagen Rechnung tragen sollen.

Eine Region, in der Liberalisierungsprozesse besonders markant zu beobachten sind und in der sich nun die Folgen der Weltwirtschaftskrise um so deutlicher bemerkbar machen, ist die Southern African Development Community (SADC).[3] Die SADC ist ein 1992 gegründetes regionales Bündnis, das politische und wirtschaftliche Integration im südlichen Afrika anstrebt. Sie ist geprägt durch hohe regionale Disparitäten und Interessendivergenzen. Hier finden sich Schwellenländer wie Südafrika, Nami-

---

1 Die G-33 ist eine seit 2006 bestehende Koalition von Entwicklungsländern, die sich in der Doha-Runde der WTO für Sonderkonditionen im Agrarbereich und bei Importzöllen einsetzen.

2 Die 78 in Afrika, Karibik und im Pazifik gelegenen AKP-Staaten sind ehemalige Kolonien europäischer Staaten.

3 Mitgliedsstaaten sind Angola, Botswana, Demokratische Republik Kongo, Lesotho, Madagaskar, Malawi, Mauritius, Mosambik, Namibia Sambia, Simbabwe, Südafrika, Seychellen, Swasiland und Tansania.

bia, Botswana und Mauritius, aber auch einige der weltweit ärmsten Least Developed Countries wie Tansania und Malawi; Staaten mit wenigen Exportgütern wie Angola und Staaten mit diversifizierten Ökonomien wie Südafrika; stabile Demokratien wie Botswana und ‚failing states' wie die Demokratische Republik Kongo.

Konzeptionell prägend für die SADC ist ein eher funktionales Verständnis regionaler Integration: Die Mitgliedsstaaten verpflichten sich untereinander zu Gleichbehandlung, zur Unterstützung von Frieden und Sicherheit, zur Einhaltung der Menschenrechte und Förderung der Demokratie sowie zum wechselseitigen Ausgleich und zum Streben nach gemeinsamen Vorteilen. Ziel der wirtschaftlichen, politischen und sozialen Kooperation soll ein Übergang zu liberalen Marktwirtschaften und zu einem gemeinsamen Binnenmarkt sein, allerdings mit größeren politischen Spielräumen und staatlichen Regulierungsmöglichkeiten, als dies beispielsweise die klassischen Strukturanpassungsprogramme vorsahen. Während in den ersten Jahren ihres Bestehens der Schwerpunkt der Kooperation vor allem im infrastrukturellen Bereich lag, sind mittlerweile handels- und finanzpolitische sowie sicherheitspolitische Themen in den Vordergrund gerückt.

Für die SADC ist die Europäische Union wichtigster Handelspartner und auch umgekehrt ist die SADC für die Europäische Union die wichtigste afrikanische Wirtschaftsregion. Offensive Handelsinteressen der EU umfassen den Zugang zu Ressourcen wie Agrosprit, Gold, Kupfer, Platin, Uran, Coltan; defensive Handelsinteressen bestehen im Schutz der Textil- und Agrarindustrie vor Importen aus der SADC, wie etwa Rindfleisch, Obst, Gemüse und Wein (siehe hierfür z.B. Swedish Board of Agriculture 2006).

2.1 Regionale Integration

Die regionale Integration zwischen den Mitgliedsstaaten zu unterstützen ist ein erklärtes Anliegen der SADC. Wegen der extremen Unterschiede zwischen den SADC-Staaten stellt dies allerdings ein ambitioniertes Unterfangen dar. Lange Zeit war der Institutionalisierungsgrad der SADC so gering, dass sich Initiativen auf einzelne Projekte beschränkten, während sich ein weitreichendes Engagement in Absichtserklärungen erschöpfte. Erst seit 2001 entwickelt sich eine nachhaltigere Kooperation mit regelmäßigen Konferenzen, einem gemeinsamen Sekretariat und einem Set von gemeinsam geteilten Regeln und Normen, sowie Protokollen, die die Bereiche der Kooperation definieren. Handels- und Finanzpolitik sind Felder, auf denen seitdem intensivere grenzüberschreitende Zusammenarbeit und Liberalisierung angestrebt wird. Zwei weitreichende Entwicklungspläne für eine engere Kooperation wurden in den vergangenen Jahren vereinbart:

Der Regional Indicative Strategic Development Plan sieht bis zum Jahre 2018 die Schaffung einer Zollunion und einer gemeinsamen Währung vor. Bis 2010 sollen die Zölle für 85% der intern gehandelten Waren aufgehoben werden. Auch eine Freihandelszone wurde im Herbst 2008 ausgerufen, ebenfalls geplant ist eine Freihandelszone mit den ostafrikanischen Regionalbündnissen COMESA und EAC[4]. Um letzteres zu verwirklichen, wäre die Erhebung eines gemeinsamen Außenzolls und die Verteilung der Zolleinnahmen an alle Mitgliedsstaaten notwendig. Dies zu realisieren gestaltet sich allerdings schwierig, weil viele Staaten gleichzeitig Mitglied in anderen Regionalbündnissen sind und der Abbau von Importzöllen hiermit unvereinbar ist. Letztlich ist es eine Frage der Priorisierung und des politischen Willens, welchem Regionalbündnis der Vorzug gegeben wird.

Eine weitere gemeinsame Initiative umfasst Finanz- und Investitionspolitiken. Das SADC Protocol on Finance and Investment ist seit August 2006 in Kraft und zielt darauf ab, die Attraktivität der Region für ausländische Investoren durch Liberalisierung und Deregulierung zu erhöhen. Es sieht ein Bündel von Maßnahmen vor, darunter
- Korruptionsbekämpfung,
- Lockerung von Kapitalverkehrskontrollen,
- Schaffung einer gemeinsamen Bankenaufsicht,
- Harmonisierung von Geld- und Fiskalpolitiken,
- zentrale Koordination der Besteuerung,
- gemeinsame Investitionspolitik auf supranationaler Ebene.

Auch die Umsetzung dieses Protokolls ist bisher noch nicht weit vorangeschritten. Eine koordinierte Zusammenarbeit existiert bisher erst im Bereich der Bankenaufsicht mit dem SADC Subcommittee of Bank Supervisors. Seine Ziele liegen in der:
- Einführung von effizienter und international standardisierter Bankenaufsicht auf nationaler Ebene der SADC
- Entwicklung gemeinsamer Strategien zur regionalen Bankenaufsicht
- Identifizierung von systemischen Risiken im Bankwesen
- Harmonisierung der Bankenaufsicht
- Vertretung der SADC im Basler Komitee (einschließlich der Umsetzung von Basel-II-Richtlinien in der SADC-Region).
Dringend erforderlich wäre es für die SADC, auch im Bereich der Investitionspolitiken zu einem koordinierten Auftreten zu gelangen. Bisher begünstigt allzu häufig die strukturelle Angebotskonkurrenz zwischen den SADC-Staaten diejenigen Staaten, die unter Missachtung von Kernarbeitsnormen Direktinvestitionen anziehen (exemplarisch für Namibia: Zampini 2009: 6). Zwar existiert mit der Sozialcharta der SADC ein Dokument, das solche Praktiken unterbinden könnte. Eine Harmonisierung zwischen den verschiedenen Verträgen der SADC, die ein ‚Mainstreaming'

---

4   COMESA ist der Common Market for Eastern and Southern Africa, ein regionales Wirtschaftsbündnis, dem 19 Staaten aus dem östlichen Afrika angehören. Einige, wie Sambia oder Angola sind gleichzeitig Mitglied in der SADC. EAC ist die East African Community, ein weiteres Wirtschaftsbündnis, dem Burundi, Kenia, Ruanda, Tansania und Uganda angehören.

sozialpolitischer Aspekte in der Wirtschafts- und Handelspolitik und ein ‚Abfedern‘ des Wettbewerbsdrucks erlauben würde, ist bisher jedoch nur auf nationaler, nicht aber auf supranationaler Ebene geschehen. Bislang profitieren die SADC-Staaten hier eher von ihren politischen Alleingängen, sodass der Wille zu einer Kooperation bei Investitionspolitiken gering bleibt. Weitere Hürden für regionale Integration bestehen in der Dominanz Südafrikas gegenüber den anderen Mitgliedsstaaten, sowie der instabilen Situation in der Demokratischen Republik Kongo und in Simbabwe.

Insgesamt gesehen ist nicht zu erwarten, dass der Prozess regionaler Integration in der SADC an Tempo gewinnt. Große Interessendivergenzen zwischen exportorientierten Staaten und stark importabhängigen Staaten, sowie zwischen Schwellenländern und ‚Least Developed Countries‘ erschweren eine gemeinsame Positionierung. Auch die geringe institutionelle Kapazität des SADC-Sekretariats, das zu großen Teilen durch den European Development Fund finanziert wird, begrenzt die Geschwindigkeit einer Harmonisierung.

2.2 Liberalisierung von Außenhandel und Finanzmärkten

Eine protektionistische Außenhandelspolitik war für die SADC-Staaten lange Zeit maßgebend. In den Zeiten der Lomé- und Yaoundé-Abkommen, also zwischen 1963 und 2000, wurden Rohstoffexporte durch Kontingente und Quoten reglementiert. Ausgleichszahlungen sorgten für Preisstabilität, auch um den Preis einer nur geringen Diversifizierung und hoher Abhängigkeit von einem kleinen Abnehmerkreis. Seit dem Abschluss des Cotonou-Abkommens im Jahre 2000 prägen jedoch Zielverschiebungen die externen Handels- und Finanzpolitiken in den SADC-Staaten. Eine (graduelle) Liberalisierung wird durch ein gesteigertes Interesse der Europäischen Union, im südlichen Afrika und speziell in der SADC ihre Rolle als wichtigster Handelspartner nicht nur aufrechtzuerhalten, sondern noch zu intensivieren, forciert. Europäische Außen(handels)politik zielt nun darauf ab eine rasche Liberalisierung und Deregulierung in den SADC-Staaten voranzutreiben, und die Bedingungen zu schaffen um weiterhin diese Vormachtstellung innezuhaben – zumal angesichts der Präsenz chinesischer Staatsunternehmen in Angola und der Demokratischen Republik Kongo.

Das Cotonou-Abkommen aus dem Jahr 2000 markierte erstmals diese politischen Zielverschiebungen. Stärker als die bis dato gültigen Lomé-Verträge stellt es Aspekte politischer und wirtschaftlicher Kooperation in den Vordergrund und betrachtet den privatwirtschaftlichen Sektor als Schlüssel für das Erreichen entwicklungspolitischer Ziele. Cotonou stellt innerhalb der Vertragsarchitektur ein ‚Brückenkonzept‘ dar, das einzelne Aspekte der Lomé-Handelspolitik, wie etwa das Zoll- und Quotensystem kurzzeitig beibehält, mittelfristig aber den Rahmen für eine liberalisierte Handels- und Entwicklungspolitik setzt. Forciert wird dies zum einen in den seit 2001/2002 laufenden Verhandlungen zwischen SADC und EU über ein neues Außenhandelsregime, das die Lomé-Abkommen durch ,Economic Partnership Agreements', d.h. Freihandelsabkommen mit wechselseitiger Liberalisierung ersetzen soll. Zum anderen manifestiert sich seit 2005 in der Afrika-Strategie der EU ein Interesse an einer Neugestaltung der außenpolitischen Beziehungen mit afrikanischen Staaten. Ideen der Entwicklungs-, Außen- und Handelspolitik werden dabei im Sinne größerer Politikkohärenz eng aufeinander bezogen und von der Klammer liberalen Gedankengutes umschlossen. Die im Oktober 2006 vorgestellte handelspolitische Strategie ,Global Europe – Competing in the World' greift ebenfalls Ziele des Cotonou-Abkommens auf, indem sie Handelsliberalisierung in den Vordergrund stellt und um Themen jenseits der klassischen Handelspolitik anreichert.

Europäische Außenwirtschaftspolitik verschiebt damit ihre Ziele und erweitert ihren bisherigen Handlungsbereich. Über klassischen Handelsliberalismus hinaus gewinnen nun die sogenannten ,behind border issues' an Bedeutung. Dieser Begriff bezeichnet Liberalisierungsprozesse, die nicht an, sondern hinter den Grenzen eines Landes stattfinden, und stärker als bisher in die handelspolitische Souveränität eines Staates eingreifen und weit in die Finanzpolitik – auch in die Geld- und Fiskalpolitik – hineinreichen. Darunter fallen die Liberalisierung von Dienstleistungen und Investitionsbedingungen, die Harmonisierung geistiger Eigentumsrechte, die Harmonisierung von Wettbewerbsregeln, die Abschaffung von Kapitalverkehrskontrollen und die Liberalisierung des öffentlichen Beschaffungswesens. Diese Ziele stehen im Kontext von ,Deep Integration' (Lawrence 1996), eines politischen Konzeptes, das darauf abzielt, Harmonisierung nicht nur im Bereich klassischer handelspolitischer Themen wie Zoll- und Quotenreduktion, sondern auch im Bereich von ebenfalls als marktverzerrend angesehenen divergierenden Sozial- und Umweltstandards, Wettbewerbs- und Investitionsbedingungen herzustellen. Während ,Deep Integration' sich bisher auf transatlantische und (ost)europäische Handelsverträge bezog, wird dieses Konzept im Rahmen der ,Economic Partnership Agreements' erstmals auch auf die Beziehungen mit Schwellen- und Entwicklungsländern ausgedehnt. Angesichts des Bedeutungszuwachses von Direktinvestitionen geht es nun darum, nicht nur eine passive Unterstützung von Investoren in Form von Ausfallgarantien, Förderprogrammen oder Hermesbürgschaften zu leisten, sondern auch auf die Bedingungen, die ausländischen Investoren in den ,Zielstaaten' vorfinden, aktiv Einfluss zu nehmen. Stärker als bisher greift europäische Außenhandelspolitik in innerstaatliches Handeln und nationale Souveränität ein mit dem Ziel, Handelsschranken nun auch ,jenseits der Grenzen' (Mandelson 2006) zu beeinflussen.

Diese politischen Zielverschiebungen manifestieren sich auch in der wirtschaftlichen Entwicklung und spiegeln sich in den Investitionsströmen in die SADC wider: Zwischen 1995 und 2000 blieb europäisches FDI in Subsahara-Afrika relativ konstant, um seitdem kontinuierlich anzusteigen. In den Jahren 2007 und 2008 fielen die FDI-Ströme höher aus, als die Entwicklungshilfegelder (UNCTAD 2007, UNCTAD 2008). In den Staaten des südlichen Afrikas ist diese Tendenz besonders auffallend: Prognosen des Internationalen Währungsfonds gehen von einem jährlichen Wachstum des Bruttoinlandsproduktes in Subsahara-Afrika von 6,5% aus (GTZ 2007). Faktoren, die diesen Zufluss von Direktinvestitionen in afrikanische Staaten beeinflussen, sind Wirtschaftswachstum, Inflation, politische Stabilität, Offenheit der Wirtschaft, sowie das Vorhandensein von Rohstoffressourcen, so Steve Onyeiwu und Hermanta Shresta in ihrer Studie ‚Determinants of Foreign Investment in Africa‘ (Onyeiwu / Shresta 2007, ähnlich Asiedu 2003, Asiedu 2002).

Dieser Trend betrifft die SADC-Region stärker als beispielsweise west- oder ostafrikanische Wirtschaftsregionen. SADC-Staaten wie Südafrika, Namibia, Botswana, Mauritius und Angola wurden in den vergangenen Jahren zusehends als attraktive Investitionsräume betrachtet. Ursachen für das Interesse gerade an der SADC sind die wachsende politische Stabilität (z.B. die Unabhängigkeit Namibias, das Ende der Apartheid, das Kriegsende in Angola und Mosambik), Programme zur Investitionsförderung zwischen der EU und der SADC sowie Liberalisierungs- und Privatisierungsprozesse in der SADC (DPRU 2000, Goldstein 2003, Wolff 2003). Neue Rohstoff-Funde in der Demokratischen Republik Kongo, Botswana und Angola sind ein weiterer Faktor. Angola beispielsweise verzeichnet bedingt durch Ölexporte rasante zweistellige Wachstumsraten seines Bruttoinlandprodukts. Innerhalb der SADC schneiden die Staaten Südafrika, Namibia und Botswana in Rankings zum Investitionsklima besonders gut ab. Der ‚Ease of Doing Business‘-Index der Weltbank führt die drei Staaten im afrikanischen Vergleich auf den ersten Plätzen (Weltbank 2007). SAFRI, die Südafrika-Initiative der deutschen Wirtschaft betrachtet insbesondere Tourismus-, Rohstoff- und Energiesektor als attraktive Branchen, für die es gelte, die Investitionsbereitschaft deutscher und europäischer Unternehmen zu steigern (Melchers 2007). Auch der BDI stellt in seinem Rohstoffbericht fest, dass die Sicherung des Rohstoffzugangs im südlichen Afrika ein strategisch bedeutsames und brisantes Ziel sei, dem Politikprozesse wie die EPA-Verhandlungen Rechnung tragen sollten, indem sie den Schutz von Investoren verbessern und zu einem attraktiveren Investitionsklima beitragen (BDI 2007).

Diese ‚unternehmerischen Afrika-Anliegen‘ (Wöhrl 2008) stoßen jedoch in den meisten SADC-Staaten auf immer noch recht restriktive Bedingungen. Zur Förderung lokaler Unternehmen existieren in vielen Staaten sogenannte Leistungsanforderungen, im Englischen als ‚performance requirements‘ bezeichnet. Sie bestehen z.B. in Kapitalverkehrskontrollen, Vorgaben zur Einstellung und Qualifikation einheimischen Personals, oder der Verpflichtung zu Joint Ventures. Viele dieser einem protektionistischen Außenhandelsparadigma entspringenden Restriktionen beruhen auf der volkswirtschaftlichen, sozialpolitischen oder wohlfahrtsstaatlichen Motivation, noch nicht konkurrenzfähige Branchen zu schützen, Arbeitsplätze sowie Aus- und Weiterbildung von Arbeitnehmern sicherzustellen Handelsbeziehungen auszugleichen, Sozial- und Umweltstandards einzuhalten, Technologietransfer zu stimulieren und Steuereinnahmen zu erzielen.

Staaten der SADC nutzen Leistungsanforderungen in vielfältiger Weise. In Südafrika fallen darunter die Vorgaben des Black Economic Empowerment, eines komplexen Quotensystems, das nach dem Ende der Apartheid gleiche Zugangschancen aller Arbeitnehmer zu Arbeitsplätzen garantieren soll, insbesondere auch im mittleren und höheren Management. Ähnliche Programme existieren in Namibia und Botswana: Um die Qualifizierung einheimischer Arbeitskräfte zu fördern, ist die Einstellung ausländischen Personals an Bedingungen geknüpft; Arbeitnehmer müssen z.b. Qualifizierungsprogramme durchführen. Des Weiteren sind eine Reihe von Branchen ausländischen Investoren nicht zugänglich, so z.b. die Vergabe öffentlicher Bauaufträge unter einem finanziellen Schwellenwert, Bauarbeiten im Straßen und Eisenbahnsystem, oder bestimmte gastronomische Dienstleistungen (US Department of State 2006a, UNCTAD 2003b). Aus liberaler Sicht entsprechen solche Leistungsanforderungen nicht dem Ideal eines freien Marktes, da sie ausländische Unternehmer gegenüber inländischen Unternehmen diskriminieren. Ähnlich wie eine staatlich regulierte Vergabepraxis und die Abschottung von Dienstleistungssektoren erschweren sie es ausländischen Unternehmen sich in Staaten der SADC niederzulassen. Freihandelsabkommen wie die Economic Partnership Agreements streben daher im Rahmen der Bestimmungen zu ‚behind border issues‘ die Abschaffung all dieser regulativen Maßnahmen an.

In der SADC stoßen ‚behind border issues‘ jedoch auf die Ablehnung der meisten Regierungsvertreter. Zwar befinden sich Staaten wie Südafrika, Namibia, Botswana, Mauritius und Mosambik auch bei diesen neuen handelspolitischen Themen auf einem Liberalisierungskurs. So wurden in den letzten Jahren Kapitalverkehrskontrollen schrittweise reduziert und viele Leistungsanforderungen nur auf freiwilliger Basis beibehalten. Anstelle von Restriktionen wurden ‚incentives‘, d.h. Investitionsanreize eingeführt. Diese zielen darauf ab, die Attraktivität für erwünschte Branchen zu erhöhen, beispielsweise indem freie Produktionszonen eröffnet werden oder Steuerfreiheit für einen bestimmten Zeitraum garantiert wird. Sie erfüllen aber auch sozial- oder entwicklungspolitische Steuerungsfunktionen, z.B. um Personalentwicklung zu fördern oder höhere Sozialstandards zu erzielen. Sie sind allerdings innerhalb der SADC umstritten, weil sie als nichtintendierte Effekte Konkurrenz und Wettbewerbsdruck zwischen den einzelnen Staaten erhöhen können. Eine gemeinsame Positionierung zu allen ‚behind border issues‘ auf SADC-Ebene gelang daher bisher noch nicht. Zwar setzen sich Wirtschaftsverbände wie die SADC Employers Group und der Dachverband der Handelskammern für eine radikale Liberalisierung auch bei Investitionen und Dienstleistungen ein, konnten sich mit ihren Positionen aber bisher nicht durchsetzen.

Eine Liberalisierung der Außenhandelspolitiken schreitet also nur langsam voran. Die Verhandlungen zu den Economic Partnership Agreements stagnierten 2007 und 2008 immer wieder, sodass nur für die Felder der klasssischen Handelsliberalisierung mit einigen SADC-Staaten Interimsabkommen abgeschlossen werden konnten.

Für die ‚behind border issues' wurden lediglich Zielvereinbarungen getroffen, die für Investitionsbedingungen und für die Liberalisierung einzelner Dienstleistungssektoren einen Fahrplan entwerfen. Eine generelle Liberalisierung von Dienstleistungen wurde abgelehnt, ebenso die Abschaffung von Maßnahmen die, ausländische Direktinvestitionen regulieren. Außenhandelspolitiken in den SADC-Staaten sind somit stark durch individuelles Handeln und geringe gemeinsame Initiativen geprägt, und durch ein Konglomerat protektionistischer und liberalisierender Politik-Instrumente.

3 Direkte und indirekte Auswirkungen der Finanz- und Weltwirtschaftskrise

Im Herbst 2008 befanden sich die SADC-Staaten in einer Situation, die nicht durch koordinatives Handeln, sondern durch Alleingänge gekennzeichnet war. Einige Staaten, darunter Sambia, Namibia, Botswana und Mosambik haben im Rahmen der Economic Partnership Agreements umfangreichen Liberalisierungsverpflichtungen zugestimmt, die in einem sehr raschen Abbau von Zollschranken resultierten und nachgelagert hohe Verluste von Staatseinnahmen bedeuteten. (ODI/ECDPM 2008).

Südafrika hatte sich aus gemeinsamen Verhandlungen zwischen der SADC und der EU zurückgezogen und sich auch auf SADC-Ebene Verhandlungen über die ‚behind border issues' verweigert. Für die ‚behind border issues' wurden lediglich Zielvereinbarungen mit Liberalisierungsfahrplänen für Dienstleistungsindustrie und Investitionsbedingungen getroffen. Auch im Bereich regionaler Integration stagnierte der Diskussionsprozess in den SADC-Staaten und eine Koordination oder Neuausrichtung der Investitions- und Finanzpolitiken auf SADC-Ebene fand nicht statt. Stattdessen verfolgen die SADC-Staaten auf diesen Politikfeldern weiterhin individuelle Strategien auf der Basis ihrer Eigeninteressen. Am Beispiel der Staaten Botswana, Südafrika und Angola lassen sich drei Pfade einer Auseinandersetzung mit dem liberalen Außenhandelsparadigma identifizieren:

Botswana befindet sich seit der Präsidentschaft Festus Mogaes auf einem moderaten und selektiven Liberalisierungskurs, der vor allem klassische Handelspolitik betrifft. Hinsichtlich der ‚behind border issues' wurde mit der Abschaffung von Kapitalverkehrskontrollen schon 1999 eine graduelle Öffnung der Finanzmärkte erzielt, das Interesse ausländischer Investoren blieb aber gering. Botswana plant eine Liberalisierung des Dienstleistungssektors, um die Bedeutung der Finanzmärkte zu steigern. Damit wurde eine staatliche Agentur, das International Financial Services Center beauftragt.

Die Attraktivität für ausländisches FDI hat sich hingegen deutlich erhöht und wurde durch die Rating-Agentur Standard & Poor's mit einem der besten Ergebnisse für afrikanische Staaten honoriert. Neben FDI aus der Europäischen Union (rund 400 Mio. US$ im Jahre 2007) ist der hohe Anteil von afrikanischem FDI (rund 300

Mio. US$ im Jahre 2007) bemerkenswert, was für eine gute regionale Einbindung spricht (US Department of State 2009a). Gleichzeitig ist der staatliche Einfluss auf die einzelnen Wirtschaftssektoren hoch geblieben. In der Diamantenindustrie, die etwa ein Drittel des Bruttoinlandsproduktes erwirtschaftet, sind private Akteure wie der belgische DeBeers-Konzern meist nur über Joint Ventures beteiligt. Der Zugang zu Branchen, die durch inländische kleine und mittelständische Unternehmen geprägt sind, (u.a. Lebensmitteleinzelhandel, öffentliche Baubranche, Gastronomie) ist für ausländische Investoren versperrt geblieben. Insgesamt erweist sich dieser selektive Liberalisierungskurs in der gegenwärtigen Lage als vorteilhaft; er ist allerdings durch geringe staatliche Handlungskapazitäten und geringe innen- und außenpolitische Interventionsmöglichkeiten begrenzt.

Südafrika hatte sich noch unter Nelson Mandelas Präsidentschaft für eine stärker marktliberale Außenhandelspolitik und Fiskalpolitik entschieden, die in der 1996 verabschiedeten ‚Growth, Employment and Redistribution‘ (GEAR) Strategie verankert wurde. Der zwischen 1996 und 2009 amtierende Finanzminister Trevor Manuel hielt trotz Arbeitslosenquoten von bis zu 30% an den Zielen einer niedrigen Inflationsrate und an Haushaltsdefiziten unter 3% fest. Teil dieses liberalen Kurses ist auch die Umsetzung der Basel-II-Richtlinien, die seit Januar 2008 geschieht. Südafrika gilt mittlerweile als ‚emerging market‘, der auch für ‚risikobewusste‘ private Kleinanleger an Attraktivität gewonnen hat. Ein Meilenstein dafür war 1995 die Öffnung der Johannesburger Börse für ausländische Investoren. Der Zustrom von FDI und Portfolioinvestitionen hat seit Ende der 90er Jahre stark zugenommen, insbesondere im Dienstleistungssektor, im Bankensektor und der Fahrzeugtechnik. Durch die steigende Einbindung in globale Finanzmärkte hat sich aber auch die Verwundbarkeit gegenüber Kapitalabflüssen erhöht. Gleichzeitig engagiert sich Südafrika sehr erfolgreich in Süd-Süd-Kooperationen mit Indien, Brasilien und den MERCOSUR-Staaten und ist einer der wenigen SADC-Staaten mit diversifizierten Außenhandelsbeziehungen.

Einen radikalen Liberalisierungskurs verfolgt hingegen Angola. Nachdem der 27jährige Bürgerkrieg das Land bis 2002 weitgehend isoliert hatte, wird nun der Anschluss an internationale Rohstoffmärkte gesucht. Einfuhrzölle wurden rapide gesenkt und bewegen sich auf dem für Subsahara-Afrika niedrigen Niveau von weniger als 15%. Eine extreme Konzentration auf die beiden Exportgüter Öl und Diamanten macht Angola sehr abhängig von den beiden Importeuren USA und China. Die zweistelligen Wachstumsraten von durchschnittlich 20% des Bruttoinlandsproduktes sind auf die Ausbeutung der erst in jüngster Zeit erschlossenen Ölfelder zurückzuführen. ‚Behind border issues‘ spielten dagegen bisher keine Rolle. Zwar expandiert Angolas Bankensektor, allerdings nutzen Unternehmen eher private Finanzierungsmöglichkeiten oder ausländische Banken. Aufgrund einer bis zu dreistelligen Inflationsrate wird der Großteil der Anleihen in Dollar notiert. Für Auslandsinvestitionen ist Angola bis in jüngster Zeit unattraktiv gewesen, weil der Schutz vor einer Enteignung gering war, und weil verschiedene Leistungsanforderungen und Kapitalverkehrskontrollen existieren (US Department of State 2009b). Um die Folgen der Finanz- und Weltwirtschaftskrise für die SADC zu erläutern ist eine Differenzierung zwischen diesen drei Liberalisierungspfaden aufschlussreich, da sie in einer unterschiedlich starken ökonomischen Anfälligkeit der Staaten resultieren. Für Südafrika, Botswana und Angola soll in den nächsten Abschnitten dargestellt werden, welche Auswirkungen sich einerseits im Rohstoffsektor und andererseits bei ausländischen Direktinvestitionen feststellen lassen.

3.1 Volatile Abhängigkeiten: Rohstoffexporte aus der SADC

Europäische Handelsbeziehungen mit Staaten des südlichen Afrikas zielten lange Zeit darauf ab, den Zugang zu mineralischen und agrarischen Rohstoffen zu erhalten. Auch fast fünfzig Jahre nach dem Ende des Kolonialismus befinden sich viele Staaten Subsahara-Afrikas in der Rolle des Rohstoffexporteurs. In den Handelsverträgen zwischen Europäischer Union und AKP-Staaten waren und sind strikte Ursprungslandregeln enthalten. Diese sogenannten ‚rules of origin‘, sowie restriktive Marktordnungen für besonders konkurrenzfähige Produkte wie Zucker, Bananen oder Baumwolle haben jahrzehntelang verhindert, dass sich die Verarbeitungstiefe erhöhte und längere Wertschöpfungsketten oder ein grenzüberschreitender Handel mit weiterverarbeiteten Rohstoffen entstehen konnten.

Auch die Exportwirtschaft der SADC-Staaten ist durch diese Situation geprägt. Die Europäische Union ist mit 33% der Exporte wichtigster Handelspartner, geografisch benachbarte Länder folgen meist erst an zweiter oder dritter Stelle. Viele Länder weisen einen nur gering diversifizierten Außenhandel auf, oft machen nur wenige Agrarprodukte oder mineralische Rohstoffe den Großteil der Außenhandelsbilanz aus. Sensible Exportprodukte der SADC sind Gold, Platin, Kupfer, Diamanten, sowie Agrargüter wie Zucker, Tabak und Fisch. Der ‚Rohstoffboom‘ der letzten Jahre bescherte rohstoffreichen SADC-Staaten wie Angola, Botswana, Sambia und der Demokratischen Republik Kongo eine hohe Nachfrage nach mineralischen Rohstoffen und sorgte für ein kontinuierliches Wirtschaftswachstum. Der stark gewachsene Rohstoffbedarf Chinas unterstützte diesen Trend, und einige SADC-Staaten, darunter Angola, Demokratische Republik Kongo, Zimbabwe und Südafrika schlossen mit chinesischen Staatsfirmen Verträge über die Erschließung und Ausbeutung von Rohstoffvorkommen ab.

Dementsprechend manifestierten sich die ersten Auswirkungen der Krise weniger auf den Finanzmärkten, als im Exportgeschäft. Die Subprime- und Weltwirtschaftskrise machte sich nach dem 16.9.2008 in der SADC in Form von Absatzschwankungen und Preisverfall bemerkbar. Während im ersten Halbjahr 2008 die Weltmarktpreise für Rohstoffe wie Nickel, Kupfer oder Platin Rekordhöhen erreichten, fielen sie von September bis November auf nur ein Viertel bzw. ein Drittel ihres vorherigen Wertes (HWWI 2009, Botswana Guardian 2008a, Mail & Guardian 2008a). Goldpreise wurden weniger stark durch Preisschwankungen beeinflusst, fielen aber ebenfalls um etwa ein Viertel (Dheensay 2009: 59).

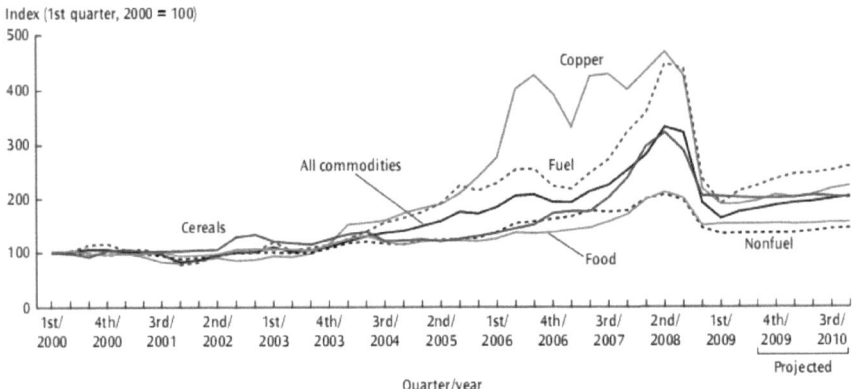

Quelle: Weltbank, Global Monitoring Report 2009, Indizes in US$

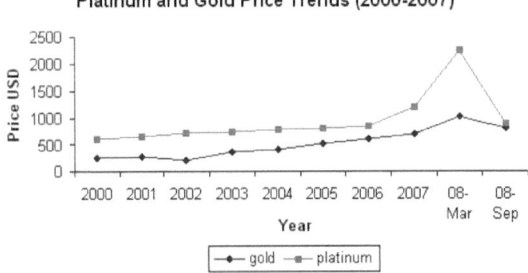

Quelle: Cairns 2008, Platinumd and Gold Price Trends (2000-2007)

In Südafrika betrifft dies vor allem die Bergbauindustrie, so etwa die Platin- und Goldförderung, sowie die Stahlproduktion und die Automobilindustrie. Nachdem Preise und Nachfrage für Gold und Platin zwischen 2006 und 2008 stark gestiegen waren, ereignete sich im Herbst 2008 ein massiver Preisverfall. Dadurch stehen Schätzungen der National Union of Mineworkers zufolge zwischen 50.000 und 70.000 von insgesamt etwa 300.000 Arbeitsplätzen auf dem Spiel (Beleni 2009).

In der Automobilindustrie ist im Vergleich zu 2008 ein Umsatzrückgang von 25% eingetreten. Durch diese Absatzkrise sinkt auch die Nachfrage nach Platin für Katalysatoren, sodass für 2009 und 2010 geplante Erschließungen von Rohstoff-vorkommen aufgegeben oder verschoben wurden. Nach dem Fall des Platinpreises um etwa 40% hatte beispielsweise Lonmin, eine der weltweit größten platinfördernden Firmen, die Streichung von 4000 Arbeitsplätzen angekündigt. Zu befürchten ist zudem, dass trotz der geringen Einbindung südafrikanischer Banken in internationale Finanzmärkte sich die Konditionen für Unternehmenskredite verschlechtern werden und die ‚Kreditklemme‘ auch die kapitalintensive Rohstoffindustrie Südafrikas betreffen wird (Cairns 2008).

In Botswana wiederum ist vor allem der Handel mit Rohdiamanten gefährdet, für die Botswana der weltweit bedeutendste Lieferant ist. Rohdiamanten machen etwa 70% der gesamten Exporte aus, der Hauptabnehmer ist mit 65% die Europäische Union (Botswana Guardian 2008c). Nachdem im Herbst 2008 Exportrückgänge von etwa 20% zu verzeichnen waren, standen die Minen des Unternehmens Debswana, einem Joint Venture zwischen DeBeers und dem botswanischen Staat während des ersten Halbjahres 2009 still und De Beers war auf Kredite von Shareholdern in Höhe von 500 Millionen US$ angewiesen (Reuters 2009, Mining Journal 2009). Der Einbruch des Wirtschaftswachstums von 5% auf 3,3% im Wirtschaftsjahr 2007/2008 wird auf den Produktionsrückgang in der Rohstoffförderung zurückgeführt (Mining Journal 2008a). Neben diesen unmittelbaren Effekten drohen nachgelagerte Auswirkungen. Durch Absatzrückgänge und Preisschwankungen sinken in den Jahren 2008 und 2009 auch die Staatseinnahmen für rohstoffabhängige SADC-Staaten. Für Botswana werden diese für 2008 mit etwa 2% und für 2009 mit etwa 6% beziffert (Botswana Guardian 2008d). Diamantenpreise sind jedoch sehr volatil, und eine Nachfragesteigerung im ersten Halbjahr 2009 führte zu einer Wiederaufnahme der Produktion (Mining Journal 2009).

In Angola zeichnet sich eine noch dramatischere Entwicklung als auf den Rohstoffmärkten Südafrikas und Botswanas ab. Für 2009 prognostiziert der Africa Economic Outlook der OECD ein Negativwachstum von -7% des BiP (OECD 2009). Die extreme Konzentration auf Öl und Diamanten hatte bereits in den vergangenen Jahren schon zu Anzeichen einer ‚Dutch Disease‘, also zu Außenhandelsüberschüssen, hoher Volatilität der Währung und zur Vernachlässigung anderer Wirtschaftssektoren geführt. Im Herbst 2008 fiel der Preis für angolanisches Rohöl von 98 US$ auf 55 US$. Die Förderung wurde zwar kontinuierlich gesteigert; trotzdem führt dieser Preisverfall zu einem erheblichen Verlust von Staatseinnahmen und verhindert den Aufbau von Wirtschaftssektoren abseits der Öl- und Diamantenindustrie. Dies betrifft insbesondere die Entwicklung des Agrarsektors. Angola ist von Nahrungsmittelimporten abhängig, da immer noch mehrere Millionen Landminen in den Böden liegen und nur eine geringe landwirtschaftliche Produktion möglich ist. In der jetzigen Situation sind nun noch größere Verzerrungen zu erwarten, die in einer

Situation schwacher Staatlichkeit und geringer institutioneller Kapazitäten schwer zu
bewältigen sind (Weltbank 2007: 49).

3.2 Investitionsräume und Investitionsrisiken in der Krise

Die Verwerfungen auf den Finanzmärkten, insbesondere Währungsschwankungen,
Kursverluste von Wertpapieren und ausbleibende Investitionen sind auch an den Staaten der SADC nicht spurlos vorübergegangen. Zwar dominierten in der Tagespresse
Südafrikas und Botswanas, sowie in Statements von Politikern anfangs jene Einschätzungen, die die geringe Einbindung in globale Finanzmärkte in den Vordergrund
stellten, und davon ausgingen, dass die SADC daher kaum tangiert werden würde.
Tatsächlich erweist sich die ‚einfachere' Architektur des Bankenwesens in der gegen-
wärtigen Situation als gewisser Vorteil. Anleihen jeweils abhängig von ihrer Performance zu neuen Finanzprodukten zu bündeln und mit diesen zu handeln ist eine im
südlichen Afrika wenig verbreitete Geschäftspraxis. Allerdings bietet diese geringere
Einbindung nicht für alle Staaten und nicht in allen Fällen tatsächlich Sicherheit.
Wechselkursschwankungen und risikoreiche Geldanlagen sind trotz einer peripheren
Lage auch in ökonomisch expandierenden Schwellen- und Entwicklungsländern zum
Problem geworden. So sind beispielsweise auch in Botswana Pensionsfonds durch Abwertungen und Ausfälle gefährdet. In Südafrika hat der Wertverlust des Rand zwi-
schenzeitlich zu einer Verteuerung von Importprodukten um 25% geführt. Zudem
ist mit dem kontinuierlichen Anstieg von FDI und Portfolioinvestitionen auch die
Abhängigkeit von ausländischen Kapitalgebern, v.a. aus der Europäischen Union, den
USA und China gewachsen, sodass der Abfluss von Kapital oder die kurzfristige Terminierung von geplanten Projekten empfindliche Folgen haben kann.
    Für die SADC ist von einem durchschnittlichen Rückgang der ausländischen
Direktinvestitionen von etwa 10% auszugehen, der sich kurzfristig in defizitären Zah-
lungsbilanzen und mittelfristig im Verzicht auf Infrastrukturprojekte niederschlagen
wird (OECD 2009). Damit verbunden ist ein erschwerter Zugang zu Krediten, der
wiederum unternehmerische Aktivitäten begrenzt. Zudem wird deutlich, dass Staaten, die sehr rasch Liberalisierungsimpulsen auch im Finanz- und Investmentsektor
gefolgt sind, sich nun größerer Verwundbarkeit ausgesetzt sehen.
    In Südafrika ist die ABSA, die größte Bank des Landes direkt betroffen, da
2005 die britische Barclay's Bank 58% der Anteile aufgekauft hat. Der Einstieg von
Barclay's, der damals als eine der größten FDI-Transaktionen gefeiert wurde, ent-
puppt sich nun als Risiko. ABSAs Kreditwürdigkeit wurde von der Rating-Agentur
Moody's im Februar herabgestuft, was als direkte Folge der instabilen Situation von
Barclay's bezeichnet wurde (Moneyweb 2009). Die meisten anderen südafrikanischen
Banken sind hingegen nicht direkt tangiert worden, da sie durch Kapitalverkehrskon-

trollen daran gehindert worden waren, in komplexe Finanzprodukte zu investieren (The Times 2009).

Auch für Botswana äußert sich die Öffnung gegenüber internationalen Finanzmärkten nun in empfindlichen Verlusten. Die direkten Verluste durch die Abwertung von Wertpapieren bezifferten sich auf 700 Millionen US$ von insgesamt 9.8 Milliarden US$ ausländischer Geldreserven (Botswana Guardian, 2008b). Noch gravierender wirkt sich jedoch aus, dass Pensionsfonds bis zu 70% ihres Kapitals im Ausland anlegen konnten. Etwa die Hälfte dieses Kapitals wurde in europäischen und US-amerikanischen Private Equity-Fonds investiert. Den Pensionsfonds sind damit etwa 300 Millionen US$ verloren gegangen (Mosinyi 2008). In Angola hingegen sind die Folgen im finanziellen Sektor gering, bedingt durch die periphere Lage Angolas. Es gibt bisher keine Wertpapierbörse und Angolas Banken stehen nur mit portugiesischen Banken in enger Verbindung, sind ansonsten aber nicht in internationale Finanzmärkte eingebunden. Problematisch kann hier allerdings das Ausbleiben von Direktinvestitionen sein, wenn angesichts einer geringeren Nachfrage nach Rohöl geplante Erschließungsprojekte beendet werden.

Insgesamt gesehen betreffen diese direkten Auswirkungen der Subprime-Krise vor allem Schwellenländer mit mittleren Einkommen, die in den letzten Jahren Weltmarktintegration nicht nur im Bereich klassischen Außenhandels, sondern auch im Bereich von Finanzdienstleistungen gesucht haben. Sie stehen nun vor dem Problem, massive Kursverluste im internationalen Geschäft aus eigener Kraft auffangen zu müssen. Politiken der Krisenbewältigung auf nationalstaatlicher Ebene reichen dazu nicht unbedingt aus, weil die finanziellen Handlungsspielräume eng sind. Ob die SADC-Staaten mit Unterstützung durch überregionale Banken die Krise gemeinsam bewältigen können, werden die nächsten Jahre zeigen. Nur wenige Ansätze für eine gemeinsame Koordination sind erkennbar.

4   Wege durch die Krise

‚Die Krise‘ und ihre Folgen, die von ihr verursachten politischen, wirtschaftlichen und vor allem sozialen Verwerfungen, dominieren auch in den SADC-Staaten wirtschaftspolitische Debatten und nehmen in der Medienberichterstattung breiten Raum ein. Welche Krisenrhetoriken im südlichen Afrika vorherrschen, wie die Krise und der Weg durch die Krise diskursiv gerahmt werden, und in bestimmte politische Handlungsformen münden, kann an dieser Stelle nur schlaglichtartig benannt werden.

Anfangs, im Herbst 2008 überwog ein distanzierter Blick auf die Finanzkrise. Debatten in Südafrika und Botswana gingen von geringer Betroffenheit aus und begründeten dies mit der schwachen Einbindung in globale Finanzmärkte und mit der gleichzeitig guten Einbindung in Süd-Süd-Kooperationen. Allerdings wurde eine ‚Ansteckung‘ eigener Finanzsektoren mit wachsender Sorge betrachtet, so etwa im

Fall der ABSA-Bank, an der die britische Barclay's Bank seit einigen Jahren Anteile hält (Fisher-French 2008). Im regionalen Krisendiskurs zeigte sich dann zwischen dem Herbst 2008 und dem Frühjahr 2009 ein Perspektivwechsel. Ab Januar/Februar 2009 verschob sich die Interpretation der Krise hin zu einem Ereignis, das auch für die SADC-Staaten dramatische Konsequenzen haben würde. Nun wurden ökonomische und soziale Folgen verstärkt thematisiert. Insbesondere die sozialen Verwerfungen, die sich durch die Produktionsausfälle im Rohstoffsektor ergaben und die sich in Form von Entlassungen, Demonstrationen und Streiks äußerten, waren Gegenstand von Presseartikeln. Im Gegensatz dazu wurde das Geschehen auf den Finanzmärkten, beispielsweise die Gefährdung von Pensionsfonds, kaum aufgegriffen. Seit dem Frühjahr 2009 findet sich neben diesen Berichten auch eine optimistische Lesart der Krise, die mitunter zur ‚Chance‘, etwa für Kooperationen mit China umgedeutet wird (Mmegi Online 2009a). Erste Steigerungen der Nachfrage nach Rohstoffen wurden als Hoffnungsschimmer für eine allgemeine Stabilisierung betrachtet (Mmegi Online 2009b, Mmegi Online 2009c). Die regionale Perspektive auf Finanz- und Weltwirtschaftskrise unterscheidet sich vom westlichen Blick auf Subsahara-Afrika interessanterweise auch dadurch, dass kaum über den Fluss oder das Versiegen von Entwicklungshilfegeldern berichtet wird, wohl aber über die beiden anderen bedeutenden Geldströme, Auslandsüberweisungen von Arbeitnehmern sowie Direktinvestitionen. Ein weiteres Thema, das ‚vor Ort‘ nicht aufgegriffen wurde, sind die ‚Millennium Development Goals‘. Zwar werden soziale Folgen der Krise auch in der lokalen und regionalen Presse dargestellt. Was jedoch Bewältigungsstrategien angeht, steht nicht das Projekt ‚Millennium Development Goals‘ im Mittelpunkt, sondern das eigene Handlungsrepertoire. Zum Aufhänger eines entwicklungspolitisch gerahmten Krisendiskurses avancierten die Millenium Development Goals hingegen in Policy Papers der Weltbank und der OECD. Sowohl der Economic Outlook der Weltbank als auch der African Economic Outlook der OECD widmen sich der Krise aus dieser Perspektive und richten Strategien für einen afrikanischen Weg aus der Krise vor allem an der Frage aus, ob und wie sich die Millennium Development Goals bis 2015 noch realisieren lassen.

Betont werden in der regionalen Debatte hingegen die Perspektiven für Süd-Süd-Kooperationen und regionale Integration. Beide Konzepte werden als Hoffnungsträger betrachtet, der in einer Situation, die ein wirtschaftspolitisches Umdenken erforderlich macht, einen alternativen Entwicklungspfad weist. Solche Kooperationen bestehen bisher in Form des IBSA Forums, einem Bündnis zwischen Indien, Brasilien und Südafrika, dessen Warenverkehr eine Größenordnung von etwa 1 Milliarde US-Dollar umfasst. Sowohl die chinesische als auch die indische Regierung haben angekündigt, in den nächsten fünf Jahren Investitionen in Subsahara-Afrika in Höhe von etwa 10 Milliarden US-Dollar zu realisieren (Trade Invest South Africa 2009 a / 2009 b). Weitere Bündnisse, beispielsweise Verträge zwischen Südafrika und Venezuela betreffen den Handel mit einzelnen Rohstoffen. Bisher allerdings hat Süd-Süd-Kooperation außerhalb Südafrikas den Charakter eines allenfalls losen Netzwerkes vieler bilateraler Verträge, Bündnisse und Lieferabkommen, denen eine politische Komponente und Steuerungsfunktion fehlt. Erste Ansätze für Kooperationen zwischen der SADC und anderen Regionalbündnissen sind über den Status von Absichtserklärungen noch nicht vorangeschritten. Die Krise könnte freilich zu einer Intensivierung von Süd-Süd-Kooperationen führen, so die Hoffnung vieler Kommentatoren.

Faktisch jedoch werden Wege durch die Krise zumeist individuell gesucht. Die politischen Handlungskapazitäten sind dabei ein limitierender Faktor für die einzelnen Staaten; ebenso wie auch die bestehenden Pfadabhängigkeiten, die sich durch die Liberalisierungsimpulse im Laufe der letzten 15 Jahre herausgebildet haben. In Südafrika, Botswana und Angola finden sich als Reaktion auf die Krise unterschiedliche Strategien, die sich zwischen Süd-Süd-Kooperation, Konjunkturprogrammen, Keynesianismus und Marktexpansion bewegen:

In Südafrika zeichnet sich nun die schwerste Rezession seit 1984 ab, bedingt v.a. durch die Produktionsausfälle im Rohstoffsektor, aber auch durch verminderte Investitionstätigkeit. Südafrika setzt demgegenüber auf eine weitere Diversifizierung der Wirtschaftsbeziehungen, sowohl innerafrikanisch als auch zu Indien, Brasilien und Venezuela. Ein staatliches Konjunkturprogramm in Höhe von rund 800 Milliarden Rand, das anlässlich der Fußball WM für den Ausbau von Transportinfrastruktur und für die Baubranche aufgelegt wurde, verspricht eine teilweise Minderung. Mit der ,National Job Initiative', sollen Kündigungen in den Rohstoffbranchen vermieden werden.

Botswana hat sich für Maßnahmen aus dem Repertoire des Keynesianismus entschieden. Staatliche Hilfen und der Einsatz von Währungsreserven sollen die laufenden Kosten der Minenindustrie stützen und die Entlassung von Arbeitskräften vermeiden. Die botswanische Staatsbank hat kaum in ausländische Anleihen investiert und umgekehrt steckt der internationale Handel mit der Landeswährung Pula noch in den Anfängen (Sieper 2008), was sich nun als Vorzug erweist, da eine solide Basis für ,deficit spending' vorhanden ist. Die Verluste im Rohstoffsektor lassen sich aber aus eigener Kraft nicht bewältigen, entgegen den anfänglich selbstbewussten Aussagen, genug eigene Ressourcen für eine staatliche Stützung der Rohstoffbranche zu haben. Botswana hat sich daher um einen Kredit bei der African Development Bank[5] beworben, um sein Haushaltsdefizit teilweise ausgleichen zu können. Der Kredit in Höhe von 1.5 Milliarden US$ wurde Anfang August bewilligt und ist der höchste, den die Bank je vergeben hat. Botswana wird ihn innerhalb von 15 Jahren zurückzahlen müssen.

---

5 Die African Development Bank wurde 1964 gegründet. Sie sieht ihre Ziele darin, Armut zu bekämpfen und Ressourcen für die soziale und wirtschaftliche Entwicklung Afrikas zu mobilisieren.

In Angola hingegen machen sich die Auswirkungen der ,Dutch Disease' auf Staatlichkeit, Handlungskapazitäten und Handlungsvermögen nun drastisch bemerkbar. Nur geringe Währungsreserven stehen zur Verfügung. Kurzfristig zog das Kabinett Diamantenrückkäufe in Erwägung um damit die stark volatile Preisentwicklung zu stabilisieren. Überbrückungskredite des Staates an Diamantenminen und Ölfirmen sollen den Rückzug ausländischer Unternehmen verhindern. Anstelle antizyklischen Handels wurde die Ölproduktion in den Monaten nach der Krise noch gesteigert, um trotz des Preiseinbruches liquide zu bleiben. Ob solche kurzfristigen Maßnahmen eine Wirkung zeigen, bzw. wie sich das Schrumpfen des Etats innenpolitisch niederschlagen wird, bleibt abzuwarten. Das Thema Süd-Süd-Kooperation gewinnt allerdings auch hier an Relevanz. So nennt die OECD Investitionsprojekte des brasilianischen Ölkonzerns Petrobras, die im Zeitraum zwischen 2009 und 2013 800 Millionen US-Dollar in Angola einsetzen wollen. Kredite bei der African Development Bank wurden nicht beantragt.

Eine ,regionale Antwort' auf die Krise bleibt dagegen weitgehend aus. Auf SADC-Ebene finden sich keine gemeinsamen Initiativen. Lediglich die African Development Bank hat Programme für ein gemeinsames Vorgehen auf regionaler Ebene entwickelt. Zwar ist sie im Vergleich zur Weltbank ein deutlich kleinerer Geber, dessen Kredite an afrikanische Staaten nur ein Viertel der Höhe der Weltbank-Kredite betragen. Allerdings genießt sie hohe Glaubwürdigkeit und ist seit 2005 deutlich expandiert. Sie versteht sich zusehends nicht nur als Geldgeber, sondern auch als finanzpolitischer Akteur, der sich in Krisenzeiten mit einer eigenen Agenda einbringt. So engagiert sie sich etwa im Rahmen der New Partnership for African Development (NEPAD) und aktuell im Rahmen der G-20-Inititiativen zur Finanzkrise. Als einer von sehr wenigen Akteuren aus dem Süden thematisiert sie die Finanzkrise auch als ,social development crisis', die zu einem dramatischen Anstieg von Armut und Arbeitslosigkeit führen wird. In ihren Einschätzungen zum Krisenmanagement stellt sie fest, dass in den afrikanischen Staaten die Reaktionen auf die Finanzkrise zumeist kurzfristiger Art seien, ein mittelfristiges, antizyklischen Handeln jedoch vermissen ließen. In den letzten Monaten hat sie daher einige Instrumente entwickelt, die über die bisherigen Kreditprogramme hinausgehen. Ihre aktuellen Aktivitäten umfassen die ,Emergency Liquidity Facility', ein Notfallprogramm in Höhe von 1.5 Milliarden US$, das insbesondere ,middle income countries' kurzfristig Kapital zu günstigen Zinssätzen zur Verfügung stellt die ,Trade Finance Initiative' in Höhe von 500 Millionen US$, mit der Außenhandelsgeschäfte, v.a. die finanziellen Operationen für den Import und Export von Handelsgütern unterstützt werden sollen. Sie richtet sich primär an Banken, die in Exportgeschäften engagiert sind. Ein ,Fast Track'-Verfahren, mit dem der Zugang zu Krediten beschleunigt wird. Politisches Engagement in der G-20-Initiative zur Finanzkrise

(African Development Bank 2009). Diese Programme sind in den letzten Monaten stark nachgefragt worden. Die Bank stellte insbesondere Schwellenländern wie

Mauritius, Kap Verde und Botswana und rohstoffexportierenden Staaten wie der Demokratischen Republik Kongo und Guinea Bissau Kredite zur Verfügung.

Ein Jahr nach dem Beginn der Finanzkrise bietet sich also ein differenziertes Bild. Die Beispiele Südafrikas und Botswanas geben Grund zur Hoffnung, dass die Auswirkungen der Weltwirtschaftskrise politisch bearbeitet werden können und ein eigener Weg durch die Krise entwickelt wird. Hier finden sich auch Initiativen, die die sozialen Folgen der Krise in Form von Arbeitslosigkeit, Arbeitsmigration, Verarmung in den Blick nehmen, und nicht nur die Einbrüche am Rohstoffmarkt betrachten. Für eine ,regionale Antwort' auf die Krise hat die geringe regionale Koordination innerhalb der SADC jedoch nicht ausgereicht. Eine übergreifende Strategie findet sich am ehesten in den Programmen, mit denen die African Development Bank auf die veränderte Situation reagiert. Notwendig wären aber auch auf SADC-Ebene entsprechende Aktivitäten, die die Kooperation zwischen den SADC-Staaten vorantreiben, und neue Politikfelder für Süd-Süd-Kooperationen erschließen. Gerade jetzt bestünden Verhandlungsspielräume, um anstelle individueller Liberalisierungsstrategien oder protektionistischer Alleingänge den Grundstein für ein gemeinsames regionales Wirtschaftsmodell zu legen.

Literatur

African Development Bank (2009): The African Development Bank Group Response to the Economic Impact of the Financial Crisis. Abrufbar unter: http://www.afdb.org/fileadmin/uploads/afdb/Documents/Policy-Documents/AfDB%20Response%20to%20the%20Crisis%20_%20web.pdf.

Asiedu, Elizabeth (2003): Foreign Direct Investment to Africa. The Role of Government Policy, Governance and Political Instability. Department of Economics, University of Kansas.

Asiedu, Elizabeth (2002): On the Determinants of Foreign Direct Investment to Developing Countries. Is Africa Different? In: World Development 30 (1): 107-119.

Beleni, Frans (2009): South African Miners Hard Hit by Global Financial Crisis. In: International Federation of Chemical, Energy, Mine and General Workers' Unions, INCEM in Brief, 9.3.2009, http://www.icem.org/en/78-ICEM-InBrief/3060-South-African-Miners-Hard-Hit-by-Global-Financial-Crisis.

Botswana Guardian (2008a): Commodity prices plunge. Erschienen am 21.11.2008.

Botswana Guardian (2008b): Reserves weaken on credit crunch. Erschienen am 14.11.2008.

Botswana Guardian (2008c): September trade surplus falls. Erschienen am 5.12.2008.

Botswana Guardian (2008d): Botswana retains A rating. Erschienen am 5.12.2008.

Bundesverband der Deutschen Industrie (2007): Rohstoffsicherheit – Anforderungen an Industrie und Politik. Ergebnisbericht der BDI-Präsidialgruppe Internationale Rohstofffragen. Brüssel.

Cairns, Patrick (2008): The Impact of Global Financial Crisis on South Africa's Mining Industry. In: Frost & Sullivan's Analysis of Metal and Mining, 12.11. 2008. Abrufbar unter:
   http://www.frost.com/prod/servlet/market-insight-top.pag?docid=149029949.
Development Policy Research Unit (2000): What are the major trends and determinants of
   foreign direct investment in SADC countries? DPRU Policy Brief No. 00/P2, Kapstadt.
Dheensay, Manraay (2009): Commodities – Wobbles in the Supercycle. In: The Africa Report:
   56-59.
EUROSTAT (2007): EU direct investment outward flows by extra EU country of destination.
   Abrufbar unter: http://epp.eurostat.ec.europa.eu/portal/page?_pageid=1996,39140985&_
   dad=portal&_schema=PORTAL&screen=detailref&language=en&product=Yearli
   es_new_economy&root=Yearlies_new_economy/B/B4/B43/dca19216.
Fisher-French, Maya (2008): R 30bn yanked from SA. In: Mail & Guardian. Erschienen am
   18.10.2008. Abrufbar unter: http://www.mg.co.za/article/2008-10-19-r30bn-yanked-
   from-sa.
Gesellschaft für Technische Zusammenarbeit (2007): Subsahara-Afrika–Eschborn: Wirt-
   schaftliche Entwicklung und Potenzial.
Goldstein, Andrea (2003): Regional Integration, FDI and Competitiveness. The Case of
   SADC. Paper präsentiert beim OECD Africa Investment Roundtable. Johannesburg.
Hamburger Weltwirtschafts-Institut (2009): HWWI-Rohstoffindex. Hamburg. Abrufbar
   unter: http://www.hwwi-rohindex.org/.
Lawrence, Robert Z. (1996): Regionalism, Multilateralism and Deeper Integration. Washington D.C.: The Brookings Institution.
Mandelson, Peter (2006): Global Europe: competing in the world. Presseerklärung am
   4.10.2006. Brüssel. Abrufbar unter: http://ec.europa.eu/commission_barroso/mandel-
   son/ speeches_articles/sppm117_en.htm.
Mail & Guardian (2008a): SA markets hit by US shocks, metal prices. Erschienen am
   13.9.2008. . Abrufbar unter: http://www.mg.co.za/article/2008-09-16-sa-markets-hit-by-
   us-shocks-metal-prices.
Melchers, Konrad (2007): Großer Nachholbedarf. Interview mit Matthias Kleinert zum Engagement und den Perspektiven der deutschen Wirtschaft im Südlichen Afrika. In: Eins
   (13-14): 9-11.
Mining Journal (2008a): Botswana economy hit by lower mine production. Erschienen am
   20.11.2008. Abrufbar unter: http://www.mining-journal.com/finance/botswana-econo-
   my-hit-by-lower-mine-production.
Mining Journal (2009): De Beers diamond sales rise; mining will resume in Botswana. Erschienen am 9.4.2009. Abrufbar unter: http://www.mining-journal.com/production-
   and-markets/de-beers-diamond-sales-rise-mining-will-resume-in-botswana.
Mmegi Online (2009a): China to spur Africa's growth. Erschienen am 31.7.2009. Abrufbar
   unter: http://www.mmegi.bw/index.php?sid=4&aid=50&dir=2009/July/Friday31.
Mmegi Online (2009b): Sightholders remain positive inspite of slump. Erschienen am
   13.3.2009. Abrufbar unter: http://www.mmegi.bw/index.php?sid=4&aid=24&dir=2009/
   March/Friday13.
Mmegi Online (2009c): Mupane Mine safe as gold becomes investors' bulwark. Erschienen am
   9.2.2009. Abrufbar unter: http://www.mmegi.bw/index.php?sid=4&aid=29&dir=2009/
   January/Friday9.
Moneyweb (2009): Moody's downgrades Absa. Abrufbar unter: http://www.moneyweb.co.za/
   mw/view/mw/en/page38?oid=264749&sn=Detail.

Mosinyi, Wanetsha (2008): Credit Crunch creams of P 2 billion from pension funds. In: Mmegi Online. Erschienen am 14.11. 2008. Abrufbar unter: http://www.mmegi.bw/index.php?sid=4&aid=21&dir=2008/November/Friday14.

OECD (2009): African Economic Outlook. Paris: OECD Publishing.

Overseas Development Institute/Stevens, Christopher/European Centre for Development Policy Management/Bilal, Sanoussi (2008): The new EPAs: comparative analysis of their content and the challenges for 2008. London. Abrufbar unter: http://www.odi.org.uk/iedg/Projects/0708010_The_new_EPAs.html.

Onyeiwu, Steve/Hemanta Shresta (2004): Determinants of Foreign Direct Investment in Africa. In: Journal of Development Studies. 20 (1-2): 89-106.

Reuters (2009): Africa and the global crisis. Who suffers most? Erschienen am 11.3.2009, http://www.reuters.com/article/latestCrisis/idUSLA260328.

Sieper, Hartmut (2008): Investieren in Afrika. München:Finanzbuch Verlag.

Swedish Board of Agriculture (2006): Agriculture and Development in the EPA Negotiations. Jönköping.

The Times (2009): Absa says facing tough trading conditions. Erschienen am 21.4. 2009, http://www.thetimes.co.za/Property/Article.aspx?id=984996.

Trade Invest South Africa (2009a): Rise of the South: The financial crisis and South-South trade. Erschienen am 28.4.2009, http://www.tradeinvestsa.co.za/feature_articles/145435.htm.

Trade Invest South Africa (2009b): India to triple trade with Africa over next 5 years. Erschienen am 21.1.2009, http://www.tradeinvestsa.co.za/news/210109_India_to_triple_trade_with_Africa.htm.

UNCTAD (2003a): Foreign Direct Investment and Performance Requirements: New Evidence from Selected Countries. Genf: United Nations Publications.

UNCTAD (2003b): Investment Policy Review – Botswana. Genf: United Nations Publications.

UNCTAD (2005): Economic Development in Africa. Rethinking the Role of Foreign Direct Investment. Genf: United Nations Publications.

UNCTAD (2007): World Investment Report. Transnational Corporations, Extractive Industries and Development. Genf: United Nations Publications.

UNCTAD (2008): World Investment Report. Transnational Corporations and the Infrastructure Challenge. Genf: United Nations Publications

US Department of State (2006): Investment Climate Statement – Botswana. Abrufbar unter: http://www.state.gov/e/eeb/ifd/2006/63524.htm.

US Department of State (2009a): Investment Climate Statement – Botswana. Abrufbar unter: http://www.state.gov/e/eeb/rls/othr/ics/2009/117416.htm.

US Department of State (2009b): Investment Climate Statement – Angola. Abrufbar unter: http://www.state.gov/e/eeb/rls/othr/ics/2009/117406.htm.

Weltbank (2007): Angola – Oil, Broad Based Growth and Equity. Washington D.C.: World Bank.

Weltbank (2009): Global Monitoring Report 2009 – A Development Emergency. Washington D.C.. Abrufbar unter: http://siteresources.worldbank.org/INTGLOMONREP2009/Resources/5924349-1239742507025/GMR09_book.pdf.

Wöhrl, Dagmar (2008): Rede bei der Tagung von GTZ und IHK: Afrika – Kontinent der Chancen. München 21.1.2008.

Wolff, Susanna /Deutsches Institut für Entwicklungspolitik (2003): On the Determinants of Domestic and Foreign Investment to SADC: What Role for Regional Integration? Paper präsentiert bei der Trade and Industrial Policy Strategies Conference. Muldersdrift.

Zampini, Daniela (2009): Developing a balanced framework for Foreign Direct Investment in SADC – a decent work perspective. In: Konrad-Adenauer-Stiftung/Bösl, Anton/Hartzenberg, Trudi (Hrsg.) (2009): Monitoring Regional Integration in Southern Africa. Trade Law Center for Southern Africa. Stellenbosch.

Die Ost-Asiatischen Regionalbeziehungen in Krisenzeiten

Mark Beeson

1   Einleitung

Eine der überraschenden Folgen der Asienkrise von 1997/98 war das steigende Interesse aller Beteiligten an der Entwicklung einer regionalen Lösung auf ein offensichtlich globales Problem. Nachdem sich die ostasiatischen Staaten nun wieder in einer Krisensituation befinden – wenn auch diesmal von externen Bedingungen ausgelöst – könnte man davon ausgehen, dass sich dieser Trend fortsetzt und ähnliche Initiativen gestartet werden. Dennoch bestehen zwischen den beiden Finanzkrisen gravierende Unterschiede, so dass auch die politischen Schlussfolgerungen anders ausfallen könnten. Welchen Weg wird Asien gehen? Sicher ist es schwierig – um nicht zu sagen unmöglich – Prognosen im Hinblick auf die Folgen der aktuellen Weltwirtschaftskrise zu erstellen. Eine Krise, deren Dynamik sich noch nicht annähernd absehen lässt und deren Dimension wie Reichweite beispiellos erscheint. Es scheint daher eher angebracht über einen breiteren geschichtlichen Zusammenhang mögliche Triebkräfte zu identifizieren, die voraussichtlich strukturprägend bei der Entwicklung sein werden. Ein Versuch dieser Art lässt dann auch erste Spekulationen über die Auswirkungen der Krise auf intra- und interregionale Beziehungen zu.

Die nachfolgende Diskussion lässt sich in Kürze wie folgt zusammenfassen: Eingangs werde ich die Umrisse regionalpolitischer Entwicklungen in Ostasien kurz nachzeichnen, um auf die relativ gering ausgebauten institutionellen Kapazitäten hinzuweisen, die für die Entwicklung von regionalen Lösungsstrategien der Krise zur Verfügung stehen. In den nachfolgenden zwei Teilen gehe ich darauf ein, was ich im Hinblick auf Ostasien als erste und zweite Krise der Globalisierung bezeichne. Die somit gewonnene Diskussionsgrundlage lässt sich zu einer vergleichenden Analyse der Kräfteverhältnisse ausbauen, die hinter den jeweiligen Krisengeschehnissen stehen und erlaubt in diesem Zusammenhang eine Einschätzung der institutionellen Kapazität regionaler Institutionen für die Lösung der Krise. Wie wir sehen werden, bestehen zwischen den beiden Krisen sowohl Übereinstimmungen, als auch deutliche Unterschiede. Obwohl in beiden Fällen der Finanzsektor für die Turbulenzen verantwortlich ist, lassen sich Ungleichheiten vor allem darin erkennen, dass die zweite Krise ihren Ausgang in den Vereinigten Staaten nahm und sich China zu einer weitaus größeren Wirtschaftsmacht entwickelt hat, als dies noch in der ersten Krise der Fall war. Der letzte Abschnitt ist der Frage nach den Implikationen für die ostasiatische Region gewidmet.

So wie sich die Ereignisse abspielen steht zu vermuten, dass sich spezifische kurzfristige und langfristige Konsequenzen der Krise abzeichnen: Angesichts fehlender effektiver Führungskompetenz im ostasiatischen Regionalgefüge und unter dem Einfluss der kontinuierlichen Abhängigkeit vom globalwirtschaftlichen Zusammenspiel ist es wahrscheinlich, dass die Region weiterhin auf von den globalen Lösungsstrategien auf die eindeutig globalen Probleme abhängig bleibt. Sicherlich bleibt abzuwarten, ob sich die internationale ‚Staatengemeinschaft' überhaupt als fähig erweist, globale Finanzmarktreformen nicht nur zu verhandeln, sondern auch durchzusetzen. Sollten doch diese globale Reform ausbleiben, und vieles deutet darauf hin, werden sich die ostasiatischen Staaten auf regionale, wenn nicht sogar auf nationale Lösungsstrategien verständigen. Eine der möglicherweise überraschenden aber sicher schwerwiegendsten Langzeitfolgen bestünde in der Unterminierung des Ansehens und der Autorität des Kapitalismus westlicher Prägung. Dies könnte den zentralen Wirtschaftsmächten in Ostasien die Chance eröffnen, marktwirtschaftliches Handeln eher im Sinne lokaler geschichtlicher Präferenzen und Inklinationen zu gestalten.

2   Regionalismus in Ostasien

Eines der wohl kontraintuitivsten Merkmale der gegenwärtigen Globalen Politischen Ökonomie ist wohl, dass wir es mit einer deutlich weniger ‚globalen' Ökonomie zu tun haben, als dies im Allgemeinen angenommen wird. Man muss sich ja nur nochmals vor Augen führen, dass bestimmte Teile der Welt nicht nur in unterschiedlicher Art und Weise in die Weltökonomie integriert sind, sondern dass sich Integrationsdynamiken qualitativ und im Ausmaß stark voneinander unterscheiden.[1] Besonders deutlich ist das natürlich im Fall der afrikanischen Ökonomie, die ja nur partiell in die globalen Produktionsnetzwerke eingebunden ist und primär als reiner Rohstofflieferant agiert.[2] In mancher Hinsicht spiegelt das momentane Verhältnis immer noch die spezifischen Charakteristika von Kolonialbeziehungen und seine nachhaltigen Folgen wider. Der wesentliche Unterschied zwischen Ostasien und vielen der anderen Entwicklungsregionen besteht darin, dass es mehreren Staaten der Region erfolgreich gelang, die Schatten kolonialherrschaftlicher Entwicklungsdynamiken

---

[1]   Inzwischen gibt es eine weitreichende Literatur zur Ausdifferenzierung regionaler Strukturen. Für eine Kontrastierung der europäischen und asiatischen Erfahrung siehe Mattli (1999), Lincoln (2004), Beeson (2007). Allgemeinere Abhandlungen finden sich in Hurrell (2007) und Hettne (2005).

[2]   Für einen hilfreichen Vergleich siehe: Taylor (2003).

hinter sich zu lassen und eigene Prozesse der Industrialisierung und Wirtschaftsent-
wicklung zu institutionalisieren.[3]

Trotz dieses Erfolgs eines Teils der ostasiatischen Staaten, bleibt die Region doch
der erhöhten Krisenanfälligkeit des internationalen Wirtschaftsgefüge im Großen
und Ganzen ausgesetzt. Freilich ist das natürlich immer ein Nebeneffekt einer inter-
dependenten und sich stetig weiter integrierenden Weltwirtschaft. Doch wie die ostasiatischen Staaten schmerzhaft vor 10 Jahren mit der Asienkrise erfahren mussten,
und wie die der Rest der Welt nun langsam auch ,entdeckt', ist eine sich vertiefende
Interdependenz keine Einbahnstraße und birgt nicht nur Chancen, sondern auch
größere Risiken und Gefahren (Grimes 2009). Doch während die Gefährdung durch
Finanzmarktschwankungen in beiden Krisen verständlicherweise die Aufmerksamkeit auf sich gezogen hat, ist eine umfassende Erklärung der Situation in Ostasien
nicht ohne einen Einblick in die spezifischen Macht- und Kräfteverhältnisse der lokalen Entwicklungskonstellation zu leisten.

Den Kernpunkt bildet der Umstand, dass Ostasiens Entwicklungspfad und die
Strukturen politischer und wirtschaftlicher Kooperation, in welche die Region in
jüngster Zeit eingebunden war, aus einer geographischen und historischen Eigenlogik
resultieren. Zur Zeit des kalten Krieges existierte die Region faktisch und praktisch
nicht – abgesehen eventuell von einer grundsätzlich geographischen Bezeichnung. Die
Möglichkeit einer regionalen Wirtschaftsintegration – von einer Politischen mal ganz
zu Schweigen – wurde praktisch von vornherein durch die Konstellation den globalen strategischen Interessen der Großmächte und deren jeweilige Einflussnahme,
ausgeschlossen.[4] Diejenigen regionalen Institutionen, die trotzdem entstehen konnten,
wurden durch die Großmächte motiviert, strukturiert und in ihrer Wirkungsweise
determiniert. Dieses Kräftespiel bestimmte nicht nur die politische Form der Region,
sondern führte auch zu einer spezifischen, wenn auch sehr unterentwickelten, institutionellen Architektur in der Region. Die ASEAN ist wohl das beste Beispiel dieser
politischen Realität. Sie wurde von einer Hand voll kleinerer Mächte getragen, die ausschließlich mit Fragen der jeweils eigenen Existenz beschäftigt waren (Collins 2003).

Obwohl die ASEAN weiterhin existiert, befinden wir uns momentan in einer
Diskussion darüber, ob sich die Regionalinstitution auf irgendeine Weise progressiv
entwickelt hat. Bemüht man den Vergleich mit der Europäischen Union, erscheint
die ASEAN als erstaunlich ineffektive Organisation, die auf ihre Mitglieder nur wenig Einfluss auszuüben vermag. Wichtig ist jedoch sich vor Augen zu halten, dass
eben dies die Absicht der Gründer der Organisation war: mit viel Behutsamkeit wurden institutionelle Arrangements derart gestaltet, dass eine supranationale Körper-

---

3   Die Literatur zum asiatischen Entwicklungsmodell ist zahlreich. Für einen Überblick siehe Beeson
    (2007)

4   Für die Staaten, die von der US-amerikanischen Hilfe und Investitionen profitieren konnten, stell-
    te der Ost-West Konflikt eine freundliche Umwelt dar, auf deren Basis eine wirtschaftliche Ent-
    wicklung einstellen konnte. Siehe hierfür Stubbs (2005).

schaft im Sinne der EU, mit ihren einschneidenden Konsequenzen für die innen-
und außenpolitische Souveränität, gerade nicht entstehen konnte (Narine 2004).
Obwohl es sicherlich kaum ersichtlich ist, warum sich andere regionale Initiativen
ausgerechnet am Maßstab der EU messen lassen sollten, ist ein Vergleich zwischen
den beiden Institutionen sehr instruktiv. Im Gegensatz zu den Europäern, die ein
dichtes Regelwerk aus rechtlichen und institutionellen Mechanismen erarbeitet haben, mit dem sich das Verhalten der Mitgliedstaaten koordinieren und einbinden
lässt, schlug ASEAN eine völlig andere Richtung ein. Während die EU normativ
ein Gemeinschaftsprojekt herausbildete, bei dem sich die Mitgliedstaaten an das
Gemeinschaftsrecht halten sollen, bleibt die ASEAEN auf die Erhaltung nationaler Autonomie konzentriert (Checkel 2001). Der je nach Lage gerügte oder gefeierte
,ASEAN-Sonderweg' von Konsens und Konsultation, wurde in den Augen seiner
Kritiker vor allem zur Konfliktvermeidung konzipiert und spiegelt demzufolge lediglich den kleinsten gemeinsamen Nenner an Kooperation wider (Jones/Smith 2007).
    Es wurde ja viel über den ASEAN-Way und den möglichen normativen Gehalt
geschrieben (Arachery 2007/Beeson 2009). Der wichtigste Aspekt ist wohl, dass die
ASEAN und der damit verbundene Modus Operandi den nachfolgenden institutionellen Entwicklungen und regionalen Projekten als Blaupause dient. Für eine Region,
die eigentlich ständig mit dem Vorwurf institutioneller Kompetenzdefizite konfrontiert
wird, verfügt Ostasien über ein überraschend breites Spektrum an Foren und Organisationen. Zuzüglich zum etablierten (wenn auch eher ineffektiven) Asia Pacific Economic Forum, gründete Ostasien jüngst eine Reihe neuer Organisationen, die, falls
sie sich mittelfristig erfolgreich etablieren, für die Region und auch den Rest der Welt
bedeutsam werden könnten. ASEAN Plus Three (APT), unter Einbezug von China,
Japan und Südkorea, ist aller Voraussicht nach, schon wegen der Teilnahme Chinas,
die wahrscheinlich wichtigste Neugründung in diesem Zusammenhang (Zhang 2006).
Was an dieser Stelle jedoch am deutlichsten zu Trage tritt ist, dass diese Entwicklung
der ersten asiatischen Finanzkrise ihr Momentum verdankt und in vielerlei Hinsicht die
damit gemachten Erfahrungen nachhaltig reflektiert. Es erscheint aus diesem Grund
nützlich sich nochmals die damaligen Ereignisse kurz vor Augen zu führen, um damit
einen wichtigen Kontrapunkt zur gegenwärtigen Krise zu erhalten, mit dessen Hilfe
sich zukünftige Entwicklungstendenzen der Region besser aufzeigen lassen.

3   Die erste Globalisierungskrise

Richard Higgott bezeichnete das wirtschaftliche und politische Chaos, das die ostasiatische Region in den späten 1990ern prägte, als ,die erste Krise der Globalisierung'
(Higgott 2000). Ich finde, das ist eine zutreffende Beschreibung der damaligen Verhältnisse. Insbesondere angesichts der Geschwindigkeit und Intensität, mit der zunächst Ostasien und dann Russland, Latein Amerika und schließlich die Vereinigten

Staaten in den Strudel der Krise gerieten. Freilich gibt es wichtige Unterschiede zwischen den Geschehnissen von heute und von vor 10 Jahren: Auf der einen Seite war der Einfluss der Asienkrise auf die wirtschaftliche Situation der Vereinigten Staaten relativ gering und auch relativ leicht absorbierbar: Trotz des umfangreichen Volumens an Rettungspaketen, welche die Fed 1998 organisierte, stehen diese Initiativen zu gegenwärtigen Anstrengungen in keinem Verhältnis. Auf der anderen Seite – ohne damit Richard Higgotts Analyse entgegenzutreten – sahen wichtige amerikanische Politiker die Krise eher als eine regionale und weniger als eine globale Krise an. Die Krise wurde als Konsequenz korrupter asiatischer Systeme und fehlender Regulierungskompetenzen in den aufstrebenden Markwirtschaften und weniger als Konsequenz globaler Renditeorientierung interpretiert. Die Krise bestärkte das amerikanische Selbstbildnis einer politischen und organisatorischen Vormachtstellung samt angenommener Überlegenheit der anglo-amerikanischen Variante des Kapitalismus. Daran schloss sich sogar die Erwartung an, dass man die weitere Öffnung asiatischer Märkte forcieren sollte (Chang 2000). Retrospektiv wird klar, dass dieses Selbstbildnis ebenso falsch, wie auch die Erwartungen absolut fehlgeleitet waren (Wade 2001). Gleichermaßen wird deutlich, dass damals eine echte Chance für eine nachhaltige Reform der globalen Finanzmarktarchitektur einfach verschenkt wurde (Armijo 2001). Hätte man die richtigen Lehren aus der Asienkrise gezogen und notwendige Reformen eingeläutet, wären die Konsequenzen der aktuellen Finanzkrise deutlich geringer ausgefallen.

Bevor wir uns der Frage nach den Auswirkungen der gegenwärtigen Krise im Detail zuwenden, sollten wir uns nochmals vor Augen führen, wie sich die 'Asienkrise' entwickeln konnte. Wie bereits erwähnt, generierte sie institutionelle Initiativen im regionalen Zusammenhang, die nach wie vor als bedeutsam und einflussreich gewertet werden müssen. Die wichtigste Veränderung in diesem Zusammenhang ist wohl der Perspektivenwechsel, den wichtige Entscheidungsträger hinsichtlich ihrer Einschätzungen bezüglich der Globalisierung und der steigenden Verflechtung der Globalwirtschaft vollzogen. Freilich muss man anerkennen, dass Ostasien seit jeher im Großen und Ganzen eher skeptisch gegenüber dem so genannten Washington-Consensus und den darin implizierten Imperativen zur tiefgreifenden Liberalisierung und Deregulierung eingestellt war (Beeson/Islam 2005). Dennoch ist auch klar, dass sich vor der Asienkrise ein einschneidender Wandel gegenüber eher traditionellen wirtschaftspolitischen Denkmustern ereignet hatte. Obwohl viele der alten Netzwerke zwischen Politik und privaten Wirtschaftsvertretern intakt blieben, änderte sich deren Ausrichtung eindeutig zu Gunsten einer größeren Öffnung und Integration ausländischer Akteure (Solingen 2004). Mit anderen Worten: während die Wirtschaftspolitik also insgesamt unverändert vor allem nationalen Imperativen folgte, erodierte doch gleichzeitig der primär nationale Fokus durch eine immer wichtiger werdende Integration in die globalen Wirtschaftsströme. Als sich die Basis der nationalen Handelsbeziehungen ebenfalls änderten, veränderten sich auch die politischen Kräfteverhältnisse und die einsetzenden Politikmaßnahmen (Jayasuriya 2003; Milner 1999)

Obwohl der Finanzsektor in der Asienkrise am stärksten betroffen war und die Staaten am stärksten unter den einsetzenden Kapitalfluchtbewegungen und Währungskrisen zu leiden hatte, sollte die wichtige Rolle der ‚Realwirtschaft' nicht unvergessen bleiben. Als die asiatischen Währungen stärker wurden, wurde die Konkurrenzfähigkeit der asiatischen Exporte natürlich unweigerlich negativ beeinflusst und somit das Model der exportorientierten Entwicklungspolitik, das ja von Japan zuerst propagiert und von den Tigerstaaten erfolgreich kopiert wurde, unterminiert (Ravenhill 2008). Man muss sich ja nur nochmals daran erinnern, dass Thailand deswegen in Schwierigkeiten kam, weil Investoren aufgrund des steigenden Leistungsbilanzdefizits langsam daran zweifelten, dass die Regierung die die Stabilität des Baht weiter garantieren könnte. Von dieser Konstellation ging die ‚Ansteckung' aus, die in der Folge Indonesien, Malaysia, und schließlich Südkorea eingeholt hatte.

Somit bestehen zwischen der Finanzwirtschaft und den ‚Realökonomien' in Ostasien klare Verbindungen. Gleichzeitig wird aber immer offensichtlicher, dass die letzteren von stetig stärker divergierenden Logiken getrieben werden und damit auch recht eigenwillige Kooperationsmuster und institutionelle Lösungsansätze verfolgen (Dieter/Higgott 2003). Eine der auffälligsten Entwicklungstendenzen in Ostasiens Handelsbeziehungen der Nachkrisenzeit ist die Häufung bilateraler oder mini-lateraler Handelsabkommen, die hier entstanden sind – während anderenorts regionale multilaterale Abkommen die Norm sind. Dies mag, wie einige Beobachter behaupten, zu ‚netzwerkartiger' Regionalisierung beitragen (Dent 2003: 107). Die Menge an Einzelverhandlungen führt jedoch auch zu hohen Effizienzverlusten und zum generellen Risiko der Sklerotisierung regionaler Kooperation. Tatsächlich kann man die Aufrechterhaltung verhältnismäßig hoher Handelsbarrieren als eine direkte Konsequenz und bemerkenswerte Fehlleistungen der ältesten regionalen Institutionen ansehen, was auch dazu führt, dass das Volumen des intra-regionalen Handels auf einen niedrigen Umfang beschränkt bleibt (Beeson 2009).

3.1 Ostasiens Kooperationsfortschritte im Finanzsektor

Ebenso atemberaubend schnell und unerwartet wie der Fall der Krisenstaaaten erfolgte, stellte sich auch deren Erholung ein. Der Verfall von überbewerteten Währungen in der Region öffnete den Weg für einen rapiden, exportgeleiteten Wiederaufschwung. Paradoxerweise schlug sich dieser Erfolg in einem, wie manche sagen, exzessivem Sparverhalten nieder, da die erwirtschafteten Exporteinkommen zum größten Teil in Fremdwährungsreserven angelegt wurden (Guha 2009). Die Art und Weise, wie hier der Aufbau nationaler Wirtschaftsmacht durch die politischen und wirtschaftlichen Eliten der Region Vorschub geleistet wurde, muss als direkte Folge der Erfahrungen aus der ersten Krise und der in ihrem Kontext wahrgenommenen Verwundbarkeit der Region gegenüber externen Mächten jenseits adäquater Kontrollmöglichkeiten gewertet werden. Aus dieser Perspektive verwundert es kaum, dass regionale Kooperation nach der Krise vor allem auf den Finanzsektor fixiert blieb.

Um verstehen zu können, was die Zusammenarbeit im Finanzsektor bis dato prägte, bedarf es einer Einordnung der Asienkrise in den geopolitischen Kontext. Den wichtigsten Faktor bildet hier nicht nur die verspätete Einsicht, dass Globalisierung nicht nur Chancen als auch neue Gefährdungen hervorbringt, sondern dass dieser Prozess wesentlich von den USA und den mächtigen internationalen Institutionen unter dem Schatten der amerikanischen Hegemonie installiert wurde. Die Bretton Woods Institutionen – Internationaler Währungsfond, Weltbank und Welthandelsorganisation – waren explizit für die Etablierung und Erhaltung einer ‚offenen‘, liberalen und in wachsendem Maße weltweit integrierten Wirtschaftsordnung ins Leben gerufen worden (Beeson 2006b). Wie auch immer man über die tatsächlichen Aktivitäten dieser Institutionen denken mag, so kann man kaum an ihrem prinzipiellen Erfolg zweifeln. Ebenso ist ganz offensichtlich, dass die bemerkenswerte Transformation in Asien viel dieser offenen Weltwirtschaftsordnung zu verdanken hat. Selbst der rapide Aufstieg Chinas zur Weltwirtschaftsmacht verdeutlicht, wie groß die aus einem Einstieg in die Weltwirtschaftsordnung und die dazugehörigen Institutionen wie die WTO potentiell ausfallen können (Lardy 2002).

Dennoch und trotz all der Vorteile aus der erhöhten Interdependenz sind – selbst in strategischer Hinsicht (Väyrynen 2006; Shambaugh 2004/2005) – muss man doch festhalten, dass die Globalisierung eben auch große Gefahren mit sich bringt. Die Verletzlichkeit des ostasiatischen Entwicklungsmodells, welche durch die Krise so drastisch bestätigt wurde, löste in den Kreisen der regionalen Eliten deshalb eine Neuorientierung aus, weil die Krise mitsamt der ihr verbunden negativen Kapitalströme als weitgehend exogene Kraft jenseits lokaler Kontroll- und Steuerungsmöglichkeiten wahrgenommen wurde(Beeson 2007). Damit wird auch deutlich, dass es sich bei der sich abzeichnenden regionalen Antwort nicht einfach um eine technische Fragestellung einer einfachen Reformierung der Finanzarchitektur handelt. Vielmehr zeigt sich, dass die Krise, ihre Lösung und Verarbeitung, eine klare geopolitische Dimension aufweist (Beeson 2003).

An der ersten Krise fällt vor allem die Rolle des Internationalen Währungsfonds auf. Der wichtige Punkt ist weniger, dass die vom IWF eingeforderten Gegenmaßnahmen unangemessen und verfehlt waren, sondern dass sie vielmehr den externen Interessen der Vereinigten Staaten und der Wall Street dienten. Obwohl diese einfache Darstellung kaum dem komplexen Verhältnis zwischen den USA und den in den USA ansässigen Finanzakteuren kaum adäquat beschreibt, so deutet sie doch auf einen wichtigen und bedeutsamen Aspekt, den Jagdish Bhagwati treffend als den ‚Wall Street-Treasury Komplex‘ beschrieben hat (Bhagwati 1998). Der damals zumindest sehr einflussreiche US Finanzsektor hatte ein klares Interesse an einer fortgesetzten geographischen Ausweitung seines Einflussgebiets und hatte auch einen immer größer werdenden Einfluss auf die Innen- und Außenpolitik der Bush-Regierung (Panitch/Gindin 2004).

Entsprechend wurde die weitere Liberalisierung der Märkte ein entscheidender Aspekt der vom IWF eingeforderten Konditionalität. Die Bemühungen Japans einen Asiatischen Währungsfond ins Leben zu rufen, mit dem die Krise schnell und effektiv bekämpft werden sollte, wurde bezeichnenderweise von den Vereinigten Staaten rasch abgewürgt. Angesichts der japanischen Abhängigkeit von der amerikanischen Verteidigungsstrategie hatten die japanischen Politiker wenig Interesse an einem politischen Konflikt mit den USA. Was wohl im Nachhinein am bedeutsamsten erscheint ist vor allem, dass Japan und die Vereinigten Staaten unterschiedliche Interessen verfolgten und Japan ein klares Interesse an einer ‚asiatischen‘ Lösung zeigte (Lee 2006). Diese Eindrücke verstärkten sich sowohl in Japan als auch in der weiteren Region, als die Vereinigten Staaten und die internationalen Finanzinstitutionen begannen Alternativvorschläge zum angloamerikanischen, neoliberalen Model systematisch zu diskreditieren (Hall 2003). Die Krise hatte neue Möglichkeiten zur Reform eröffnet und die Vereinigten Staaten versuchten nun deren Gestaltung an sich zu bringen.

3.2 Die Grenzen der Kooperation in Geldmärkten

Die verspätete Erkenntnis in Teilen der ostasiatischen Elite, dass die Region politisch motivierter, externer Einflussnahme nur wenig entgegenzusetzen hätte, führte schließlich zu Verhandlungen zur Bildung von geldpolitischen Mechanismen, mit denen zukünftige Krisen besser begegnet werden sollte. Die viel diskutierte Chiang-Mai Initiative, die im Jahr 2000 gestartet wurde, sowie die damit verbundenen Vorschläge zur Etablierung eines regionalen Markts für Anleihen, müssen als ein Schritt in diese Richtung verstanden werden. Insbesondere die vorgeschlagenen Währungsswaps-Abkommen waren eine zentrale Komponente für den ‚monetären Regionalismus‘ (Dieter 2008). Gerade die Swaps-Abkommen haben die meiste Aufmerksamkeit auf sich gezogen und es ist nicht schwer zu sehen warum: nicht nur eröffnen sie die Möglichkeit auf einen gewissen Autonomiegrad und eine gewisse Absicherung im Fall einer neuen Krise, sondern der ganze ostasiatische Raum hat die Wirtschaftskraft solche Abkommen zu unterzeichnen und bereitzustellen. Anders ausgedrückt, der Finanzsektor liefert den Grund für eine erweiterte regionale Kooperation in einem Bereich, bei dem Ostasien über die Kapazitäten verfügt, um auch den Worten Taten folgen zu lassen (Henning 2002).

Dabei überrascht es kaum, dass Japan und China im Zentrum der Währungsswap-Abkommen stehen, halten beide doch die größten Devisenreserven in der Region. Festzuhalten bleibt jedoch auch, dass trotz der Vorteile, die mit einem regionalen Abwehrsystem gegenüber zukünftiger Finanzkrisen einhergehen, weder Japan noch China gegenwärtig dazu bereit sind, die dafür notwendigen Garantien und

Zugeständnisse an ihre schwächeren regionalen Partner zu geben. Beide geben sich damit zufrieden, die Kompetenzen für solche Arrangements beim IWF zu belassen (Ravenhill 2002). Obwohl sich die Chance zu einer regionalen Führungsrolle fast schon aufdrängte, waren die zwei wichtigsten Wirtschaftsmächte der Region nicht bereit die Initiative zu übernehmen und sich dem Status quo ergeben. Wie Heribert Dieter gezeigt hat, liegen die Ursachen hierfür nicht zuletzt in der Rivalität zwischen Japan und China sowie in den weiteren intra-regionalen und strategisch-politischen Konstellation (Dieter 2008: 496).

Es mag sein, dass Dinge sich gerade ändern. Einerseits gibt es Anzeichen für eine Verbesserung in den sino-japanischen Beziehungen, wie die Beilegung des lange andauernden Konflikts um Öl- und Gasreserven im ostchinesischen Meer zeigt (Anon 2008). Andererseits wächst die Einsicht, dass die gegenwärtige internationale Wirtschaftsordnung möglicherweise durch gefährlichere strukturelle Ungleichgewichte charakterisiert ist, die selbst das Produkt von politischen, wirtschaftlichen und normativ unhaltbaren Beziehungen innerhalb des internationalen Systems sind (Beeson 2007: 213). Oder mit anderen Worten: die abnehmende Wirtschaftsmacht der USA und die Notwendigkeit ihr strukturelles Defizit zu finanzieren verlangten nach immer weiteren Liberalisierungsmaßnahmen, um das dafür nötige Kapital bereitzustellen, oder wie es Robert Wade ausgedrückt hat:

,The United States' reluctance to rein in external deficits, and its preference to finance them by creating debt that other countries accumulated as foreign exchange reserves…produced a surge in world liquidity that eventually produced excess capacity and financial fragility worldwide. Both Japan's boom and bust and the later Asian miracle and bust were manifestations of the same systemic process (Wade 2000: 115).'

Vor dem Hintergrund dieser politischen Realität werden einige Aspekte einer möglichen Kooperation deutlich. Auf der einen Ebene können sicherlich regionale Rivalitäten und der generelle Mangel an relevanter Erfahrung als Indizien dafür gewertet werden, dass effektive regionale Zusammenarbeit in Ostasien per se kaum möglich ist. Obwohl es Signale für gewisse institutionelle Entwicklungen und ein Anwachsen von Koordinationsmechanismen zwischen den Zentralbanken der Region gibt (Amyx 2005: 76), fehlen weiterhin Anzeichen für breit angelegte Strukturreformen. Die Chancen für eine solche Transformation im breiteren internationalen Zusammenhang standen aber – jedenfalls vor dieser Krise – eigentlich noch schlechter. Tatsache ist, dass in einer Zeit, in der die USA als dominante politische Wirtschaftsmacht auftritt und andere Staaten sich ihren Autoritätsansprüchen fügen nur wenig Anreize für die USA bestehen, ein System zu reformieren oder auch nur mögliche Reformvorschläge zuzulassen, vom dem sie selbst alle Vorteile erhält (Beeson/Bell 2009).

Es bleibt also festzuhalten: trotz aller Rhetorik über die Notwendigkeit einer grundlegenden Reform der internationalen Finanzarchitektur und trotz der Etablierung einer ganzen Reihe von Institutionen, die alle die guten Absichten und Ziele in Handlungen übersetzen wollten, hat sich eigentlich wenig Substantielles geändert (Soederberg 2001). Inzwischen haben sich die die tektonischen Platten der Weltwirtschaftsordnung grundlegend verändert und die Möglichkeiten – vielleicht sogar die Notwendigkeit – einer grundlegenden Reform gehört eventuell weniger dem Bereich reiner Wunschgedanken an als zuvor. Bevor wir uns der Frage nach den Mustern einer möglichen Neuordnung zuwenden, sollten wir in kurzen Zügen die Dynamik der gegenwärtigen Krise retrospektiv durchleuchten und der Frage nachgehen, warum die mit ihr verbundenen Veränderungen zu massiven Eingriffen, sowohl auf globaler, als auch auf regionaler Ebene führen könnten.

4   Die zweite Krise der Globalisierung

Zu Beginn können zwei grundsätzliche Punkte festgehalten werden: Zum einen handelt es sich eindeutig um eine globale Krise. Anders als im Fall der Asienkrise ist das Ausmaß der Krise unbestritten (Faiola 2009). Zum anderen ist es offensichtlich, dass diese Krise ihren Ausgang in den liberalen anglo-amerikanischen Volkswirtschaften im Allgemeinen und den USA im Speziellen findet Wolf (2009c). Konsequenterweise sind sowohl grundlegende Dynamiken als auch die Konsequenzen dieser Krise wesentlich anders gelagert als bei der Asienkrise. Im Zuge der Asienkrise konnten die USA als dominante politische und wirtschaftliche Weltmacht anderen Staaten, deren Wirtschaftspolitik im Zuge der Krise als mangelhaft bewertet wurde, Reformprogramme quasi vorschreiben. Diesmal liegt der Ausgangspunkt der globalen Instabilität in den USA selbst. Es bestehen sogar Zweifel daran, dass die US-Regierung überhaupt in der Lage ist, das Ausmaß der Krise zu erkennen, geschweige denn effektive Gegenmaßnahmen zu ergreifen (Wolf 2009a). Der Finanzsektor in den Vereinigten Staaten ist nun eher ein Bremsklotz für die notwendigen Reformen und dies hat schwerwiegende Konsequenzen für die noch junge Obama Administration. Um es mit den Worten des ehemaligen Chefökonomen des IWF auszudrücken:

> ‚...elite business interests – financiers, in the case of the U.S. – played a central role in creating the crisis, making ever-larger gambles, with the implicit backing of the government, until the inevitable collapse. More alarming, they are now using their influence to prevent precisely the sorts of reforms that are needed, and fast, to pull the economy out of its nosedive. The government seems helpless, or unwilling, to act against them (Johnson 2009).‘

Mit den Vereinigten Staaten hat sich der nominelle Anker des internationalen Finanzsystems vom Fixpunkt zur Quelle unvorhersehbarer Instabilität gewandelt und scheint, mit einem polarisierten und in wachsendem Maße schlecht funktionierenden politischen System kaum fähig, die notwendigen Reformen durchzusetzen (Jacobs/King 2009). Unter diesen Bedingungen werden andere Länder und Regionen mit völlig neuen Herausforderungen konfrontiert, während sie ihre Innen- und Außenpolitik neu kalibrieren müssen.

4.1 (Der) ‚Subprime‘ Kapitalismus?

Die Geschichte der derzeitigen Krise wurde schon mehrfach detaillierter besprochen und ich möchte an dieser Stelle auf eine Wiederholung verzichten (Elliott/Atkinson 2008; Morris 2008). Es reicht an dieser Stelle aus, sich nochmals zwei Unterschiede zur ersten Krise kurz vor Augen zu führen, welche die aktuellen Reformversuche prägen. Über die Hauptmerkmale der Krise herrscht weitgehend Einigkeit: Regulierungsdefizite in den Vereinigten Staaten und Großbritannien haben dazu geführt, dass der Finanzsektor weitgehend ungehindert neue Finanzmechanismen, Derivate und weitere Innovationen entwickeln konnten, die zwar hohe Gewinne versprachen, aber auch andererseits systemische Risiken nicht verteilten, sondern erhöhten (Bryan/ Rafferty 2007). Wir wissen heute, dass die strukturierten Finanzprodukte, die CDOs und ähnliche Instrumente im Großen und Ganzen die Charakterzüge von Papierschieberei und Selbsttäuschung tragen (Tett 2009). Für mehrere Jahre haben sie aber an der Wall Street und in London für enorme Gewinne gesorgt. Gerade wegen diesen Gewinnaussichten hatten weder einzelne Finanzinstitute noch die Aufsichtsbehörden in den USA oder Großbritannien ein besonderes Interesse an einer besseren Regulierung der gängigen Praktiken. Antonym wurden die Finanzinnovationen noch mit Nachdruck gefördert und von Volksvertretern wie Gordon Brown als unabdingbar für den Langzeiterfolg New Yorks und Londons erklärt (Brown 2007).

Dass das Verhältnis zwischen Wall Street und dem Rest der Ökonomie der Vereinigten Staaten eher als Raubtiermentalität beschrieben werden kann, wird gerade in der ‚Subprime-Krise‘ offensichtlich, bei der die ärmsten und exponiertesten Schichten von den reichsten und mächtigsten direkt ausgebeutet wurden (Blackburn 2008). Konsequenterweise herrscht heute in den USA ein Entsetzen über die Entwicklung der Krise und die perversen Anreizstrukturen, die zur Entstehung der Krise die diese Mentalität fördert. Der in der Folge in den Vereinigten Staaten entstandene, tiefgreifende Reformwille wird jedoch von Zweifeln an der Fähigkeit der Obama Regierung begleitet, ob sie wirklich die Tiefenstrukturen, die im amerikanischen Kapitalismus solch groteske Verzerrungen zugelassen haben, wirklich adäquat verstehen und dann auch regulieren kann (Wolf 2009b). Klar scheint aber, dass die Ära des ‚light touch‘ Finanz-Neoliberalismus, der in den letzten zwei Jahrzehnten in den USA und Großbritannien vorherrschte, eindeutig auf dem Rückzug ist.

Die Dynamiken der zweiten Krise der Globalisierung haben also sowohl materielle wie auch ideelle Auswirkungen, welche die Politik auf den verschiedenen Ebenen beeinflussen und verändern werden. Auf der ideellen Ebene generiert der Zerfall des Neoliberalismus einen Raum für alternative politische Gestaltungsvorschläge und -modelle, die nun den Platz der diskreditierten anglo-amerikanischen Orthodoxie einnehmen könnten. In diesem Zusammenhang genießt die Wirtschaftstheorie von John Maynard Keynes eine wiedergewonnene Popularität und Relevanz, nicht zuletzt deswegen, weil sie die Parallelen zwischen der heutigen Krise und der Weltwirtschaftskrise der 1930er vor Augen führt (Shiller 2009). Mit Keynes Fokus auf die zentrale und zerstörerische Rolle der Finanzwirtschaft bei der damaligen Weltwirtschaftskrise und sein damit verbundener Aufruf zu einer starken Regulierung der internationalen Wirtschaft, hat seine Arbeit allem Anschein nach nichts an Aktualität eingebüßt (Best 2004).

Ob aber die USA eine ähnliche Rolle einnehmen kann wie damals zu Zeiten Keynes, als die USA die Bretton Woods Verhandlungen dominierten und sogar eine notwendige Voraussetzung für die Stabilisierung der Weltwirtschaftsbeziehungen war, bleibt abzuwarten (Kindleberger 1973). Einerseits korrodierte der Glanz ihrer moralischen Autorität durch die Krise, die sie ja selbst verursacht hat (Landler 2009). Andererseits ist momentan auch nicht ersichtlich, wie die besten Strategien oder institutionellen Lösungswege zur Überwindung der Krise aussehen könnten. Eine Meinungsbildung ist umso schwieriger, je klarer wird, dass die materiellen und strukturellen Grundlagen der US Wirtschaft längst nicht die damalige Größe haben. Die sinkende Bedeutung der Wirtschaftsmacht USA stellt deren Führungsambitionen und Rolle mittlerweile ernsthaft in Frage (Krugman 2009; Ferguson/Kotlikoff 2003). Zwei Aspekte des Rollenwandels der USA sollten an dieser Stelle erwähnt werden. Zunächst einmal ist klar, dass trotz der sinkenden Bedeutung der Wirtschaftsmacht USA, deren Volkswirtschaft für das internationale System insgesamt immer noch zu wichtig ist, als dass es anderen Akteuren hätte gelingen könnte, sich dem Einfluss der Probleme in den USA zu entziehen. Die Idee einer möglichen ‚Entkopplung‘ Ostasiens – oder jeder anderen Region – von den USA und deren Probleme, ist selbstredend völlig unrealistisch (Barrionuevo 2008). Der asiatische Wirtschaftsraum hatte im Fahrwasser der US Krise herbe Verluste hinnehmen müssen und der Chef der US Zentralbank, Ben Bernanke, konnte das Argument – wenn auch nicht völlig schlüssig – anbringen, dass die Krisentendenzen von den exzessiven Rücklagen in Ostasien zumindest verstärkt worden seien (Bernanke 2005).

Der ehemalige Finanzminister Larry Summers hat das Verhältnis zwischen den USA und Ostasien als ein 'balance of financial terror' formuliert (Summers 2006). Obwohl dieser Ausdruck das Verhältnis doch recht verkürzt widergibt, verdeutlicht er doch auch die Probleme, die aus einer immer stärker werdenden Verflechtungen der internationalen Wirtschaft ergeben. Um es einfach auszudrücken: die USA und Ostasien haben über Jahrzehnte hinweg eine symbiotische Beziehung aufgebaut, in welchem die USA einen Exportmarkt mit Schlüsselstellung für asiatische Produzenten darstellte, während zunächst Japan, und dann später China geflissentlich die durch Handelsüberschüsse erwirtschafteten US-Dollar in US Staatsverschuldung rückumleiteten. Der Aufkauf von Bundesschatzanweisungen der US-Treasury durch China und Japan ermöglichten es den USA für eine lange Zeit niedrige Zins- und

Steuersätze zu halten, ganz zu schweigen von den finanziellen Mitteln für teure Kriege und andere Formen von Hegemonialmachtgebarens (Beeson 2007; Arrighi 2005). Ohne den ständigen Kapitalzufluss wäre die Vormachtstellung der Vereinigten Staaten vermutlich schon wesentlich früher in ein fragwürdiges Bild gerückt. Genau dieser Sachverhalt hat ja einflussreiche Beobachter in den USA argumentieren lassen, dass Asien eine Teilschuld für die Krise trifft, da sie die USA gewissermaßen dazu verführt hätten, über ihre Verhältnisse zu leben, was letztlich auch die Blasenbildung unterstützt hat (Guha 2009; Guha 2008).

Dieses Verhältnis zwischen den USA und den zentralen asiatischen Staaten wurde vielfach auch als ‚Bretton Woods II' bezeichnet, wohl um speziell darauf aufmerksam zu machen, wie sich ein bestimmtes Muster politischer und wirtschaftlicher Beziehungen zwischen den USA und Ostasien institutionalisieren konnte. Diese Symbiose basiert auf der anscheinend unstillbaren Gier nach US-Wertpapieren, da die Wachstumskapazitäten in Asien noch längst nicht ihre Grenze erreicht haben (Dooley/Folkerts-Landau/Garber 2003). Schon vor dem Ausbruch der Krise war jedoch augenscheinlich, dass dieses Verhältnisgeflecht Gefahrenpotentiale barg und dass es wohl Grenzen für die Nachfrage nach amerikanischen Schuldverschreibungen gab (Besson 2007; Grimes 2006; Murphy 2006; Wade 2007). Im Nachhinein ist offensichtlich, dass diese Grenze erreicht wurde, da China auch seine Nachfrage hier deutlich drosselte (Bradsher 2009). Wie wichtig diese Entwicklungen für die ostasiatische Region sind wird deutlich, wenn man bedenkt, dass sich daraus für China unter Umständen der Zwang entwickeln könnte, die eigene Rolle im internationalen System zu überdenken und in der Konsequenz tiefgreifende Veränderungen im regionalen und internationalen Gefüge vornehmen zu wollen (Lincoln 2004). Anders als in der ersten Krise, als sich Japan der Führungsrolle für die Region de facto entzog, ist es heute eindeutig, dass China in der Lage und voraussichtlich sogar willens ist, eine größere internationale Rolle anzustreben. Fraglich bleibt, ob der politische Wille vorhanden ist, dies entweder regional oder international umzusetzen.

4.2 Chinas Drei-Ebenen-Spiel

Robert Putnam beschrieb in einem viel beachteten Artikel, wie sich moderne Staaten gezwungen sehen, ein zwei-Ebenen Spiel zu spielen bei dem es darum geht, die oft auseinanderlaufenden Interessen lokaler, innerstaatlicher Koalitionen und äußerer Kräfte gleichzeitig zufrieden zu stellen (Putnam 1988). Die außenpolitische Elite Chinas könnte sich in einer Situation sehen, die eigentlich eine dritte Ebene – die der Region – einbezieht. Paradoxerweise hat sich gerade diese regionale Ebene zu einer immer wichtigeren Komponente global politischer Prozesse herausgebildet. Im Zuge seiner Analyse der Risikogesellschaft argumentiert Ulrich Beck dass ‚nation-states left to their own devices are powerless, incapable of exercising sovereignty [because] the unit of political action in the cosmopolitan era is no longer the nation but the region (Beck 2009).' Im Fall China gibt es sowohl zwingende Gründe als auch genügend Chancen sowohl die regionale als auch die globale Präsenz zu verbessern. Ob die Ziele miteinander vereinbar sind oder mit den Erwartungen einer Bevölkerung einhergehen, die sich an rapides Wirtschaftswachstum und die damit verbundene Wohlstandssteigerungen gewöhnt hat und die sich die Außenpolitik sehr assertiv vorstellt, ist fraglich. Die Fähigkeit chinesischer Eliten diesen Druck zu verarbeiten, wird mit Sicherheit auf den zukünftigen Kurs der regionalen Entwicklungen aber auch die internationale Gesamtkonstellation einwirken. Die Komplexität der damit verbundenen Aufgaben bedarf zusätzlicher Erläuterung.

Auf der internationalen Ebene ist der Finanzsektor wieder einmal in den Mittelpunkt der Aufmerksamkeit gerückt. Chinas außenpolitische Elite hat mit einiger Verzögerung das Ausmaß der eigenen Verflechtung in das amerikanischen Problem erkannt. Nicht nur haben viele chinesische Direktinvestitionen in den USA deutliche Verluste hinnehmen müssen (Anderlini 2009), sondern auch der US-Dollar als globale Leitwährung bedeutet auch, dass Länder mit hohen Dollarreserven in ihren Zentralbanken eigentlich Geisel der US Regierung und ihrer Handlungen sowie der Bewertungen der internationalen Geldmärkte abhängig sind. Während sich in den USA die Wirtschaft scheinbar deutlich positiv entwickeln konnte und das Land die Exporte Chinas rapide absorbierte, scheint die Intensivierung der Handelsbeziehungen eine aus chinesischer Sicht vernünftige Entscheidung zu sein, um die chinesischen Ausfuhren stetig zu steigern. Im Moment aber sieht dies als eine gefährliche Engführung seitens China aus, deren Probleme nun angegangen werden müssen (Wines 2009).

Zwei Gesichtspunkte der chinesischen Reaktion auf die Krise und eine drohende Dollarentwertung sind besonders erwähnenswert. Einerseits wird die Rhetorik der chinesischen Führung gegenüber den Vereinigten Staaten sehr viel direkter auch kritischer. So hat Premierminister Wen Jiabao die Schuldzuweisungen an die Adresse Chinas, das Land habe zu der Krise beigetragen, sehr deutlich zurückgewiesen und stattdessen festgestellt, die Krise sei eher das Resultat von

,…excessive expansion of financial institutions in blind pursuit of profit, lack of self-discipline among financial institutions and rating agencies [and] the failure of financial supervision and regulation to keep up with financial innovations which allowed the risks of financial derivatives to build and spread.' (zitiert in Tett/Edgecliff-Johnson 2009)

Die vielzitierten Bemerkungen von Zhou Xiaochuan, dem Vorsitzenden der Chinesischen Volksbank, sind besonders beachtlich und zeugen von dem neuen Selbstbewusstsein. Zhou argumentierte, dass das internationale Geldsystem reformiert und eine internationale Leitwährung geschaffen werden sollte, die von den Währungen einzelner Mitgliedstaaten entkoppelt für sich steht (Xiaochuan 2009). Obwohl Zhou die Vereinigten Staaten hierbei nicht explizit erwähnte, bleibt doch offensichtlich, dass China mit entsprechenden Plänen Anspruch auf Augenhöhe mit den Leitmächten der internationalen Ordnung der Nachkrisenzeit erhebt. Bei alldem sorgt jedoch Chinas wachsender Einfluss im internationalen Gefüge für größere Probleme im eher unmittelbaren Bereich der regionalen Beziehungen. Es ist bemerkenswert, dass Wen die G8 als das wichtigste und angemessenste Forum für Neuordnungsverhandlungen hervorhob und dass Zhou sich für eine neue und gestärkte Rolle des IWF eingesetzt hat – eine Institution in der China nach wachsendem Einfluss strebt (Franklin/Uren 2009)[5]. Weder Wen noch Zhou haben in diesem Zusammenhang ostasiatische Institutionen erwähnt. Manchmal wird auch von einer neuen ‚G2' oder ‚Chimerika' gesprochen, die der institutionellen Neuordnung der Nachkrisenzeit entscheidenden Impulse geben soll (Brzezinski 2009). Damit bleibt die Frage bestehen, ob Chinas internationale und regionale Rollen miteinander kompatibel sind.

Die erneute Annäherung zwischen China und den USA scheint eine Gefahr für die Bedeutung und institutionelle Weiterentwicklung der Region Ostasiens darzustellen. Es ist nicht abzusehen, wie globale und regionale Zielsetzungen gleichzeitig umgesetzt werden können. Zum gegenwärtigen Zeitpunkt lassen sich lediglich potentielle Widersprüchlichkeiten betonen. China wird vor ähnlichen Problemen stehen, wie bereits Japan, als es sich um eine regionale Führungsrolle bemühte: Wie lassen sich regionale Mechanismen unter dem Einfluss einer, von den Vereinigten Staaten dominierten Finanzarchitektur, konstruieren? (Mulgan 2006) Im Falle Japans wurde dieses Problem durch sein relativ geringes strategisches Gewicht noch verschärft. Obwohl dies kein großes Problem für China darstellt, ist eine Auseinandersetzung mit den Vereinigten Staaten und den Anschuldigungen, den eigenen Aufstieg durch manipulative Währungspolitik gestützt zu haben, ein internationales und weniger ein regionales Problem (Beattie/Dyer 2009). Es ist bezeichnend, dass im Bereich einer möglichen Reform des Finanzsektors, in dem der monetäre Regionalismus wohl mit die größten Fortschritte erzielen konnte, die Initiativen der APT Gruppe generell darauf bestanden hat, ‚existierende globale Finanzarrangements' als Basis für weitere Übereinkünfte zu unterstützen (Grimes 2006).

Dies impliziert keineswegs, dass sich China nicht ebenso um seine regionalen Nachbarn in Südostasien bemüht hat (Ba 2006). Chinas Außenminister, Yang Jeichi, hat im Zuge der Finanzkrise weitere substantielle Hilfen für die angeschlagenen Volkswirtschaften Südostasiens zugesagt und mit dieser Initiative auch unterstrichen, dass China die Position der bedeutendsten regionalen Handelsmacht besetzt und in der Lage ist, wachsenden politischen Einfluss auszuüben (Garnaut 2009). Es gibt jedoch auch weitere Parallelen zum Neomerkantilismus der japanischen Wirtschaftsbeziehungen mit Südostasien in den 80ern und 90ern: China nutzt staatlich gesteuerte Investmentfonds und Schlüsseleinheiten seines bürokratischen Apparates, um seinen Einfluss

---

5 Es ist bemerkenswert, dass westliche Staaten wie Australien die Ansicht teilen, die Rolle Chinas in zentralen globalen Institutionen könnte ausgeweitet werden. Siehe Franklin/Uren (2009).

durch Investitionen im Ausland zu vergrößern.[6] Damit riskiert das Land mittelfristig
ähnliche Ressentiments, wie sie Japan in Folge einer entsprechenden Politik gelegent-
lich entgegenschlugen. Für China könnte es darüber ebenso problematisch werden,
die regionale Führungsrolle auszufüllen, auch wenn es, im Vergleich mit Japan, um
einiges nachdrücklicher auftreten mag: Es ist momentan völlig unklar, was eigentlich
das Interesse der ,Region' in der gegenwärtigen Krise darstellt. Ebenso ist auch nicht
ersichtlich, welche Rolle China für eine größere Unabhängigkeit von Krisen aussehen
kann, ohne dass es gleichzeitig seine eigenen, inter-regionalen Interessen aufs Spiel setzt.

Im Ergebnis sollten wir demnach erwarten, dass China, was niemand überraschen wird, seine subjektiv wahrgenommenen Interessen verfolgen wird – ein Trend,
dem das Penchant lokaler Eliten für ,realpolitische' Außenpolitik noch Vorschub leistet (Lynch 2009). Auf dieser letzten Ebene des Drei-Ebenen-Spiels Chinas, sind die
größtmöglichen Komplikationen für den ostasiatischen Regionalismus der Nachkrisenzeit eingeschrieben. Der Einfluss der Krise auf die innenpolitische Situation des
Landes, ist gerade für Außenstehende schwer einzuschätzen und gleichzeitig möglicherweise der entscheidende Faktor. David Lampton weist zurecht darauf hin, dass
,die Legitimität des Regimes auf zwei Säulen ruht: rapides Wirtschaftswachstum einerseits und andererseits eine rigorose Verteidigung nationalistischer Werte' (Lampton 2008: 144). Es ist klar, dass diese beiden auf unvorhersehbare Weise in Wider-
sprüche geraten können. Ebenso klar ist, dass Chinas wirtschaftliche Situation bereits
schwerwiegende Einschnitte hat hinnehmen müssen. Daher ist es unwahrscheinlich,
dass sich die Wachstumsraten in der Höhe halten können, um eine Absorption der
weiter nachrückenden Arbeitnehmer zu ermöglichen. Wachsende Arbeitslosenzahlen
haben bereits zu sozialen Unruhen geführt und ihr weiterer Anstieg ist zu erwarten,
sobald die Schockwellen der Krise den Realsektor ergreift (Cha 2009). Die Folge werden unausweichlich zu Bedrohungen der internen sozialen und politischen Stabilität
Chinas führen und könnten marktwirtschaftliche Kurse der letzten Jahrzehnte zu
generell in Frage stellen. Es wird darauf ankommen, ob sich Chinas Eliten in die Lage
versetzen können, diese widersprüchlichen Tendenzen auf einen Nenner zu bringen.
Daran wird sich sowohl Chinas Zukunft, als auch die der Region entscheiden, die in
de res eine so wichtige Rolle spielt.

5   Schlussbemerkungen

Die erste Krise der Globalisierung hatte den Effekt, regionale Entwicklungen in Ostasien entscheidend voranzutreiben. Die politischen Eliten erkannten, dass es eine ef-
fektivere Kooperation bedurfte, um die offenkundige Verwundbarkeit durch globale

---

6   Für einen Überblick über die zentralen Akteure siehe Glasson (2009). Für eine hieran anschließen-
     de Diskussion der Sovereign Wealth Funds, siehe Kimmitt (2008) und Anderlini (2008).

Wirtschaftsereignisse zu reduzieren. Es lag in der Natur der Sache, dass Reformen im Finanzsektor und Währungstauschmechanismen oberste Priorität eingeräumt wurde. Im Rückblick wird jedoch deutlich, dass Intensität und Qualität der Zusammenarbeit eher bescheiden blieben und demzufolge die Krisenabwehr-Kapazität der Region, auf einem relativ unterentwickelten Niveau verharrte. Einer der Hauptgründe für das Ausbleiben tiefergehender Kooperationsregimes, war das Fehlen einer allgemein anerkannten politischen Führungskraft im Regionalkontext. Japan hatte einen Versuch unternommen, war damit jedoch im Ansatz gescheitert. China war vor zehn Jahren noch nicht in der Position, effektive Führung anzubieten – nicht zuletzt wegen seiner andauernden Rivalität mit Japan.

Die Dinge haben sich seit der ersten Krise in vielerlei Hinsicht grundlegend geändert, so dass die zweite Krise zu divergierenden Ergebnissen führen wird. Zunächst handelt es sich bei der jetzigen Krise um eine eindeutig globale Krise. Zweitens sind ihre Ursachen zweifelsohne in den Vereinigten Staaten und nicht in Ostasien zu verorten. Drittens hat sich China zu einer sehr viel bedeutenderen und selbstbewusster auftretenden Macht entwickelt.

Intuitiv betrachtet, wäre mit Chinas Aufstieg eine Aufwertung der gesamten Region im weltpolitischen Zusammenhang zu erwarten gewesen. Stattdessen fehlt nachwievor gerade diese kohärente und effektive regionale Präsenz. Antonym, Chinas wachsender wirtschaftlicher Einfluss und der manifeste Wille sich im internationalen Kontext entsprechend einzurichten, haben in der außenpolitischen Elite zu einer Orientierung angeleitet, die sich jenseits des regionalen Zusammenhangs bewegt. Aus der Sicht Chinas bedeuten politische, wirtschaftliche und strategische Zielvorstellungen, dass Beziehungen mit den Vereinigten Staaten bis auf Weiteres eindeutig die Präferenzordnung gegenüber regionalpolitischen Erwägungen anführen – ein Befund dem das unterentwickelte institutionelle Rahmenwerk der Region und die anhaltenden Rivalitäten mit Japan noch Vorschub leisten.

Es ist natürlich weiterhin ein schwieriges und spekulatives Unterfangen, irgendwelche Prognosen über die möglichen Konsequenzen eines Prozesses zu unternehmen, dessen Dynamiken sich noch nicht voll entwickelt haben und der bisher ohne Präzedenzfall auskommt. Der Ausstieg Chinas hätte per se für Weltordnung und Region schon ausreichend Herausforderung bedeutet, selbst wenn er in den relativ geregelten Bahnen normaler Vorhersagen von Statten gegangen wäre. Zieht man in Betracht, dass das den zukünftigen Entwicklungen Chinas große Unsicherheiten anhaften und dass Aussichten für die Weltwirtschaft wesentlich trüber ausfallen als noch vor Kurzem prognostiziert, verkommen Vorhersagen ohnehin zu Kamikaze-Unternehmungen. Dennoch lässt sich in dieser frühen Phase feststellen, dass die derzeitige Krise nicht in ähnlicher Weise zur Katalyse regionaler Integrationsanstrengungen beigetragen hat, wie die erste es tat. Die sehr verschiedenen Perspektiven die jeweils von den USA und China eingenommen wurden, tragen viel dazu bei, diesen Sachverhalt zu klären. Die einzig annähernd sichere Prognose, die sich in diesem

Kontext vornehmen lässt ist: was immer auf regionaler oder globaler Ebene geschieht, wird auf gravierende Weise von Chinas Erwägungen bestimmt sein.

Literatur

Amyx, Jennifer (2005): What Motivates Regional Financial Cooperation in East Asia today? Asia Pacific Issues (Honolulu: East West Centre) No 76. Abrufbar unter: http://www. polisci.upenn.edu/faculty/bios/Pubs/Amyx_api076.pdf.

Anderlini, Jamil (2009): China Lost Billions in Diversity Drive. In: Financial Times, 15. März-

Arrighi, Giovanni (2005): Hegemony Unravelling-2. In: New Left Review 33 (Mai-Juni): 83-116.

Archery, Amitav (2004): How Ideas Spread: Whose norms matter? Norm Localization and Institutional Change in Asian Regionalism. In: International Organization 58 (2): 239-275.

Armijo, Leslie Elliott (2001): The Political Geography of World Financial Reform: Who wants what and why? In: Global Governance 7 (4): 379-396.

Ba, Alice D (2006): Who's socializing Whom? Complex engagement in Sino-ASEAN relations. In: Pacific Review 19 (2): 157-179.

Barrionuevo, Alexei (2008): Emerging Markets Find they aren't Insulated from the Tumult. In: New York Times. 7.Oktober.

Beattie, Alan und Geoff Dyer (2009): US says China 'Manipulating' Renminbi. In: Financial Times. 22. Januar.

Beck, Ulrich (2009): This Economic Crisis Cries out to be Transformed into the Founding of a New Europe. In: The Guardian. 13. April.

Beeson, Mark (2009): Institutions of the Asia-Pacific: ASEAN, APEC and Beyond. London: Routledge.

Beeson, Mark (2007): Regionalism and Globalization in East Asia: Politics, Security, and Economic Development. Palgrave: Macmillan.

Beeson, Mark (2003): ASEAN Plus Three and the Rise of Reactionary Regionalism. In: Contemporary Southeast Asia 25 (2): 251-268.

Beeson, Mark (2006a): Bush and Asia: America's Evolving Relations with East Asia. London: Routledge: 109-127.

Beeson, Mark (2006b): Does Hegemony Still Matter? Revisiting Regime Formation in the Asia-Pacific'. In: Nesadurai (2006): 183-199.

Beeson, Mark/Bell, Stephen (2009): The G-20 and International Economic Governance: Hegemony, Collectivism, or Both? In: Global Governance 15 (1): 67-86.

Beeson, Mark/Islam, Iyanatul (2005): Neo-liberalism and East Asia: Resisting the Washington Consensus. In: Journal of Development Studies 41 (2): 197-219.

Bernanke, Ben (2005): The Global Saving Glut and the U.S. Current Account Deficit. Homer Jones Lecture, St. Louis, Missouri. 10. März. Abrufbar unter: http://www.federalreserve.gov/boarddocs/speeches/2005/200503102/.

Best, Jacqueline (2004): Hollowing out Keynesian Norms: How the search for a Technical Fix undermined the Bretton Woods Regime. In: Review of International Studies 30 (3): 383-404.

Bhagwati, Jagdish (1998): The Capital Myth. Foreign Affairs 77 (3): 7-12.

Blackburn, Robin (2008): The Subprime Crisis. In: New Left Review 50 (März-April): 63-106.

Bradsher, Keith (2009): China Losing Taste for Debt from the U.S.. In: New York Times. 8. Januar.

Brzezinski, Zbigniew (2009): The Group of Two That Could Change the World. In: Financial Times. 13. Januar.

Brown, Gordon (2007): Speech by the Chancellor of the Exchequer. Mansion House, London. Abrufbar unter http://www.hm-treasury.gov.uk/press_68_07.htm.

Bryan, Dick/Rafferty, Michael (2007): Financial Derivatives and the Theory of Money. In: Economy and Society 36 (1): 134 – 158.

Cha, Ariana Eunjung (2009): As China's jobless numbers mount, protests grow bolder. In: Washington Post. 13. Januar.

Chang, Ha-Joon (2000): The Hazard of Moral Hazard: Untangling the Asian Crisis. In: World Development 28 (4): 775-788.

Checkel, Jeffrey T. (2001): Why Comply? Social Learning and European Identity Change. In: International Organization 55 (3): 553-588.

Collins, Alan (2003): Security and Southeast Asia: Domestic, Regional, and Global Issues. Boulder: Lynne Rienner.

Dent, Christopher M. (2003): Networking the Region? The Emergence and Impact of Asia-Pacific Bilateral Free Trade Agreement Projects. The Pacific Review 16 (1): 1-28.

Dieter, Heribert/Higgott, Richard (2003): Exploring Alternative Theories of Economic Regionalism: from Trade to Finance in Asian co-operation? In: Review of International Political Economy 10 (3): 430-454.

Dooley, Michael/Folkerts-Landau, David/Garber, Peter (2003): An Essay on the Revived Bretton Woods System. Working Paper 9971. Cambridge, Mass.: National Bureau of Economic Research.

Elliott, Larry/Atkinson, Dan (2008): The Gods That Failed: How Blind Faith in Markets Has Cost Us Our Future. London: Bodley Head.

Faiola, Anthony (2009): A Global Retreat As Economies Dry Up. Washington Post. 5.März

Ferguson, Niall/Kotlikoff, Laurence J. (2003): Going Critical: American Power and the Consequences of Fiscal Overstretch. In: The National Interest 73 (Herbst): 22-32.

Garnaut, J. (2009): Chinese Shares Rise on ASEAN Loan Promise. In: The Age. 14. April.

Grimes, William W. (2009): Currency and Contest in East Asia: The Great Power Politics of Financial Regionalism. Ithaca: Cornell University Press.

Grimes, William W (2006): East Asian Financial Regionalism in support of the Global Financial Architecture? The Political Economy of Regional Nesting. In: Journal of East Asian Studies 6 (3): 353-380.

Guha, Krishna (2009): Paulson Says Crisis Sown by Imbalance. In: Financial Times. 1. Januar

Hall, Rodney Bruce (2003): The Discursive Demolition of the Asian Development Model. In: International Studies Quarterly 47 (1): 71-99.

Hurrell, Andrew (2007): One world? Many worlds? The place of Regions in the Study of International Society. International Affairs 83 (1): 127-146.

Higgott, Richard (2000): The International Relations of the Asian Economic Crisis. In: Robison et. al (2000): 256-282.

Hettne, Björn (2005): Beyond the ‚new' Regionalism. In: New Political Economy 10 (4): 543-571.

Jacobs, Lawrence/King, Desmond (2009): America's Political Crisis: The unsustainable State in a Time of Unraveling. In: Political Science & Politics 42 (2): 277-285.

Jayasuriya, Kanishka (2003): Embedded Mercantilism and Open Regionalism: the Crisis of a Regional Political Project. In: Third World Quarterly 24 (2): 339-355.

Johnson, Simon (2009): The Quiet Coup. The Atlantic Monthly (Mai). Abrufbar unter http://www.theatlantic.com/magazine/archive/2009/05/the-quiet-coup/7364/4/.

Jones, David M./Smith, Michael (2007): Making Process, Not progress: ASEAN and the Evolving East Asian Regional Order. In: International Security 32 (1): 148-184.

Kindleberger, Charles P. (1973): The World in Depression 1929-1939. Berkeley, CA: University of California Press.

Krugman, Paul (2009): America the Tarnished. In: New York Times. 30. März

Lardy, Nicholas R. (2002): Integrating China into the Global Economy. Washington: Brookings Institute.

Lampton, David M. (2008): The Three Faces of Chinese Power: Might, Money, and Minds. Berkeley: University of California Press.

Landler, Mark (2009): Rising Powers Challenge U.S. on Role in I.M.F. In: New York Times, March 30.

Lee, Yong Wook (2006): Japan and the Asian Monetary Fund: An identity-intention approach. In: International Studies Quarterly 50 (2): 339-366.

Leo, Panitch/Leys, Colin (2004): The Socialist Register: The Empire Reloaded. London: Merlin Press.

Lincoln, Edward J. (2004): East Asian Economic Regionalism. Washington: Brookings Institution

Lukanskas, Arvid/Rivera-Batiz, Francisco (2001): The Political Economy of the East Asian Crisis and Its Aftermath: Tigers in Distress. Cheltenham: Edward Elgar

Lynch, Daniel. (2009): Chinese Thinking on the Future of International Relations: Realism as the Ti, Rationalism as the Yong? In: The China Quarterly 197 (1): 87-107

MacIntyre, Andrew/Pempel, T.J/Ravenhill, John (2008): Crisis As Catalyst: Asia's Dynamic Political Economy. Ithaca: Cornell University Press

Mattli, Walter (1999): The Logic of Regional Integration: Europe and Beyond. Cambridge: Cambridge University Press

Milner, Helen V. (1999): The Political Economy of International Trade. In: Annual Review of Political Science 2 (June): 91-114

Morris, Charles (2008): The Trillion Dollar Meltdown: Easy Money, High Rollers, and the Great Credit Crash. London: Public Affairs

Mulgan, Aurelia (2006): Japan and the Bush agenda: Alignment of divergence? In: Beeson (2006): 109-127.

Murphy, R. Taggart (2006): East Asia's Dollars. In: New Left Review 40 (July-August): 39-64.

Narine, Shaun (2004): State Sovereignty, Political Legitimacy and Regional Institutionalism in the Asia-Pacific. In: Pacific Review 17 (3): 423-450.

Nesadurai, H.E.S. (2006): Globalisation and Economic Security in East Asia: Governance and Institutions. London: Routledge.

Panitch, Leo/Gindin, Gindin (2004): Finance and American Empire. In: Leo et. al: 46-80

Putnam, Robert D. (1988): Diplomacy and Domestic Politics: the Logic of Two-Level Games. In: International Organization 42 (3): 427-460.

Ravenhill, John (2008): Trading Out of Crisis. In: MacIntyre, et. al (2008): 140-163.

Pempel, T.J./Ravenhill, John (Hrsg.): Crisis As Catalyst: Asia's Dynamic Political Economy. Ithaca: Cornell University Press.

Robison, Richard/Jayasuriya, Kanishka/Beeson, Mark/Kim, Hyuk-Rae (2000): Politics and Markets in the Wake of the Asian Crisis. London: Routledge.

Shambaugh, David (2004/05): China engages Asia. In: International Security 29 (3): 64-99.

Shiller, Robert (2009): A failure to Control the Animal Spirits. In: Financial Times. 8.März.

Soederberg, Susanne (2001): The Emperor's New Suit: The New International Financial Architecture as a Reinvention of the Washington Consensus. In: Global Governance 7 (4): 453-467.

Solingen, Etel (2004): Southeast Asia in a New Era: Domestic Coalitions from Crisis to Recovery. In: Asian Survey 44 (2): 189-212.

Summers, Lawrence H. (2006): Reflections on Global Account Imbalances in Emerging Markets Reserve Accumulation. L.K. Jha Memorial Lecture. Mumbai India.

Stubbs, Richard (2000): Signing on to Liberalisation: AFTA and the Politics of Regional Economic Cooperation. In: Pacific Review 13 (2): 297-318.

Stubbs, Richard (2005): Rethinking Asia's Economic Miracle. Basingstoke: Palgrave.

Taylor, Ian (2003): Globalization and Regionalization in Africa: Reactions to Attempts at Neo-Liberal Regionalism. In: Review of International Political Economy 10 (2): 310-330.

Tett, Gillian (2009): Lost through destructive creation. In: Financial Times. 9. März.

Väyrynen, Raimo (2006): The Waning of Major War: Theories and Debates. London: Routledge.

Wade, Robert (2007): A New Global Financial Architecture? In: New Left Review 46 (Juli-August): 113-129.

Wade, Robert (2001): The US Role in the Long Asian Crisis of 1990-2000. In: Lukanskas et.al (2001): 195-226.

Wade, Robert (2000): Wheels Within Wheels: Rethinking the Asian Crisis and the Asian Model. In: Annual Review of Political Science 3 (June): 85-115.

Wines, Michael (2009): China's Leader says He is "worried" over U.S. Treasuries. In: New York Times, 14. März.

Wolf, Martin (2009a): Why Obama's Plan is still Inadequate and Incomplete. In: Financial Times. 13. Januar.

Wolf, Martin (2009b): Why Obama's New Tarp will Fail to Rescue the Nanks. In: Financial Times. 10. Februar.

Wolf, Martin (2009c): Seeds of its Own Destruction. In: Financial Times. 8. März.

Zhang, Xiaoming (2006): The Rise of China and Community Building in East Asia. In: Asian Perspective 30 (3): 129-148.

Zhou Xiaochuan (2009): Reform the International Monetary System. People's Bank of China. Abrufbar unter http://www.pbc.gov.cn/english//detail.asp?col=6500&ID=178.

Die EU in der globalen Wirtschafts- und Finanzkrise: Konturen und innere Widersprüche des europäischen Krisenmanagements

Hans-Jürgen Bieling

1 Einleitung

Es ist nicht einfach, die politischen Antworten, mit denen die EU und ihre Mitgliedstaaten auf die globale Finanzkrise reagieren, zu dechiffrieren oder gar eine übergreifende Krisenstrategie zu identifizieren. Dies liegt zunächst sicherlich daran, dass mit Blick auf die Wirtschafts- und Finanzkrise die öffentlichen Statements von Politikern, aber auch die Berichte und Kommentare von Wissenschaftlern und Journalisten uneinheitlich und stark schwankend ausfallen. So war die Krise anfangs noch als ein primär US-amerikanisches Problem oder allenfalls als ein Problem des anglo-amerikanischen Kapitalismusmodells diskutiert worden (vgl. z.B. Steinbrück 2008; Barber et al. 2008). Erst seit dem Spätsommer 2008 wurde auch in der europäischen Öffentlichkeit realisiert, dass die Krise globale Ausmaße annimmt und nicht zuletzt die EU und ihre Mitgliedstaaten – zum Teil sehr heftig – erfasst. Im Herbst 2008 wurden die nationalen Regierungen – gerade auch die deutsche – scharf kritisiert, weil sie nicht in der Lage schienen, eine übergreifende europäische Strategie zu entwickeln und sich auf nationale und damit unzureichende ad hoc Antworten beschränkten.

Obwohl sich der ökonomische Krisenverlauf stetig zuspitzte, stellt sich im Frühjahr 2009 die politische Situation in der EU – zumindest auf den ersten Blick – etwas freundlicher dar. Seit dem Herbst 2008 wurden die nationalen Alleingänge im Krisenmanagement wenigstens europäisch beratschlagt. Weiterhin verständigten sich die Mitgliedstaaten der EU sogar auf einige gemeinsame Eckpunkte und Initiativen – u.a. Stärkung der Finanzaufsicht, Aufstockung der nationalen Konjunkturprogramme, Einrichtung eines EU-Nothilfefonds für Länder außerhalb der Eurozone –, um der Krise wirksamer begegnen zu können. Dennoch bleiben bis heute einige gravierende Probleme bestehen: So präsentieren sich die verfügbaren gemeinsamen Ressourcen und wirtschaftspolitischen Instrumente nach wie in einem äußerst bescheidenen Rahmen; und die europäischen Institutionen – vor allem die Europäische Kommission und die Europäische Zentralbank (EZB) – lösen sich nur widerwillig und allmählich von ihrer einseitigen programmatisch-administrativen Festlegung auf die Haushaltskonsolidierung und Inflationsbekämpfung; zudem wird die Krisenpolitik in der EU von wechselseitigen, nicht gänzlich unbegründeten Protektionismusvorwürfen begleitet, was die Fragilität der europäischen Rahmenstrategie unterstreicht.

Die Kehrseite der schwachen, in sich widersprüchlichen internen europäischen Krisenpolitik besteht in einem nur prima facie kraftvollen Auftreten. Der Tenor der medialen Berichterstattung, die EU habe – vordergründig Nicolas Sarkozy und Angela Merkel – auf dem G-20-Gipfel in London im April 2009 die Richtung der globalen Reformprogrammatik vorgegeben, ist zumindest zu relativieren. Der Primat der regulativen Kontrolle und Transparenz, der seitens der EU verfolgt wird, also die Regulierung von Hedge Fonds und das Austrocknen von Steueroasen, tangiert die eigentlichen Ursachen der derzeitigen Finanzkrise nur geringfügig (vgl. dazu Zeise 2008; UNCTAD 2009). Darüber hinaus bleibt unklar, wie die ins Auge gefassten Maßnahmen effektiv umgesetzt werden sollen und eine Sanktion für Regelverstöße gestaltet werden kann. Die Abwehr weiterer Konjunkturprogramme und gleichzeitige Stärkung des IWF tragen zwar ebenfalls eine europäische Handschrift, doch auch diese Aspekte lassen sich kaum als Bausteine einer kohärenten globalen Krisenüberwindungsstrategie werten.

Das Ziel dieses Beitrags besteht darin, die Grundzüge des internen wie externen europäischen Krisenmanagements herauszuarbeiten. In der Folge wird argumentiert, dass dieses Krisenmanagement noch sehr stark durch die Strukturprinzipien der ‚neuen europäischen Ökonomie', d.h. den EG-Binnenmarkt, die Wirtschafts- und Währungsunion (WWU) und die Finanzmarktintegration, sowie durch die spezifische Einbindung der EU-Mitgliedstaaten in die Funktionsweise des globalen Dollar Wall Street Regimes (DWSR) (Gowan 1999), geprägt ist (2.). In der momentanen Krise steht nun freilich nicht nur die Funktionsweise des DWSR zur Disposition. Auch die strategischen Prioritäten der europäischen und globalen Wirtschafts- und Finanzpolitik scheinen sich in Richtung einer stärkeren Staatsintervention und Finanzmarktkontrolle zu verschieben (3.). Die damit verbundenen politischen Korrekturen fallen jedoch bescheiden und aus mehreren Gründen unzureichend aus (4.): Erstens hält die EU an ihrem vornehmlich regulativen Politikansatz fest und stellt nur in sehr geringem Umfang neue Interventionsressourcen bereit; zweitens scheinen sich die strukturellen handelspolitischen Ungleichgewichte – und die Spaltungspotenziale – innerhalb der EU zu reproduzieren; und drittens sind – damit einhergehend – spezifische nationale und regionale Krisenherde identifizierbar, die die wirtschaftlichen und politischen Entwicklungsperspektiven der EU insgesamt beeinträchtigen. Ungeachtet aller Vorteile der WWU stellt die Eurozone nur bedingt einen Hort der Stabilität dar. Ihre einseitig marktliberale politisch-institutionelle Ausgestaltung macht es zumindest schwer, der aktuellen Krise effektiv gegenzusteuern und sich als Protagonist einer tragfähigen neuen Weltfinanzordnung zu profilieren (5.).

2 Das Dollar Wall Street Regime (DWSR) und die Währungs- und Finanzmarktpolitik der Europäischen Union

Die bisherigen Reaktionen der EU und ihrer Mitgliedstaaten sind nicht unwesentlich durch die Einbindung des europäischen Wirtschaftsraumes in die globale Währungs- und Finanzordnung, genauer: in das globale Dollar Wall Street Regime (DWSR), geprägt. Das DWSR folgte auf das Bretton Woods System (BWS), im Rahmen dessen bis Anfang der 1970er Jahre die internationalen Kapitalströme und Währungsbeziehungen relativ umfassend geregelt worden waren (vgl. Helleiner 1994): unter anderem durch feste Wechselkurse, den Dollar als internationale – goldgebundene – Leitwährung, diverse Instrumente der Kapitalverkehrskontrolle, sowie Finanzhilfen des Internationalen Währungsfonds (IWF) und der Weltbank. Im Unterschied zum BWS beruhte das DWSR, dessen Konturen im Laufe der 1980er Jahre immer deutlicher erkennbar wurden, vor allem auf zwei Pfeilern (vgl. Gowan 1999: 24f): zum einen auf dem US Dollar als einer starken globalen Leitwährung, die sich fortan allerdings unter den Bedingungen der internationalen Währungskonkurrenz behaupten musste; und zum anderen auf der Attraktivität des US-amerikanischen Finanzmarktes, durch die ein andauernder Kapitalstrom gefördert und die Probleme einer strukturell defizitären Leistungsbilanz kompensiert wurden.

Beide Pfeiler stützten sich insofern wechselseitig, als der starke US-Dollar Finanzanlagen in den USA, also an der Wall Street, förderte, und der anhaltende Kapitalzufluss wiederum den Außenwert des US-Dollars stärkte. Ermöglicht wurde dieser Prozess durch die weltwirtschaftlichen Kontextbedingungen und globalen Spielregeln des DWSR: die Förderung von offenen Kapitalmärkten, freien Wechselkursen und der internationalen Währungskonkurrenz. Diese Spielregeln wurden vor allem durch das US-amerikanische Finanzministerium, die Fed, die Securities and Exchange Commission (SEC) sowie die Finanzdienstleistungsunternehmen und andere an der Wall Street aktive Konzerne definiert, darüber hinaus aber auch durch internationale Institutionen und (Finanz-)Foren – in erster Linie den IWF, die Weltbank, die WTO, die Bank für Internationalen Zahlungsausgleich (BIZ) oder die International Organisation of Securities Commissions (IOSCO) – verallgemeinert und operativ umgesetzt (vgl. Bhagwati 1998; Wade/Veneroso 1998). Die USA nutzten in dem Zusammenhang ihre internationalen Währungs- und Finanzmacht ebenso wie die Größe des eigenen Binnenmarktes, um Druck auf andere Wirtschaftsräume auszuüben, d.h. diese gemäß den Spielregeln des DWSR zu reorganisieren. Nach Peter Gowan (1999: 27) verfolgten die USA vor allem drei Ziele: erstens die Öffnung anderer Ökonomien und die Ermöglichung freier Kapitalflüsse; zweitens die dortige Etablierung von nicht-diskriminierenden Geschäftspraktiken für Wall Street Unternehmen; und drittens eine mit den Interessen US-amerikanischer Firmen übereinstimmende Liberalisierung und Modernisierung der Finanzsysteme.

Die Verschuldungskrise der sog. ‚Dritten Welt‘ seit den 1980er Jahren und auch die Währungs- und Finanzkrisen vieler sog. ‚Emerging Markets‘ in den 1990er Jahren erwiesen sich für das DWSR – und die USA – in doppelter Hinsicht als vorteilhaft: Zum einen hatten die Krisen eine Katalysatorfunktion, beschleunigten also die Öffnung und Umgestaltung anderer Wirtschaftsräume. Zumindest erhöhte sich der Druck der internationalen Gläubiger und Finanzanleger, den marktliberalen Reformprozess beschleunigt fortzusetzen. Zum anderen wurden durch die Krise zugleich die beiden Pfeiler des DWSR – der US-Dollar und der Finanzmarkt – gestärkt; und zwar in dem Maße, wie die internationalen Finanzanleger den US-amerikanischen Wirtschaftsraum als einen ‚Hafen‘ betrachteten, der ihnen in einer unkalkulierbaren Umwelt eine gewisse Erwartungssicherheit versprach. Letztlich verlagerte sich hierdurch aber auch die Entwicklung von Finanz-Blasen in die USA (vgl. Janszen 2008: 52ff; UNCTAD 2009: 4ff; Bieling 2009). Ein erster Ausdruck dieser Verlagerung war dabei die sog. ‚New Economy‘-Blase, die bereits in der zweiten Hälfte der 1990er Jahre zu schwellen begann und im Jahr 2000 aufplatzte. Nach einem kurzen Einbruch entwickelte sich die sog. ‚Immobilien‘- und ‚Subprime‘-Blase, die im Sommer 2008 ebenfalls zerplatzte und deren Auswirkungen die Weltwirtschaft ernsthaft beeinträchtigen.

Die aktuelle Wirtschafts- und Finanzkrise unterscheidet sich von den vorangegangenen Finanzkrisen vor allem darin, dass sie nicht einfach nur eine Finanzkrise innerhalb des DWSR darstellt, sondern eine Krise der globalisierten Finanzbeziehungen selbst (vgl. Grahl 2009). Noch ist der Schaden, den die Krise für das DWSR mit sich bringt, nur schwer abzuschätzen. Angesichts der globalen Auswirkungen der Krise und des Übergreifens auf die sog. Realwirtschaft werden die Funktionsprinzipien des DWSR einerseits wiederholt in Frage gestellt. Andererseits fällt jedoch auf, dass die politische Infragestellung – so auch seitens der EU – eher halbherzig ausfällt. In dieser Halbherzigkeit spiegelt sich nicht zuletzt der Sachverhalt wider, dass sich die USA nicht wie andere nationale Wirtschaftsräume in die Weltwirtschaft integriert haben, sondern umgekehrt gleichsam die globalen Geld- und Kapitalmärkte in den US-amerikanischen Reproduktionskreislauf integriert und damit den wirtschaftspolitischen Prioritäten der USA unterworfen haben (vgl. Cafruny/Ryner 2007: 24ff; Panitch/Gindin 2008: 37ff).

Die strukturelle Abhängigkeit des europäischen vom US-amerikanischen Wirtschaftsraum wurde seit den 1970er Jahren seitens der EG/EU aber auch politisch bearbeitet und zu reduzieren versucht. Wichtige Projekte der europäischen Integration – angefangen vom Europäischen Währungssystem (EWS), über den EG-Binnenmarkt, die WWU und die Finanzmarktintegration bis hin zur Lissabon-Strategie und den diversen Erweiterungsrunden – zielten immer auch darauf, die asymmetrische Struktur der transatlantischen Kooperation zu reduzieren und die Eigenständigkeit (West-)Europas zu vergrößern. Drei Bausteine sind in diesem Zusammenhang von Bedeutung:

1   Ein erster Baustein bestand in der Stärkung des europäischen Wirtschaftsraums durch die Vertiefung und Ausweitung grenzüberschreitender Handels- und Produktionsbeziehungen (vgl. Huffschmid 1994). Diese Dynamik wurde vor allem über das Mitte der 1980er Jahre lancierte EG-Binnenmarktprojekt gefördert. Auch die diversen Erweiterungsrunden waren für Größe und Attraktivität des europäischen Wirtschaftsraumes zweifelsohne förderlich und stimulierten die Investitionstätigkeit von einheimischen wie ausländischen Unternehmen.

2   Einen weiteren Baustein bildeten die Bestrebungen, sich durch eine engere geld- und währungspolitische Kooperation von der Entwicklung des US-Dollars zumindest partiell zu entkoppeln (vgl. McNamara 1998). So zielte bereits das 1979 ins Leben gerufene Europäische Währungssystem (EWS) – gleichsam das Nachfolgeregime der kurz zuvor gescheiterten Währungsschlange – darauf, die extern induzierten Wechselkursschwankungen innerhalb Westeuropas und die damit verbundenen Störungen des grenzüberschreitenden Handels durch ein festes, aber anpassungsfähiges Währungsregime zu begrenzen. Noch weiter ging das seit Beginn der 1990er Jahre verfolgte Projekt der Wirtschafts- und Währungsunion, das mit einer gemeinsamen europäischen Währung und einer gemeinsamen Zentralbank auch einen – für die Eurozone – einheitlichen monetären Rahmen definierte.

3   Der dritte Baustein setzte sich aus unterschiedlichen Initiativen zusammen, den europäischen Kapitalmarkt attraktiver zu gestalten, um Finanzanleger anzuziehen und die europäische(n) Währung(en) in der internationalen Währungskonkurrenz zu stärken (vgl. Bieling 2003). Einzelne Elemente in diese Richtung enthielt bereits das EG-Binnenmarktprojekt. In den 1990er Jahren folgte die WWU, die durch die Bereitstellung eines gemeinsamen geldpolitischen Rahmens gleichsam als Katalysator für weitere Initiativen fungierte: unter anderem für den Versuch, dynamische europäische Risikokapitalmärkte zu schaffen, oder für den Financial Services Action Plan (FSAP), durch den die Integration der Finanzmärkte weiter vorangetrieben wurde. Dieser Prozess korrespondierte innerhalb der sog. Lissabon-Strategie mit einer Reihe weiterer Strukturreformen – u.a. der Liberalisierung und (Teil-)Privatisierung der Sozialsysteme und öffentlichen Infrastrukturleistungen –, durch die zumindest vorübergehend die Finanzmärkte ebenfalls gestärkt wurden.

Die aufgeführten Bausteine und Projekte konnten allesamt – mehr oder minder erfolgreich – realisiert werden. Dies lag nicht zuletzt daran, dass sich viele neue Diskussions-, Kooperations- und Regulierungsnetzwerke herausbildeten, um den einmal angestoßenen Prozess der wirtschafts-, finanzmarkt- und geldpolitischen Integration institutionell zu stabilisieren und am Laufen zu halten. Vor allem im Bereich der Finanzmarktintegration waren seit den späten 1990er Jahren bemerkenswert viele politische Organisations- und Kooperationsaktivitäten zu beobachten (vgl. Lederer 2003; Bieling 2005). Neben den staatlichen Akteuren und Verbandspolitikern engagierten sich dabei in wachsendem Maße, oft auch relativ direkt, viele Finanzfirmen:

‚Where earlier small and large players had joined forces through national organizations, Europe's top firms created or reinvigorated pan-European associations with circumscribed membership throughout the 1990s – think for example of the European Securitization Forum (22 members), the European Financial Services Roundtable (20 members), European Primary Dealers Association (20 members), or the Forum of European Asset Managers (14 members). Large firms have been heavily represented. ABN Amro, Fortis, UBS, BNP Paribas, Barclays, Allianz (partially via its Dresdner Bank subsidiary), Deutsche Bank and ING are all members of at least three of those four associations.' (Mügge 2006: 1011f)

Trotz der vielfältigen Aktivitäten stellte sich letztlich jedoch der – anfangs proklamierte – Effekt einer größeren wirtschafts-, finanzmarkt- und geldpolitischen Eigenständigkeit der EU nur sehr bedingt ein. Dies lag nicht zuletzt daran, dass die inhaltliche Ausrichtung der aufgeführten Projekte insgesamt sehr marktliberal war. Hierin reflektiert sich nicht nur der Einfluss einiger Mitgliedstaaten – insbesondere Großbritanniens –, sondern auch eine zum Teil sehr explizite Ausrichtung vieler politischer Entscheidungsträger – Regierungen, Kommissionsmitglieder, Parlamentarier – am US-amerikanischen Kapitalismusmodell. Besonders plastisch hat dies der frühere, für den EG-Binnenmarkt zuständige Kommissar, Frits Bolkestein (2001), zum Ausdruck gebracht, wenn er über die Lissabon-Strategie – und damit nicht zuletzt auch über die Finanzmarktintegration – sprach:

‚No-one is forcing the European Union to become more competitive than the United States in nine years time. But if that is what we really want, we must leave the comfortable surroundings of the Rhineland and move closer to the tougher conditions and colder climate of the Anglo-Saxon form of capitalism, where the rewards are greater but the risks also. If we spurn the means we must lower our sights lest we lose credibility and become ridiculous. So we must force ourselves to carry out those micro-economic supply side structural adjustments we decided upon in Lisbon."

Neben führenden Repräsentanten einer (finanz-)marktorientierten Modernisierungsstrategie waren die Kooperationsnetzwerke der sog. europäischen Eliten – d.h. der Europäischen Kommission, der nationalen Regierungen, vieler Wirtschaftsverbände und auch zahlreicher Wissenschaftler – von der Dynamik des US-amerikanischen Kapitalismusmodells geradezu fasziniert und versuchten einige seiner Elemente – ziemlich unkritisch – zu imitieren (vgl. Grahl 2004: 293). Im Kontext globalisierter Wirtschafts- und Wettbewerbsbeziehungen trug die erneuerte Ausstrahlungskraft der US-Ökonomie jedenfalls mit dazu bei, dass vermittelt und verstärkt über den Prozess der europäischen Integration, einige Elemente des US-amerikanischen Kapitalismus EU-weit an Bedeutung gewonnen. Dies galt insbesondere für die Rolle der Wertpapiermärkte und der auf diesen operierenden Unternehmen wie z.B. institutionelle Anleger, Investmentbanken, Rating-Agenturen etc.; für die Förderung sog. Risikokapitalmärkte; für veränderte, durch die Wertpapiermärkte maßgeblich definierte Kriterien der Corporate Governance, einschließlich der Umstellung auf marktdefinierte Bilanzierungsstandards; für stärker markt- und konkurrenzvermittelte Beziehungen innerhalb der produktiven Wertschöpfungsketten; für den Primat von Shareholder-Interessen und die Relativierung von Stakeholderansprüchen, insbesondere der Mitbestimmungs- und Kontrollrechte der abhängig Beschäftigten; für eine stärkere Flexibilisierung der Arbeitsmärkte, die mit dazu beitragen sollten, dass sich die Unternehmen leichter und rascher an die schnelllebigen Kapitalmarktentwicklungen anpassen; für die Teilprivatisierung der sozialen Sicherungssysteme und die Einführung einer kapitalgedeckten Altersvorsorge; und selbst noch für den – inzwischen aufgegebenen – Versuch, einen europäischen Hypothekenmarkt unter Einschluss verbriefter und damit handelbarer Subprime-Kredite zu schaffen (vgl. EuroMemorandum-Gruppe 2009: 39f).

3 Strategische Prioritäten in der europäischen und globalen Wirtschafts- und Finanzmarktpolitik

Die genannten Transformationstendenzen, die seit den 1990er Jahren in die Richtung des US-amerikanischen Kapitalismusmodells weisen, folgten freilich keinem Masterplan. Ebenso wenig setzten sie sich in der gesellschaftlichen Praxis – dies galt bereits vor Ausbruch der schweren Wirtschafts- und Finanzkrise – bruchlos und konfliktfrei um. Sie waren jedoch durch ein Set übergreifender Erwägungen bestimmt, in denen sich politisch-kulturelle und ideologische, aber auch materielle oder etwas enger: ökonomische Faktoren spezifisch artikulierten. Was die beschleunigte Währungs- und Finanzmarktintegration betrifft, so stand diese vor allem in der Kontinuität der vorangegangenen Integrationsprojekte. Wie diese, so zielte auch sie maßgeblich darauf, durch einen wettbewerbsinduzierten Modernisierungsprozess die Position der EG oder später der EU in der globalen Standortkonkurrenz zu verbessern. Auch in der Begründung der forcierten Währungs- und Finanzmarktintegration lässt sich dieses Motiv immer wieder identifizieren, das aus der Perspektive der beteiligten Akteure zugleich jedoch akzentuiert wurde (vgl. Bieling 2003):

Erstens argumentierten die Finanzminister, Zentralbanken und auch die Europäische Kommission übergreifend, dass sich die WWU und der Prozess einer beschleunigten Finanzmarktintegration wechselseitig stützen. Die WWU bildet demzufolge nicht nur ein wichtiges Element der Finanzmarktintegration, sondern letztere trägt ebenso selbst dazu bei, die Gemeinschaftswährung – den Euro – zu stärken und die Potenziale der WWU auszunutzen. Die zentrale Zielgröße besteht dabei in der Attraktion von liquidem Kapital, auch in der Form unterschiedlicher Finanzanlagen. Hierfür wurde der europäische Finanzmarkt nicht nur liberalisiert, sondern auch vielfältig dereguliert, was die Implementierung neuer – markt- und wettbewerbsorientierter – Regulierungselemente keineswegs ausschließt.

a. Zweitens unterstützten neben den Repräsentanten der Finanzwirtschaft auch
    viele Wissenschaftler und die großen Industrieunternehmen diesen Prozess mit
    dem Argument, dass durch die beschleunigte Währungs- und Finanzmarktin-
    tegration insgesamt die europäische Wettbewerbsfähigkeit verbessert wird. Mit
    diesem Effekt wurde insbesondere deswegen gerechnet, weil sich im integrierten
    Finanzmarkt für die Unternehmen die Optionen und auch die Kosten der Ka-
    pitalbeschaffung reduzieren würden. Letzteres sollte auch, so die wiederholten
    Hinweise in – zum Teil wissenschaftlich legitimierten – Positionspapieren, für
    sehr riskante Investitionen in den neuen Technologiesektoren gelten. Entspre-
    chend wurde die Erwartung gehegt, dass sich auch in der EU – ähnlich wie in
    den USA – über die Entwicklung von Risikokapitalmärkten eine technologische
    Innovations-, Investitions- und auch Beschäftigungsdynamik stimulieren lässt
    (vgl. kritisch hierzu Bieling 2006).

b. Drittens wiesen die politischen Entscheidungsträger – unterstützt durch Wirt-
    schaftsverbände, Wissenschaftler, Experten und Journalisten – im öffentlichen
    Diskurs immer wieder auf mit der Finanzmarktintegration korrespondierende
    sog. ‚Strukturreformen‘ hin. Im Kern handelte es sich hierbei zum einen um
    ‚Anreize‘, die Wertpapiermärkte mit zusätzlichem Kapital zu ‚füttern‘. Dies galt
    insbesondere für die (Teil-)Privatisierung der Alterssicherung, durch die die sog.
    ‚demographische Zeitbombe‘ entschärft werden sollte (vgl. McCreevy 2004;
    Beckmann 2007). Zum anderen mehrten sich aber auch die diskursiv-politischen
    Impulse, durch eine Reform der Corporate Governance Systeme den – transna-
    tionalen – Shareholder-Interessen hinreichend Rechnung zu tragen. Wie bereits
    die Förderung der Risikokapitalmärkte, so waren auch diese beiden Prozesse sehr
    stark durch die US-amerikanische Entwicklungsdynamik – d.h. steigende Akti-
    enkurse, hohe Investitionsquoten und wirtschaftliche Wachstumsraten – inspi-
    riert. Es machte sich mithin die Auffassung breit, dass Kapitalmärkte hocheffizi-
    ent und damit den herkömmlichen Kreditmärkten grundsätzlich überlegen sind.

Die aufgeführten diskursiven Verknüpfungen bildeten wichtige Legitimationsfoli-
en im Prozess der europäischen Währungs- und Finanzmarktintegration. Sie trugen
nicht nur dazu bei, die allgemeinen strategischen Prioritäten der europapolitischen
Entscheidungsträger zu definieren, sondern leiteten auch ganz konkret die Ausrichtung vieler finanzmarktpolitischer Richtlinien und Verordnungen an. Gleichwohl
wäre es verkürzt und oberflächlich, die verstärkte Hinwendung zum anglo-amerikanischen Kapitalismusmodell allein als einen ideologisch-diskursiven und politisch-
regulativen Prozess zu begreifen. Die diskursiven und regulativen Entwicklungen
erschließen sich vielmehr erst vor dem Hintergrund der materiellen politökonomi-
schen Reorganisationsprozesse im engeren Sinne; und hierbei waren insbesondere
zwei Basistrends bedeutsam: Zum einen erstreckte sich der Prozess der transatlantischen Integration, d.h. der Verflechtung des nordamerikanischen und europäischen
Wirtschaftsraumes, nicht mehr nur auf den Handel mit Waren und Dienstleistun-

gen, sondern in wachsendem Maße auch auf Direkt- und Portfolioinvestitionen sowie die Kreditbeziehungen (vgl. Hamilton/Quinlan 2005); und zum anderen realisierten die Finanzunternehmen wie auch viele Transnationale Konzerne (TNKs), dass sich durch die Adaptation von einzelnen Elementen des kapitalmarktbasierten anglo-amerikanischen Kapitalismusmodell neue Anlage- und Investitionssphären erschließen – etwa im Zuge der Privatisierung der öffentlichen Infrastruktur und der Alterssicherungssysteme – und tendenziell höhere Profitraten und Renditen realisieren ließen (vgl. Huffschmid 2007a).

In den Jahren 2000 bis 2002 wurde die private und öffentliche Erwartungshaltung durch das Zerplatzen der ‚New Economy'-Blase und die nachfolgend aufgedeckten Finanzskandale – gefälschte Bilanzen, Insidergeschäfte etc. – zwar vorübergehend gedämpft, jedoch kaum korrigiert. Die EU nahm jedenfalls keinen grundlegenden Strategiewechsel vor. Von der partiellen Stärkung des Anlegerschutzes und einer punktuell verbesserten öffentlichen Kontrolle von Wertpapiergeschäften einmal abgesehen, sah sie in der Finanzmarktintegration nach wie vor in erster Linie einen Hebel, um die europäische Ökonomie marktliberal zu reorganisieren und in der Folge die globale Wettbewerbsfähigkeit der europäischen Unternehmen zu steigern. Eigentlich war diese Strategie schon von Beginn an sehr problematisch, da der kapitalmarktfixierte Integrationsprozess für die kontinentaleuropäischen Kapitalismusmodelle – insbesondere für deren Modernisierungs- und Innovationsmechanismen – strukturelle Nachteile mit sich brachte (vgl. Bieling 2006), die durch den Wirtschaftsboom der Jahre 2005-2007 nur notdürftig kaschiert werden konnten. Im Zuge der Suprime-, Finanz- und Wirtschaftskrise stellen sich die Probleme des globalen Finanzmarktkapitalismus inzwischen geradezu dramatisch dar; nicht zuletzt für die EU und ihre Mitgliedstaaten. Dies liegt zum einen am Krisenverlauf, d.h. am Übergreifen der Krise auf den Wertpapiermärkten auf das gesamte Kreditsystem und die Realwirtschaft; zum anderen aber auch an der umfassenden – wenn zumeist auch nur indirekten, d.h. im Rahmen eines internationalen ‚Schattenbankensystems' organisierten (vgl. Gowan 2009: 25ff; UNCTAD 2009) – Beteiligung vieler (west-)europäischer Banken an der US-amerikanischen Immobilien- und Aktienhausse. Diese Beteiligung bildet eine Begleiterscheinung des strukturellen US-amerikanischen Leistungsbilanzdefizits, das auf der Grundlage der transatlantischen Finanzmarktintegration durch einen Netto-Kapitalzufluss aus Europa mit kompensiert wird. Die EuroMemorandum-Gruppe (2009: 15) führt in diesem Sinne aus:

> ‚Auch wenn der Nettozufluss an Kapital aus Europa in die USA kleiner ist als der aus Asien, ergibt sich dieser Nettobetrag aus sehr großen Kapitalflüssen in beide Richtungen. Das hat zu einer sehr weitreichenden Verflechtung der Banken und anderen Finanzinstitutionen in Europa mit dem US-System geführt – eine Entwicklung, die in den 1980er Jahren eingesetzt, in den 1990er Jahren die meisten Länder der heutigen Eurozone ergriffen und sich seit der Jahrhundertwende stark beschleunigt hat. Auf diese Weise haben die europäischen Banken dann auch erhebliche Bestände an riskanten US-Papieren aufgebaut.'

4   Grenzen und Konfliktfelder des europäischen Krisenmanagements

Es wäre sicherlich verkürzt, die Krisendynamik in Europa allein durch die Beteiligung vieler Finanzinstitutionen an den Immobilien-, Wertpapier- und Kreditgeschäften in den USA festmachen zu wollen. Inzwischen tragen auch der Wirtschaftseinbruch in den USA – und dessen Folgen für die europäische Exportwirtschaft – zum dramatischen Verlauf der Rezession bei. Im Prinzip sind es vor allem diese beiden Kanäle – die finanzielle und ‚realökonomische' Einbindung in das von den USA dominierte DWSR – und die mit diesen korrespondierenden finanzmarktorientierten Modernisierungsstrategien, die nun nicht nur den Verlauf der Wirtschafts- und Finanzkrise in der EU, sondern auch noch die spezifisch europäischen Reaktionsweisen prägen. Hinzu kommen allerdings noch einige besondere politisch-ökonomische und -institutionelle Binnenfaktoren: unter anderem die organisatorische Fragmentierung des europäischen Krisenmanagements, strukturelle Ungleichgewichte der innereuropäischen Wirtschaftsbeziehungen und einige akute Krisenherde mit einer angespannten, aber nur schwer kalkulierbaren Wirtschafts- und Finanzsituation.

4.1   Primat der regulativen Politik

Auf den ersten Blick mag es etwas übertrieben erscheinen, die bisherige Reaktionsweise der EU durch einen Primat der regulativen Politik gekennzeichnet zu sehen. Schließlich hat die Europäische Zentralbank (EZB) nach Ausbruch der Krise den Leitzins in mehreren Schritten von 4,25% im Sommer 2008 auf inzwischen 1% im Mai 2009 gesenkt und angesichts des zwischenzeitlich zusammengebrochenen Interbankenmarktes unter Liquiditätsengpässen leidende Kreditinstitute mit zusätzlichen Finanzmitteln versorgt. Zugleich haben die Regierungen aller EU-Mitgliedstaaten Krisenfonds geschaffen, um durch den Ankauf schlechter Wertpapiere, durch Bürgschaften für neue Bankdarlehen und die Rekapitalisierung und (Teil-)Verstaatlichung einzelner Banken das Finanzsystem zu stabilisieren. Vor allem aber sind die Regierungen in der zweiten Jahreshälfte 2008 dazu übergegangen, durch einige Konjunkturpakete auch die wirtschaftliche Entwicklung zu stabilisieren. Nachdem auf dem EU-Gipfel im Dezember weitere Konjunkturpakete im Umfang von insgesamt 200 Mrd. € beschlossen wurden, belaufen sich die konjunkturpolitischen Aktivitäten der EU-Staaten für das Jahr 2009 auf etwa 3,3% des Bruttoinlandproduktes (BIP).

All diese Aktivitäten – die (selektiv-)expansive Geldpolitik, die staatliche Stützung des Finanzsystems und die konjunkturpolitischen Impulse – markieren eine Abkehr von der vorangegangenen Entwicklungsphase. Diese war in der EU, insbesondere in der Eurozone durch die Anti-Inflationsstrategie der EZB, ein Liberalisierungs- und Deregulierungsdogma der Europäischen Kommission und eine konjunkturpolitische Abstinenz der nationalen Regierungen gekennzeichnet. Obwohl diese

Abkehr sehr auffällig ist, sollte ihre Bedeutung nicht überschätzt werden. Es gibt zumindest einige Aspekte, die die ergriffenen Maßnahmen und mit ihnen den zum Teil etwas voreilig propagierten Paradigmenwechsel relativieren:

a. Erstens ist das alte Paradigma einer marktliberal-austeritätspolitischen Wettbewerbsmodernisierung zwar erschüttert, jedoch noch nicht durch ein neues Leitbild des wirtschafts- und finanzmarktpolitischen Managements abgelöst worden. Die Krisenpolitik der EU und ihrer Mitgliedstaaten präsentiert sich bislang noch orientierungs- und konzeptionslos. So ist nicht nur die EU-interne Lastenverteilung hart umkämpft (vgl. Schwarzer 2009: 103f). Das europäische Krisenmanagement stützt sich auch fast nur auf reaktive ad hoc Maßnahmen, die zudem nur sehr zögerlich ergriffen werden – so z.B. die Schritte der Zinssenkung oder auch die Verabschiedung der nationalen Konjunkturpakete – und deren Wirksamkeit angesichts der Tiefe der Krise ungewiss bleibt.

b. Zweitens markieren die von der EU – vor allem von den EU-Mitgliedstaaten – unternommenen Schritte des Krisenmanagements nur vordergründig einen Kurswechsel. Bei genauerer Betrachtung wird deutlich, dass sich die wirtschafts- und finanzmarktpolitischen Maßnahmen eigentlich nur auf das Nötigste beschränken und die verfügbaren politischen Instrumente – dies betrifft vor allem die supranationale Ebene – äußerst bescheiden ausfallen. Abgesehen von der Geldpolitik der EZB und einiger neuer Kreditinstrumente der Europäischen Investitionsbank (EIB), deren Mittel um 15 Mrd. € aufgestockt wurden, bleibt der EU nur die Möglichkeit, die nationalen Konjunkturpakete zu koordinieren (vgl. Bischoff/Detje 2009: 28). Dies trug sicherlich mit dazu bei offensichtlich protektionistische Schritte zu unterbinden. Gleichzeitig konnte aber nicht verhindert werden, dass die Regierungen ihre Konjunkturpakete – unter Einschluss der sog. automatischen Stabilisatoren, d.h. erhöhten Sozialausgaben, Steuerausfällen etc. – schön gerechnet haben. Mehr noch, in den Jahren zuvor sind durch die europäische Markt- und Währungsintegration – und die hierdurch unterstützte Privatisierung ehemaliger Staatsunternehmen (vgl. Bieling et al. 2008) – Bedingungen geschaffen worden, die es den Regierungen nun schwer machen, kurzfristig wirksame Konjunkturprogramme zu lancieren.

Angesichts dieser Begrenzung der konjunkturpolitischen Aktivitäten scheint es daher nach wie vor angemessen, das Krisenmanagement der Europäischen Union durch einen Primat der regulativen Politik zu charakterisieren. Dieser hat zum Teil historische Ursachen. In ihm reflektieren sich vor allem die erfolgreichen Schritte der EU und ihrer Mitgliedstaaten, die (Finanz-)Marktintegration mit Hilfe einer spezifischen Konzeption der Liberalisierung und (De-)Regulierung – bestehend aus dem Prinzip der wechselseitigen Anerkennung der nationalen Regulierungsformen, dem Prinzip der Heimatlandkontrolle und der Definition regulativer Mindeststandards – voranzutreiben. Diese Konzeption hat nicht nur die Projekte des EG-Binnenmarktes und der Finanzmarktintegration geprägt, sondern auch in der Aushandlung globaler

Liberalisierungs- und marktfördernder Regulierungsabkommen gleichsam Modell-
charakter erhalten. So ist die EU – im Kontrast zur uni- oder bilateral orientierten
US-Strategie – vielfach in der Lage, verbindliche multilaterale Regeln und allgemein
akzeptierte Regulierungsstandards, d.h. global vergleichbare Investitions- und Wett-
bewerbsbedingungen zu fördern (vgl. Abdelal 2006).

Vor dem Hintergrund dieser institutionellen und strategischen Pfadabhängigkeiten scheint sich der Primat der regulativen Politik nun auch in der aktuellen
Wirtschafts- und Finanzkrise zu reproduzieren. All jene Vorschläge, die auf neue –
potenziell interventionistische – Instrumente und Gestaltungskompetenzen in der
EU hinauslaufen, so z.B. eine europäische Wirtschaftsregierung und die Ausweitung
gemeinsamer Finanzmittel, sind rasch abgewehrt und von der Debatte über die Aus-
trocknung von Steueroasen und die Kontrolle von Hedgefonds verdrängt worden.
Hierbei handelt es sich um Aspekte, die keineswegs bedeutungslos sind, aber die
Ursachen der Krisendynamik – die Währungskonkurrenz in Verbindung mit einer
kompetitiven Finanzmarktderegulierung – nur sehr indirekt bekämpfen und auch
kaum einen Beitrag zu einer raschen Krisenüberwindung leisten (vgl. Dieter/Schip-
per 2009). Die Haltung der EU, insbesondere der Eurozone, ist demzufolge nach wie
vor reaktiv und durch eine Trittbrettfahrermentalität gekennzeichnet. Einiges spricht
jedenfalls dafür, dass die politische Praxis hinter den vielen hochtrabenden Worten,
auch seitens des EZB-Präsidenten Jean-Claude Trichet, über die Notwendigkeit, eine
neue Weltfinanzordnung zu etablieren (vgl. Süddeutsche Zeitung, 29.4.09: 27), weit
zurück bleibt. So hat die EU auf den chinesischen ‚Testballon‘, mit dem im Vorfeld
des G-20 Gipfels in London laut über die Etablierung einer neuen Weltwährung
nachgedacht wurde (Pinzler 2009), überhaupt nicht reagiert.[1] Vor allem aber haben
die kontinentaleuropäischen Regierungen die Forderung der USA und Großbritanniens nach weiteren europäischen Konjunkturprogrammen nicht nur brüsk zurückgewiesen, sondern sogar noch – dies gilt insbesondere für Deutschland – den Diskurs
über die prospektive Haushaltskonsolidierung in der Eurozone neu belebt.

4.2 Strukturelle Ungleichgewichte

Der reaktive und defensive Charakter des europäischen Krisenmanagements ist freilich nicht nur strategisches Kalkül. Er resultiert auch aus den vertraglichen Festle-
gungen der wirtschafts-, währungs- und finanzmarktpolitischen Kompetenzen sowie der institutionellen Fragmentierung des EU-Systems, die einem gemeinsamen,
kohärenten und stärker proaktiv-interventionistischen Politikansatz entgegenstehen.

---

1   Hier ist freilich einschränkend anzumerken, dass der chinesische Vorschlag, die Sonderziehungs-
     rechte (SZR) des IWF zu einer neuen Weltwährung auszubauen, unter Kriseninterventionsge-
     sichtspunkten recht voraussetzungsvoll, d.h. eigentlich nur dann praktikabel ist, wenn der IWF
     zugleich die Rolle einer handlungsfähigen Weltzentralbank übernimmt.

So überrascht es eigentlich kaum, dass in der Krise angesichts konkurrierender nationaler Präferenzen all jene Vorstöße, die auf eine weitergehende Vergemeinschaftung zielten – z.B. die Institutionalisierung einer europäischen Wirtschaftsregierung oder die Verabschiedung eines gemeinsamen europäischen Konjunkturprogramms – relativ rasch fallen gelassen wurden. Ähnliches gilt im Prinzip auch für das Auftreten der EU in den globalen weltwirtschaftlichen Institutionen und Kooperationsforen. Nach außen ist es aufgrund der fragmentierten externen Repräsentanz europäischer Interessen (vgl. u.a. McNamara/Meunier 2002; Bini Smaghi 2004) bislang allenfalls im Bereich der regulativen Politik, nicht hingegen auf dem Gebiet der globalen Währungs- und Wirtschaftspolitik, gelungen einen gemeinsamen Gestaltungsansatz zu entwickeln.

Unter Berücksichtigung dieser Restriktionen stellen die Resultate des G-20-Gipfels sicherlich einen Erfolg dar; ähnlich positiv lassen sich die Ergebnisse des EU-Gipfels vom 19./20. März 2009 interpretieren, auf dem unter anderem die Mittel des EU-Nothilfefonds für zahlungsunfähige EU-Staaten, die nicht der Eurozone angehören, auf 50 Mrd. Euro aufgestockt wurden. Zusammen mit den IWF-Krediten, die zum Teil bereits in der zweiten Jahreshälfte 2008 mobilisiert wurden, stehen damit – zumindest auf dem ersten Blick – relativ umfangreiche Finanzhilfen für krisengeschüttelte EU-Staaten bereit. Doch auch hier zeigt sich bei genauerem Hinsehen, dass die Hilfspakete der EU nur im Notfall greifen, also keine Instrumente eines präventiven Krisenmanagements darstellen und die strukturellen Ungleichgewichte in der globalen und europäischen Ökonomie überhaupt nicht adressiert werden. Dies ist insofern problematisch, als die Leistungsbilanzdefizite vieler Länder ein inzwischen sehr beachtliches Destabilisierungspotenzial in sich bergen. Entsprechend kommt auch ein Bericht der UNCTAD (2009: 5) zu dem Ergebnis, dass die globalen Ungleichgewichte seit Ende der 1990er Jahre nicht nur deutlich zugenommen haben, sondern auch dazu dienen

> ,to spread quickly the financial crisis that originated in the United States to many other countries, because current-account imbalances are mirrored by capital account imbalances: the country with a current-account surplus has to credit the difference between its export revenue and its import expenditure to deficit countries. Financial losses in the deficit countries or the inability to repay borrowed funds then directly feed back to the surplus countries and imperil their financial system.'

Diesem Zusammenhang lassen sich analytisch zwei Ungleichgewichts-Zusammenhänge unterscheiden. Der eine ist vor allem mit dem strukturellen, seit den 1980er Jahren bestehenden US-amerikanischen Leistungsbilanzdefizit verbunden. Diesem Leistungsbilanzdefizit, das in der Folge der militärischen Ausgabenpolitik der letzten Bush-Regierung und der Bankenrettungs- und Konjunkturpakete in der Finanzkrise noch durch ein riesiges Haushaltsdefizit ergänzt wurde, entsprechen auf der anderen Seite hohe Dollar-Devisenbestände oder Kredite einiger Überschussländer wie z.B.

Japan, China, Saudi-Arabien oder Deutschland. In dieser unsicheren Konstellation mehren sich die Zweifel, ob es noch sinnvoll ist, den Dollar zu stützen oder aber ein alternatives internationales Währungssystem zu etablieren. Die externe Kreditabhängigkeit der USA impliziert jedenfalls, dass die Weltgeld-Rolle des US-Dollars prekärer wird, mit entsprechenden Risiken für die internationale wirtschaftspolitische Kooperation (vgl. Roubini 2006).

Der zweite Ungleichgewichtszusammenhang betrifft die innereuropäischen Wirtschaftsbeziehungen. Auch hier haben sich seit den 1990er Jahren beträchtliche Differenzen in den nationalen Leistungsbilanzen ergeben (vgl. Tabelle 1 und 2). Den zumeist süd- und osteuropäischen Ländern mit einem zum Teil sehr beträchtlichen strukturellen Defizit stehen dabei nur wenige Überschuss-Länder wie Finnland, Schweden, die Niederlande und insbesondere Deutschland gegenüber. In dieser Spaltung der EU reflektiert sich zum einen das Grundproblem, dass dem integrierten Wirtschaftsraum mit einer gemeinsamen Währung oder doch zumindest relativ festen Wechselkursen nur sehr bescheidene europäische Instrumente – z.B. die Strukturfonds – eines Lastenausgleichs zur Verfügung stehen. Zum anderen wird dieses Grundproblem noch dadurch verstärkt, dass die deutsche Wettbewerbsstrategie – d.h. die komparative Absenkung der Löhne, Einkommen und Sozialleistungen – diese Konstellation zum Teil aktiv herbeigeführt hat.

Tabelle 1.: Leistungsbilanz (in % des BIP und in absoluten Zahlen) ausgewählter Überschussländer

	1997-01 (Jahresdurchschnitt)	2002-06 (Jahresdurchschnitt)	2007	2008*	2002-06 (akkumuliert in Mrd. €)	2007 (in Mrd. €)	2008 (in Mrd. €)*
Belgien	4,8%	3,7%	2,4%	0,6%	53,4	8,1	2,0
Deutschland	-0,8%	4,1%	7,6%	7,5%	379,3	184,0	188,9
Finnland	7,2%	5,8%	5,3%	5,6%	34,3	9,6	10,7
Niederlande	4,8%	7,6%	9,8%	7,1%	190,7	55,6	42,1
Schweden	4,6%	6,7%	8,4%	4,5%	97,3	21,1	14,9

*Schätzung vom Oktober 2008
Quelle: European Commission (2008: 166f).

Tabelle 2.: Leistungsbilanz (in % des BIP und in absoluten Zahlen) ausgewählter Defizitländer

	1997-01 (Jahres-durch-schnitt)	2002-06 (Jahres-durch-schnitt)	2007	2008*	2002-06 (akkumu-liert in Mrd. €)	2007 (in Mrd. €)	2008 (in Mrd. €)*
Bulgarien	-2,7%	-9,0%	-22,5%	-23,8%	-9,9	-6,5	-8,0
Estland	-7,5%	-12,4%	-18,5%	-12,1%	-6,3	-2,8	-2,0
Frankreich	1,9%	-0,7%	-2,8%	-3,5%	-61,8	-53,7	-68,4
Griechenland	-7,0%	-11,5%	-14,5%	-14,3%	-106,0	-32,1	-35,0
Groß-britannien	-1,5%	-2,3%	-3,8%	-2,8%	-207,1	-76,8	-51,6
Irland	0,7%	-1,2%	-5,4%	-5,3%	-10,5	-10,3	-9,8
Italien	1,2%	-1,0%	-1,7%	-2,1%	-69,9	-26,8	-34,0
Lettland	-7,3%	-12,5%	-22,9%	-14,5%	-8,1	-4,6	-3,3
Litauen	-8,6%	-7,4%	-15,1%	-13,8%	-7,3	-4,3	-4,5
Polen	-4,0%	-2,4%	-4,5%	-5,2%	-27,3	-14,0	-19,3
Portugal	-8,7%	-8,6%	-10,0%	-11,6%	-52,5	-16,3	-19,5
Spanien	-2,4%	-6,0%	-10,1%	-9,9%	-265,1	-107,5	-109,2
Rumänien	-5,0%	-6,1%	-13,9%	-13,5%	-23,5	-16,8	-18,4
Slowenien	-1,8%	-1,4%	-4,0%	-6,3%	-1,9	-1,4	-2,4
Slowakei	-6,4%	-7,3%	-5,1%	-5,6%	-12,7	-3,1	-3,8
Tschechien	-4,1%	-4,4%	-1,5%	-1,9%	-19,2	-1,9	-3,0
Ungarn	-8,0%	-7,7%	-6,4%	-6,3%	-31,3	-6,5	-6,8

* Schätzung vom Oktober 2008
Quelle: European Commission (2008: 166f).

Schon vor einiger Zeit hatte Jörg Huffschmid (2007b: 314) gewarnt: ‚Diese zuneh-menden innergemeinschaftlichen Ungleichgewichte enthalten eine ökonomische und politische Sprengkraft, die den Zusammenhalt der EU auf eine mittlere Sicht massiv gefährdet.' Mochte diese Warnung damals noch als überzogen und alarmistisch er-scheinen, so hat sich dies seit Ausbruch der globalen Wirtschafts- und Finanzkrise inzwischen geändert. In der zweiten Hälfte des Jahres 2008 mehrten sich jedenfalls die Sorgen, dass die Länder mit einer ausgeprägt defizitären Leistungsbilanz und einer entsprechend hohen Außenverschuldung – dies gilt insbesondere für viele der neuen osteuropäischen, aber auch einige südeuropäische Mitgliedstaaten – in ernsthafte Liquiditäts- und Solvenzschwierigkeiten geraten könnten. Eine solche Situation wäre – und ist zum Teil bereits – auch für die EU-Überschussländer bedrohlich: zum einen, weil die Exportmöglichkeiten weiter beeinträchtigt werden; zum anderen aber auch, weil ein Großteil des Kreditsystems von westlichen Banken – aus Österreich, Belgien oder Schweden – kontrolliert wird, die im Notfall ihrerseits gezwungen wären, weitere ‚schlechte‘ Kredite abzuschreiben.

4.3 Krisendynamiken in unterschiedlichen Ländergruppen

Die strukturellen Ungleichgewichte verdeutlichen, dass die Entwicklung einiger europäischer Ökonomien ein beträchtliches Destabilisierungspotenzial darstellt. Wie groß dieses im Einzelfall ist, lässt sich aufgrund des nach wie vor unklaren Volumens ungesicherter Kredite und Wertpapiere nur schwer abschätzen. Hinzu kommt, dass sich die Krisenfaktoren im Bankensystem durch zum Teil recht unterschiedliche andere Krisentendenzen – einen überhitzten Immobiliensektor, ein hohes Haushaltsdefizit, eine überbewertete Währung, hohe Leistungsbilanzdefizite und eine entsprechend hohe Auslandsverschuldung – überlagert werden. Sehr grob lassen sich demzufolge mehrere Ländergruppen unterscheiden, in denen den aufgeführten Krisenfaktoren eine jeweils besondere Bedeutung zukommt:

1. Zunächst lassen sich die Länder zu einer Gruppe zusammenfassen, deren Banken sich sehr stark am Handel mit US-amerikanischen Suprime-Krediten und Collateral Debt Obligations (CDOs) beteiligt hatten, so dass im Zuge der Krise eine umfassende staatliche Stabilisierung des Kreditsystems bis hin zur (Teil-)Verstaatlichung einzelner Banken erforderlich wurde. In diese Gruppe fallen vor allem Deutschland, Großbritannien und Irland. Für die letzten beiden Länder ergeben sich zudem besondere Probleme, weil der Finanzsektor volkswirtschaftlich sehr bedeutsam ist und die zuvor überhöhten Immobilienpreise – ähnlich wie in den USA – zunächst ein Leistungsbilanzdefizit, inzwischen aber durch ihren Absturz auch einen beträchtlichen Konsumrückgang verursacht haben.

2. Eine zweite Ländergruppe bilden all jene – vornehmlich südeuropäischen – Länder, die zwar der Eurozone angehören, aber in Folge komparativ niedrigerer Lohnsteigerungen und Inflationsraten in den anderen Ländern der Eurozone gewisse Wettbewerbsnachteile hinnehmen mussten. Dies gilt vor allem für Spanien, Portugal und Griechenland sowie mit gewissen Abstrichen auch für Italien und Frankreich. Auch Slowenien und die Slowakei können als Mitglieder der Eurozone ebenfalls dieser Gruppe zugerechnet werden. In all diesen Ländern ist das – akkumulierte – Leistungsbilanzdefizit inzwischen beträchtlich. Trotz der positiven Konjunkturentwicklung der vergangenen Jahre, gelang es – abgesehen

von Spanien – zudem vielfach nur begrenzt, das Haushaltsdefizit zurückzuführen (vgl. European Commission 2008: 160), so dass nun in der Krise die finanzpolitischen Handlungsspielräume eingeschränkt sind.

3. Für die dritte Ländergruppe, d.h. die neuen EU-Mitgliedstaaten in Osteuropa, die nicht zur Eurozone gehören, ihre Währung aber innerhalb des EWS II-Systems an den Euro gekoppelt haben, stellt sich die Situation zum Teil ähnlich dar – z.B. für Polen oder Tschechien –, zum Teil ist sie aber auch deutlich dramatischer (so bereits Becker 2008). Diese Dramatik ergibt sich aus der Gemengelage unterschiedlicher Probleme: So leiden die baltischen Staaten unter fallenden Immobilienpreisen, einem – gemessen am BIP – sehr großen Leistungsbilanzdefizit und einer ausgeprägten Abhängigkeit von ausländischen Krediten bei gleichzeitigem Druck zur Währungsabwertung (vgl. International Monetary Fund 2009: 79). Ähnliches gilt im Prinzip für Rumänien und Bulgarien; und für Ungarn kommt noch das hohe Haushaltsdefizit hinzu, das konjunkturpolitisch kontraproduktive Maßnahmen – eine Erhöhung der Zinsen und Schritte der Haushaltskonsolidierung – begünstigt, die eigene Währung – den Forint – zugleich aber weiter destabilisiert.

Der zwischenzeitlich vom IWF ventilierte Vorschlag, in den krisengeschüttelten osteuropäischen EU-Mitgliedstaaten unter Umgehung der Konvergenzkriterien sehr rasch den Euro auf Probe einzuführen, um die währungspolitischen Risiken aufzuheben und das Vertrauen der internationalen Kreditgeber zu stärken, ist bei der Europäischen Kommission und der EZB auf wenig Gegenliebe gestoßen. Diese Zurückweisung ist insofern berechtigt, als die zentrale Quelle der innereuropäischen Instabilität – d.h. die großen Ungleichgewichte in der Leistungsbilanz – hierdurch keineswegs beseitigt, sondern eher noch verstärkt würde. Zugleich verfügt die EU bislang aber ebenso wenig über eine tragfähige Alternativkonzeption. Die reaktiven finanzpolitischen Stabilisierungsaktivitäten der EU und des IWF haben bisher nur dazu beigetragen, dass sich die Situation in einigen Ländern vorübergehend, aber keineswegs nachhaltig entspannt hat. Sie reichen jedoch keineswegs aus, der rezessiv-depressiven Abwärtsentwicklung kraftvoll entgegen zu treten. Daher besteht bei Fortdauer der Krise die Gefahr, dass sie eskaliert und von den Rändern auf den vermeintlich stabilen Kern der EU zurückschlägt.

5   Perspektiven

Die hier entwickelte Argumentation lässt sich nicht leicht zusammenfassen. Für den Verlauf der Krise in der EU sind jedoch drei Punkte von besonderer Bedeutung: Erstens erschließen sich der rasche Ausbruch und die Tiefe der Krise vor allem über die Integration des europäischen Wirtschaftsraumes, nicht zuletzt des europäischen Wertpapier- und Kreditmarktes in das globale Dollar Wall Street Regime (DWSR).

Neben den transatlantischen Übertragungskanälen ist die Krise zweitens durch die strukturellen Ungleichgewichte in der EU und das Aufbrechen weiterer – regionaler und nationaler – Krisenherde verschärft worden. Drittens sind die EU und ihre Mitgliedstaaten – was die Strategien der Krisenbewältigung betrifft – Gefangene eigentlich überholter, aber weitgehend unveränderter Überzeugungen und Praktiken. Intern sind sie bislang nur zu einer reaktiven Krisenpolitik, einer notdürftigen ad hoc Koordination der nationalen Finanzpolitiken und vorsichtigen Korrekturen des europäischen Regulierungsrahmens – etwa der Aufweichung marktorientierter Bilanzierungsstandards oder einer strikteren Überwachung von Rating-Agenturen – in der Lage; und auch extern, d.h. mit Blick auf die globale Agenda, steht das Krisenmanagement der EU ganz im Zeichen des Primats einer regulativen Politik, der allenfalls punktuell durch marktkorrigierende Interventionen modifiziert wird.

Die Gründe für den primär regulativen Politikansatz der EU bestehen vor allem in den vertraglich festgeschriebenen Kompetenzen, d.h. begrenzten finanziellen Instrumenten und institutionellen Gestaltungsmöglichkeiten, und den zum Teil durchaus beachtlichen Erfolgen, das eigene regulative Politikmodell im globalen Kontext zu verallgemeinern. Über diese Momente der Pfadabhängigkeit hinaus sorgen zudem die interne zwischenstaatliche Fragmentierung des politischen Kommunikations- und Entscheidungsprozesses und die hierin aufscheinenden materiellen Interessendivergenzen – nicht zuletzt die Blockadehaltung der deutschen Bundesregierung – dafür, dass die EU ihren primär regulativen Gestaltungsansatz nur sehr selektiv erweitert. Das zurückhaltende europäische Krisenmanagement wird in der deutschen Tagespresse oft eher positiv als Ausdruck einer nicht-aktionistischen Politik mit Augenmaß honoriert. Angesichts der in diesem Beitrag aufgezeigten ökonomischen Strukturprobleme und der vielfältigen Gefahren eines sich wechselseitig verstärkenden Krisenstrudels liegt letztlich jedoch eine andere Lesart sehr viel näher. Danach sind die EU und ihre Mitgliedstaaten weder in der Lage, an der Definition eines neuen, perspektivisch tragfähigen wirtschafts-, währungs- und finanzmarktpolitischen Leitbildes mitzuwirken, noch sind sie bereit, die hierzu erforderlichen politischen Gestaltungsinstrumente zu entwickeln und entsprechende finanzielle Ressourcen zu mobilisieren.

Tatsächlich könnte sich ein stärkeres wirtschafts-, währungs- und finanzpolitisches Engagement der EU – sofern es hierdurch gelingt, die Rezession aufzufangen und abzukürzen – nicht nur als haushaltspolitisch vorteilhaft, sondern auch als gestaltungspolitisch nachhaltig erweisen. EU-intern käme es darauf an, zum einen – dies betrifft insbesondere die Eurozone, aber auch die krisenbedrohten osteuropäischen Mitgliedstaaten – durch ein umfassenderes wirtschafts-, lohn- und finanzpolitisches Ausgleichsmanagement, das auf einer gerechten Lastenteilung beruht und effektiv abgestimmt ist, die strukturellen Ungleichgewichte abzubauen; und EU-extern müssten sich die EU und ihre Mitgliedstaaten bereit erklären, die USA, China, Japan und andere konjunkturpolitisch aktive, zum Teil aber überforderte Staaten (vgl. Evans 2008) zu entlasten und ebenfalls darauf hinzuwirken, die globalen Strukturprobleme und Ungleichgewichte, die die aktuelle Krise perspektivisch weiter verschärfen können, zumindest einzudämmen. Im Prinzip könnte hierzu ein Kompromisspaket geschnürt werden, das aus drei Elementen besteht: einem stärkeren konjunkturpolitischen Engagement (Kontinental-)Europas, das vor allem von Seiten der USA und Großbritanniens eingefordert wird; einer von der EU befürworteten umfassenderen Regulierung der Finanzmärkte, einschließlich einer strikten Kontrolle von Hedge-Fonds, Rating-Agenturen und Verbriefungsgeschäften; sowie einem globalen währungspolitischen Management, das zuletzt von China indirekt thematisiert wurde, um die globalen Ungleichgewichte kooperativ auszubalancieren und – wenn möglich – sogar abzubauen.

Literatur

Abdelal, Rawi (2006): Writing the Rules of Global Finance: France, Europe, and Capital Liberalization. In: Review of International Political Economy 13(1): 1-27.

Barber, Lionel/Benoit, Bertrand/Williamson, Hugh (2008): March to the Middle: Merkel Celebrates Germany's Social Market Model. In: Financial Times. 11.6.2008.

Beckmann, Martin (2007): Das Finanzkapital in der Transformation der europäischen Ökonomie. Münster: Westfälisches Dampfboot.

Becker, Joachim (2008): Immer neue KandidatInnen für den Crash. In: Analyse & Kritik 533. 21.11.2008.

Bhagwati, Jagdish (1998): The Capital Myth. In: Foreign Affairs 77 (3): 7-12.

Bieling, Hans-Jürgen (2003): Social Forces in the Making of the New European Economy: the Case of Financial Market Integration. In: New Political Economy 8(2): 203-224.

Bieling, Hans-Jürgen (2005): Finanzmarktintegration und transnationale Interessengruppen in der Europäischen Union. In: Eising, Rainer/Kohler-Koch, Beate (Hrsg.) (2005): 179-201.

Bieling, Hans-Jürgen (2006): Implikationen der neuen europäischen Ökonomie: Reorganisation oder Desorganisation der Produktions- und Innovationsregime?. In: Prokla 36(3): 325-341.

Bieling, Hans-Jürgen (2009): Wenn der Schneeball ins Rollen kommt: Überlegungen zur Dynamik und zum Charakter der Subprime-Krise. In: Zeitschrift für Internationale Beziehungen 16 (1): 107-21.

Bieling, Hans-Jürgen/Deckwirth, Christina/Schmalz, Stefan (Hrsg.) (2008): Liberalisierung und Privatisierung in Europa. Die Reorganisation der öffentlichen Infrastruktur in der Europäischen Union. Münster: Westfälisches Dampfboot.

Bini Smaghi, Lorenzo (2004): A Single Seat in the IMF? In: Journal of Common Market Studies 42 (2): 229-248.

Bischoff, Joachim/Detje, Richard (2009): Europa vor der Spaltung? Struktur- und institutionenkonservierende Krisenpolitik der Europäischen Union In: Sozialismus 36 (4): 26-31.

Bolkestein, Frits (2001): ‚European Competitiveness‘, Ambrosetti Annual Forum, Cernobbio. 8 September. Abrufbar unter: http://europa.eu.int/comm/internal_market/en/speeches/spch373.htm.

Cafruny, Alan W./Ryner, Magnus (2007): Europe at Bay. In the Shadow of US Hegemony. Boulder: Lynne Rienner.

Dieter, Heribert/Schipper, Lena (2009): Lücken in der Tagesordnung des Londoner G20-Gipfels, SWP-Aktuell 16, Berlin: SWP.

Eising, Rainer/Kohler-Koch, Beate (Hrsg.) (2005) : Interessenpolitik in Europa. Baden-Baden: Nomos.

EuroMemorandum-Gruppe (2009): Euro-Memo 2008/09. Die demokratische Neuordnung des Finanzsektors, ein Vollbeschäftigungsregime und ökologischer Umbau – Alternativen zum finanzgetriebenen Kapitalismus. Supplement der Zeitschrift Sozialismus 4/2009. Hamburg: VSA.

European Commission. (2008): European Economy, Economic Forecast Autumn 200. Luxemburg: European Commission.

Evans, Trevor (2008): Die gegenwärtige Finanzkrise und die Grenzen der US-amerikanischen Geldpolitik. In: Prokla 38 (4): 513-533.

Gowan, Peter (1999): The Global Gamble. Washington's Faustian Bid for World Dominance, London/New York: Verso.

Gowan, Peter (2009): Causing the credit crunch: the rise and consequences of the New Wall Street System; in: Journal für Entwicklungspolitik 23 (1): 18-43.

Grahl, John (2004): The European Union and American Power. In: Panitch et.al (2004): 284-300.

Grahl, John (2009): Global Finance after the Credit Crisis. In: Journal für Entwicklungspolitik 23(1): 69-84.

Hamilton, Daniel/Quinlan, Joseph P. (Hrsg.) (2005): Deep Integration. How Transatlantic Markets are Leading Globalization. Washington DC/Brüssel: Center for Transatlantic Relations and Centre for European Policy Studies.

Hamilton, Daniel/Quinlan, Joseph P (2005): The Transatlantic Economy: Seven Ties that Bind. In: Hamilton, Daniel/Quinlan, Joseph P. (Hrsg.) (2005): 11-27.

Helleiner, Eric (1994): States and the Reemergence of Global Finance: From Bretton Woods to the 1990s. Ithaca/London: Cornell University Press.

Hilpert, Hans Günther/Mildner, Stormy (Hrsg.) (2009): Globale Ordnungspolitik am Scheideweg. Eine Analyse der aktuellen Finanzmarktkrise. SWP Studie Nr. 4: Berlin: SWP

Huffschmid, Jörg (1994): Wem gehört Europa? Wirtschaftspolitik und Kapitalstrategien, 2 Bände. Heilbronn: Distel Verlag.

Huffschmid, Jörg/ Köppen, Margit/Rhode, Wolfgang (Hrsg.) (2007): Finanzinvestoren: Retter oder Raubritter. Neue Herausforderungen durch die internationalen Finanzmärkte. Hamburg: VSA.

Huffschmid, Jörg (2007a): Internationale Finanzmärkte Funktionen, Entwicklung, Akteure. In: Huffschmid et.al (Hrsg.) (2007): 10-50.

Huffschmid, Jörg (2007b): Die neoliberale Deformation Europas. Zum 50. Jahrestag der Verträge von Rom. In: Blätter für deutsche und internationale Politik 52 (3): 307-319.

International Monetary Funds (2009): World Economic Outlook April 2009. Crisis and Recovery. Washington: IMF.

Janszen, Eric (2008): Die Bubble-Ökonomie. Wie man die Märkte für den großen Crash von morgen präpariert. In: Blätter für deutsche und internationale Politik 53 (5): 49-62.

Lederer, Markus (2003): Exchange and Regulation in European Capital Markets. Münster: Lit-Verlag.

McCreevy, Charlie (2004): The Integration of European Financial Markets – our Objectives for the Coming years. Rede in Frankfurt am 20.12.

McNamara, Kathleen R. (1998): The Currency of Ideas. Monetary Politics in the European Union. Ithaca/London: Cornell University Press.

McNamara, Kathleen R./Meunier, Sophie (2002): Between national sovereignty and international power: what external voice for the euro? In: International Affairs 78(4): 849-868

Mügge, Daniel (2006): Reordering the Marketplace: Competition Politics in European Finance. In: Journal of Common Market Studies 44 (5): 991-1022.

Panitch, Leo/Leys, Colin (Hrsg.) (2004): The Empire Reloaded. Socialist Register 2005. London: Merlin Press: 284-300.

Panitch, Leo/Konings, Martijn (Hrsg.) (2008): American Empire and the Political Economy of Global Finance. Houndmills et al.: Palgrave Macmillan.

Panitch, Leo/Gindin, Sam (2008a): Finance and American Empire. In: Panitch, Leo/Konings, Martijn (Hrsg.) (2008): 17-47.

Pinzler, Petra (2009): Alle sind König. Der Westen ist nicht mehr einsame Spitze: Wie auf dem G-20-Gipfel in London die Macht neu verteilt wird. In: Die Zeit vom 2. April, 3.

Roubini, Nouriel (2006): The Unsustainability of the U.S. Twin Deficits. In: Cato Journal 26(2): 343-356.

Schwarzer, Daniela (2009): Auswirkungen der Krise auf die Eurozone. In: Hilpert et.al (Hrsg.) (2009): 99-106.

Steinbrück, Peer (2008): Regierungserklärung des Bundesministers der Finanzen „Zur Lage der Finanzmärkte" im Deutschen Bundestag, 25.09. http://www.bundesfinanzministerium.de/DE/Presse/Reden_20und_20Interviews/095__Regierungserkl__Finanzmaerkte.html. Letzter Zugriff 9.4.2008.

UNCTAD (2009): The Global Economic Crisis: Systemic Failures and Multilateral Remedies. New York/Genf: United Nations.

Wade, Robert/Veneroso, Frank (1998): The Asian Crisis: The High Debt Model Versus The Wall Street-Treasury-IMF Complex. In: New Left Review 228: 3-22.

Zeise, Lucas (2008): Ende der Party. Die Explosion im Finanzsektor und die Krise der Weltwirtschaft. Köln: Papyrossa.

Im Inneren der Weltfinanzkrise: Eine kritische Analyse zum Problem des Interessenkonflikts

Timothy Sinclair

1 Einleitung

Wer hätte noch vor kurzem gedacht, dass im Zuge der aktuellen Weltwirtschaftskrise das etwas geheimnisvolle Geschäft der Kreditratingagenturen innerhalb kürzester Zeit zum Gegenstand einer von Präsidenten und Premierministern kommentierten öffentlichen Debatte werden könnte? Die MitarbeiterInnen von Rating-Agenturen mögen zwar inzwischen daran gewöhnt sein, dass ihre Arbeit ausführlich mit einer Mischung aus Ehrfurcht und Geringschätzung in der Finanzpresse debattiert wird. Ehrfurcht, weil Ratings einen großen Einfluss auf die Refinanzierungskosten von Unternehmen und ganzen Volkswirtschaften haben und es sich schließlich dabei um ein milliardenschweres Geschäft handelt. Geringschätzung, weil in der Wall Street eine allgemein verbreitete Ansicht vorherrscht, dass es sich die MitarbeiterInnen von Agenturen eigentlich nur um Finanzexperten zweiter Wahl handelt, die für die einst so mächtigen Investmentbanken und Hedge-Fonds einfach nicht gut genug sind. An diesen Mix aus Ehrfurcht und Geringschätzung sind die MitarbeiterInnen gewöhnt. Jedoch derart im Zentrum des öffentlichen Interesses zu stehen ist für sie eine völlig neue Erfahrung.

Die öffentliche Debatte über die Machtposition der Rating-Agenturen wird dabei von einer allgemeinen Idee getragen, die sich tief im öffentlichen, dem ökonomischen und auch dem akademischen Verständnis von Agenturen und ihren Leistungsanreizen verankert hat. Es wird angenommen, das grundlegende Problem liegt in der Finanzierungsart der Rating-Agenturen: die Ratings werden von dem bewerteten Unternehmen bezahlt. Das bedeutet gleichzeitig, dass es sich bei den bewerteten Unternehmen um Kunden handelt. Der daraus entstehende Interessenkonflikt aus einer objektiven Bewertung ökonomischer Fakten und der Etablierung einer langfristigen Geschäftsbeziehung, so die allgemeine Meinung, stellt ein ernsthaftes Problem für die Qualität der Ratings selbst dar.

Obwohl ich die Relevanz des Interessenkonflikts per se nicht anzweifeln möchte, bin ich doch der Meinung, dass die Diskussion an dieser Stelle zu kurz greift. Man muss sich doch nur vor Augen führen, dass Interessenkonflikte in der Wirtschaftswelt, wie auch im Alltagsleben, allgegenwärtig sind. Freilich ist die Frage, wie

Interessenkonflikte erkannt und beantwortet werden wichtig, aber die Existenz des
Konflikts selbst ist nicht das Hauptproblem. Die Rolle der Rating Agenturen in der
Subprime-Krise lässt sich nicht als ein (Aus)brechen regulativer Regeln zwischen
diesen unterschiedlichen Interessen verstehen. Vielmehr zeigt die Rolle der Rating-
agenturen (und ähnlichen Gatekeepern) auf ein grundlegendes Dilemma, das auf
die konstitutiven Regeln des Marktsystem selbst verweist. Auch wenn Kritik an Interessenkonflikten eventuell politisch sinnvollen Zielen dient, wird dem Interessenkonflikt zu viel Aufmerksamkeit geschenkt. Das greift nicht nur in der Problemer-
kennung zu kurz, sondern führt zu einer Gleichgültigkeit gegenüber der inhärenten
Volatilität der Weltfinanz selbst. Konsequenterweise werden somit, sobald der Risi-
kohunger wiederaufflammt, die Weichen für eine Wiederholung der Weltfinanzkrise
gestellt (Vestergaard 2009: 9, Kessler 2009).

Dieser Beitrag argumentiert in fünf Schritten: Ich beginne meine Ausführungen
mit einem kurzen Überblick über die Geschichte und Funktionsweise von Rating-
Agenturen. Daran schließt sich eine Untersuchung der Rolle der Rating-Agenturen
in der ‚neuen Globalfinanz‘ an (siehe auch Sinclair 2001). Als dritten Schritt beschäf-
tige ich mich mit der Kritik an den erkannten Interessenkonflikten, die im Zentrum
der Debatte über die Ratingagenturen steht. Im Gegensatz dazu entwickle ich meine
These, dass die Kreditratingagenturen nicht nur eine regulative, sondern eine konstitutive Funktion in der Globalfinanz ausüben: sie ermöglichen erst die strukturierten
Finanzprodukte. Gerade diese Rolle liefert den Schlüssel zu einem anderen Verständnis der Weltfinanzkrise: die Krise ist nicht das Resultat von Regelübertretungen,
sondern eine Krise der sozialen Beziehungen, die erst die globale Finanzwirtschaft
ermöglichen. Aus diesem Grund ist die Krise auch so grundlegend und daher fällt es
Politikern und Marktteilnehmern so schwer, eine adäquate Antwort auf die Geschehnisse zu finden. Aus diesem Grund geht die Beschaffenheit der Krise über die von
diesen Akteuren vorgeschlagene Definition hinaus. Anschließend untersuche ich die
spärlichen Regulierungsinitiativen, die seit dem Beginn der Krise entwickelt wurden.
Schließen werde ich meine Ausführungen mit einigen pessimistischen Anmerkungen
zur Krise und zur Zwecklosigkeit des Versuches, sie durch Änderung ordnungspoli-
tischer Regeln zu lösen.

2   Die Ursprünge der Krise

Henry Paulson, damaliger US-Finanzminister der Bush-Administration, verdeut-
lichte bei der Präsentation der Grundsatzerklärung der President's Working Group
on Financial Markets im März 2008, dass in der gegenwärtigen Marktturbulenz
Kreditratingagenturen eine zentrale Rolle spielen würden und deren Arbeit deutlich
verbessert werden müsse, um die besonderen Herausforderungen um die Beurteilung

komplexer Finanzinstrumente zu meistern. Dafür müsste jeder Anschein von Interessenkonflikten innerhalb der Agenturen vermieden werden (Paulson 2008).

Diese Einschätzung, wie auch die energische Reaktion europäischer Finanzregulierer auf die vermeintliche Schuld der Agenturen an der Subprime-Krise, verdeutlichen die immer wichtigere Bedeutung der Kreditratingagenturen für die Funktionsweise der Weltmärkte. Dabei waren Ratingagenturen, zumindest außerhalb der USA, bis Mitte der 90er kaum bekannt. Bis dahin verließen sich die meisten europäischen und asiatischen Firmen bei der Absicherung von Finanzierungen ausschließlich auf ihre Marktreputation. Doch mit dem steigenden Globalisierungsdruck wuchs auch der Wunsch von der Tiefe der amerikanischen Finanzmärkte zu profitieren, aber auch die Gier nach immer höheren Erträgen und somit nach Risiko. Damit waren die informellen und ,traditionellen' ,old-boys-networks' gegenüber Aktionären oder Pensionsfonds schlicht nicht mehr haltbar. Im Ergebnis wurde die amerikanische Art und Weise von Marktorganisation und -beurteilung quasi zur globalen Norm. Damit werden aber auch die Ratings immer zentraler für die Regulation des modernen Kapitalismus und in der Folge auch für Regierungen weltweit. Daher ist es für viele Beobachter inzwischen lebensnotwendig, die ,richtigen' Ratings zu bekommen (Sinclair 2005).

Eine Verbesserung im Beurteilungssystem setzt jedoch die Anerkennung der zentralen Herausforderungen und der inhärenten Grenzen der Ratings voraus. Nach einer kurzen Diskussion über die Ursprünge und die Arbeitsweise der Agenturen zeige ich, dass sich unsere Erwartungen an die Agenturen auf ein begrenztes rationalistisches und quasi-mechanistisches Verständnis der Funktionsweise von Kapitalmärkten gründen. Ein angemesseneres Verständnis, dass die Finanzmärkte eben als soziales Phänomen versteht und in seiner Dynamik auch ernst nimmt, lässt die Hoffnung auf effektive Ratings aber noch entmutigender erscheinen. Die fortschreitende Volatilität der Märkte hat eine Krise in den Beziehungen zwischen den Regierungen und Agenturen erzeugt, da letztere zunehmend versuchen, die Leistung der Regierungen zu überwachen und eine Reform ihrer Arbeitsweise anzugehen.

Rating-Agenturen entstehen kurz nach dem amerikanischen Bürgerkrieg. Bis zum ersten Weltkrieg steigen die Informationsanforderungen in Amerika explosionsartig an. Die Ratingagenturen geben zu dieser Zeit vor allem Informationskompendien heraus. Der Übergang von der Herausgabe von Informationskompendien zu einem tatsächlichen Beurteilen der Kreditwürdigkeit von Darlehensnehmern vollzieht sich zwischen der Finanzkrise von 1907 und den Pujo-Anhörungen von 1912. Bereits in den 1920ern werden knapp 100 Prozent des amerikanischen Anleihenmarktes von Moody's bewertet. Danach wächst das Bondratinggeschäft in mehreren Phasen. Bis zum Glass-Steagall Act und der Trennung von Kredit- und Investmentgeschäft in den Vereinigten Staaten verharrt das Bondrating in den Kinderschuhen. Mit der Trennung und der Institutionalisierung des Investmentgeschäfts (bereits nach 1929) nimmt das Ratinggeschäft rasant zu. Nach einer kurzen Konsolidierungsphase und nachdem viele Staaten Bewertungsstandards für Ihre Anleihen und Pensionsfonds akzeptierten, emanzipiert es sich vollständig und wird in den Vereinigten Staaten zu einem Standard bei jeder Emission. Eine Reihe von Staatsbankrotten, unter anderem von Deutschland, führt dazu, dass das Geschäft mit Anleihen bis in die 1980er weitgehend eine amerikanische Angelegenheit bleibt und von hochklassigen amerikanischen Industrieunternehmen und Kommunen dominiert wird (Toffler 1990: 43-57). Hier gilt zu beachten, dass bereits in den späten Sechzigern und frühen Siebzigern die Agenturen beginnen für Ihre Ratings Gebühren zu erheben. Die dritte Periode der Entwicklung des Ratings nimmt ihren Anfang in den achtziger Jahren, als sich ein Markt für niedrig bewertete Anleihen entwickelte. Dieser Markt – ein Charakteristikum der neu freigesetzten Kräfte finanzieller Spekulation – wird von einer Vielzahl neuer Akteure begleitet, die auf den Markt drängen und das Gesicht der Globalfinanz nachhaltig verändern.

Heute wird der Markt primär von zwei großen amerikanischen Agenturen beherrscht. Sowohl Moody's als auch Standard & Poor's (S&P) haben ihre Hauptverwaltung im Finanzbezirk von New York in Lower Manhattan. Moody's wurde 1998 als eigenes Unternehmen vom Informationskonzern Dun and Bradstreet verkauft, dem Moody's seit 1962 gehörte, während S&P eine Tochtergesellschaft der Verleger McGraw-Hill blieb, die S&P 1966 gekauft hatten. Beide Agenturen haben zahlreiche Niederlassungen in den Vereinigten Staaten, in vielen Industrieländern und mehreren Schwellenländern. S&P ist berühmt für den S&P 500, den amerikanischen Referenz-Aktienindex, der etwa 1 Billion Dollar Anlagewerte führt.

Die Produkte der Rating-Agenturen liefern heute einen wichtigen Teil der Infrastruktur der Kapitalmärkte. Ratings sind in jede Faser ökonomischen Handels eingeschrieben und bilden die Grundlage für die Entscheidungsfindung der Akteure. Daher speist sich die Rolle und Autorität der Rating-Agenturen nicht aus den erstellten Ratings selbst, sondern aus ihrem festen Platz in der internen Organisation des Marktes. Ihre Ratings sind soziale Fakten, an denen sich die Teilnehmer orientieren, auf deren Basis sie Erwartungen bilden und sich gegenseitig beobachten. Ihre Bewertungsskalen sind eine manifeste Tatsache, an der Firmen, Kommunen oder Länder beschrieben und differenziert werden.

Anstatt auf die Informationskonflikte abzuzielen erscheint es daher angebrachter diese spezifische Funktion der Rating-Agenturen in den Blick zu nehmen: sie lösen auf den Märkten ein Problem, das sich im Zuge der Desintermediation entwickelt. Sobald Banken nicht mehr im Zentrum des Kreditaufnahme-Prozesses stehen, dienen Rating-Agenturen als ‚reputational intermediaries', wie Gourevitch sie nennt (ebenso wie Buchhalter, Analysten und Anwälte), die ‚essential to the functioning of the system' sind, indem sie Manager durch einen ‚constant flow of short-term snapshots' überwachen (Gourevitch 2002: 1 und 11). Ein anderer Weg, über die Funktion der Agenturen nachzudenken, besteht auch in dem Hinweis, dass Rating-Agenturen grundlegende psychologische ‚Faustregeln' aufstellen, die Marktentscheidungen für Teilnehmer schlicht weniger aufwendig werden lassen (Heisler

1994: 78). Orientiert an den Up- und Downgrades, erkennt man die grundlegenden Marktdynamiken.

Der Hinweis auf die ‚Funktion' der Ratingagenturen ist jedoch nicht als ein Aufruf zu einer rein funktionalistische Erklärung zu verstehen. Im Gegenteil: rein funktionale Erklärungen für die Existenz von Rating-Agenturen sind möglicherweise irreführend. Versuche, die These zu beweisen (oder zu widerlegen), dass Rating-Agenturen existieren müssen, weil sie einem Zweck dienen, haben sich als ergebnislos erwiesen. Vielmehr müssen Ratingagenturen als wichtige Akteure gelten, weil Menschen sie für wichtig halten und auf Basis ihres zugeschriebenen Status handeln, auch wenn es für Analysten unmöglich scheint, den speziellen Leistungsrahmen einzugrenzen, den Agenturen für Marktakteure stellen. Investoren ahmen oft andere Investoren nach und ‚ignorieren dabei stichhaltige private Informationen' (Scharfstein und Stein 1990: 465). Die Tatsache, dass Menschen, Rating-Agenturen kollektiv als bedeutsam erfassen – ungeachtet dessen, welcher ‚Funktion' die Agenturen nach Meinung der wissenschaftlichen Literatur dienen – beinhaltet auch, dass Märkte und Kapital-Emittenten dem starken Anreiz unterliegen, so zu handeln, *als ob* andere Marktteilnehmer die Beurteilungen der Ratingagenturen ernst nehmen würden. Mit anderen Worten resultiert der Stellenwert von Ratings weder aus den ‚nackten Tatsachen' der reinen empirischen Fakten, die wahr oder falsch sein können, noch aus der rein subjektiven Wahrnehmung; sondern vielmehr aus einem ‚geteilten' oder inter-subjektiven Glauben (Ruggie 1998: 12-13). Zentral für Status und Wirkung von Rating-Agenturen ist allein, was Akteure von ihnen denken und wie sie in der Folge kollektiv handeln – selbst wenn alle getroffenen Annahmen eindeutig falsch wären. Tatsächlich können die Annahmen auf den Beobachter ziemlich sonderbar wirken. Dennoch sind sie für Entscheidungen und Handlungen zentral, sobald sie Akteuren als Richtschnur für Handeln (oder Nichthandeln) dienen. Nimmt man diese kollektiven oder inter-subjektiv geteilten Überzeugungen nicht ernst, übersieht man deren Notwendigkeit für die Formierung von Handlungen (oder Nichthandlungen). Reflexionen über die Natur und Richtung von sozialen Fakten sind selbst auf der Ebene alltäglichen Handelns auf den Finanzmärkten allgegenwärtig. Ratingagenturen sind wichtig, weil es eine kollektive Überzeugung darüber gibt, dass sie wichtig sind.

3   Die neue Globalfinanz

Rating-Agenturen arbeiten in einem speziellen strukturellen Kontext, den ich als New Global Finance (NGF) bezeichne (für eine Diskussion siehe Sinclair 2001). In diesem Kontext erhalten sie und auch andere Reputations-Mittler eine neue Bedeutung. Diese neue Globalfinanz grenzt sich vor allem von einem bankzentrierten System ab. Der Vorgang der Kreditvergabe durch Banken ist uns vertraut. Traditionsgemäß agierten Banken als Finanzmittler indem sie Kreditnehmer und Kapitalgeber zusammenbrachten. Sie nahmen Geld in der Form von Einlagen auf und liehen dieses auf eigenes Risiko an Kreditnehmer aus. In den letzten Jahren hat sich jedoch auf beiden Seiten der Bilanz ein Ausweichen auf andere Finanzierungsquellen etabliert. Anleger haben attraktivere Möglichkeiten gefunden, ihr Kapital zu investieren, während gleichzeitig Kreditnehmer ihre Finanznachfrage nicht über Banken, sondern meist direkt am Finanzmarkt befriedigen. Die Gründe für diese Entwicklung scheinen einerseits im erhöhten Wettbewerbsdruck zu bestehen, der durch die Globalisierung hervorgerufen wurde, und andererseits in den hohen indirekten Kosten der Infrastruktur der Bankvermittlung.

Das Ausweichen auf andere Finanzierungsquellen – anstelle der Bankkredite – bildet das Zentrum der ‚neuen Globalfinanz‘. Diese neue Globalfinanz (siehe in diesem Zusammenhang auch die Beiträge von Nölke und Bieling) hat die Gestalt von Banken verändert und neue Informationsprobleme bei der Verteilung von Finanzressourcen geschaffen. In einem Umfeld in dem Banken als Mittler auftreten verlassen sich Kreditgeber auf das vernünftige Verhalten von Banken, die reguliert werden und einen gewissen Anteil an Reserven zurückhalten müssen. In einem Umfeld mit Finanzierungsquellen jenseits von Bankkrediten müssen Kreditgeber eigene Bewertungen über die Wahrscheinlichkeit der Rückzahlung durch Kreditnehmer erstellen. In Anbetracht der hohen Kosten für das Beschaffen geeigneter Informationen, mit denen einzelne Investoren eine Bewertung durchführen können, überrascht es kaum, dass sich Institutionen zur Lösung des Informationsproblems durch Bereitstellung zentraler Beurteilungen über Kreditwürdigkeit auf den Kapitalmärkten entwickelt haben.

Die gegenwärtige Phase des Ratingwachstums muss im Kontext spezifischer Besonderheiten der neuen Globalfinanz gesehen werden. Globalisierung ist hierbei natürlich das augenfälligste Merkmal. Wie bereits erwähnt fordern nun billigere, leistungsfähigere Kapitalmärkte die wirtschaftlichen Positionen von Banken in Europa und Asien heraus und natürlich sind die in New York ansässigen Rating-Agenturen möglichst schnell gewachsen, um den Bedarf nach ihren Diensten auf diesen disintermediatisierten Kapitalmärkten zu decken. Das zweite entscheidende Merkmal ist die Innovation neuer Finanzinstrumente (siehe den Beitrag von Mügge). Derivate und strukturierte Finanzprodukte erzeugen eine große Belastung für die bestehenden analytischen Systeme und Ergebnisse der Agenturen, die ihrerseits neue Bewertungsmaßstäbe und Fachkompetenz entwickeln, um auf die Änderungen zu reagieren. Die Forderung nach schneller Information ist größer denn je. Zum Dritten sehen wir aber zum ersten Mal seit Jahrzehnten eine Intensivierung des Wettbewerbs im Rating-Geschäft. Ratingagenturen versuchen sich Nischen zu suchen (z. B. Fitch Ratings für Kommunen und Finanzinstitute) oder eine ‚bessere Betreuung‘ von Emittenten bereitzustellen. In Befragungen kritisieren Kreditgeber und Investoren globale Rating-Agenturen, besonders Moody's, dafür, manchmal als selbstherrlich aufzutreten oder einfach mangelhafte Analysen für Emittenten und Investoren zu erstellen.

4 Die globale Finanzkrise

Die Subprime-Krise, die im Sommer 2007 begann, muss als eine der traumatischsten globalen Entwicklungen der letzten hundert Jahre bewertet werden. Sie hat Bestürzung und Panik in den Eliten der Industrieländer ausgelöst, weil Bemühungen, das Vertrauen in die Finanzmärkte zu erneuern, wieder und wieder zunichte gemacht wurden. Die Tatsache, dass der Subprime-Securities-Markt Mitte 2007 nur einen Wert von 0,7 Billionen Dollar aufweist, bei einem Volumen aller globalen Kapitalmärkte von 175 Billionen Dollar, zeigt, dass die Bedeutung von Subprime-Anlagen in keinem Verhältnis zu ihrem tatsächlichen Gewicht im Finanzsystem steht (Bank von England 2008: 20). Dies legt nahe, dass sich die Erklärung für die Systemkrise nicht aus rationalistischen Begriffen gewinnen lässt, bei der die Ergebnisse eine kausale, logische Ursache haben. Die ‚Subprime-Krise‘ ist keine direkte Folge des Zahlungsausfalls bei minderwertigen Hypotheken. Die Krise entstand nicht, weil die Subprime-Kreditvergabe auf einmal so wichtig wurde. Die Lähmung der globalen Finanzmärkte ist eher die Konsequenz der grundlegenden sozialen, intersubjektiven Beschaffenheit von Märkten als die logische Folge von relativ unwichtigen Problemen. Aber diese Analyse ist kaum in einem rationalistischen Verständnis von Märkten durchführbar, wo Ereignisse logische Ursachen haben. In einer rationalen Welt müssen Paniken, Krisen und Zusammenbrüche eher als Folgen spezieller Versäumnisse gewertet werden, denn als Konsequenz aus den Wechselbeziehungen des gesellschaftlichen Lebens. In diesem Gedankengebäude wird die Aufmerksamkeit auf die Institutionen gelenkt, die ihre Arbeit nicht richtig gemacht haben und es wird dann sichergestellt, dass dies nicht mehr passiert.

Selbst aus dieser rationalen Sicht der Dinge wird es kaum verwundern, dass Ratingagenturen inmitten der Finanzkrise einer noch nie da gewesenen Kritik ausgesetzt waren. Kongressausschüsse, die Sicherheits- und Börsenkommission, das europäische Parlament, die europäische Kommission und der Ausschuss der europäischen Sicherheitsbehörden führen neben vielen anderen entsprechende Untersuchungen durch. Ein hochrangiger Rating-Spezialist hat angedeutet, dass die Agenturen wegen ihrer Subprime-Ratings die schwerste Krise in ihrer 100 jährigen Tätigkeit durchleben müssen. Eine merkwürdige Reaktion angesichts der Tatsache, dass das Rating-Agentur-Gewerbe einen stärken Wettbewerb ausgesetzt ist, seit dem die NRSRO-Kennzeichnung zum Gegenstand des Credit Rating Agency Reform Act von 2006 wurde. Es deutet darauf hin, dass die Vorstellung einer Bewegung von Regulierung hin zu Selbstregulierung oder einer Polizei zu einer Feuerwehr eben nicht eine Welt autonomer nichtstaatlicher Instanzen geschaffen hat, wie sie die Internationale Politische Ökonomie immer annimmt. Wir erleben stattdessen eine erhebliche Disziplinierung der Agenturen durch einen regulierenden Staat, bedacht auf stetige Verbesserung ihrer Leistung (Moran 2003: 1-11). Oder sogar eine Stigmatisierung der Agenturen als Sündenböcke im Zusammenhang mit der Betroffenheit von Elite und

Öffentlichkeit über die Auswirkungen globalisierter Märkte, so wie es die amerikanischen Investmentbanken in den 1930ern waren (Galbraith 1954). Im Ergebnis der Subprime-Krise steht wahrscheinlich eine begrenzte Reorganisation der Agenturen, um eine gewisse ‚Verantwortlichkeit‘ sicherzustellen.

Das Problem bei dieser Entwicklung ist, dass die Agenturen den Kapitalmärkten keine Lösung des Informationsproblems über die zugrunde liegenden Sicherheiten der strukturierten Produkte anbieten können, wie sie es eventuell in ihrem angestammten Bereich des Kommunen-, Körperschafts- und Länder-Ratings leisten können: ebenso wie jeder andere Marktteilnehmer können sie nicht über die Umstände jedes einzelnen Hausbesitzer informiert sein. Den Märkten und den Agenturen stehen die gleichen Finanzwerkzeuge zur Verfügung. Aufgrund diesen Mangels von Informationsarbitrage konnten die Agenturen im Fall der strukturierten Finanzprodukte nur ihren guten Ruf oder ihre Marke auf einen Bereich ausweiten, in dem kein komparativer Vorteil besteht.

5   Neubetrachtung des Interessenkonflikts

Der Hauptkritikpunkt an den Agenturen, die in der Folge der Subprime-Krise aufkam bezog sich darauf, dass deren Bewertungen falsch waren und nicht vor bevorstehenden Problemen warnten. Der Grund dafür liegt in einem Interessenkonflikt: die Anreize für eine Abbildung ökonomischer Sachverhalte sind verzerrt. Rating-Agenturen haben einen Anreiz Bewertungen zu gut ausfallen zu lassen, um die Attraktivität ihrer Kunden zu bewahren und zukünftige Gebühren sicherzustellen. Obwohl dieses Geschäftsmodell seit über 30 Jahren allgemeine Praxis ist, behandelte die Finanz- und die Boulevardpresse die Beobachtung, dass Rating-Agenturen durch ihre Kunden finanziert werden, als eine skandalöse Enthüllung (Wighton, 2009; Baker 2009: 100).

In den Anfängen von Moody's Investor Service wurden Ratings durch den Verkauf von Newslettern über die Kreditqualität finanziert. Dieses Modell verlor in den 1960ern an Geltung, als der Bullenmarkt eine Prämie auf Informationen ausschrieb. Newsletter und andere Nachrichtendienste behandelten Bewertungen wie Nachrichten, wandelten Bewertungsankündigungen so zu Kollektivgütern und umgingen damit die Notwendigkeit einer Bezahlung durch Investoren. Trittbrettfahren wurde zu einem zentralen Problem. Die Ausweitung der Finanzmärkte in den sechziger Jahren, nach Jahrzehnten gedämpfter Aktivität in der Folge der Weltwirtschaftskrise, dem 2. Weltkrieg und Bretton Woods, führte dazu, dass die Agenturen mehr Einnahmen brauchten, als durch das anfällige Abonnementsystem zu erzielen war, um auf das größere Volumen und die gewachsene Komplexität von Sicherheiten einzugehen. Dies trieb die Agenturen an, ihr Geschäftsmodell Ende der Sechzigerjahre zu ändern.

Prinzipiell ist die Beobachtung eines Interessenkonflikts auch richtig, wie Crockett et al. bestätigen: ‚Conflicts of interests occur when a financial service provider, or agent within such a provider, has multiple interests that create incentives to act in such a way as to misuse information‘ (2003: xix). Die Idee besteht darin, dass Interessenkonflikte entstehen, weil der Markt weniger oder geringer abgesicherte Informationen erhält, als sonst üblich wäre. Genauer ist der Rückschluss, dass die Zahlung von Gebühren durch Emittenten die Prinzipal-Agent-Beziehung zwischen den Agenturen und den Investoren, die deren Bewertungen als Teil ihrer Entscheidungsfindung bedürfen, gefährdet. Es wird angenommen, dass die Agenturen vor diesem Hintergrund Bewertungen weniger kritisch formulieren, als unter anderen Umständen.

Das Problem dieser Betrachtungsweise besteht in der Annahme, dass der inhärente Konflikt einem empirischen Problem gleichkommen muss. Jedoch findet sich in der Materie keine Entsprechung. Was wir tatsächlich beim Rating und auch in vielen anderen Bereichen finden können, ist ein Interessenkonflikt, wie er auch an Universitäten existiert, an denen Studenten Studiengebühren bezahlen und damit Gehälter der Professoren absichern, die ihre Examen benoten. Universitäten begegnen diesem Dilemma genauso wie Rating-Agenturen: Sie generieren Verhaltenscodes und entkoppeln die Beziehung zwischen Analyse und Bezahlung.

Der Umgang mit diesem Konflikt erfolgt nicht nur in einer negativen oder legalistischen Form. Die Agenturen haben den starken Anreiz, ihre Reputation zu erhalten. Vor Verwendung von Ratings für eine angemessene Marktregulierung seitens der Regierung, die in den dreißiger Jahren begann, war eine Bewertung durch Moody's bereits schon eine marktbestimmte Notwendigkeit, um kommunale Anleihen zu verkaufen. Daher kann ein Rating nicht auf eine ‚regulatorische Lizenz‘ reduziert werden, wie einige Wissenschaftler empfohlen haben (Posen and Smick 2008: 8-9). Es gibt gewichtige Gründe für die Agenturen, eine Inflation von Ratings zu vermeiden, da die Reputation die Grundlage ihrer Existenz bildet, ebenso wie es bei Eliteuniversitäten der Fall ist.

Wären Interessenkonflikte ein größeres, bedeutendes Problem in der Rating-Industrie, würden wir eine ganze Reihe von empirischen Fällen erwarten, die dieses Argument stützen können. Und sicherlich wäre ohne jeden Zweifel die Rede von Skandal und Korruption innerhalb der Agenturen gewesen. Jedoch ist das nicht der Fall und so scheint auch die Annahme legitim, dass Agenturen ihre Interessenkonflikte effektiv bewältigen (Smith und Walter 2002; Crockett et al. 2003; Coffee 2006; Véron 2009). Das Problem beim Rating ist nicht ein Interessenkonflikt im herkömmlichen Sinn. Das Problem liegt viel tiefer. Diesem Thema werde ich mich im nächsten Schritt widmen.

6   Ratingagenturen jenseits des Interessenkonflikts

Zwei Impulse scheinen die Reaktionen auf größere Krisen zu dominieren. Der erste
besteht in der Suche nach den vermeintlich Verantwortlichen, dem man die Schuld
für die Krise nachzuweisen versucht. Dies liefert Material für die Medien und unauf-
hörliche Diskussionen in Blogs. Dieser Impuls zwingt Gremien von Bankern, sich vor
Kongress- und britischen Parlamentskommittees für die ihnen unterstellten Fehler
zu entschuldigen (siehe auch Sinclair 2009). Während dieser erste Impuls eventuell
politisch nützlich, für einige blamabel und für viele einigermaßen zufriedenstellend
ist, wirkt sich der zweite Impuls wohl eher schädlich auf das Allgemeinwohl aus. Der
zweite Impuls besteht in der Verabschiedung von – typischerweise in großer Eile
erstellten – neuen Regeln, die nun ‚schwerer‘, ‚härter‘ und ‚ernster‘ sind als die bestehenden. Der Impuls zur Regulierung resultiert aus einem mangelhaften Verständnis
darüber, was die Ratingagenturen tatsächlich falsch gemacht haben, kombiniert mit
der Unfähigkeit den sozialen Charakter der Finanzmärkte und die tatsächlichen Kri-
senursachen zu akzeptieren.

Dem Impuls zur Bestrafung und Neuregulierung liegt die Annahme zu Grun-
de, dass beteiligte Akteure etwas falsch gemacht haben. Ganz analog dazu, als ob
ein Mechaniker bei der Autoreparatur die falsche Software für die Computer im
Auto runtergeladen hat. In dem Fall gibt es vielleicht kein Trinkgeld oder er muss
womöglich ein paar Extrarunden in der Berufsschule schieben; oder aber er wird
halt entlassen bei der nächsten Entlassungswelle. Aber diese Analogie greift nicht
für das globale Finanzwesen. Entgegen der Behauptung von Ökonomen und ihrer Effizienzmarkthypothese, handelt es sich beim Finanzwesen eben nicht um ein
Naturphänomen. Während Finanzmärkte in normalen Zeiten etwaige Regelmä-
ßigkeiten aufweisen, handelt es sich hierbei nicht um Gesetzmäßigkeiten, die man
mit quasi naturwissenschaftlichen Vorstellungen analysieren könnte. Vielmehr sehen wir ja einen diachronischen Wandel, wie er bei allen sozialen Mechanismen
üblich ist. Für dieses Problem hat John Searle eine ganz nützliche Unterscheidung
eingeführt. Er behauptete es sei möglich regulative Regeln, die ‚regulate antecen-
dently or independently existing forms of behavior …‘, von mehr architektonischen
Regeln unterscheiden zu können (Searle 1969: 33). Diese ‚constitutive rules do not
merely regulate, they create or define new forms of behavior.‘ So sind ja Schach oder
Fußball nur durch konstitutive Regeln definiert, die bestimmen wie das Spiel aus-
sieht, wer ein Spieler ist, welche Akteure und Züge es gibt. Der wesentliche Punkt
im vorliegenden Spiel ist, dass sich die Panik der Öffentlichkeit und Eliten rein
auf diese regulativen Regeln (und diejenigen, die sie angeblich gebrochen haben)
konzentrierte. Diese bilden jedoch nicht das zentrale Problem rund um die Ratingagenturen oder die Ursache der Krise. Vielmehr sind diese konstitutiven Regeln
beschädigt und genau aus diesem Grund ist die Krise so tiefgreifend und so schwer
für Regierungen lösbar.

Im Fall der Rating-Agenturen würde ich also mein Argument so fassen, dass die rein regulativen Interessenkonflikte unerheblich und nicht mehr als ein nützliches rhetorisches Instrument sind, um sich mit mangelhaften Prognosen zu befassen. Wichtig und nur wenig kommentiert sind bisher die konstitutiven Konflikte. Der wesentliche Konflikt dieser Kategorie besteht seit den frühen 1980er und begann mit dem Aufkommen der strukturierten Finanzprodukte. Diese nehmen eine besonders wichtige Stellung ein, da sie das Mittel sind, mit dem unfungible Forderungen aus dem Kreditgeschäft z.B. wie Autokredite oder Hypotheken, in fungible und handelbare Wertpapiere umgewandelt werden. Im Zusammenhang mit niedrigen Zinssätzen und der Jagd nach Rendite ist dieses Segment auf etwa 40 Prozent der gesamten globalen Schuldtitel von rund 30 Billionen Dollar angewachsen.

Wenn man an Finanzinnovationen denkt, kommen üblicherweise zuerst Computer und gebildete ‚rocket scientists' in den Sinn, die immer wieder neue quantitative Techniken zur Risiko-Bewältigung entwickeln. Aber die zwei sind eigentlich nicht zentral für die Verbriefung von Forderungen. Anwälte sind es. Die materielle Grundlage der strukturierten Finanzprodukte bilden die Rechtsansprüche auf zukünftige Einnahmen, die über Verträge und Überschreibungen organisiert sind. Ein Derivat kann gut und gerne tausend Seiten an Dokumentation umfassen. Der entscheidende Punkt hier ist, dass diese gesetzlichen Grundlagen den verschiedenen Tranchen unterschiedliche Rechte zuordnen. Einigen, wie zum Beispiel AAA-Tranchen, wird das Recht zuerkannt, ihre Forderungen aus den Rückzahlungen zuerst beglichen zu bekommen, während andere Senioritätsstufen warten müssen. Nur über diese Rechte war es möglich, die kaum kreditwürdigen Subprime-Kredite in AAA-Anlagen umzuwandeln: diese Investoren hatten das erste Anrecht auf Ertrag und die Erwartung war, dass selbst für den Fall, dass der Kapitalstrom aus den Rückzahlungen weit unter den Prognosen liegen würde, die Forderungen der Senior-Tranche immer noch bedient werden. Doch diese Vorstellung funktioniert nur, wenn man von einer allgemeinen Erwartungszusammenbruch oder einem Vertrauenszusammenbruch abstrahiert. Addiert man noch die Möglichkeit einer Rezession oder sogar einer Depression, erzeugt man die Möglichkeit eines Marktzusammenbruchs und Massenverkäufen dieser angeblichen sicheren Wertpapiere. Das Problem resultiert nicht aus konfliktierenden Interessen, sondern daraus, dass sie in diese Märkte überhaupt eingestiegen sind. Denn jahrzehntelang hatten Moody's und Standard & Poor's die Rolle eines Richters oder Schiedsrichters inne, der am Spiel unbeteiligt, bei Bedarf Zurufe äußerte. In der Rolle wurden sie geschätzt und diese erlaubte ihnen ihre spezifische Reputation aufzubauen. Die Strukturfinanz funktioniert aber nur mit Ratings, denn sie ermöglichen erst die Unterscheidung verschiedener Tranchen. Auf Grund der Komplexität der, für diese Tranchen erforderlichen rechtlichen Dokumentation und Absicherung, agierten die Rater hier nicht mehr als Schiedsrichter, sondern als Berater, die aktiv bei der Gestaltung von Produkten mithalfen oder die vorausschauend anzeigten, wie sie bestimmte Instru-

mente und Produkte bewerten würden, wenn man sie auf eine bestimmte Art und
Weise organisieren und strukturieren würde.

6.1 *Reaktion auf die Krise: Regulierung*

Die offensichtliche Rolle der Ratingagenturen bei der Subprime-Krise hat einmal
wieder eine Renaissance von Regulierungswünschen eingeläutet. Der Aktionsraum
der Ratingagenturen ist weitgehend unreguliert. Seit den dreißiger Jahren waren die
von den Agenturen vorgenommenen Ratings in den Vereinigten Staaten ein Bestandteil der Finanzmarktregulierung. Pensionsfonds zum Beispiel durften nur in Werte
investieren, die sich in der ‚Investitionsklasse‘ der Ratingagenturen fanden. Der Kauf
von niedriger bewerteten ‚Spekulationsklassen‘ war zu vermeiden. Eine Regulierung
der Agenturen selbst begann erst in den 1970ern mit der Nettokapital-Regel der SEC
von 1975. Diese verpasste Emittenten einen Diskont oder ‚Haarschnitt‘, deren Bonds
von ‚national anerkannten statistischen Rating-Organisationen‘ (‚National Recognized Statistical Rating Organizations‘, NRSROs) bewertet wurden. Für NRSROs
wurden keine Kriterien festgesetzt und dieser Status wurde von der SEC auf weitgehend formlose Weise bestimmt. Aber der NRSRO Status funktionierte als eine
Markteintrittsbarriere bis zur Rating Agency Reform Act von 2006, der im Zuge des
ENRON-Skandals verabschiedet wurde und einige Kriterien und Wege festlegte,
den NRSRO Status zu erhalten.

Die Diskussion über die Reform der Rating-Agenturen lässt sich durch zwei
Überlegungen charakterisieren: Der erste Strang zielt auf die Kompetenzen und die
Effizienz ihrer Arbeit; der zweite Strang nimmt weiter reichende strukturelle Sach-
verhalte in den Blick.

Während sich der erste Strang auf die Kompetenz der Agenturen und die Effizienz ihrer Arbeit bezieht, konzentriert sich der zweite auf weiter reichende strukturelle
Sachverhalte. Kritiker haben das Timing der Downgrades häufig mit dem Hinweis
kritisiert, die Agenturen hätten keine angemessenen Methoden für die Unterneh-
mensbewertung. Bedenken über Personalbesetzung, -ausbildung und -rekrutierung
sind eng mit diesem Problem verbunden. In letzter Zeit und mit zunehmender Schär-
fe haben Kritiker eine Entwicklung in den Blick genommen, die als weiter reichendes
strukturelle Problem verstanden wird, nämlich die Art und Weise, wie Agenturen
ihre Tätigkeit ausführen. Diese Probleme, behaupten die Kritiker, wie oben bereits
besprochen, schaffen dürftige Anreize und unterhöhlen die Qualität der Arbeit, die
Agenturen ausführen.

Das erste dieser weiter reichenden strukturellen Probleme besteht in der Altlast
des schwachen Wettbewerbs zwischen Rating-Agenturen als Folge der Einführung
der NRSRO-Kennzeichnung. Obwohl nach Verabschiedung des Gesetzes einige
neue Agenturen als NRSRO gekennzeichnet wurden, hätten es viele Kritiker gern

gesehen, wenn der NRSRO-Status abgeschafft und damit jeglicher Verweis auf Ratings vom Recht abgetrennt worden wäre. Die stillschweigend unterstellte Tatsache ist hier, dass schwacher Wettbewerb zu mangelhafter Analyse führte, da die Rating-Agenturen wenig Anreize hatten, eine Qualitätssicherung ihrer Produkte zu etablieren. Nach dieser Sicht handelt es sich bei den Einnahmen der Ratingagenturen eigentlich um Monopolrenten, die auch noch von der Regierung geschaffen und stabilisiert werden.

Ebenso, wie wir gesehen haben, wurde mit dem Ausbruch der Subprime-Krise der Interessenkonflikt thematisiert. Obwohl das Modell seit 40 Jahren gelebte Praxis ist, soll die Finanzierung der Agenturen durch ihre Kunden zu unkritischen und zu guten Bewertungen führen. Wie auch beim NRSRO-Status sprachen sich viele Kritiker für ein Ende des bestehenden Modells aus. Seit dem Ausbruch der Krise im Frühjahr 2007 besteht eine heftige wenn auch polemische Debatte über die mögliche Regulierung der Ratingagenturen. Hinter aller Rhetorik bleibt aber unübersehbar, dass Funktionäre der amerikanischen SEC und der europäischen Kommission abgeneigt sind, die Analytik des Rating-Prozesses selbst in die Hand zu nehmen oder die Geschäftsmodelle der großen Rating-Agenturen zu regulieren. In Zusätzen zu den NRSRO-Regeln, die im Februar 2009 angekündigt wurden, erweiterte die SEC die erforderliche Offenlegung von Daten auf Leistungsstatistiken wie auch Methodik und untersagte Kreditanalysten die Festsetzung und Verhandlung von Gebühren oder die Annahme von Bonifikationen von denjenigen, die sie bewerten (SEC 2009). Wie Bewertungen durchgeführt werden und wer für sie bezahlt, wird durch diese Änderungen de facto nicht beeinflusst. Ähnlich verhält es sich auch bei den europäischen Bemühungen. Behindert durch den Umstand, dass sowohl Moody's als auch S&P ihren Hauptsitz in den Vereinigten Staaten haben, wurden Rating Agenturen in Europa von den Regulierungsbehörden lange Zeit lediglich zur Kenntnis genommen und man beschränkte sich in der Folge auf die Übernahme amerikanischer Regelungen. Erst im Zuge der Enron-Krise regte sich eine erste Besorgnis und der IOSCO-Verhaltenskodex wurde als eine brauchbare Form der Selbstregulierung verstanden. Mit dem Ausbruch der globalen Finanzkrise begannen die Spitzen der Europäischen Kommission, die Agenturen in Europa mit neuen Gesetzen zu regulieren, die jüngst vom europäischen Parlament mit Verweis an den Ministerrat verabschiedet wurden (EU-Kommission 2008; europäisches Parlament 2009). Diese Gesetzgebung, die eine Durchführung in den einzelnen Ländern postuliert, befasst sich mit den begrenzten Problemkreisen von Transparenz, Offenlegung und Prozess und schafft einen Kennzeichnungsprozess, der wie das NRSRO-System funktionieren soll (Kessler 2009: 11). Aber sie ändert nicht die Bewertungsanalytik oder stellt das Modell der Rating-Finanzierung, bei dem der Emittent bezahlt, in Frage.

7   Fazit

Es ist schon sehr verblüffend, dass sich trotz einer der schwersten Wirtschaftskrisen seit den 1930ern die bestehenden Regeln kaum verändert haben. Das Bewertungssystem, das in den USA seit 1909 und in Europa seit den 1980ern dominiert, wird auch weiter bestehen bleiben. Dies lässt eventuell auf einen Vertrauensmangel seitens der Politiker und Behörden in die Wirksamkeit überkommener Lösungen für Marktversagen schließen; es mag auch an der Einsicht in die Schwäche, vorgeblich stark regulierter Institutionen wie Handelsbanken liegen, verbunden mit der Überzeugung, dass sich das Finanzsystem voraussichtlich in eine mehr markt- und bewertungsabhängige Richtung bewegen wird. Tatsächlich sind die Rating-Agenturen große Nutznießer des Rettungsprogramms und können trotz der Krise beträchtliche Einnahmen vermelden (Ng und Rappaport 2009).

Wichtiger an dieser Stelle ist jedoch die zentrale Einsicht, dass die Weltfinanzkrise auf der Ebene der konstitutiven Regeln verortet werden muss. Sie spiegelt einen tiefen Vertrauensverlust in die fundamentale Infrastruktur der Kapitalmärkte wider. Dieser Vertrauensverlust ist aber ein sozialer und kein technischer Prozess. Der Fokus auf der regulativen Ebene des Interessenkonflikts, obwohl das eventuell zu populistischen Attacken einlädt und politische Ablenkungsmanöver erlaubt, wird den Kern der Sache nicht treffen.

Wie bei der Weltwirtschaftskrise der 1930er wird es Jahre dauern, bis die sozialen Schäden, wie der Reputationsverlust der Rating-Agenturen oder das Vertrauensnetz der Investmentbanker, repariert sind. Unter diesen Umständen scheint es verlockend eine einfache schnelle Reparatur zu verschreiben, aber Institutionen heilen, im Gegensatz zu vielen Annahmen, nicht von heute auf morgen. Institutionelle Vielfalt und das Vermeiden von Überheblichkeit gegenüber vermeintlichen Heilmethoden, ist der beste Weg durch die Krise. Für Rating-Agenturen liegt die beste Vorgehensweise darin, sich um die Beziehungen und die Erwartungen zu bemühen, die ihren Ruf zuallererst aufgebaut haben.

Literatur

Baker, Dean (2009): Plunder and Blunder: The Rise and Fall of the Bubble Economy. Sausalito, CA: PoliPointPress.
Bank of England (2008): Financial Stability Report. London.
Coffee, John C. Jr. (2006): The Professions and Corporate Governance. Oxford: Oxford University Press.
Commission of the European Communities (2008): Proposal for a Regulation of the European Parliament and of the Council on Credit Rating Agencies. Brüssel.

Crockett, Andrew/Harris, Trevor/Mishkin, Frederic S./White, Eugene S. (2003): Conflicts of Interest in the Financial Services Industry: What Should We Do About Them? Genf: International Center for Monetary and Banking Studies.

European Parliament. Committee on Economic an Monetary Affairs (2009): Draft Report on the Proposal for a Regulation of the European Parliament and of the Council on Credit Rating Agencies. Strasburg.

Galbraith, John Kenneth (1954): The Great Crash 1929. New York: Houghton Mifflin.

Gourevitch, Peter (2002): Collective Action Problems in Monitoring Managers: The Enron case as a Systemic Problem. In: Economic sociology_European Electronic Newsletter, (3) 3: 1-2.

Heisler, Jeffrey (1994): Recent Research in Behavioral Finance. In: Financial Markets, Institutions and Instruments, (3) 5: 76-105.

Kessler, Oliver (2009): Towards an Economic Sociology of the Subprime Crisis? In: Economic sociology_The European Electronic Newsletter, (1) 2: 11-16.

Moran, Michael (2003): The British Regulatory State: High Modernism and Hyper-Innovation. Oxford: Oxford University Press.

Ng, Serena/Rappaport, Liz (2009): Raters See Windfall in Bailout Program. In: The Wall Street Journal, March 20, A1.

Paulson, Henry (2008): Press Release, 13.03.2008. Abrufbar unter: www.treas.gov/press/releases/hp872.htm.

Posen, Adam/Smick, David (2000): Disenfranchise the Rating Agencies. In: The International Economy. Fall: 8-9.

Ruggie, John Gerard (1998): Constructing the World Polity: Essays on International Institutionalization. New York: Routledge.

Scharfstein, David S./ Stein, Jeremy C. (1990): Herd Behavior and Investment. In: The American Economic Review, (80) 3: 465-479.

Securities and Exchange Commission (2009): 17 CFR Parts 240, 243, and 249b Re-Proposed Rules for Nationally Recognized Statistical Rating Organizations; Final Rule and Proposed Rule. In: Federal Register (74) 25: 6456-6484.

Sinclair, Timothy J. (2005): The New Masters of Capital: American Bond Rating Agencies and the Politics of Creditworthiness. Ithaca, NY: Cornell University Press.

Sinclair, Timothy J. (2001): The Infrastructure of Global Governance: Quasi-Regulatory Mechanisms and the New Global Finance. Global Governance 7 (4): 441-451.

Smith, Roy C./Walter, Ingo (2002): Rating Agencies: Is There an Agency Issue? Ratings, Rating Agencies and the Global Financial System. Boston: Kluwer.

Toffler, Alvin (1990): Powershift: Knowledge, Wealth, and Violence at the Edge of the 21st Century. New York: Bantam.

Véron, Nicolas (2009): Rating Agencies: An Information Privilege Whose Time Has Passed. Bruegel Briefing Paper for the European Parliament's ECON Committee.

Vestergaard, Jakob (2009): More Heat Than Light. On the Regulation of International Finance. In: Economic Sociology_The European Electronic Newsletter (10) 2: 6-10.

Wighton, David (2009): Moody's: The precise Science of Credit Rating. In: TimesOnline, 03.03.2009.

Zwischen Selbstregulierung, Staat und Markt Eine systemische Perspektive auf Governance Strukturen des Finanzsektors im Lichte der Finanzkrise 2007-2009

Nils Remmel

> ,Systeme …
> … sehen, was sie sehen;
> … sehen nicht, was sie nicht sehen;
> … sehen nicht, dass sie nicht sehen, was sie nicht sehen.'
> (Heinz von Foerster)

Die Entstehungsgeschichte der Finanzkrise 2007-2009 scheint ein Beispiel für die Aussagekraft der obigen Aussage von Heinz von Foerster zur Blindheit von Systemen zu sein. Entstehende Formen von Risiken im Finanzsystem wurden bzgl. Gesamtausmaß, Korrelation und gar ihrer Existenz in der Periode 2002-2007, die allgemein als Entstehungsphase der Krise gesehen wird, nicht erkannt bzw. angemessen widergespiegelt. Die Risiken standen quasi außerhalb des Systems, welches in der Folge eine wachsende Selbstreferenz entwickelte und sich von Fundamentaldynamiken abkoppelte (Zimmermann 2008). Diese fehlerhafte Repräsentation führte in die bis heute schwerste globale Finanz- und Wirtschaftskrise. In ihrem Jahresbericht 2008 formuliert die Bank für Internationalen Zahlungsausgleich (Bank für Internationalen Zahlungsausgleich 2008: 3) dazu: ,The duration of the turmoil, its scope and the growing evidence of effects on the real economy have come as a great surprise to most commentators, private as well as public.'

Die finale Entwicklung der Krise ist heute, Mitte 2009, zwar noch nicht absehbar, jedoch ist die Debatte um mögliche Initiativen im Regulierungs- und Aufsichtskontext bereits in vollem Gange. Jede Krise löst, nachdem die Situation stabilisiert werden konnte, einen Lern- bzw. Anpassungsprozess aus, durch den zukünftige Krisen vermieden werden sollen. Mit Blick auf die möglichen Ergebnisse und den Verlauf eines solchen Lernprozesses muss im Bezug auf die aktuelle Krise die Frage erörtert werden, ob wir – im Sinne des Eingangszitates – heute sehen, was wir nicht sehen und sehen, dass wir nicht sehen, was wir nicht sehen. Es geht also darum, Ansätze zu entwickeln, welche die Blindheit der Systeme zumindest verringern können. Konkret auf die Krise bezogen impliziert dies die Fragestellungen, ob im Rahmen der aktuellen Diskussion die richtigen Problemfelder und Themenbereiche adressiert werden und ferner, inwieweit die diskutierten Lösungsansätze eine effektive Wirkung bzgl. zukünftiger Entwicklungen erlangen können. Dieser Aufsatz beleuchtet diese beiden Fragestellungen im Hinblick auf die aktuell stattfindende und durch das Ausmaß der Krise ‚angeheizte‘ Regulierungsdiskussion.

Zu diesem Zweck muss zunächst im nachfolgenden Abschnitt eine kurze Ursachenanalyse vorgenommen werden. Die aktuelle Krise kann nicht monokausal erklärt werden. Sie entsteht aus einem komplexen Zusammenspiel von Wirkungen und Ursachen in unterschiedlichen Bereichen und auf verschiedenen Ebenen. Eine wichtige Feststellung ist wie bereits erwähnt die Tatsache, dass wesentliche Risikokategorien innerhalb des Systems nicht repräsentiert waren. Verschiedene Transmissionsmechanismen führten schliesslich von der Krise im Subprime Segment zu einer Ausdehnung auf das gesamte Finanzsystem. Auf dieser Grundlage wird die These vertreten, dass die Regulierungsdiskussion in ihrer aktuellen Form zwar durchaus relevante Themenbereiche bzw. Symptome adressiert, dabei jedoch zu stark auf partielle Ursachen fokussiert wird, anstatt eine Analyse des Gesamtkontextes vorzunehmen. Daher sollte sie durch eine umfassendere Sichtweise erweitert werden, um eine nachhaltige Wirkung anzustreben.

Um die Notwendigkeit einer solchen Erweiterung zu verdeutlichen, werden im zweiten Teil dieses Aufsatzes zwei Themenbereiche der aktuellen Debatte exemplarisch diskutiert: eine Erhöhung von Kapitalquoten sowie umfassendere Transparenz bzw. intensivere Aufsichtsstrukturen. Der Fokus liegt auf einer Diskussion potentieller Schwachstellen der aktuell diskutierten Instrumente im Blick auf die Vermeidung zukünftiger Krisen. Regulierung stellt letztlich selbst ein Risiko mit weit reichenden systemischen Konsequenzen dar.

Dieser Aufsatz nimmt im dritten Teil zuletzt die angeführte Kritik auf und formuliert einen Ansatzpunkt für eine ergänzende, systemisch orientierte Betrachtung der Dynamik von Governance Strukturen im Finanzsektor – nicht als rein staatlich formuliertes Regelwerk, sondern als Gesamtheit aller Stakeholderaktivitäten. Aus dieser Betrachtungsweise lassen sich Schlussfolgerungen auf relevante Grundfragen und potentielle Erweiterungen der regulatorischen Debatte ziehen, die zu einer Verminderung der Blindheit von System führen und auf weiter bestehende Risikodimensionen hindeuten können. Diese werden im vierten Teil abschließend zusammengefasst.

1   Finanzkrise 2007-2009: Symptome und Ursachen

Der Finanzsektor ist weltweit einer der am stärksten regulierten Sektoren. Es war allgemein anerkannt, dass die dort tätigen Unternehmen innovativste Risikomanagementsysteme verwendeten, welche als Vorbild für zahlreiche andere Sektoren dienten. Trotzdem konnte aus diesem Sektor nahezu unentdeckt die schwerste Finanz- und

Wirtschaftskrise der heutigen Zeit entstehen. Weiterhin fällt bei der Betrachtung des Krisenverlaufs auf, dass die Krise regelmäßig unterschätzt wurde und die bestehenden systemischen Effekte zunächst nur unzureichend erkannt wurden. Es bietet sich also an, die Krise rückwärtsgerichtet zu analysieren. Konzentriert man sich auf die Krise im Finanzsektor muss man zunächst fragen, wie aus Krise im U.S. Subprime Sektor eine vollumfänglich Systemkrise entstehen konnte. Im zweiten Schritt muss gefragt werden, durch welche Dynamiken die offensichtlich bestehende Verwundbarkeit des Systems entstehen konnte. Zuletzt gilt es abzuwägen, ob diese Entwicklungen hätten verhindert werden können: von wem und auf welcher Basis?

Da die genauen Dynamiken und Faktoren umfassend untersucht[1] und auch an anderer Stelle dieses Sammelbandes bereits dargestellt worden sind, soll in den nachfolgenden Ausführungen auf eine detaillierte Darstellung verzichtet werden. Stattdessen sollen nur die grundlegenden Erkenntnisse zusammengefasst werden, die für die weitere Argumentation des Artikels von Relevanz sind.

1.1 Von der Subprime Krise zur Systemkrise

Auf Basis vergangener Systemkrisen besteht ein reichhaltiger Fundus an Analysen und Beschreibungen von Systemrisiken. Dennoch besteht Uneinigkeit bzgl. grundlegender Fragestellungen im Bezug auf Auslösung und Verlauf solcher Krisen. Bspw. existieren trotz der vielfältigen Verwendung des Begriffs ‚Systemrisiko' keine klare Definition, sondern nur vage Eingrenzungen. Ganz grundsätzlich kann unter dem Begriff systemisches Risiko im Hinblick auf den Finanzmarkt eine fehlerhafte Allokation von Risiken subsumiert werden, die Rückwirkungen auf das System hat (Summer 2002). DeBandt & Hartmann differenzieren in ihrer Financial Fragility Hypothesis drei Typen solcher (Transmissions-)Mechanismen aus: ‚(i) the structure of banks, (ii) the interconnection of financial institutions through direct exposures and settlement systems and (iii) the information intensity of financial contracts and related credibility problems' (DeBandt/Hartmann 2000: 13).

Folgt man den bestehenden Untersuchungen der aktuellen Krise, sind – in verschiedenen Phasen – alle drei Typen relevant gewesen. Hier soll nur eine schematische Beschreibung der Dynamiken erfolgen. Ab Anfang 2007 erfolgt eine graduelle Erkennung des bestehenden Problems im U.S. Hypothekenmarkt und speziell dem Subprime Segment, wobei zunächst davon ausgegangen wurde, dass keinerlei syste-

---

1   Ausführliche Analysen finden sich bspw. vom Internationalen Währungsfond (International Monetary Fund April 2008), der Bank of England (Bank of England Oktober 2008) sowie der de Larosière Gruppe (High-Level Group on Financial Supervision Februar 2009).

mische Effekte auftreten würden[2]. Nachfolgend kam es jedoch aufgrund bestehender
Intransparenzen und wachsender Unsicherheit zu einem übergreifenden Preisverfall
strukturierter Hypothekenprodukte, der nach und nach auch solidere Risikoklassen
erfasste. Ferner brachen kurzfristige Finanzierungsstrukturen für langfristig gehaltene Produkte (Fristentransfer) zusammen. Ohne Refinanzierungsmöglichkeiten am
Geldmarkt waren Finanzinstitute oftmals gezwungen, die zuvor als faktisch extern
betrachteten Vehikel[3] zu reintegrieren, wodurch die Bilanzstruktur signifikant verändert, Kapitalquoten erodiert und letztlich auch die Preisdynamik verstärkt wurden[4]. Die durch das Abschmelzen des Eigenkapitals entstehende Solvenzproblematik
konnte nur durch Rekapitalisierungsmaßnahmen aufgefangen werden. Die bestehende Kapitalregulierung wirkte an dieser Stelle als Verstärker der Dynamik und löste
im Zusammenspiel mit dem Fristentransfer letztlich die Implosion des Finanzsystems aus (Hellwig 2008).

Es kam nachfolgend zu einem Übergreifen der Dynamik auf andere Bereiche:
der Markt für Interbankenkredite brach zusammen, was die Liquiditätssituation der
Banken verschärfte; der anhaltende Preisverfall führte zu zyklischen Abschreibungen
und neuen Solvenzproblemen; die immer stärkere Verunsicherung der Finanzmärkte
führte zu einer Explosion von geforderten Risikoprämien und Marktvolatilität.

Die Rettung von Bear Stearns erfolgte wohl wesentlich aufgrund von Unsicherheiten bzgl. Gegenparteirisiken im Finanzsektor und Zweifeln, dass die außerhalb
zentraler Handelsplätze vor allem im Derivate Segment getätigten Over-the-Counter
(OTC) Geschäfte abgewickelt werden könnten. Daher befürchtete man Kaskadeneffekte am Finanzmarkt, die auch andere, bis dato gesunde Finanzinstitute in einem
Strudel mitreißen würden. Diese Einschätzung änderte sich offensichtlich, da der
Zusammenbruch von Lehman Brothers nicht verhindert wurde. In der Folge traten
heftige Kaskadeneffekte auf und der Finanzmarkt stand Ende 2008 kurz vor einem
totalen Kollaps (Strauss-Kahn 21. Januar 2009), der nur durch umfassende staatliche

---

2   Der amerikanische Notenbankchef Bernanke schätzte die bevorstehenden Verluste für das Subpri-
     me Segment im Juli 2007 noch auf rund US$ 50-100 Mrd. (Financial Times 26. Juli 2007). Heute
     geht man davon aus, dass im Bereich privater Hypotheken (residential mortgages) Abschreibungen
     von US$ 990 Mrd. anfallen werden. Die gesamten notwendigen Abschreibungen des Finanzsek-
     tors werden aktuell auf über US$ 2.800 Mrd. geschätzt (International Monetary Fund April 2009:
     28).

3   In der Boomphase wurden strukturierte Produkte häufig in so genannten Special Purpose Ve-
     hicles (SPVs) aus der Bilanz ausgegliedert (off-balance). Bzgl. dieser Vehikel bestanden nur noch
     Eventualverpflichtungen (Liquiditätsgarantien), die nicht umfassend bilanziert werden mussten.
     Durch diese Optimierung konnten aus Unternehmensperspektive die Eigenkapitalanforderungen
     verringert und gleichzeitig die Rentabilität gesteigert werden.

4   Diese Dynamik wirkt kumulativ mit der inhärenten Zyklik im U.S. Immobiliensektor, in dem
     Zwangsversteigerungen zu einem stärkeren Verfall der Immobilienpreise führten, somit die Refinan-
     zierung von Hypotheken erschwerten, und wiederum zu vermehrten Defaults und folglich weiteren
     Zwangsversteigerungen führten (Goldman Sachs August 2007; Goldman Sachs Januar 2009).

Rettungspakete aufgefangen werden konnte. Schließlich griff die Krise auch sichtbar auf die Realwirtschaft über, wobei sich Unternehmen einer mühlenartigen Situation gegenübersahen – zwischen sich rapide verschlechterten Marktbedingungen und gleichzeitig extrem nachteiligen Finanzierungsmöglichkeiten.

Fasst man diese Dynamiken zusammen, so hat die Krise in vielfacher Hinsicht gravierende Fehler in der Architektur der globalen Finanzmärkte offengelegt. Eine zunächst auf ein verhältnismäßig kleines Segment fokussierte Krise entwickelte sich zu einer vollumfänglichen Systemkrise – ein Stein brachte eine Lawine ins Rollen, die beinahe das gesamte Finanzsystem in den Abgrund gerissen hätte. Grundsätzlich hat also eine Verletzbarkeit des Systems bestanden, durch welche diese gravierende Ausweitung der Krise möglich wurde und die von den relevanten Akteuren nicht ex ante erkannt worden war. Nachfolgend soll die Entstehung dieser Verletzbarkeit beschrieben und nach der Erkennbarkeit bzw. Abwendbarkeit der Krise gefragt werden.

1.2 Entstehung der Verwundbarkeit des Finanzsystems

Systemkrisen werden ausgelöst, indem eine fokussierte Krise oder ein Ereignis über verschiedene Transmissionskanäle weitere Elemente des Gesamtsystems infiziert. Drei Transmissionskanäle wurden genannt und in den Kontext von entsprechenden Dynamiken im Rahmen der Krise gesetzt. Grundsätzlich ist aber zu beachten, dass nicht jedes Ereignis bzw. jede kleine Krise zu einer Systemkrise wird und die beschriebenen Transmissionskanäle unterschiedlich stark wirken. Hier wird grundsätzlich zwischen Spillover und Contagion unterschieden (Allen/Gale 2008; Gale 2000). Während sämtliche Verluste aufgrund systemischer Effekte als Spillover bezeichnet werden, beschreibt Contagion das Übergreifen der Krise auf andere Bereiche – bspw. den Zusammenbruch weiterer Finanzinstitute als Folge des Zusammenbruchs eines ersten Instituts. Im Blick auf die Struktur von Banken, als ersten Transmissionskanal, ist vereinfacht also relevant, inwiefern vorab Risikopuffer auf-/abgebaut wurden bzw. das Institut dem Risiko von Wertkorrekturen bei gehaltenen Anlagen ausgesetzt ist. Bzgl. Gegenparteirisiken bzw. Abwicklungsproblemen sind gehandelte Volumina relevant. Gleiches gilt für die Rolle von Informations- bzw. Vertrauensproblemen bei Finanzverträgen. Systemrisiken entstehen also evolutionär und bilden sich über den Zeitverlauf – meistens in einer Wachstumsphase – immer stärker aus.

Die Erkenntnisse vergangener Krise stützen grundsätzlich die These, dass ab einem gewissen Zeitpunkt in einer Wachstumsphase, weiteres Wachstum nur noch durch die Inkaufnahme überproportional hoher Risiken möglich ist. Diese Diseconomies of Risk induzieren eine steigende Störanfälligkeit des Systems (Haller/Maas 1994). Es muss also gefragt werden, welche Faktoren die Wachstumsdynamik aufrechterhalten, obwohl eigentlich eine Korrektur stattfinden sollte.

Aus Marktperspektive bieten Konjunkturtheorien (Maußner 1994) sowie Theorien um die Entstehung von Übertreibungen bzw. Blasen – vor allem am Aktienmarkt – einen Erklärungsansatz. Hier sind Erklärungsansätze zu erwähnen, die von einem irrationalen Überschwang von Investoren ausgehen (Shiller 2000) bzw. eine selbstverstärkende Dynamik zwischen Verhalten und Erwartungsbildung beschreiben (Soros 2008), durch die ein nicht nachhaltiger Entwicklungspfad programmiert wird. In ähnlicher Weise zeigt Minskys These finanzieller Instabilität auf Makroebene, wie Finanzierungsstrukturen über den Zeitverlauf einer Boomphase immer risikoreicher ausgestaltet werden, bis gewisse Strukturen (Ponzi-Finanzierungen) schließlich nur noch durch steigende Marktpreise und ein rasches Abstoßen der Anlagen bzw. deren Refinanzierung gedeckt werden können. Der Markt wird somit anfällig gegenüber Störungen, die solche Finanzierungsstrukturen insolvent werden lassen und Kaskadeneffekte auslösen (Minsky 1982: 101ff.).

Zuletzt beschreiben verschiedene Autoren in diesem Zusammenhang Problemstellungen im Bereich der Agency Theorie und identifizieren problematische Anreizstrukturen auf Mikro- bzw. Akteursebene als Quelle systemischer Risiken. Dabei wird einerseits die klassische Problematik zwischen Anteilseignern und Management beschrieben, aus der sich bspw. durch ineffiziente Vertragsstrukturen Fehlentwicklungen ergeben können (Dow 2000; Windram 2005). Andererseits werden auch Anreize für ein kollektives Verhalten von Akteuren untersucht, die potentiell systemische Risiken bedingen können. So werden unter anderem Anreize für Banken – ,Rational Herding' – beschrieben, in gleichgerichtete Anlageklassen zu investieren, um Wettbewerbsnachteile zu verhindern (Devenow/Welch 1996). Weiterhin wird als Collective Moral Hazard unter anderem der Zustand des Systems beschrieben, in dem Akteure zwar grundsätzliche Kenntnisse über die mangelnde Nachhaltigkeit einer Entwicklung haben, jedoch für keinen Akteur Anreize bestehen, diese Entwicklung proaktiv zu verlassen, um eine entstehende Krise zu vermeiden (Dow 2000: 15).

Mit Blick auf die aktuelle Krise lassen sich beide Dynamiken erkennen. Grundsätzlich hat sich bei vielen Finanzinstituten eine gleichgerichtete Risikoexponierung bzgl. der gehaltenen Anlagen offenbart, welche in Höhe bzw. Absicherung variierte. Ursache war die allgemeine Suche nach möglichst hohen Rendutemöglichkeiten (Yield). Auch im Bezug auf die benannten Off-Balance Strukturen und Maßnahmen zur Bilanzoptimierung ist ein allgemeiner Branchentrend mit nur wenigen Abweichungen festzustellen. Allgemein nahmen das Volumen von SPVs sowie der Verschuldungsgrad im Rahmen der Bilanz über die Wachstumsphase hinweg zu (International Monetary Fund April 2008). Der Trendbruch in der Fundamentalentwicklung kann retrospektiv ab Ende 2005, Anfang 2006 identifiziert werden (siehe Abbildung 1). Zu diesem Zeitpunkt begann sich die Preisdynamik im U.S. Immobilienmarkt langsam abzuflauen und die Zahl der erteilten Baubewilligungen brach massiv ein. Parallel dazu hatte die Federal Reserve (FED) seit Mitte 2004 damit begonnen, den Leitzins sukzessive anzuheben und verfolgte im Angesicht steigender Inflationstendenzen eine zunehmend restriktive Geldpolitik. Das Wachstum des Subprime Segments im U.S. Hypothekenmarkt hielt jedoch noch bis Anfang 2007 an.

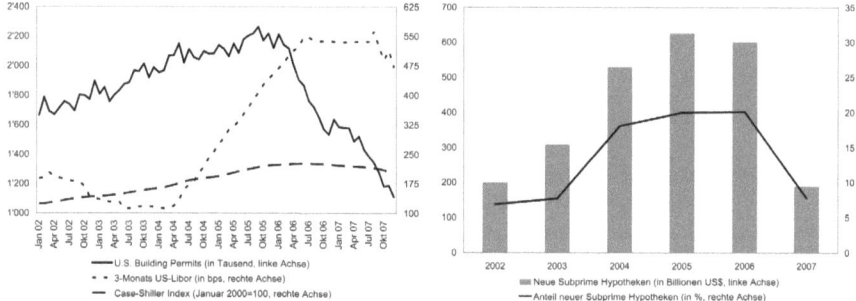

Abbildung 1: Indikatoren des Trendbruchs[5]

Man kann also schlussfolgern – und dies lässt sich auf andere Marktbereiche übertragen – dass das weitere Marktwachstum seit Ende 2005/Anfang 2006 nur unter zunehmenden Diseconomies of Risk entstehen konnte und die Verwundbarkeit des Systems ab diesem Zeitpunkt graduell zunahm. Jedoch wäre es falsch Anreizdynamiken alleine für die Weiterführung des Wachstumstrends verantwortlich zu machen. Im nächsten Teil werden daher bestehende Frühindikatoren betrachtet und die Frage aufgeworfen wer potentiell einen Abbruch der beschriebenen Verhaltensdynamik hätte erreichen können.

1.3 Zur Relevanz von Frühindikatoren – Die Krise als ‚Black Swan'?

Der Internationale Währungsfond (IWF) gibt einen Überblick zu entsprechenden Warnhinweisen, welche von internationalen Institutionen, nationalen Zentralbanken sowie unabhängigen Beobachtern gegeben wurden (International Monetary Fund 18. Februar 2009). Dabei ist beachtenswert, dass auf zahlreiche Themenbereiche hingewiesen wurde, die im späteren Verlauf der Krise relevant wurden:
Der IWF selbst hatte in verschiedenen Berichten Frühindikatoren der Krise identifiziert, jedoch in ihrem Gesamteinfluss wesentlich unterschätzt. Unter anderem wurde auf die immer stärkere Suche nach Yield, wachsende Verschuldungsgrade, Liquiditätsrisiken sowie potentielle Risiken einer globalen Synchronisation von Märkten und Institutionen hingewiesen. Weiterhin wurde die hohe Komplexität von Finanzprodukten bzw. Informationsasymmetrien speziell in den Wachstumssegmenten benannt.

---

5   Quellen: Bloomberg, U.S. Census Bureau und Ludwig von Mises Institut.

Die BIZ warnte vor ähnlichen Risiken: So wurden Verhaltensanreize niedrigerer Zinssätze, das Risiko einer abrupten Umkehr des Kreditzyklusses, mögliche Anfälligkeiten im Bereich strukturierter Produkte hervorgehoben; besonders durch Liquiditätsengpässe. Es wurde auch vor einer Unterschätzung der Risiken aufgrund einer unvollständigen Risikobeurteilung durch Rating-Modelle gewarnt. Im Subprime Bereich wurde auf steigende inhärente Risiken sowie mögliche Spillover-Effekte hingewiesen.

Auch die Bank of England (BoE) und das Financial Stability Forum (FSF) wiesen ab 2005 darauf hin, dass trotz eines kurzfristig stabilen Ausblicks mittelfristig Risiken aufgrund der aktuellen Entwicklung bestünden. Dabei wurden u.a. die Suche nach Yield, Bilanzentwicklungen, fehlerhafte Marktstrukturen und potentielle Interessenkonflikte bei der Risikobewertung sowie sichtbare Anzeichen einer Blase im Immobiliensektor herauskristallisiert.

Zuletzt warnten individuelle Kommentatoren vor wachsenden Risiken. Bspw. kommentierten Paul Krugman und Robert Shiller kritisch die Möglichkeit eines Preisverfalls im U.S. Immobiliensektor. Kenneth Rogoff wies in diesem Zusammenhang auf Schwachstellen des Finanzsystems auf globaler Ebene hin.

Retrospektiv scheint diese Aufzählung ein relativ gutes Bild der später relevanten Risiken zu geben. Aus dieser Perspektive wird die Frage, warum keine frühere Erkennung der Risiken und ein Abbruch der Wachstumsdynamik stattgefunden haben, noch verstärkt. Jedoch muss man sich bei der Beurteilung dieser Frühwarnungen vor Augen halten, wie positiv sich die allgemeine Situation gegen Ende 2005 darstellte:

Ausgangsbasis der Entwicklungen waren zu diesem Zeitpunkt starke Fundamentaldaten der wirtschaftlichen Entwicklung sowie der Dynamiken am Aktienmarkt. Auch im U.S. Immobiliensektor erreichten die Default-Rates von Hypotheken historische Tiefststände (Bank of England Oktober 2007: 6). Allgemein ging man davon aus, dass die Globalisierung und Fortschritte im Finanzmarkt zu einer Stärkung der Systemstabilität geführt hätten.

Diverse Marktinnovationen bspw. bei Derivaten und der steigende Einfluss des Fair-Value Paradigmas führten zu einer weiteren Verschleierung des Ausmaßes der Risiken. Durch den Over-the-Counter Handel jenseits offizieller Handelsplätze waren zentrale Marktpreise bzw. gehandelte Volumina nicht ersichtlich. Durch die wachsende Relevanz von SPVs bestanden Risiken vermehrt außerhalb der Bilanzen und wurden nur unzureichend in die Risikobetrachtung einbezogen.

Diese Daten waren die Grundlage für eine stark quantitativ geprägte Risikoanalyse verschiedener Institutionen – interner Risikomanagementsysteme, externer Ratingmodelle sowie Modelle von Zentralbanken und anderen internationalen Institutionen. Der übermäßige Fokus auf Modelle, die auf Abstraktionen fußten stärkte die Relevanz gewisser Risiken im System, während gleichzeitig andere wesentliche Kategorien unberücksichtigt blieben.

Darüber hinaus führte die Disintermediation der Wertschöpfungsketten sowie das im Rahmen der Securitization entstehende Originate-to-Distribute Model zu strukturellen Brüchen, die zu problematischen Anreizen und einer fragmentierten Risikobeurteilung führten, in der Ratings eine für alle Stakeholder zentrale Rolle einnahmen. Eine integrierte Gesamteinschätzung über Sektoren bzw. mehrere Institutionen hinweg wurde nicht bzw. nur unzureichend vorgenommen.

Aus dieser Perspektive wird klar, dass die Krise als Black Swan[6] charakterisiert werden kann. Die systemischen Risiken entstanden aus dem Zusammenspiel der benannten technischen bzw. instrumentellen Schwächen, strukturellen Brüchen bzw. Architekturfehlern, auf deren Basis sich schließlich die beschriebene kollektive Verhaltensdynamik entwickeln konnte. Dadurch wurde das Ausmaß der Risiken im System potenziert. Eine klare Erkennung war aus dem bestehenden System heraus jedoch nicht möglich: das System sah, was es sah; sah nicht, was es nicht sah; und sah nicht, dass es nicht sah, was es nicht sah.

2 Regulatorische Debatte – Ansätze und Kritik

Bereits zu einem sehr frühen Zeitpunkt im Verlauf der Krise wurde die Diskussion um eine Anpassung der Regulierungsstrukturen lanciert. Aufgrund der immer stärkeren Eingriffe des Staates in späteren Phasen der Krise erhöhte sich die Initiativbereitschaft, auf die Krise mit einer Ausweitung staatlicher geprägter Strukturen zu reagieren. Darüber hinaus hat der Privatsektor einen immensen Vertrauensverlust erlitten, der durch eine moralische Dimension – besonders beim Thema der Entlohnungssysteme – verstärkt wurde.

In diesem Kapitel werden zwei wesentliche Stoßrichtungen bzw. Elemente der aktuellen Debatte im Hinblick auf ihre potentielle zukünftige Wirksamkeit diskutiert. Besondere Aufmerksamkeit hat die Thematik von Kapitalquoten erhalten. Während vor der Krise eine graduelle Reduktion des Risikokapitals möglich war, kam es bereits in einer Frühphase der Krise zu einer rapiden Erosion von Eigenkapital, die nur durch Rekapitalisierungsmaßnahmen und zuletzt staatliche Eingriffe abgefangen werden konnte. Höhere Kapitalanforderungen, so die aktuelle These, führten zu einer verbesserten Robustheit von Finanzinstituten gegenüber Krisen und steigerten somit die systemische Stabilität.

Als zweites Themengebiet stehen Intensität von Aufsichtsstrukturen und Transparenzanforderungen im Vordergrund. Hier wird die These vertreten, dass durch

---

6   Taleb beschreibt als Black Swans Ereignisse, die sich durch eine sehr niedrige Eintretenswahrscheinlichkeit, aber extreme hohe Auswirkungen auszeichnen. Diese Ereignisse und speziell ihre Entstehung werden erst retrospektiv erklärbar bzw. absehbar. Eine Antizipierung kann aufgrund einer Blindheit bzw. verzerrten Wahrnehmung, die er als platonischen Fehlschluss bezeichnet, nicht statt. Dieser impliziert, dass mögliche Black Swan Ereignisse ausgeblendet werden, da generell eine einseitige Fokussierung auf pseudo-strukturierbare Zusammenhänge und Komplexe stattfindet. (Taleb 2007).

Fehler im Umfang bzw. der Intensität der Aufsichtsstrukturen sowie bestehende Intransparenzen die bestehenden Risiken von Marktakteuren bzw. Aufsichtsbehörden
nur unzureichend wahrgenommen werden konnten. Durch umfassendere Bestimmungen soll zukünftig eine frühere Erkennung von Risiken und Fehlentwicklungen
ermöglicht werden.

Alle Maßnahmen müssen letztlich dem Anspruch genügen, das Finanzsystem
langfristig robuster zu gestalten und eine frühzeitige Erkennung und Vermeidung
entstehender Risiken zu fördern. Die identifizierten Schwachstellen des Systems sowie Grunddynamiken globalisierter Finanzmärkte fungieren dabei als zentrale Be-
wertungskriterien.

2.1 Kapitalquoten

Kapitalquoten regeln die Höhe des geforderten Eigenkapitals von Banken in Abhängigkeit von unterschiedlichen Faktoren, welche sich im Wesentlichen am Risiko der
Geschäftstätigkeiten bzw. gehaltenen Anlagen und Organisation der entsprechenden
Institute orientieren. Sie sollen somit einen Sicherheitspuffer bilden, der zur Absorption
von Schocks dienen und das Überleben der Bank absichern soll. Mit Basel II existiert
ein internationaler Standard, durch welchen eine grundlegende Wegleitung bei der
risikobasierten Festlegung von Kapitalanforderungen vorgegeben ist. Darüber hinaus
wird eine Stärkung der Aufsichtsstrukturen und der Marktdisziplin angestrebt[7].

Im Rahmen der Finanzkrise 2007-2009 kam es bei den großen Finanzinstituten durch verschiedene Faktoren zu einem abrupten Abschmelzen der bestehenden
Kapitalreserven. Diesen Entwicklungen konnte zunächst noch durch die Aufnahme
neuen Kapitals von privaten Investoren und später meistens nur noch durch staatliche
Interventionen entgegengewirkt werden, um einen Zusammenbruch der jeweiligen
Institute und systemische Konsequenzen zu vermeiden. Drei prozyklische Faktoren
können in diesem Zusammenhang hervorgehoben werden (Hellwig 2008):

Im Rahmen der Rechnungslegungsvorschriften, wurde eine Vielzahl von Finanzanlagen auf der Aktivseite der Bankbilanzen zu Marktpreisen bilanziert. Dies
hatte in der Boomphase den Effekt hoher Gewinnausweise und einer grundsätzlichen
Stärkung des Eigenkapitals. In der Krise jedoch wirkte diese Dynamik entgegengesetzt, denn durch den Preisverfall von immer mehr Klassen strukturierter Produkte,
waren die Institute gezwungen, über die Reportingzyklen hinweg immense Abschreibungen auszuweisen, welche zu einer Erosion des Eigenkapitals führten.

---

7   Die erste Version von Basel II wurde 2004 beschlossen und befindet sich seitdem in der Umset-
     zung, die jedoch noch nicht überall stattgefunden hat. Pfeiler 2 und 3 des Regelwerks gewähren
     den entsprechenden Aufsichtsbehörden Auslegungsspielräume zu, Kapitalanforderungen auch im
     Bezug auf aktuelle Marktentwicklungen sowie die Ausgestaltung interner Risikomanagementsys-
     teme festzulegen (Basler Ausschuss für Bankenaufsicht Juni 2006).

Durch die fortschreitende Erkennung der inhärenten Risiken wurden umfangreiche Downgrades strukturierter Produkte von Seiten der Rating-Agenturen vorgenommen. Da die Kapitalanforderungen für einzelne Produkte unter anderem auf Basis eben dieser Ratings definiert werden, kam es parallel zum Wertverlust der Produkte zu einem Anstieg der Kapitalanforderungen, wodurch sich die Wirkung der Krise potenzierte.

Drittens wurde vor der Krise in einem sehr bedeutenden Ausmaß die Möglichkeit genutzt, Produkte aus der Bilanz in Zweckgesellschaften (Special Purpose Vehicles, SPVs) auszulagern. Diese Optimierung der Bilanz wurde bereits beschrieben, genauso wie der Fristentransfer, auf dem die SPVs fußten. Die Reintegration in die Bilanz nach dem Zusammenbruch der kurzfristigen Finanzierungsmöglichkeiten führte zu einem Anstieg der Bilanzsumme und einer weiteren Erosion der Kapitalquoten.

In der aktuellen Diskussion existiert eine Vielzahl von Vorschlägen zum Thema Kapitalquoten. Generell zielen diese Vorschläge auf eine Stärkung der Risikopuffer und somit eine erhöhte Absorptionskapazität von Schocks ab. Im Blick auf eine Anpassung des Basel II Rahmenwerks sollen weiterhin die bestehenden prozyklischen Effekte verringert werden (High-Level Group on Financial Supervision Februar 2009)[8]. Die Schweizer Nationalbank und andere Parteien treten dabei für eine Ergänzung der Vorschriften von Basel II durch eine umfassende ‚Leverage-Ratio‘ ein, durch die ein maximaler Verschuldungsgrad definiert würde (Financial Stability Forum April 2008; Schweizer Nationalbank 2008). Diese Vorstöße scheinen zwei wichtige Funktionen im Hinblick auf die Vermeidung zukünftiger Krisen einnehmen zu können: Einerseits führten größere Risikopuffer zu einer erhöhten Robustheit des Systems. Schocks, die sich auf die Kapitalstruktur auswirken, seien sie endogener oder exogener Natur, könnten in einem größeren Maße abgefangen werden. Andererseits führten höhere Kapitalanforderungen dazu, dass die Übernahme von Risiken grundsätzlich teurer würde. Somit würden Anreize reduziert, übermäßige Risiken einzugehen und somit Übertreibungen zu fördern.

Dennoch implizieren Kapitalquoten als Instrument per se vielfältige Probleme. Eine fehlerhafte Ausgestaltung bzw. falsche Einbettung in den breiteren Regulierungskontext kann kontraproduktive Auswirkungen haben. Zunächst stellt sich in diesem Zusammenhang die Frage, auf welcher Ebene eine Neuformulierung der Vorschriften betreffend Kapitalquoten stattfinden kann. Hier besteht grundsätzlich ein Spannungsfeld zwischen nationaler und internationaler Regelsetzung, welches auch für andere Regulierungsinstrumente relevant ist. Während eine nationale Regelsetzung individuellen Zielsetzungen bzw. nationalen Besonderheiten angepasst werden kann, führt sie gleichzeitig zu einer Fragmentierung und öffnet Raum für regulatorische Arbitrage. Vor allem im Blick auf globalisierte Finanzmärkte und die immer

---

8   Jedoch wurde der prozyklische Charakter von Basel II bzw. von Kapitalquoten allgemein auch schon vor der Finanzkrise vielseitig kritisiert (Taylor/Goodhart 2006).

stärkere Mobilität von Kapital könnten Finanzkonzerne ihre Strukturen entlang der bestehenden nationalen Unterschiede optimieren. Eine solche Optimierung ist vor allem aufgrund der immer stärkeren Wettbewerbsdynamik und der Herausbildung globaler Konglomerate wahrscheinlich und würde die Wirkung strengerer Regelungen auf nationaler Ebene relativieren (van Aaken 2007: 222ff.).

Dennoch führt die Ausarbeitung von internationalen Standards wiederum zu Schwierigkeiten, da ein kleinster gemeinsamer Nenner definiert werden muss, dem alle Parteien zustimmen können. Dieser Prozess führt einerseits zu einer relativ offenen Regelsetzung, die wiederum auf nationaler Ebene ausgelegt und interpretiert werden muss[9]. Andererseits ist der Prozess der Regelsetzung angesichts der hohen Komplexität der Thematik und vielseitigen Ansprüche extrem langwierig; bei der ersten Ausgestaltung sowie bei etwaigen späteren Anpassungsbedürfnissen[10]. Diese Problematik verdeutlicht, dass eine konsistente Regelsetzung auf internationaler Ebene tendenziell zu einem statischen Framework führen würde, das auf Veränderungen hin nur schwer angepasst werden könnte. Im Vergleich zur Innovationsdynamik des Finanzsektors muss also einschränkend festgehalten werden, dass hier wahrscheinlich erneut Diskrepanzen entstehen werden. Lücken und Fehler der Regulierung könnten nicht kurzfristig geschlossen bzw. ausgebessert werden, neue Produktstrukturen oder die Erschließung neuer Segmente würden eventuell nicht schnell genug einbezogen werden können.

Auch wenn sich diese Problemstellungen effektiv lösen ließen, bestehen weitere Komplikationen, welche die Wirkung von Kapitalquoten beeinträchtigen. Bei einer risikoadäquaten Festlegung von Kapitalquoten ergibt sich in einer Boomphase das Problem, dass die Risikoeinschätzung am Finanzmarkt graduell abnimmt. Somit können Finanzierungsstrukturen immer risikoreicher ausgestaltet werden (Minsky 1982). Kapitalquoten müssten somit antizyklisch, also entgegengesetzt zur Risikoeinschätzung des Gesamtmarktes festgesetzt werden, um den impliziten Risiken Rechnung zu tragen. Führte man diese Logik weiter, entstehen höhere Kapitalkos-

---

9   Zumeist erfolgt diese Regelsetzung in Form von ‚Soft Law'. Darunter wird im Gegensatz zu ‚Hard Law' eine offenere, eher prinzipienorientierte Gesetzgebung verstanden (van Aaken 2007).

10   Diese Komplexität bzw. Langwierigkeit verdeutlichen die Entstehungsprozesse von Basel II und Solvency II; letzteres legt Solvabilitätsanforderungen für den Versicherungssektor fest. Basel II wurde 2004 beschlossen und seitdem auch bereits in 2006 nachgebessert. Jedoch ist der Standard noch nicht in allen Jurisdiktionen umgesetzt worden. Die USA bspw. haben die Umsetzung auf 2009 verschoben und im Angesicht der Krise könnte es zu weiteren Verzögerungen kommen. China und Indien haben die Einführung des Standards bisher abgelehnt. Solvency II, welches Standards für den Rechtsraum der EU definieren soll, wurde im Juli 2007 von der Kommission ins das Europäische Parlament und den Rat eingebracht. Bis Mai 2009 soll es dort verabschiedet werden. Jedoch vergehen bis zur Einführung den Planungen zur Folge danach noch rund drei Jahre. Wird dieser Zeitplan eingehalten, was angesichts der Krise und anderer Faktoren ebenfalls nicht wahrscheinlich scheint, würde das Projekt bis zur Implementierung rund sieben Jahre gedauert haben.

ten, Kredite werden teurerer und letztlich ist eine Dämpfung des Wachstumszyklus unvermeidbar, die jedoch politisch nur schwer vertretbar wäre.

Ähnliche Risiken ergeben sich durch eine unabhängig formulierte Leverage-Ratio, die das Exposure von Finanzinstituten unabhängig von Produktarten und makroökonomischem Umfeld begrenzte. Gleichzeitig würden Anreize das vorbehaltene Risikokapital zu reduzieren vermindert (Blum 1998; Blum 2007). Jedoch kann eine solche statische Festlegung zu starken systemischen Effekten bei exogenen Schocks führen. Würde die Eigenkapitalbasis von Banken durch einen Schock geschwächt, müsste automatisch die Kreditvergabe eingeschränkt werden, um relevante Puffer aufrechterhalten zu können. Daraus ergäbe sich eine Verstärkung des Schocks mit weit reichenden systemischen Konsequenzen in der Realwirtschaft. Ganz grundsätzlich wurde der positive Effekt von Kapitalquoten bisher nur kurzfristig – über zwei Perioden – bewiesen. Die langfristigen Auswirkungen von Kapitalquoten und entsprechender Regulierung sowie entsprechende Indikatoren zur Festlegung der Quoten sind umstritten (Hellmann/Murdock et al. 2000; Hellwig 1995: 731 ff.).

2.2 Verbesserte Transparenz und intensivere Aufsicht

Die Annahme transparenter Märkte, in denen alle wesentlichen Informationen zur Preisbildung bzw. Risikoabschätzung verfügbar sind, ist neben der Hypothese rational handelnder Akteure eine der zentralen Voraussetzungen für effiziente Kapitalmärkte. Ist die Transparenz durch irgendwelche Faktoren beeinträchtigt, so ergeben sich Verzerrungen bei der Preisbildung und Allokation von Risiken[11]. Durch Intransparenzen entsteht weiterhin das Lemons Problem[12], welches zu deutlichen Marktverzerrungen führen kann, indem bspw. hochwertige Schuldner von solchen mit schlechterer Bonität verdrängt werden (Stiglitz/Weiss 1981). Am Finanzmarkt wird die Lemons Problematik sogar noch verstärkt, da kein statisches Produkt übergeben wird, sondern Wertentwicklungen bzw. Geldflüsse (bspw. einer Hypothek) maßgeblich vom nachfolgenden Verhalten des Schuldners abhängen (Hellwig 2005).

Transparenz ist somit eine Grundvoraussetzung für das Funktionieren der Finanzmärkte, die jedoch nicht automatisch gegeben ist. Sie wird erst durch umfassende Offenlegungspflichten für Finanzinstitute, den öffentlichen Zugang zu Informati-

---

11   Diese These wird unter anderem im Rahmen der Efficient Market Hypothesis beschrieben (Fama 1970). Sie ist eine der wesentlichen Grundannahmen der Finanzmarkttheorie. In Bezug auf die heutigen Finanzmärkte geht man zumeist von einer ‚semi-starken‘ Informationseffizienz aus, bei der alle Informationen bis auf Insider-Wissen in den Preisen enthalten sind.

12   Die Lemons Problematik besagt, dass in einem Markt, in dem keine vollständige Information gewährleistet ist, hochwertige Produkte von minderwertigen aus dem Markt gedrängt werden. Die Käufer sind lediglich bereit, den fairen Preis eines minderwertigen Produktes zu zahlen, da sie ex ante nicht sicherstellen können, dass sie ein hochwertiges Produkt erwerben (Akerlof 1970).

onen zentraler Handelsplätze und weitere Instrumente sichergestellt. Vielfach hat für das Monitoring der Informationen aufgrund von Komplexität bzw. anderen Faktoren eine Delegation stattgefunden. In diesem Blickwinkel nehmen Aufsichtsbehörden bspw. eine Monitoringfunktion zum Schutze der Kunden wahr (Llewellyn 1999). Rating-Agenturen bieten aufbereitete Informationen für viele Parteien, durch welche die Risikoeinschätzung komplexer Produkte und Anlagen vereinfacht wird.

Eigentlich war bis zum Ausbruch der Krise davon auszugehen, dass die Transparenz der globalen Finanzmärkte gesteigert worden war. Ubiquitär verfügbare Marktinformationen, erweiterte Bilanzierungsregeln, der Einbezug des Fair Values, Offenlegungsvorschriften, Ratings etc. – all diese Instrumente bzw. Marktinstitutionen suggerierten eine Abschätzbarkeit bestehender Risiken und individueller Exposures. Diese Einschätzung hat sich seit Mitte 2007 rapide gewandelt, da offenkundig wurde, dass viele dieser Instrumente gerade zu einer Verschleierung der bestehenden Risiken geführt hatten und große Intransparenzen bzgl. Exposures auf institutioneller sowie auch systemischer Ebene bestanden (Eidgenössische Bankenkommission September 2008; UBS April 2008).

Die nun diskutierten Vorschläge, welche zu einer Steigerung der Transparenz beitragen sollen gehen in verschiedene Richtungen: Zunächst sollen durch neue, zentrale Handelsplätze einfachere Marktinformationen und -mechanismen für spezifische Produktkategorien ermöglicht werden. Weiterhin soll der Regulierungs- und Aufsichtsfokus erweitert werden, um auch Akteure, wie bspw. Rating-Agenturen und Hedgefunds zu erfassen[13]. Mit einhergehend soll auch die Intensität der Aufsicht gesteigert werden, d.h. mehr Informationen sollen zugänglich gemacht und ausgewertet werden. Dies könnte auch darin munden, dass Offenlegungsvorschriften (bspw. von Geschäften außerhalb der Bilanz) erweitert werden. Zuletzt soll die bisher auf einzelne Institute fokussierte Aufsichtsstruktur durch eine Makroebene (macroprudential supervision) ergänzt werden, um eine top-down Erkennung von systemischen Risiken zu fördern.

Zunächst muss bei der Diskussion dieser Vorschläge klar festgehalten werden, dass die Schaffung neuer, zentraler Handelsplätze und Gegenparteien offensichtlich positive Effekte haben kann. Dies gilt nicht nur bei der Vermeidung von Krisen – bspw. wäre die Größe eines Marktes stets bekannt – sondern auch als potentieller Stabilisator im Krisenfall. In der aktuellen Krise führte der dezentrale Handel zu einer großen Verunsicherung, vor allem als die Liquidität der Handelskanäle zusammenbrach bzw. das Risiko einer möglichen Zwangsauflösung von Finanzkontrakten durch den Zusammenbruch von Gegenparteien bestand. Solche Verstärker könnten durch die Schaffung zentraler Handelsplätze gemildert werden.

---

13   In der EU ist dies im April 2009 bereits für Rating-Agenturen geschehen. Hier wurde eine umfassende Registrierungspflicht eingeführt. Ferner müssen Rating-Agenturen den Aufsichtsbehörden ihre Bewertungsmodelle offen- und einen Transparenzbericht vorlegen sowie weitergehende Bestimmungen zur Vermeidung von Interessenkonflikten implementieren.

Im Bezug auf die anderen Vorschläge scheint die Einschätzung kritischer ausfallen zu müssen. Hier offenbaren sich drei fundamentale Problemdimensionen, die nachfolgend kurz illustriert werden sollen. Ein erster Problemkreis bzgl. intensiverer Aufsicht bezieht sich auf die Kontrolle der bestehenden Risikomanagementmodelle. Wie vorher erwähnt war das übermäßige Vertrauen in quantitative Risikomodelle eine fundamentale Ursache für die Entstehung der Krise. Diese Kritik betrifft alle Stakeholder gleichermaßen – Banken, Hedge Fonds, Rating-Agenturen und zuletzt Regulierungs- und Aufsichtsbehörden[14]. Quantitative Risikomanagementsysteme und speziell die Berechnung des Value-at-Risk (VaR), als eines der wesentlichen Risikomaße, können zwar nicht als grundsätzlich fehlerhaft bezeichnet werden, jedoch muss man sich der Grenzen solcher Modelle bewusst sein. Der Vorteil eines objektiven Risikomaßes, über das kein separater Konsens mehr geschaffen werden muss (Renn 1998), wird dabei durch die starke Abhängigkeit von individuellen, subjektiven Annahmen aufgewogen (Heri/Zimmermann 2000). Betrachtet man die Funktionsweise statistischer Risikomodelle, ergeben sich zahlreiche technische Schwachstellen. Zunächst müssen notwendigerweise Abstraktionen vorgenommen werden und je näher man sich der Realität nähern möchte, desto komplexere Modelle sind nötig, die sich teilweise auch verselbständigen, da implizite Zusammenhänge von außen nicht mehr zu erfassen sind. Bei der Modellierung sind wesentliche Annahmen zu treffen und die Datenbasis (meist in Form von Zeitreihen und Korrelationsmatrizen) hat einen großen Einfluss. Metaphorisch spricht man vom Steuern eines Autos mithilfe des Rückspiegels – das impliziert bei Produktinnovationen, dass im Spiegel keine Strasse zu sehen wäre (bspw. Datenbasis unzureichend) bzw. gerade in der Krise die Strasse voraus nicht der zurückliegenden entspricht (bspw. Bruch von Korrelationen). Vielfach lassen sich Effekte auch gar nicht im Rückspiegel erkennen (nicht-lineare Abhängigkeiten, Rückkoppelungen etc.) (Heri/Zimmermann 2000; Jorion 2000; Zimmermann 1999).

Weiterhin stellt sich die Frage, was der VaR eigentlich misst. In der allgemeinen Form misst er den durchschnittlichen maximalen Schaden, der bei Ereignissen mit einer Wahrscheinlichkeit von bspw. 1%[15] eintreten wird. Das Risiko von Ereignissen mit sehr geringer Wahrscheinlichkeit, aber extremer Wirkung, also der maximal mögliche Verlust (Tail Risk) wird durch diesen Rechenansatz gar nicht quantifiziert. Auch werden nur eine begrenzte Zahl von Risiken modelliert (zumeist Markt- und Kreditrisiken), wobei andere in der Krise relevante Formen (bspw. Liquiditätsrisiken, Gegenparteirisiken) standardmäßig außen vor bleiben (Carey/Schulz 2005; Zimmermann 2008). Aus dieser Perspektive wird klar, dass quantitative Risikomanagement-

---

14　So erlaubte bspw. die Schweizer Bankenkommission (EBK) der UBS im Jahr 2004 eine Revision des Risikomodells, durch die wesentlich höhere Risikolimiten im Investment-Banking Bereich möglich wurden (UBS 13. Oktober 2004).

15　Die Zahl ist abhängig vom gewählten Konfidenzintervall (hier 99%).

systeme ohne eine adäquate Ergänzung zu einer Selbstreferenz führen. Einerseits werden Risiken ausgeblendet und andererseits eine falsche Sicherheit suggeriert. Somit entstehen langfristig inhärente Risiken, was bereits zu vielseitiger Kritik an stark quantitativ ausgestalteten Systemen geführt hat (Zimmermann 2008).

Der zweite Problemkreis stellt sich ähnlich zu der bereits im Bereich der Kapitalquoten geführten Diskussion um nationale Aufsichtsstrukturen gegenüber internationalen Märkten und Finanzkonglomeraten bzw. auch Hedge Fonds und Rating Agenturen[16]. Jedoch wird die Problematik durch weitere Dimensionen ergänzt. Im Blick auf die starke Disintermediation der Wertschöpfungsketten im Finanzsektor ist fraglich, wie Aufsichtsbehörden eine umfassende Risikoeinschätzung sicherstellen könnten. Abhängigkeiten zwischen einzelnen Produkten sind nur teilweise erkennbar und notwendigerweise muss eine Fokussierung auf einzelne Teile der aufgebrochenen Wertschöpfungsketten stattfinden, um bestehende Komplexität zu vermindern[17]. Dies führt jedoch zum Risiko, das Fehleinschätzungen am Anfang dieser Kette teilweise exponentielle Auswirkungen in nachgelagerten Stufen haben können, die dort jedoch nicht mehr geprüft würden (High-Level Group on Financial Supervision Februar 2009). Zweitens ist das Zusammenspiel zwischen institutioneller Exponierung und systemischer Exponierung nur sehr schwer aus einer Makroperspektive zu erfassen. Im Einzelnen handhabbar scheinende Risiken können sich im System potenzieren (Hellwig 1995: 730). Jedoch scheint es schwierig, eine entsprechende Instanz zu definieren, die eine solche Aggregation von Einzelrisiken vornehmen und Risiken auf Makroebene identifizieren kann.

Zusammenfassend ist es daher fraglich, ob die bestehenden Vorschläge die Möglichkeit öffnen, die beschriebene Blindheit der Systeme zu vermindern. Besonders im Angesicht der Innovationsdynamik am Finanzmarkt und der begrenzten Ressourcen von Aufsichtsbehörden scheint dies fraglich und langfristig werden wohl neue Blindspots entstehen können, in denen sich wiederum Systemrisiken bilden und neue Krisen des Systems verursachen. Aus einer Anreizperspektive könnte eine zu starke Betonung öffentlicher Aufsicht bzw. Benennung zentraler Aufsichtsinstitutionen sogar kontraproduktive Folgen haben. Durch eine intensivere Aufsicht würden die Anreize anderer Marktteilnehmer geschwächt, ein eigenes Monitoring vorzunehmen, da man übersteigerte Erwartungen an die Effizienz öffentlicher Aufsicht generieren würde (Llewellyn 1999).

---

16   Die (politische) Problematik zeigt sich auch in der europäischen Diskussion um Ausgestaltung der Aufsichtsstrukturen unter der Solvency II Richtlinie für den Versicherungssektor (Financial Service Authority 2006).

17   Zur Risikobeurteilung eines CDO^2 hätten hypothetisch die zugrunde liegenden CDOs, die darin enthaltenen MBS und die wiederum darin enthaltenen Hypothekenbündel bzw. Einzelhypotheken einbezogen werden müssen. (International Monetary Fund April 2008: Kapitel 2 gibt eine ausführliche Übersicht zu den Zusammenhängen zwischen den einzelnen Produkten und dem Strukturierungsprozess).

3   Governance Strukturen im Finanzsektor

Aus der vorhergehenden Diskussion leiten sich einige zentrale Herausforderungen für die Anpassung der regulatorischen Rahmenbedingungen, insbesondere durch staatliche Initiativen ab. In freien globalisierten Märkten, deren Akteure nach einer Optimierung von Renditen und möglichst hoher Effizienz streben, scheint die Wirkung staatlicher Regulierungs- bzw. Aufsichtsmaßnahmen grundsätzlich begrenzt zu sein. In Angesicht der hohen Innovationsdynamik und dem erreichten Ausmaß der Globalisierung im Finanzsektor scheint eine laufend adäquate Anpassung des regulatorischen Rahmens an veränderte Marktbedingungen nur schwer gewährleistet werden zu können. Zuletzt ist, wie im vorigen Abschnitt diskutiert die Wirkung einzelner Instrumente teilweise sehr umstritten und langfristig können destabilisierende Effekte auftreten.

Die nachfolgenden Ausführungen entwerfen keine Alternativvorschläge für Regulierungsinitiativen, sondern umreißen einen Ansatz, um die Debatte aus systemischer Perspektive zu ergänzen. Dabei nehmen sie die vorher angeführte Kritik auf und (i) lösen sich von der Betrachtung von Einzelinstrumenten hin zu einer abstrahierten systemischen Perspektive und (ii) treten gegen eine Betrachtung von staatlicher Regulierung vs. Selbstregulierung als Kontinuum ein, indem sie einen Ansatz zur Betrachtung von Governance Strukturen im Finanzsektor aufzeigen. Ziel dieses Ansatzes ist es, eine mögliche Stoßrichtung zur Überwindung der systemischen Blindheit im Finanzsystem aufzuzeigen, aus der die Entstehung von Systemrisiken besser sichtbar gemacht werden kann bzw. die richtigen, kritischen Fragen bzgl. aktueller Entwicklungen abgeleitet werden können.

3.1   Konzept des Governance Dreiecks

Governance ist ein sehr weit gefasster Begriff, unter dem grundsätzlich Formen von Handlungsgrundsätzen, Kontroll- bzw. Steuerungsstrukturen subsumiert werden. Durch die Perspektive auf Governance Strukturen im Finanzsektor, soll sich hier bewusst vom staatlichen Regulierungsparadigma gelöst und ein breiterer Fokus gesetzt werden: auf sämtliche Formen von Regeln, die Akteure am Finanzmarkt in ihren Handlungen leiten bzw. begrenzen[18].

Llewellyn definiert das Konzept des ‚Regulatory Regimes‘, welches grundsätzlich die Grundgedanken der hier verwendeten Definition von Governance widerspiegelt (Llewellyn 2000: 69):

---

18   Diese Ausweitung begründet sich auch durch die fortschreitende Relativierung der Macht von Regulierungsstrukturen durch die Globalisierung sowie die Zunahme von ‚Business Power‘ (Farnsworth 2008). Aus soziologischer Perspektive fusst sie u.a. auf dem Konzept der doppelten Hermeneutik bzw. Selbstreflexivität sozialer Systeme (Giddens 1987).

‚The concept of a regulatory regime is considerably wider than the prevailing set of prudential and conduct of business rules established by external regulatory agencies. It is widened to
include the nature of the incentive structures operating within banks, the role of monitoring
and supervision (by private and official agents), the disclosure regime and the role of market
disciplines, and corporate governance arrangements within banks. It also includes the arrangements for official interventions in the event of bank distress. Just as the causes of banking crises are multidimensional, so the principles of an effective regulatory regime must also
incorporate a wider range of issues than just externally imposed rules on bank behaviour.‘

Dieser Definition folgend lassen sich drei größere Stakeholdergruppen differenzieren,
die einerseits zu Governance im Finanzsektor beitragen, sich jedoch andererseits auch
durch potentiell unterschiedliche Interessen voneinander abgrenzen lassen:

Zunächst ist der öffentliche Sektor (Public Sector) von Bedeutung. Er umfasst
alle Formen von öffentlichen Institutionen mit Regulierungs-, Aufsichts- oder anderen Lenkungsfunktionen (bspw. Zentralbanken) im Finanzmarkt. Ferner existiert
keine Unterscheidung zwischen nationaler und internationaler Ebene, d.h. internationale Institutionen werden ebenfalls subsumiert. Die Institutionen legen Grenzen
für die Handlungen privater Akteure am Finanzmarkt fest und beeinflussen bspw.
über fiskal- und geldpolitische Maßnahmen die bestehenden Rahmenbedingungen.
Zuletzt fällt ihnen auch die kritische Aufgabe zu, in Falle von Krisen nach Ermessen
zu intervenieren, um die Stabilität des Systems sicherzustellen.

Als zweite Gruppe lassen sich private Akteure abgrenzen, die aus Investorenper-
spektive (Capital Markets) agieren und deren Interessen wahrnehmen sollen. Aktivitäten umfassen dabei entweder die Investition von Geldern oder die Aufnahme von Krediten für entsprechende Geschäftätigkeiten. Weiterhin sind auch solche Akteure und
Organisationen enthalten, die entsprechende Interessen vertreten – z.B. Audit-Firmen,
Rating-Agenturen, Accounting Boards (IASB & FASB); auf Akteursebene ferner einzelne Analysten sowie Medien und NGOs. Von dieser Gruppe wird eine Form von
Marktdisziplin[19] definiert, welche sich auf Handlungen anderer Stakeholdergruppen
auswirkt und für Finanzinstitute eine Anreiz- bzw. Sanktionswirkung entfaltet.

Im Rahmen der dritten Gruppe sind Akteure des Finanzsektors (Financial Sector) zusammengefasst, die Investoren Anlageprodukte, Kredite bzw. entsprechende
Services anbieten[20]. Diese stehen grundsätzlich in einem asymmetrischen Informa-
tionsverhältnis zu den Kunden. Daher werden interne Richtlinien und Verhaltens-
regeln (Corporate Governance) definiert, die einen ordnungsgemäßen Ablauf der
Geschäfte sicherstellen sollen. Solche internen Standards gehen meistens über die
gesetzlichen hinaus. Zuletzt umfasst diese Gruppe übergreifende Organisationen,

---

19   Im Rahmen von ‚Marktdisziplin‘ wird oftmals zwischen einer Disziplin am ‚Markt‘ und Disziplin
      im Rahmen der relevanten Institutionen differenziert (Hellwig 2006).

20   Hier offenbart sich ein Einordnungsproblem bzgl. Banken bzw. Hedge Funds, die teilweise
      innerhalb Kapitalmärkte aus Investorensicht agieren aber gleichzeitig auch im Rahmen des Fi-
      nanzsektors als Anbieter von entsprechenden Produkten und Services auftreten.

welche sich für eine Vereinheitlichung von Regelungen innerhalb dieser Stakeholder-gruppe einsetzen und deren Interessen nach außen vertreten[21].

Diese drei Gruppierungen lassen sich innerhalb des Governance Dreiecks abbil-den. Die Darstellung als Dreieck weist dabei auf implizite Interessenkonflikte zwi-schen den drei Gruppierungen hin[22]. In diesem Dreieck sind alle Aktivitäten, Regeln bzw. andere Formen von Sanktionen und Anreizen enthalten, die innerhalb einzelner Gruppen, bzw. für das Verhalten einer anderen Gruppe definiert werden können. Aus der Summe der bestehenden Anreize und Sanktionen bildet sich eine Balance zwischen den drei Stakeholdergruppen heraus, welche den Entwicklungspfad der Fi-nanzmärkte wesentlich beeinflusst.

Abbildung 2: Governance Dreieck (Eigene Darstellung)

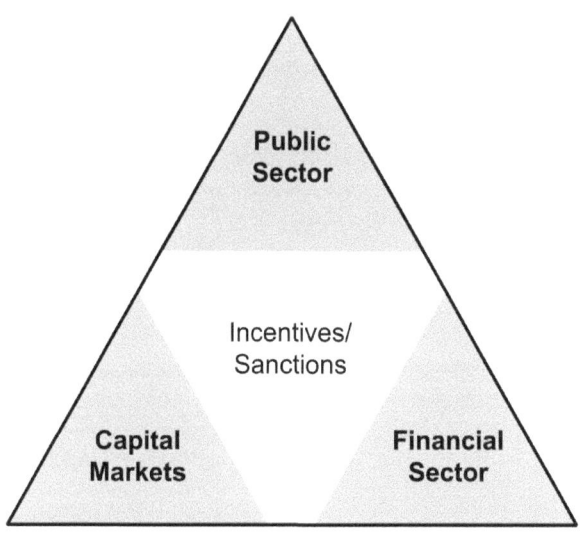

---

21 Das Institute of International Finance (IIF) ist die größte Vereinigung von Organisationen des Finanzsektors. Es zeigen sich jedoch auch interne Spannungen, welche eine einheitliche Interes-senbildung des Sektors erschweren. Bspw. trat Goldman Sachs als Reaktion auf die Position des IIF im Zuge der Krise zu Accounting-Regeln Mitte 2008 aus der Vereinigung aus (Financial Times 22. Mai 2008).

22 Solche Interessenkonflikte bestehen zwischen den einzelnen Gruppierungen sowie auf der indi-viduellen, der Organisations- und Systemebene auch innerhalb der einzelnen Gruppierungen. Es existiert eine Vielzahl von Interessenkonflikten, die u.a. Formen von Moral Hazard implizieren können (Hellwig 1998). Individuen priorisieren den eigenen Nutzen vor dem der Organisation – problematisch sind in diesem Zusammenhang ‚Rogue Trader‘ bzw. andere Formen von ‚Helden‘ (Dow 2000; Zimmermann 2001). Weiterhin priorisiert die Organisation ihren Nutzen vor den systemischen Auswirkungen.

Grundsätzlich steht staatlichen Institutionen eine Vormachtstellung bei der Regelsetzung zu. Unter dem Bretton Woods System dominierten staatliche Institutionen, d.h. die Balance wurde stark in Richtung des öffentlichen Sektors verschoben. Dies führte zwar zu einem Rückgang von Bank- bzw. Währungskrisen, jedoch auch zu einer geringeren Markteffizienz, da das freie Spiel der Märkte während dieser Zeit stark eingeschränkt war (Allen/Gale 2007). Die bestehende Vormachtstellung wurde jedoch im Zuge der Globalisierung und dem Aufkommen eines zwischenstaatlichen Wettbewerbs um attraktive Rahmenbedingungen schrittweise relativiert (Farnsworth 2008). Heute leiden internationale Institutionen nach wie vor an einer vermeintlich geringen Machtdelegation sowie komplexen, langwierigen Entscheidungsprozessen angesichts vielfältiger Interessen[23].

Beispielhaft für eine Extremposition bei den Kapitalmärkten kann u.a. der Markt für ‚Leveraged Buyouts‘[24] herangezogen werden, der kurz vor Ausbruch der Krise als sehr stark ‚borrower-dominated‘ beschrieben wurde. Dabei konnten für alle Arten von Transaktionen zunehmend risikoreiche Kreditstrukturen finanziert werden[25]. Weiterhin konnten im Derivatbereich immer mehr Formen von Risiken auf Kundenwunsch abgesichert werden. Kurz nach dem Ausbruch der Krise vollzog sich im Leveraged Buyout Markt ein rapider Wandel zu einer lender-dominated Struktur. Dabei waren nun die Finanzinstitute in der Lage die Transaktionsbedingungen sehr einseitig zu beeinflussen und forderten hohe Sicherheiten bzw. Risikoprämien. Ganz allgemein kann man festhalten, dass im Verlauf des letzten Jahrzehnts wohl eine grundsätzliche Verschiebung der Balance im Governance Triangle in Richtung des Finanzsektors stattgefunden hat. Dies wurde vor allem durch die wachsende Komplexität von Märkten und Organisationen bedingt, die sich durch die Globalisierung, technische Fortschritte, komplexere, nicht standardisierte Produktstrukturen sowie die Entwicklung stark verschachtelter Finanzkonglomerate beschreiben lässt. Generell lassen sich drei wesentliche Verschiebungen der Balance innerhalb des Governance Triangles seit dem Ende des Bretton Woods Systems beschreiben. Diese Dynamiken sind in der nachfolgenden Abbildung illustriert.

---

23   Aufgrund dieser Problematik hat sich häufig eine internationale Kooperation von Behörden auf Arbeitsebene entwickelt (van Aaken 2007: Kapitel III).

24   Als Leveraged Buyout werden Unternehmenskäufe bezeichnet, welche zu wesentlichen Teilen durch Fremdkapital finanziert werden, also einen hohen Verschuldungsgrad (Leverage) implizieren.

25   Dies betrifft den Verschuldungsgrad von Transaktionen, die Struktur des Fremdkapitals sowie geforderte Puffer bei Cash Flows für die benötigten Zinszahlungen (Standard & Poor's 2008). Diese Dynamik entspricht dem Verlauf, der durch die Hypothese finanzieller Instabilität beschrieben wird (Minsky 1982).

Abbildung 3: Dynamische Betrachtung des Governance Dreiecks (Eigene Darstellung)

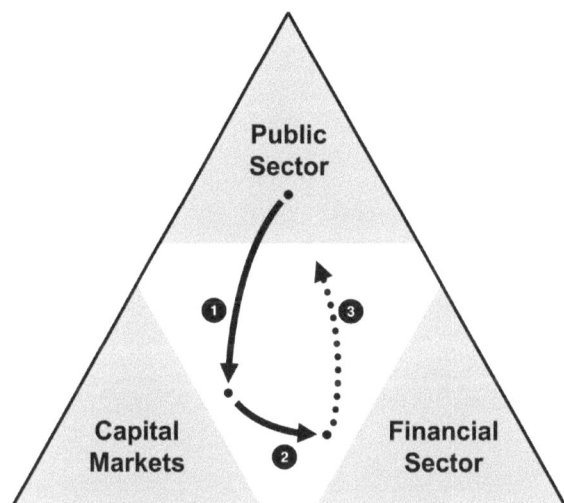

1. Nach dem Zusammenbruch von Bretton Woods anfang der 1970er Jahre kam es zu einer graduellen Liberalisierung der Märkte. In diesem Prozess wurden staatliche Regulierungsstrukturen relativ gesehen abgebaut und die Entwicklung der Finanzmärkte in immer stärkerer Art und Weise von Marktkräften beeinflusst; die Balance verschob sich also in Richtung der Kapitalmärkte.
2. Wie bereits beschrieben kam es seit den 1990er Jahren, durch das Aufkommen von Derivaten und anderen Formen strukturierter Produkte zu einer Zunahme an Komplexität. Durch die Entwicklung des risikoorientierten Regulierungs- und Aufsichtsparadigmen fanden interne Risikomanagementsysteme immer stärkere Anerkennung bei den anderen Stakeholdergruppen. Es bildeten sich vielfältige Informationsasymmetrien heraus – bspw. im Bereich der Ratings, in denen Interessenkonflikte zugunsten des Finanzsektors bestanden (Rating-Shopping).
3. Die Stoßrichtung der aktuellen Debatte deutet auf eine Rückverschiebung und wieder stärkeren staatlichen Prägung von Regulierungs- und Aufsichtsstrukturen hin. Jedoch ist eine endgültige neue Balance noch nicht absehbar. Weiterhin ist im Sinne der Diskussion im Vorkapital auch fraglich, inwiefern eine Rückverschiebung angesichts globalisierter Märkte und anderer Herausforderungen überhaupt nachhaltig möglich sein kann.

3.2 Entstehung von Systemrisiken

Ziel der Betrachtungen des Governance-Dreiecks ist nicht, entstehende Systemrisiken in genauer Art und Weise zu identifizieren und konkrete Vorstöße zu deren Eindämmung zu initiieren. Stattdessen geht es darum, eine komplementäre, systemische Sichtweise neben dem bestehenden regulatorischen Rahmen zu etablieren, aus der heraus die mögliche Entstehung solcher Risiken erkannt werden kann. So soll ein kritischer Betrachtungsansatz zur Reflexion und Diskussion der mittel- bis langfristigen Entwicklungen von Finanzmärkten und potentiellen Imbalancen von Governance Strukturen auf systemischer Ebene ermöglicht werden.

Dabei kann keine Balance innerhalb des Governance Dreiecks von Dauer sein, da Finanzmärkte einer stetigen Innovationsdynamik unterworfen sind. Stattdessen führen unterschiedliche Dynamiken fortwährend zu Verschiebungen, welche die drei Stakeholdergruppen unterschiedlich betreffen. Für manche bedingen diese Verschiebungen einen endogenen Strukturwandel, andere Gruppen nehmen den Wandel als exogen wahr und müssen ihre Strukturen entsprechend anpassen. Zum Teil können solche Verschiebungen der Balance rückgängig gemacht werden, andere Dynamiken bspw. die Globalisierung bewirken irreversible Veränderungen bzw. programmieren bestimmte Entwicklungspfade innerhalb des Dreiecks.

Im Rahmen der Ursachenanalyse der aktuellen Krise wurden viele Einzelfaktoren genannt, welche sich auf die bestehende Balance ausgewirkt haben. Diese lassen sich in sechs übergeordneten Dynamiken subsumieren, die Entwicklungen auf der individuellen, der Organisations- und Systemebene programmieren:

1. Anreiz-/Profitdynamik – die vor allem auf individueller Ebene wirkte, jedoch daraus auch strategische Entscheidungen und Entwicklungen innerhalb der Gesamtorganisation beeinflusste (Ulrich 1970)
2. Technologie-/Innovationszyklus – mit vielfachen Wirkungen auf die individuelle Arbeitsweise, Organisationsprozesse und Märkte. Ferner konnte Unsicherheit[26] immer stärker an Finanzmärkten (bspw. durch Derivate) abgesichert werden (Power 2007)
3. Liberalisierungsdynamik – einerseits der Abbau von Handelsschranken, jedoch auch das Aufkommen des Schattenfinanzsystems (Akteure und Marktsegmente außerhalb des bestehenden Regulierungsrahmens)
4. Wettbewerbsdynamik – die eine Konvergenz von Organisationsaktivitäten förderte (Devenow/Welch 1996), sowie Anreize für aggressive Wachstumsstrategien bzw. passive Kontrollprozesse definierte (Senior Supervisors Group März 2008)

---

26 Unsicherheit wird gemäß Knight durch die Erfassung in quantitativen Modellen zu Risiken umgewandelt. Dies konnte aufgrund verbesserter Rechenmodelle und Rechenkapazitäten für immer individuellere und einzigartige Sachverhalte geschehen (Knight 1921: Teil III., Kapitel 8).

5. Globalisierungsdynamik – die zu einer engeren Verknüpfung von Märkten und
    Finanzinstituten sowie neuen Wachstumsmärkten führte, aber auch Imbalan-
    cen (Verhältnis China – USA) verursachte (Wolf 2008)
6. Makroökonomische Dynamik – eine starke Wachstumsdynamik (auch in Ver-
    bindung mit der Globalisierung) sowie ein zunehmender politischer Fokus auf
    Wachstum, der u.a. zu einer teilweise expansiven Geldpolitik führte

Die Auswirkungen dieser Dynamiken führten in der aktuellen Krise letztlich
dazu, dass die gegenseitige Kontrolle der Stakeholdergruppen nicht mehr effektiv
funktionierte. Der Wachstumspfad konnte übermäßig lange aufrechterhalten werden
und es kam zu einer Abkoppelung von der fundamentalen Entwicklung. Dadurch
entstanden über den Zeitverlauf die beschriebenen ‚Diseconomies of Risk' und das
System wurde anfällig gegenüber eigentlich begrenzten Störprozessen[27]. Die systemischen Risiken wuchsen durch die kollektive Verhaltensdynamik und basierten auf
strukturellen Brüchen bzw. Fehlkonstruktionen. Durch technische bzw. instrumen-
telle Schwachstellen kam es zu einer weiteren Verschleierung der Risiken, welche
die frühzeitige Wahrnehmung aus dem System heraus weiter verunmöglichten. Nur
durch eine Betrachtung des Systems von außen hätte eine potentielle Wahrnehmung
von Fehlentwicklungen stattfinden können, die zu einem konkreteren Hinterfragen
der laufenden Entwicklung geführt hätte.

4 Zusammenfassung und Schlussfolgerungen für die regulatorische Diskussion

Die Finanzkrise 2007-2009 entsteht aus dem komplexen Zusammenspiel vielfältiger Faktoren. Vielfach hängen Einschätzungen zu den Wirkungszusammenhängen
von der Sichtweise der Analysen ab. Grundsätzlich kann man aber feststellen, dass
das Vorliegen technischer bzw. instrumenteller Schwachstellen im Zusammenspiel
mit strukturellen Brüchen und Fehlern in der Systemarchitektur die Grundlage für
die beschriebene Verhaltensdynamik bildeten, die zu den heute sichtbar werdenden,
systemischen Risiken geführt haben. Aus dem System heraus konnten diese Fehlentwicklungen nicht identifiziert werden, was die Aussagekraft des Anfangszitats
unterstreicht – es wurde eine falsche Sicherheit suggeriert, die aus der Blindheit des
Systems resultierte.
  Bei der Diskussion grundlegender Vorstöße für eine Anpassung der Regulierungsstrukturen – Kapitalquoten bzw. verbesserte Transparenz und intensivere Aufsicht – wurden drei zentrale Herausforderungen identifiziert, die auch im Rahmen

---

27 Haller definiert zwei Arten von Störprozessen: Einerseits wirken sich ‚Aktionsrisiken' direkt auf
    Handlungen der individuellen Unternehmungen aus und beeinflussen deren Zielerreichung. Dar-
    über hinaus führen ‚Bedingungsrisiken' dazu, dass sich die Rahmenbedingungen der Aktivitäten
    fundamental ändern (Haller 1986).

des Governance Dreiecks aus systemischer Sicht beschrieben wurden und mittelfristig Grenzen der heutigen staatlichen Regulierungsinstrumente aufzeigen. Zunächst geht es darum, einen eingeschränkten Ursachenfokus beim Blick auf die Krise zu vermeiden und die Geschehnisse in einem Gesamtkontext zu betrachten. Gleiches gilt für die Erwägung regulatorischer Maßnahmen. Es muss eine Abwägung der Gesamtwirkung der Instrumente sowie komplementärer Effekte stattfinden, um ein Flickwerk zu vermeiden und eine systematische Verbesserung anzustreben. Darüber hinaus darf eine regulatorische Reaktion immer nur als erster Schritt gesehen werden. Durch die Dynamik des Finanzsektors wird die Wirkung statischer Regulierungsstrukturen mittelfristig marginalisiert. Daher müssen Wege zur dynamischen Anpassung der Regulierungsstrukturen gefunden werden. Drittens wurde der Problemkreis von nationaler Regulierung gegenüber globalisierten Märkten und Unternehmen offenkundig. Aus Perspektive des Governance Dreiecks hat sich hier eine irreversible Veränderung vollzogen, die faktisch nicht rückgängig gemacht werden kann. In diesem Spannungsfeld nationaler und globalisierter Strukturen müssen stattdessen neue Regulierungsparadigmen entworfen werden.

Der Ansatz des Governance Dreiecks zielt darauf ab, die Nachhaltigkeit der Entwicklungen am Finanzmarkt und vor allem jene vom System suggerierte Sicherheit kritisch hinterfragen zu können. Dabei wird ein möglicher Weg beschrieben, sich aus dem System zu lösen und – von außen – zur Diskussion zu stellen, inwiefern graduelle Veränderungen von Governance Strukturen verbunden mit einer entsprechenden Verhaltensdynamik neue systemische Risiken induzieren könnten. Mit Blick auf die aktuellen Dynamiken der Debatte und Regulierungsinitiativen, muss die Wirksamkeit bzw. die Risiken stärker staatlich geprägter Regulierungsstrukturen noch besser analysiert werden: Kann der öffentliche Sektor auf die beschriebenen Herausforderungen langfristig überhaupt effektiv reagieren und neu entstehende Imbalancen ausgleichen? Oder sollte angesichts der Hürden für effektive, staatlich geprägte Regulierung nicht eher eine andere strategische Ausrichtung stattfinden, die weniger anstelle von mehr Regulierung fordert?

Diese Fragestellungen erhält weitere Relevanz, man die Rolle des Staates in der Krise hinterfragt. In der Vergangenheit war es durch expansive geldpolitische bzw. fiskalische Maßnahmen möglich, einen freien Fall in Finanzsystem und Realwirtschaft abzufangen. Jedoch werden durch solche Maßnahmen gleichzeitig auch notwendige Strukturbereinigungen aufgeschoben bzw. potentiell bereits die Saat für übermäßiges Wachstum in anderen Segmenten und letztlich eine nächste Krise gelegt (Soros 2008). Ein zweiter kritischer Punkt, betrifft die Kosten dieser Maßnahmen, welche erst langfristig absehbar sein werden. Inwieweit einzelne Staaten im Angesicht einer ohnehin angespannten Haushaltssituation die Kapazität für entsprechende Eingriffe in der aktuellen bzw. einer zukünftigen Krise besitzen, scheint fragwürdig – aktuelle Rating-Downgrades besonders kleinerer Staaten zeigen erste kritische Anzeichen. Daher scheint in dieser Hinsicht ein noch wesentlich bedeutenderes systemisches

Risiko zu entstehen, dessen Konsequenzen die durch die heutige Krise verursachten wirtschaftlichen Schäden bei weitem übertreffen könnten. Zusätzlich wären auch extreme soziale bzw. politische Folgen denkbar. Folglich müssen diese Fragestellungen – auch im Rahmen internationaler Institutionen – in naher Zukunft angegangen werden.

Literatur

Akerlof, George A. (1970): The Market for „Lemons": Quality Uncertainty and the Market Mechanism. In: The Quarterly Journal of Economics 84 (3): 488-500.

Allen, Franklin/Gale, Douglas (2007): An Introduction to Financial Crises. In Allen, Franklin/Gale, Douglas (Hrsg.).

Allen, Franklin/Gale, Douglas (Hrsg.) (2007): Financial Crises. Cheltenham: Edward Elgar.

Allen, Franklin/Gale, Douglas (2008): Understanding Financial Crises. Oxford: Oxford University Press.

Allenspach, Marco (Hrsg.) (2001): Integriertes Risiko-Management. St. Gallen: Verlag Institut für Versicherungswirtschaft der Universität St. Gallen.

Bank für Internationalen Zahlungsausgleich (2008): 78th Annual Report. Basel.

Bank of England (2007): Financial Stability Report. Nr. 22. Oktober. London.

Bank of England (2008): Financial Stability Report: Nr. 24. Oktober. London.

Basler Ausschuss für Bankenaufsicht (2006): Internationale Konvergenz der Eigenkapitalmessung und Eigenkapitalanforderungen – Überarbeitete Rahmenvereinbarung. Juni. Basel: Bank für Internationalen Zahlungsausgleich.

Blum, Jürg (1998): Do Capital Adequacy Requirements Reduce Risks in Banking? In: Journal of Banking & Finance 23 (5): 755-771.

Blum, Jürg (2007): Why ,Basel II' May Need a Leverage Ratio Restriction. In: Journal of Banking & Finance 32 (8): 1699-1707.

Carey, Mark/Schulz, René M. (2005): The Risks of Financial Institutions. In: NBER Working Paper Series Nr. 11442. Cambridge, MA: National Bureau of Economic Research

DeBandt, Olivier/Hartmann, Philipp (2000): Systemic Risk: A Survey. In: ECB Working Paper Series Nr. 35. London: Bank of England.

Devenow, Andrea/Welch, Ivo (1996): Rational Herding in Financial Economies. In: European Economic Review 40 (3-5): 603-615.

Dow, James (2000): What Is Systemic Risk? Moral Hazard, Initial Shocks, and Propagation. In: Institute for Monetary and Economic Studies Discussion Paper No. 2000 E-17.

Duwendag, Dieter (Hrsg.) (1998): Finanzmärkte im Spannungsfeld der Globalisierung, Regulierung und Geldpolitik. Berlin: Duncker & Humblot.

Eidgenössische Bankenkommission (September 2008). Subprime-Krise: Untersuchung der EBK zu den Ursachen der Wertberichtigungen der UBS AG. Bern: USB.

Fama, Eugene (1970): Efficient Capital Markets: A Review of Theory and Empirical Work. In: Journal of Business 25 (2): 383-417.

Farnsworth, Kevin (2008): Governance, Business and Social Policy: International and National Dimensions. In: Kennett, Patricia (Hrsg) 2008): 35-55.

Financial Service Authority (2006): Supervising Insurance Groups under Solvency II. Discussion Paper. London.

Financial Stability Forum (2008): Report on Enhancing Market and Institutional Resilience. April. Basel: Bank für Internationalen Zahlungsausgleich.

Financial Times (2008). Goldman set to sever IIF links. 22. Mai.

Financial Times (2007). Subprime Coming Home to Roost? 26.Juni.

Gale, Douglas (2000): Financial Contagion. In: Journal of the Political Economy 108 (1): 1-33.

Gerlach, Stefan/Gruenwald, Paul (Hrsg.) (2006): Procyclicality of Financial Systems in Asia. Houndsmill, Basingstoke: Palgrave Macmillan.

Giddens, Anthony (1987). Social Theory and Modern Sociology. Cambridge: Stanford University Press.

Goldman Sachs (2007). The Subprime Market Meltdown: Crisis or Opportunity? White Paper. August.

Goldman Sachs (2009): Home Price and Credit Losses: Projections and Policy Options. In: Global Economic Paper Nr. 177. Januar.

Haller, Matthias (1986): Risiko-Management – Eckpunkte eines integrierten Konzeptes. Müller In: Jacob, H (Hrsg.): 7-43.

Haller, Matthias/Maas, Peter (1994). Herleitung von „Logiken" der Subsysteme im Risiko-Dialog. Risiko-Dialog: Stiftungsbericht. St. Gallen.

Hellmann, Thomas F./Murdock, Kevin C./Stiglitz, Joseph E. (2000): Liberalization, Moral Hazard in Banking, and Prudential Regulation: Are Capital Requirements Enough? In: American Economic Review 90 (1): 147-165.

Hellwig, Martin (1995): Systemic Aspects of Risk Management in Banking and Finance. In: Swiss Journal of Economics and Statistics 131 (4/2): 723-737.

Hellwig, Martin (1998): Systemische Risiken im Finanzsektor. In: Duwendag, Dieter (Hrsg.) (1998): 123-151.

Hellwig, Martin (2005): Market Discipline, Information Processing, and Corporate Governance. In: MPI Collective Goods Preprint 19. Cologne: MPI.

Hellwig, Martin (2006): Market Discipline, Information Processing, and Governance. In: Governance and the Efficiency of Economic Systems Discussion Paper Nr. 155.

Hellwig, Martin (2008). Systemic Risk in the Financial Sector: An Analysis of the Subprime-Mortgage Financial Crisis. Jelle Zijlstra Lecture (revised and expanded text). Free University of Amsterdam.

Heri, Erwin/Zimmermann, Heinz (2000): Die Grenzen statistischer Messkonzepte für die Risikosteuerung. In Schierenbeck, Henner/Rolfes, Bernd/Schüller, Stephan (Hrsg.) (2000): 995-1014.

High-Level Group on Financial Supervision (2009). The de Larosière Report. Februar. Brüssel

International Monetary Fund (2009). Initial Lessons of the Crisis for the Global Architecture of the IMF. 18. Februar. Washington, D.C.: International Monetary Fund.

International Monetary Fund (2008). Global Financial Stability Report – Containing Systemic Risks and Restoring Financial Soundness. April. Washington, D.C.: International Monetary Fund.

International Monetary Fund (2009). Global Financial Stability Report – Responding to the Financial Crisis and Measuring Systemic Risks. April. Washington, D.C.: International Monetary Fund.

Jacob, Herbert (Hrsg.) (1986): Schriften zur Unternehmensführung – Risiko-Management. Wiesbaden: Gabler Verlag.

Jorion, Philippe (2000): Risk Management Lessons from Long-Term Capital Management. In: European Financial Management 6 (3): 277-300.

Kennett, Patricia (Hrsg.) (2008): Governance, Globalization and Public Policy. Cheltenham: Edward Elgar.

Knight, Frank H. (1921): Risk, Uncertainty and Profit. Chicago: Chicago University Press.

Llewellyn, David T. (1999): The Economic Rationale for Financial Regulation. In: FSA Occasional Paper Series Nr. 1.

Llewellyn, David T. (2000): Some Lessons for Regulation from Recent Bank Crises. In: Open Economies Review 11 (1): 69-109.

Maußner, Alfred (1994): Konjunkturtheorie. Berlin: Springer-Verlag.

Minsky, Hyman P. (1982): Inflation, Recession and Economic Policy. Brigthon: Wheatsheaf Books.

Möllers, Christoph/Vosskuhle, Andreas/Walter, Christian (Hrsg.) (2007): Internationales Verwaltungsrecht: eine Analyse anhand von Referenzgebieten. Tübingen: Mohr Siebeck.

Power, Michael (2007): Organized Uncertainty – Designing a World of Risk Management. Oxford: Oxford University Press.

Renn, Ortwin (1998): Three Decades of Risk Research: Accomplishments and New Challenges. In: Journal of Risk Research 1 (1): 47-71.

Schweizer Nationalbank (2008). Bericht zur Finanzmarktstabilität 2008. Bern.

Schierenbeck, Henner/Rolfes, Bernd/Schüller, Stephan (Hrsg.) (2000): Handbuch Bankencontrolling. Wiesbaden: Gabler.

Senior Supervisors Group (März 2008). Observations on Risk Management Practices during the Recent Market Turbulence.

Shiller, John (2000). Irrational Exuberance. Princeton: Princeton University Press.

Soros, George (2008): The New Paradigm for Financial Markets – The Credit Crisis of 2008 and What It Means. New York: Public Affairs.

Standard & Poor's (2008): LCD European Leveraged Buyout Review (1st Quarter.

Stiglitz, Joseph E./Weiss, Andrew (1981): Credit Rationing in Markets with Imperfect Information. In: The American Economic Review 71 (3): 393-410.

Strauss-Kahn, Dominique (2009): World Faces Deepening Crisis, IMF Chief Warns. In: IMF Survey Magazine. 21. Januar. Washington, D.C.: International Monetary Fund.

Strebel-Aerni, Brigitte (Hrsg.) (2008): Standards für Nachhaltige Finanzmärkte. Zürich: Schulthess Juristische Medien AG.

Summer, Martin (2002): Banking Regulation and Systemic Risk. In: ÖNB Working Paper Nr. 57.

Taleb, Nassim N. (2007): The Black Swan – Impact of the Highly Improbable. New York: Random House.

Taylor, Ashley/Goodhart, Charles (2006): Procyclicality and Volatility in the Financial System: The Implementation of Basel II and IAS 39. In: Gerlach, Stefan/Gruenwald, Peter (Hrsg.) (2006): 9-37.

UBS (2004). Investor Release: UBS releases revised Value at Risk (VaR) figures reflecting enhanced modeling and provides more guidance on the first-time consolidation of Motor-Columbus. 13. Oktober.

UBS (2008). Shareholder Report on UBS's Write-Downs. April. Zürich: USB.

Ulrich, Hans (1970): Die Unternehmung als produktives soziales System. Bern: Haupt Verlag.

van Aaken, Anne (2007): Transnationales Kooperationsrecht nationaler Aufsichtsbehörden als Antwort auf die Herausforderung globalisierter Finanzmärkte. In: Möllers, Christoph/ Vosskuhle, Andreas/Walter, Christian (Hrsg.) (2007): 219-258.

Windram, Richard (2005): Risk-Taking Incentives: A Review of the Literature. In: Journal of Economic Surveys 19 (1): 65-90.

Wolf, Martin (2008): Fixing Global Finance. Baltimore: John Hopkins University Press

Zimmermann, Heinz (1999): „VaR-at-Risk" – oder der aufhaltsame Aufstieg eines zweifelhaften Paradigmas. In: Manager Bilanz 4 (2): 12-17.

Zimmermann, Heinz (2001): Risikomanagement in chaotischen Zeiten – Die Bedeutung sozialwissenschaftlicher Ansätze. In: Allenspach, Marco (Hrsg.) (2001): 41-61.

Zimmermann, Heinz (2008): Risiko und Repräsentation: Über Krisen des Finanzsystems. In: Strebel-Aerni, Brigitte (Hrsg.) (2008): 19-39.

Die Züchtung ‚Schwarzer Schwäne': Zum Zusammenhang von politisch geförderten Stabilitätsillusionen und Blasenwirtschaft

Danko Knothe

‚If you have to prove you are worthy of credit, your credit is already gone.' (Walter Bagehot)

1 Stabilitätsillusionen und Krisen

Der Staat bildet das Rückgrat der Finanzmärkte. Nur politische Beistandsgarantien können im Falle eines allgemeinen Vertrauensverlustes einen Systemkollaps verhindern. Die seit Sommer 2007 andauernde Krise des internationalen Finanzsystems hat diesen Zusammenhang wieder stärker ins Bewusstsein von Marktakteuren und Politikern rücken lassen. Als Kredit- und Kapitalgeber der letzten Instanz haben allein Notenbanken und Staatshaushalte die Finanzmärkte und deren Hauptakteure – zu einem sehr hohen Preis zumindest vorübergehend – stabilisieren können. Konfrontiert mit massiven Verlusten, Liquiditätsengpässen und Zweifeln an der eigenen Solvenz, stellte die Inanspruchnahme von Staatshilfen für strauchelnde Finanzinstitute keineswegs einen Betriebsunfall dar; vielmehr handelte es sich dabei um ein durch gegenseitige Abhängigkeit vorgeprägtes Verhaltensmuster: Im Scheitern wurde ganz selbstverständlich an die wirtschaftspolitische Fürsorgepflicht des Staates appelliert. Wie ich im Folgenden argumentieren möchte, wird dieses Verhalten durch den Umstand begründet, dass zwischen Staaten und Finanzmärkten seit der Einführung von Zentralbanken ein informeller faustischer Pakt besteht (und vermutlich weiter bestehen wird), der auch in der Krise nicht in Frage gestellt wurde. Basierend auf einer von allen involvierten Akteuren geteilten Wachstumspräferenz besteht die zentrale Vereinbarung dieses Pakts darin, das durch den Finanzsektor voran getriebene Kredit- und Geldmengenwachstum mit Hilfe von politischer Aufsicht, Stabilitätsgarantien und Inflationszähmung zu fördern. In einem ‚Konjunkturaufschwung' führen steigende Kreditvolumina fast zwangsläufig zu ‚Wirtschaftswachstum'. In der Krise hingegen sehen sich Regierungen und Notenbanken vor allem in der Pflicht, einen ‚Bankrun' unbedingt zu verhindern, der einen Kollaps des Finanzsystems bzw. eine drohende Kreditkontraktion zur Folge hätte. Die implizite geldpolitische Prämisse den Markt (also den Kreditfluss) ‚am Laufen zu halten', garantiert zwar eine beständige Grundsicherung von Marktliquidität, führt jedoch im Notfall, wenn der Staat als ‚Lender of Last Resort' in die Pflicht genommen wird, auch zu einem exzessiven Wachstum der Staatsverschuldung.

Ein erstes Grundproblem dieses Arrangements besteht darin, dass Systemrisiken ausgeblendet und tendenziell unterschätzt werden. Die Beteiligten wiegen sich in falscher Sicherheit und zeigen sich von einer auftretenden Krise, dem ‚Schwarzen Schwan', regelmäßig überrascht. Weiterhin führen die demnach verstärkten Anreize für Moral-Hazard-Verhalten zu einer weitgehenden Privatisierung der Gewinne bei gleichzeitiger Kollektivierung der Verluste zu Lasten der Allgemeinheit. Ein weiteres Grundproblem zeigt sich in der mangelnden Nachhaltigkeit der Interventionen, da die Staaten ihre Stabilisierungszusagen nur solange einhalten, wie sie selbst zahlungsfähig sind und ihnen an den internationalen Finanzmärkten oder von einheimischen Sparern Kreditwürdigkeit zugebilligt wird.

Das Hauptproblem dieses Beistandsarrangements besteht jedoch darin, dass seine Ergebnisse unbefriedigend ausfallen. Das Ziel, schwere systemische Krisen zu verhindern, wurde verfehlt: Seit 1870 hat es global mindestens 148 durch Verwerfungen im Finanzsektor verursachte Krisen gegeben, in denen das BIP von Staaten um über zehn Prozent sank (Barro/Ursúa 2009); einer anderen Studie zufolge sind allein seit 1970 124 schwere Bankenkrisen aufgetreten (Laeven/Valencia 2008). Diese Krisenanfälligkeit scheint zwar im Durchschnitt keine negativen Auswirkungen auf die langfristigen Wachstumsraten der betroffenen Länder gehabt zu haben, gleichwohl sind ihre Spuren in den öffentlichen Haushalten (gestiegene Staatschulden) unübersehbar.

Stabilitätsillusionen und Wachstumserwartungen bilden in allen Staaten der OECD-Welt sowie in den Schwellenländern die Grundlage ökonomischer Interaktionen, auch wenn sich innerstaatliche Regulierungsmodi beträchtlich unterscheiden. Regierungspolitik und Wirtschaftsgovernance teilen das zentrale Anliegen, Märkte nicht aus dem Gleichgewicht geraten zu lassen. Angewendet auf die Finanzmärkte droht eben dieses Anliegen die Politik zu überfordern, da sich Finanzmärkte, ob dereguliert oder nicht, nur bedingt als effizient erweisen und stets zum Überschießen tendieren (Cooper 2008). Blasenbildungen sind nicht Ausdruck irrationalen Überschwangs, sondern Ergebnis dynamischen Vertrauenswachstums. Alle empirischen Langzeitdaten zeigen, dass es sich bei Finanzmarktstabilität um einen fluktuierenden Zustand handelt; dauerhaft kann sie weder erreicht noch garantiert werden. Es erweist sich als entsprechend fatal, die Hypothese effizienter Finanzmärkte zum Ausgangspunkt ökonomischer Risikomodellierung und politischer Regulierung zu machen. Beides nährt die Illusion, Stabilität institutionell herstellen und garantieren zu können und steigert damit systemische Instabilitäten.

Der Rhythmus ökonomischer Extremereignisse – wie Schulden-, Währungsoder Finanzmarktkrisen –, die in den von Finanzmarktakteuren verwendeten mathematischen Modellen eigentlich nur als Jahrhundertereignisse vorkommen, hat sich auf wenige Jahre verkürzt. In einem Prozess der sich permanent beschleunigenden

schöpferischen Zerstörung unterliegen die Finanzmärkte tendenziell einer zunehmenden oligopolistischen Entwicklung. Bei den Finanzkrisen der letzten dreißig
Jahre handelte es sich also keineswegs um Marktversagen – denn alle maßgeblichen
Akteure haben sich in den Krisen schadlos halten können – sondern vielmehr um
eine von politischen Interventionen begleitete Marktbereinigung. Diese hat, nicht
nur an der Wall Street, eine Finanzoligarchie entstehen lassen, deren anwachsende
Anspruchshaltung gegenüber dem Staat sich auf das Argument schierer Größe (‚too
big to fail') und den Verweis auf Systemrelevanz beruft (Johnson 2009).

Gleichwohl ist die Regulierungspolitik, im nationalen Rahmen wie auf internationaler Ebene, zu keinem Zeitpunkt den Interessen des Finanzsektors ohnmäch-
tig ausgeliefert gewesen. Vielmehr hat sie nach dem Zusammenbruch des Bretton-
Woods-Systems fester Wechselkurse seit Mitte der 1970er Jahre die Zügel bewusst
gelockert und sich gegenüber den Finanzmärkten zunehmend in wohlwollender
Zurückhaltung (Benign Neglect) geübt. Aber selbst an extrem deregulierten Finanz-
plätzen definieren Regulierungsbehörden und Zentralbanken die Schranken, innerhalb derer sich die Marktaktivitäten vollziehen. Auch das ‚Schattenbankensystem',
oft als ein wichtiger Katalysator der derzeitigen Krise identifiziert, operierte unter
den Augen von Aufsichtsbehörden, wie etwa die berüchtigten Spezialgesellschaften
in Dublin. Die Verflechtungen der internationalen Finanzkonzerne, der tägliche
Refinanzierungsbedarf auf dem Interbankenmarkt, die rasant steigenden Umsätze
im Verbriefungsgeschäft bzw. bei den Kreditausfallversicherungen, die enge Zusammenarbeit zwischen Investmentbanken und Ratingagenturen bei der Bewertung von
Derivaten – all diese Phänomene waren der Finanzaufsicht bekannt. Ihre Systemrelevanz wurde freilich übersehen.

Dieser Beitrag möchte unter Bezugnahme auf die Instabilitätstheorie von Hyman Minsky eine Analyse der globalen Finanzkrise liefern, deren Fokus vor allem auf
den, im Prozess der Vertrauensakkumulation im Vorfeld der Krise wirksamen, sozialpsychologischen und politischen Faktoren liegt. In den Blick genommen werden
hierbei sowohl die vielfältigen Formen des Marktversagens, als auch die unterstüt-
zende Rolle der Politik bei der Blasenbildung und die dahinter stehenden Motive. Ich
argumentiere, dass politische Stabilitätsversprechen und Notenbankenentscheidun-
gen entscheidend geholfen haben, auf den Märkten einen weitgehend substanzlosen
Vertrauensüberschuss entstehen zu lassen, sowie Kreditblasen und Systeminstabili-
täten zu erzeugen. Im Mittelpunkt steht die Vermutung, dass sich entwickelte Gesellschaften einer Illusion von Stabilität und Regulierungsfähigkeit – auf nationaler
wie globaler Ebene – hingeben, weil die Realität überkomplexer, schwer überschau-
barer und möglicherweise langfristig kaum zu bewältigender Risiken eine kognitive
Überforderung auslöst. Grundsätzlich werden Risiken mehrheitlich für beherrschbar
gehalten – allein deshalb, weil extreme Ereignisse in der Vergangenheit nur selten
als Vergleichsmaßstab herangezogen werden. Auch zukünftig drohende, oder bereits
absehbare Systemrisiken – etwa im Bereich der sozialen Sicherungssysteme bzw. der

Staatsverschuldung – können aus Gründen politischer Opportunität lange übersehen werden; Ignoranz lässt sie allerdings nicht verschwinden. Die Funktionszusammenhänge und Phänomene der Blasenwirtschaft, die ‚Schwarze Schwäne' gezüchtet haben, lassen daher vermutlich auch künftig Zyklen von Expansion und Kontraktion entstehen, die durch einen langsamen Abbau von Risikobewusstsein und einen anschließenden plötzlichen Vertrauensentzug gekennzeichnet sein werden. Blasenbildung kann durchaus als rationale Strategie bestehen – für die Politik ebenso wie für Finanzmarktakteure. Allerdings erleiden die staatlichen Instrumente zur Krisenbewältigung durch die steigende Staatsverschuldung einen stetigen Wirkungsverlust. Spätestens wenn die bisher noch selten geäußerten Zweifel an der fundamentalen Kreditwürdigkeit der Staaten unüberhörbar werden, haben auch die Finanzmärkten ihr wichtigstes Sicherheitsnetz verloren.

1.1 ‚Schwarze Schwäne' oder: die retrospektive Sicherheitsillusion von Risikomodellen

Mit dem auf John Stuart Mill zurückgehenden Begriff des ‚Schwarzen Schwans' bezeichnet Nassim Nicholas Taleb (2007) in seinem bereits vor Ausbruch der Finanzkrise erschienenen gleichnamigen Buch Ereignisse, die zum einen extrem überraschend sowie weitgehend unvorhergesehen eintreten und dabei etablierte Bewertungsrahmen sprengen, zum anderen tief greifende Implikationen mitführen und Aktionismus auslösen. Diese ‚known unknowns' werden charakterisiert als im Grundsatz bekannte, jedoch in ihrer Tragweite nicht abschätzbare Risiken, oder auch als Überraschungen, die größer ausfallen als zunächst für möglich gehalten. Das wichtigste Kriterium für das Vorliegen eines ‚Schwarzen Schwans' ist die Möglichkeit, unter Rückgriff auf narrative Verzerrungen plausible ex post-Rationalisierungen darüber anstellen zu können, warum das Ereignis geradezu zwangsläufig hatte eintreten müssen. Taleb zufolge führt die durch seltene, aber folgenschwere Ereignisse verursachte Falsifikation früherer Annahmen jedoch nur in wenigen Fällen zu einer Modifikation des Erwartungsrahmens. Mit anderen Worten: Die meisten Menschen werden nicht von ihren Annahmen über die Wahrscheinlichkeit von Ereignissen abweichen und kohärente Deutungsmuster vorziehen, selbst wenn sich diese in der Vergangenheit als unzureichend oder falsch herausgestellt haben, da sie nicht in der Lage sind, ‚die Idee der Unvorhersehbarkeit zu akzeptieren' (Taleb 2007: 27). Des Weiteren erweisen sich ‚Schwarze Schwäne' als eine Frage des Standpunkts. Beispielsweise waren die Anschlagspläne für 9/11 den Terroristen vor den Ereignissen im Grundsatz bekannt, während sie bei einem Großteil der Weltöffentlichkeit ungläubiges Entsetzen hervorgerufen hätten. Im Nachhinein schienen die Ereignisse dagegen vielen, die sie vorher für unwahrscheinlich (aber möglich) gehalten hätten, immerhin rational erklärbar.

Die globale Finanzkrise ist, legt man Talebs Kriterien an, unzweifelhaft ein ‚Schwarzer Schwan': sie kam für die meisten Marktteilnehmer in Ausmaß und

Wucht unerwartet und hatte gravierende, global spürbare Folgen. Wichtiger noch: Die Mechanismen der Blasenbildung und der anschließenden ökonomischen Abwärtsbewegung erschließen sich ex post ohne Weiteres. Konnten Politiker, Journalisten, Finanzmanager oder Wissenschaftler bei den bisher vorliegenden Versuchen, die Ursachen zu analysieren, zwar keinen abschließenden Konsens erreichen, so gelang es dennoch eine Reihe von Krisenherden zu identifiziert: Abhängig davon, welchen Erklärungsmustern Folge geleistet wird, scheinen entweder makroökonomische Faktoren (globale Ungleichgewichte, aufgeblähter Finanzsektor), mikroökonomische Faktoren (Haushaltsverschuldung, Hauspreise, Konsumentenverhalten) oder politische Fehler (Regulierungsversagen, niedrige Leitzinsen, Geldmengenwachstum) bzw. alle Faktoren zusammen Einfluss gehabt zu haben. Im Sommer 2009 wäre kaum ein Analyst oder Politiker angesichts der vorhanden Erklärungsmuster bereit gewesen, Ratlosigkeit zuzugeben oder einzugestehen, dass die Ereignisse sich aus seiner damaligen Perspektive eben gerade nicht angekündigt hatten (am geringsten wird diese Bereitschaft vermutlich in der Finanzbranche sein). Dass die Krise früher oder später kommen musste, wird im Nachhinein nur von wenigen bezweifelt, auch wenn im Vorfeld nur vereinzelte Marktakteure darauf gewettet (oder sich entsprechend vorsichtig positioniert) und noch weniger Regulierer Alarm geschlagen haben. Natürlich hatte es Crash-Propheten und Mahner gegeben (die, wie etwa Nouriel Roubini, inzwischen zu allgegenwärtigen ‚Experten' geworden sind). Einigen Hedgefonds und Anleger gelang es, Dank dem Verfall der Hauspreise, der Preise für Kreditderivate oder den Crash der Aktienmärkte enorme Gewinne einzufahren; für sie war die Krise also keine böse Überraschung, sondern eine historisch seltene Bonanza. Für einen Großteil der professionellen Geldverwalter und Politiker etablierte die Krise jedoch quasi ‚aus heiterem Himmel', weil sie eindeutig außerhalb des gewohnten Bewertungsrahmens lag.

Eine reine ex post-Betrachtungsperspektive hilft freilich nicht weiter, weil sie oft nur Ursachen auflistet, aber sich den Gründen für die ungebremste Kreditexpansion kaum annähert. Viele Faktoren, die zur Krise auf dem amerikanischen Häusermarkt und später zu einer globalen Kreditklemme beigetragen haben, wurden im Vorfeld der Krise – auch hier geht es wieder um die Mehrheitsmeinung – sogar als risikominimierend eingeschätzt, etwa das Verbriefungsgeschäft, der durch die Leistungsbilanzüberschüsse und hohe Sparraten einiger Länder bereitgestellte Liquiditätsüberfluss (‚savings glut'), oder die niedrigen US-Leitzinsen der Notenbanken. Es war, wie gezeigt werden soll, die aus dem sozialpsychologischen Bewertungsrahmen abgeleitete Erwartung, die Beobachter nicht nach Anzeichen einer Krise, sondern nach Indizien für eine Fortschreibung der Hochkonjunktur suchen ließ und so die drohenden Gefahren bis zur Unkenntlichkeit verschleierte. Die sich gegenseitig verstärkenden sozialpsychologischen Prozesse Vertrauensüberschuss und Risikoignoranz haben die Entstehung des ‚Schwarzen Schwans' Finanzkrise erheblich begünstigt.

Risiken falsch zu bewerten, ist allzu menschlich; im Allgemeinen tun sich politische Entscheider ebenso schwer, drohende Gefahren richtig einzuschätzen wie
Verkehrsteilnehmer, Extremsportler oder Finanzmarktakteure. Gleichwohl ist der
Wunsch nach Kontrolle von Risiken nicht nur weit verbreitet, sondern bildet beispielsweise für Betreiber von Atomkraftwerken, Airlines oder Finanzinstituten ei-
nen basalen Handlungsimpuls. Ein verbreitetes Grundproblem der Risikoabschät-
zung resultiert aus einer durch retrospektives Rationalisieren gewonnenen, falschen
Sicherheit. Werden Gefahren aus bisher aufgetretenen Risiken abgeleitet und mit
Hilfe einer statistischen Normalverteilung für berechenbar erklärt, so nährt die die
Illusion, Risiken tatsächlich vorbeugen und sie beherrschen zu können. Risiken sind
allerdings oft nicht statistisch normal, sondern fraktal oder skaleninvariant verteilt.
Das spielt bei der Bewertung individueller Risiken meist keine Rolle, bei der Risikoabschätzung von Finanzmarktakteuren jedoch erweist sich die Normalvertei-
lungsannahme als besonders schwerwiegender Fehler (Mandelbrot/Hudson 2008:
123-159, 309-344). Extreme Ereignisse (Ausschläge nach unten und oben) kommen
in komplexen und interdependeten Systemen – das Finanzsystem ist hier nur ein
Beispiel – nicht nur wesentlich häufiger vor, als statistisch erwartbar; sie haben u.U.
auch extreme, nicht vorhersehbare Auswirkungen auf andere Systeme. Weil Märkte
sich nicht moderat verhalten, aber die meisten Risikomodelle der Marktteilnehmer
auf dieser Annahme aufgebaut sind (Danielsson 2008), erweist sich die Beherrschbarkeit von Marktrisiken immer wieder als Illusion. Auch das beste Risikomanagment
hätte im Herbst 2008 die Kernschmelze des Finanzsystems nicht verhindern können – dies vermochten allein Notenbankliquidität und staatliche Rettungsschirme.
Paradoxerweise kann vermutet werden, dass das einzig wirksame, durch staatliche
Interventionsbereitschaft bereit gestellte Sicherheitsnetz in den wenigsten Risikomodellen berücksichtigt gewesen sein dürfte (nichtsdestoweniger haben Bankvorstände
auf Liquiditätshilfen und Rettungsschirme spekuliert und sie unter Verweis auf drohende Verwerfungen vehement gefordert).

Gerade die turbulente Abwärtsdynamik der Finanzkrise sollte demonstriert haben: Aus dem Ausbleiben von extremen Ereignissen in der Vergangenheit kann nicht
geschlossen werden, dass diese auch zukünftig nicht eintreten werden. Der Bankrott einer Investmentbank an der Wall Street (Lehman Brothers), der fast komplette
Zusammenbruch des Interbankenmarkts zur kurzfristigen Refinanzierung, oder ein
drohender Bankrott des weltgrößten Versicherungsunternehmens (AIG) mit verhee-
renden Auswirkungen auf den Markt für Kreditausfallversicherungen – all diese Ereignisse wurden, weil sie noch nicht vorgekommen waren, vor dem Herbst 2008 für
undenkbar gehalten und in den wenigsten Risikomodellen berücksichtigt. Ein skep-
tischer Empiriker ist gut beraten, nicht nur allen bisher bekannten Extremereignisse
eine ständiges, sondern in der Zukunft auch grundsätzlich nichts für ausgeschlossen
zu halten.

2   Minskys Instabilitätstheorie

Aus den verschiedenen Beiträgen des Postkeynesianers Hyman Minsky zur Instabilität von Finanzsystemen lässt sich kein großes Theoriegebäude errichten – gleichwohl liefern sie wichtige Hinweise auf die sozialpsychologischen Antriebsmomente von Kreditzyklen. Minskys Argumentation fußt auf der Annahme, dass Finanzmärkte kein natürliches Gleichgewicht erreichen können (Cooper 2008: 11f). Vielmehr neigen sie zu Instabilität, da in der Expansion die ökonomischen Entscheidungen maßgeblich von Optimismus und Euphorie beeinflusst werden, während weit verbreitete Vorsicht und Zurückhaltung die Abschwungphasen prägen. Besonders deutlich tritt dieser Zusammenhang in der Interaktion von Kreditgebern und Schuldnern zu Tage.

Die Ausbildung ökonomischer Euphorie ist ein zunächst schleichender, später ungemein dynamischer Prozess, in dem Bedenken hinsichtlich der Zahlungsfähigkeit von Schuldnern schrittweise über Bord geworfen werden (Minsky 1982: 120-151). Sie beginnt mit sich ändernden Bewertungsmaßstäben. Veränderte Prosperitätsannahmen beeinflussen die Akteure und ihre Entscheidungen. Neue Narrative treten sukzessive an die Stelle alter Bedenken: Wenn eine allgemeine ökonomische Expansion und damit auch eine Gewinnsteigerung der Unternehmen erwartet wird, steigt der Bedarf nach Kapital. Gleichzeitig werden sukzessive Schuldner, die zuvor noch als schlechte Risiken eingeschätzt wurden, stetig kreditwürdiger bewertet: ‚Once a change in expectations occurs, demanders, with liabilitiy structures that previously would (…) have made them ineligible for accomodations, become quite accentable. Supply conditions (…) improve simultaneously with an increase in the willingness to emit liabilities (...)' (Minsky 1982: 121). Steigende Kreditvergabe führt im Modell einer euphorischen Ökonomie auch unmittelbar zu steigenden Investitionen und Produktionswachstum. Dies wiederum induziert eine wachsende Investitionsbereitschaft; mehr Kredit wird nachgefragt und immer weniger Investitionen erweisen sich als unrentabel. Weil die ökonomische Gesamtnachfrage steigt, die Zahlungsströme immer weiter anschwellen und die Sach- und Anlagevermögen tendenziell an Wert gewinnen, sinken aus Sicht der Gläubiger die Ausfallrisiken, so dass die allgemeine Kreditvergabebereitschaft weiter steigen kann. Durch einen Anstieg der Vermögenspreise und steigende Gewinne verbessert sich auch die Qualität, der von den Schuldnern gestellten Sicherheiten. Der Vertrauensvorschuss der Gläubiger wandelt sich also in einem Euphoriezyklus in einen allgemeinen Vertrauensüberschuss der Ökonomie; die Risikoaversion sinkt. Fast überflüssig erscheint die Erwähnung, dass die Euphorie alle Teilbereiche der Finanzmärkte erreichen kann und eine Hausse an Aktienmärkten auch wieder auf die Realwirtschaft zurück wirkt, weil Vermögenswerte steigen und Kreditsicherheiten leichter beizubringen sind.

Am stärksten schlagen sich die Veränderungen und die erhöhte Risikobereitschaft im Finanzsektor nieder. Aufgrund des intensiven Bankenwettbewerbs und sinkender Risikoaufschläge, entstehen innovative Finanzierungsinstrumente, die bestehende Regulierungsvorschriften sehr großzügig auslegen, überdehnen oder bre-chen. Außerdem wird mit immer größeren Hebeln auf das Eigenkapital gearbeitet. Im Wettbewerb stehende Finanzinstitute sehen sich gezwungen, neue Kundenkreise zu erschließen – dies erscheint umso attraktiver, je länger die Boomphase anhält (und klassische Bewertungsmaßstäbe, weil sie das Geschäftsvolumen beschränken, beisei-te geschoben werden). Minsky (1986) unterscheidet drei Kategorien von Schuldnern: solide Schuldner, die Zins und Tilgung aus ihren Vermögenswerten heraus leisten können, spekulative Schuldner, die lediglich imstande sind, die Zinszahlungen zu leisten, und sogenannte ‚Ponzi-Schuldner‘, die allein durch permanent steigende Ver-mögenswerte in der Lage wären, ihre Gläubiger auszuzahlen (inzwischen wäre wohl der Begriff ‚Subprime-Schuldner‘ angebracht). In der Endphase eines Kreditbooms fließt ein immer größerer Anteil des Neugeschäfts an die letzten beiden Schuldner-gruppen. Kreditwachstum dient, einem Schneeballsystem ähnlich, zunehmend al-lein der Begleichung laufender Zahlungsverpflichtungen, während die Investitionen zurückgehen. Die durch abnehmendes Risikobewusstsein genährte Blasenökono-mie führt damit zu Vermögens- und Kreditstrukturen, die instabil und störanfällig sind. Auch andere Autoren haben die Psychologie der Wirtschaftssubjekte und deren schleichende Wahrnehmungsverschiebungen als Katalysatoren von ökonomischen Boomphasen identifiziert (u.a. Galbraith 2008 oder Akerlof/Shiller 2009). Wenn dieser Prozess als ‚irrationale Übertreibung‘ (Shiller 2005) gekennzeichnet wird, ver-stellt das allerdings den Blick auf die Handlungsdynamik: tatsächlich handeln die Marktakteure im Rahmen ihrer sich sukzessive verschiebenden Erwartungsrahmen absolut rational, also gewinnorientiert. Wagnisse werden überdurchschnittlich be-lohnt. Vorsichtige Akteure, allen voran zurückhaltende Banken, laufen dagegen Ge-fahr, ins Hintertreffen zu geraten.

Am sogenannten ‚Minsky-Moment‘, zu dem die oben geschilderten Entwick-lungen nahezu zwangsläufig führen müssen, kippt der Erwartungsrahmen der öko-nomischen Akteure, Euphorie schlägt beinahe unangekündigt in Depression um, wenn sich einzelne negative Signale zu einer gesamtökonomischen Abwärtsspirale ausweiten. Das Prosperitätsnarrativ verliert an Zustimmungsfähigkeit. Minsky zu-folge kann ein Negativimpuls aus allen möglichen Bereichen kommen – seine folgen-reichste Auswirkung ist das Austrocknen von Liquiditätsflüssen: ‚Any significant in-crease in the failure of business to meet payment commitments will lead to a decline in the amount of finance available to business. A decline in financing means a decline in investment, which implies a decline in income and employment‘ (Minsky 1982: 197). Angesichts steigender Ausfallrisiken präferieren Vermögensbesitzer Liquidität. Aufgrund des wieder wachsenden Risikobewusstseins werden liquidierbare Vermö-genswerte flüssig gemacht, was, weil zu viele Anleger durch dieselbe Tür wollen, fast unweigerlich einen Verfall von Aktienmärkten oder Währungen zur Folge hat. Inves-toren sind gezwungen, Kapital nachzuschießen und/oder ihre Kredithebel zurückge-fahren. Die meisten Schuldner müssen den Wert kreditfinanzierter Vermögenswerte in ihren Bilanzen nach unten anpassen oder gänzlich abschreiben. ‚Ponzi-Schuldner‘ leiden am stärksten unter den austrocknenden Kreditmärkten, weil sie den größten Abschreibungsbedarf und die schlechtesten Refinanzierungsmöglichkeiten haben. Insolvenzen steigen dramatisch an. Deshalb müssen auch viele Gläubiger ihre Bilanzen bereinigen und sich, wenn nötig und möglich, rekapitalisieren, gleichzeitig aber finden sie immer weniger Möglichkeiten für Neugeschäfte vor, denn in der Krise werden ‚gute Schuldner (…) rar‘ (Heinsohn/Steiger 2009: 432). Diese Entwicklung wird mit gewisser Verzögerung als allgemeine Kreditklemme überall in der Wirtschaft spürbar. Gravierende Einbrüche wie die ‚Große Depression‘ lassen die Risikoaversion der Wirtschaftsakteure wieder so erheblich steigen, dass es möglicherweise eine Generation dauert, bis der Finanzsektor bereit ist, die alten Fehler noch einmal zu begehen (Minsky 1982: 283).

3   Euphoriefaktoren der globalen Blasenökonomie

Unter Verwendung dieses Zyklusmodells soll im folgenden Abschnitt (skizzenhaft) gezeigt werden, welche Faktoren den Kreditexpansionszyklus vor der Finanzkrise animiert haben. Dabei werden vor allem die sozialpsychologischen und ökonomischen Katalysatoren einer zunehmend euphorisierten Weltwirtschaft in den Blick genommen. Zur Erinnerung: die meisten Analysten sahen im Sommer 2007 die globale Ökonomie in allerbester Verfassung. Bis zum Ausbruch der Krise befand sich die Weltwirtschaft im längsten jemals gemessenen Wachstumszyklus, Handelsvolumina und Direktinvestitionen verbuchten Jahr für Jahr Rekorde. Gefragt wird, welche Entscheidungen zu dem offenbar großen Vertrauensüberschuss geführt haben, dessen Auswirkungen nunmehr in der Krise zu verarbeiten sind. Wie oben gesehen, nährt zuvorderst die Blindheit für Risiken einen Kreditzyklus – auch dann, wenn die ökonomischen Fundamentaldaten bereits auf eine Blasenbildung hindeuten. Individuen und Unternehmen können durch ökonomischen Optimismus, der auf der Beobachtung sich beständig verbessernder ökonomischer Rahmenbedingungen beruht, einen Boom verlängern und sehenden Auges immer größere Risiken eingehen.

Es lassen sich zahlreiche Indizien dafür finden, dass diese Mechanismen vor der Finanzkrise wirksam waren, nur einige seien hier, stark vereinfacht, angeführt: Das Vertrauen in die Solvenz von Schuldnern war groß; ablesbar daran, dass historisch niedrige Prämien aufgebracht werden mussten, um sich gegen einen Kreditausfall von Staaten oder Unternehmen zu versichern. Speziell die Risikoaufschläge für unsichere Schuldner (z.B. Entwicklungsländer oder Staaten, die wiederholt ihren Kreditverpflichtungen nicht nachgekommen waren) sanken erheblich. Im Bereich der Unternehmensbilanzen war ein schleichendes Absinken des Eigenkapitalanteils zu beobachten. Weil die Refinanzierung an den Finanzmärkten als unproblematisch galt (u.a. wegen niedriger Realzinsen), wurde der Anteil an Fremdkapital nach oben ge-

fahren, nicht nur im Finanzsektor. Auch Industrieunternehmen arbeiteten mit immer
größerem Leverage (Verschuldungshebel), um immer größere Investitionen, Über-
nahmen oder Firmenfusionen stemmen zu können. Zu beobachten war ein Boom bei
Firmenzusammenschlüssen („Mergers & Aquisitions') und bei der Übernahme von
Firmen durch private Kapitalgeber („Private Equity'). Die aufgenommenen Schulden
wurden immer seltener getilgt, sondern mussten (und konnten) kurzfristig refinan-
ziert werden. Die allgemein positive Gewinnentwicklung der Unternehmen kam den
Managern (rasantes Wachstum der Vergütungen), in erster Linie aber den Aktionären (Gewinnausschüttungen, Sonderdividenden oder Aktienrückkaufprogramme)
zugute. Mit Verweis auf die zu berücksichtigenden Aktionärsinteressen („Shareholder
Value') sahen sich die Unternehmen veranlasst, die Ausschüttungsquote beständig zu
erhöhen, im Gegenzug sank ihre Eigenkapitalquote. Die wachsende Nachfrage nach
Krediten, um Wachstum zu finanzieren oder Altschulden zu refinanzieren, bescherte
den Finanzinstituten über Jahre hinweg ein überdurchschnittliches Wachstum. Der
Anteil der im Finanzsektor erwirtschafteten Gewinne stieg auf historisch beispiellose
Höhen. Auch bei den meisten Industrieunternehmen, etwa bei Autoherstellern, stieg
der Anteil der Gewinne aus Finanzgeschäften. Finanzinstitute hebelten ihre Geschäfte immer stärker, d.h. arbeiteten mit wachsenden Fremdverschuldungsquoten. Sie
entwickelten außerdem kreative Wege, Eigenkapitalvorschriften zu unterlaufen, um
noch höhere Renditen erzielen zu können, z.B. durch die Gründung von Zweckgesellschaften. Seine schleichende Unterkapitalisierung und die gegenüber Zweckgesellschaften bestehenden Finanzierungszusagen machten den Finanzsektor besonders
anfällig für Schocks.

Aus systemischer Perspektive lässt sich anhand dieser kursorischen Befunde
feststellen, dass die Marktteilnehmer zu große Risiken eingingen und, im Vertrauen
auf eine Fortsetzung oder gar Verbesserung der bestehenden Refinanzierungsmöglichkeiten, zu wenig Risikovorsorge trafen. Außerdem sollten sich einige der zur Absicherung entwickelten Instrumente, wie z.B. die Kreditausfallversicherungen (CDS),
als Bumerang erweisen, weil sie, wie im Fall AIG, teilweise substanzlose Schutzins-
trumente darstellten und die systemischen Abwärtsdynamik in der Krise noch verstärkten. Bei der Beantwortung der Frage, warum die Marktakteure im Aufschwung
so sorglos agierten, reicht es nicht aus, allein ökonomische Boomfaktoren anzufüh-
ren. Vielmehr müssen psychologische Faktoren berücksichtigt werden. Die globale
Hochkonjunktur vollzog sich bis zur Finanzkrise innerhalb eines sozialpsychologischen Erwartungsrahmens, der im Narrativ der ‚Great Moderation' (ein Begriff, den
Alan Greenspan, langjähriger Vorsitzender der US-Notenbank, oft verwendet hat)
auf den Punkt gebracht wurde. Der Annahme, die wirtschaftliche Entwicklung ver-
laufe im Vergleich zu früher deutlich moderater, lag die Beobachtung zugrunde, dass
die ökonomische Volatilität, also die Ausschläge der Konjunkturentwicklung nach
unten und oben, in den OECD-Ländern deutlich zurückgegangen waren. Vorangetrieben durch das rasante Wachstum der Schwellenländer und wachsenden Welthan-

del, befand sich die globale Ökonomie scheinbar auf einen stabilen ‚Wachstumspfad‘, der ein stabiles Investitionsklima zur Folge hatte. Scharfe Korrekturen schienen der Vergangenheit anzugehören. Dies wurde auf veränderte, marktfreundliche policies der Staaten und ökonomische Innovationstrends zurückgeführt. Als Hauptgründe galten: die erfolgreiche Inflationsbekämpfung (durch die Geldmengensteuerung der Zentralbanken), die durch Fortschritte in der Informationstechnologie ermöglichten Produktivitätsgewinne und das Ausbleiben externer Schocks (z.B. rapide steigende Rohstoffpreise oder Währungskrisen). Ein weiterer Faktor, der zum weit verbreiteten Zukunftsoptimismus beigetragen hat, im ‚Great Moderation‘-Narrativ aber nicht explizit benannt wurde, war Liquidität. Vor der Krise war Liquidität, also nach Anlagen suchendes Kapital, scheinbar im Überfluss vorhanden, maßgeblich gespeist durch Leistungsbilanzüberschüsse vieler Schwellenländer, die hauptsächlich auf die US-Finanzmärkte flossen.

Während die Produktivitätsfortschritte und die rasante Entwicklung der Informationstechnologie außer Frage stehen, muss bezweifelt werden, dass die anderen angeführten Faktoren Bestand haben werden. Mit dem Abschwung, für den extrem nach oben schießende Preise für Rohstoffe und Agrarprodukte, also externe Schocks, mitverantwortlich waren, hat die Erzählung eines moderaten Wachstumspfads an Überzeugungskraft verloren, sie leuchtete aber auch zuvor nur das halbe Bild aus. Die Geldmengensteuerung verhinderte zwar eine offensichtliche Kaufkraftinflation, aber auf der anderen Seite entstanden – unter den Augen der Notenbanken und unterstützt durch ihre Wachstumspräferenz – in den Bilanzen des Finanzsektors, an den Märkten für Derivate sowie auf einigen Immobilienmärkten (Irland, Spanien, Großbritannien, USA) Vermögenspreisblasen. Zudem wuchsen die globalen Ungleichgewichte. Der enorme Liquiditätsüberfluss, der die Vermögenspreisblasen neben den psychologischen Faktoren speiste, wurde seinerseits zu einem nicht geringen Teil aus den Wohlstandsillusionen dieser Vermögenspreisblasen gespeist. Das funktionierte vereinfacht dargestellt folgendermaßen: Buchgewinne (aus Aktien oder Immobilien) wurden, nicht nur in den USA, aber dort besonders häufig, in neue Schulden umgewandelt, um Konsumausgaben oder Investitionen zu finanzieren. Analog dazu hatten auch die Unternehmen ein hohes Interesse daran, ihre steigenden Vermögenswerte als Gewinne unmittelbar auch in der Bilanz auszuweisen und auszuschütten. Die mit steigenden Immobilienpreisen und haussierenden Aktienmärkten verbundenen Vermögenssteigerungen der Privathaushalte und Unternehmen förderten Konsum und Wirtschaftswachstum, jedoch auch die Verschuldung. Viele amerikanische Haushalte lebten über ihre Verhältnisse. Jahrelang stiegen die privaten Konsumausgaben stärker als das BIP, während die Sparrate kontinuierlich sank. US-Haushalte sind in Folge dessen inzwischen mit durchschnittlich über 130 Prozent ihres verfügbaren Einkommens verschuldet, in Großbritannien, Spanien oder Irland haben Immobilienblasen ähnliche Verschuldungsniveaus entstehen lassen. Der Nachfrageboom der US-Konsumenten, jahrelang die ‚Lokomotive der Weltwirtschaft‘, hatte zwei wich-

tige Konsequenzen: zum einen ließen rasant steigende Importe die Handels- und
Leistungsbilanzdefizite der USA wachsen. 2008 entfielen etwa drei Viertel der global
aggregierten Leistungsbilanzdefizite auf die USA. Zum anderen wuchsen die Fremdwährungsreserven jener Länder, die Exportüberschüsse erwirtschafteten. Insbesondere Chinas Währungsreserven schwollen massiv an, auf mittlerweile 2.200 Mrd.
US$, wovon ungefähr zwei Drittel in Dollar gehalten werden. Es war vor allem das
Kapital der Länder mit Leistungsbilanzüberschüssen, das den Liquiditätszufluss der
Finanzmärkte nicht abreißen ließ (Caballero/Krishnamurthy 2009). Gesucht waren
vor allem sichere Anlagen – der Großteil der aus Leistungsbilanzüberschüssen (und
damit aus den gestiegenen Schulden der Länder mit Negativsaldo) stammenden Finanzmittel wanderte nicht auf den Aktienmarkt, sondern wurde in Staatspapieren
oder hypothekarisch unterlegten Produkte mit (scheinbar) geringem Ausfallrisiko
angelegt. Investmentbanken und Ratingagenturen schufen in enger Zusammenarbeit einen gewinnträchtigen Wachstumsmarkt, der gleichzeitig den Preisauftrieb an
den Immobilienmärkten weiter fortsetzte, neuen Kreditnehmern Zugang zum Immobilienmarkt verschaffte und Immobilienbesitzern (über gestiegene Hauspreise)
Vermögenszuwächse bescherte.

4   Politische Rahmenbedingungen der Euphorieökonomie

Verkürzt gesagt, finanzierten sich Schuldner (Hausbesitzer, Konsumenten und Unternehmen), indem sie sich bei bereitwilligen Gläubigern immer höher verschulden
konnten, ihren eigenen Wirtschaftsboom; gleichzeitig wurde ein Ozean an Liquidität
produziert, auf dem Spekulation und die Suche nach überdurchschnittlichen Renditen (‚Search for Yield‘) für Investoren zu einem gefahrlosen Segeltörn geworden zu
sein schien. Warum aber konnten fast alle Marktteilnehmer einer Sicherheitsillusion (die sie allerdings nicht als solche wahrnahmen) erliegen und sich gegenseitig in
dieser Illusion bestärken? Ich argumentiere, dass es einerseits das kurze Gedächtnis
der Marktteilnehmer und ihr Vertrauen in retrospektive Risikomodellierung waren,
die blind machten für neue, bisher nicht aufgetretene Gefahren und außerdem die
Beherrschbarkeit von extremen Entwicklungen vorgaukelten. Auf der anderen Seite
sind es allerdings in erster Linie institutionelle Sorglosigkeit (der Regulierungsbehörden) und die in zurückliegenden Krisen entwickelten Beistandsarrangements gewesen, die die Marktteilnehmer in ihren Stabilitätsillusionen erheblich gestärkt haben
(ähnlich Wolgemuth 2008). Im folgenden können nur einige der Wechselwirkungen
zwischen Politik und Wirtschaft beschrieben werden, die den sozialpsychologischen
Rahmen der Blasenökonomie gebildet haben. Die Weltwirtschaft hätte m.E. nicht
so stark wachsen, dafür aber eine höhere Stressresistenz entwickeln können, wenn
die Politik bereit gewesen wäre, das Ziel Systemstabilität höher zu gewichten als das
Wachstumsziele. Stattdessen hat sie Risiken und Instabilitäten systematisch ignoriert

(oder in Rechnung zu stellen vergessen) und Prosperitätssymptome (Wirtschaftswachstum) als Systemstabilisatoren fehlinterpretiert.

Bereits angedeutet wurde, dass Notenbankentscheidungen für die Entstehung
der Ungleichgewichte eine nicht unmaßgebliche Rolle gespielt haben. Aufgrund des
geringen Inflationsdrucks konnten in den letzten zwanzig Jahren, zumindest in der
OECD-Welt, die Zinsen nominal auf einem historisch beispiellos niedrigen Niveau
gehalten werden, was auch niedrige Realzinsen zur Folge hatte. Bei heraufziehenden
Rezessionsgefahren oder zur Bekämpfung deflationärer Tendenzen (etwa in Japan)
wurden die geldpolitischen Schleusen weit geöffnet, um die Märkte mit günstiger
Liquidität zu fluten. Diese nahezu uneingeschränkte Interventionsbereitschaft, die
vor allem konjunkturpolitisch begründet war, konnte und sollte von den Marktteilnehmer als belastbares und quasi institutionalisiertes Rückversicherungsarrangement
für Krisenfälle interpretiert werden. Dies zeigte sich u.a. darin, dass die Aktienmärkte fast immer mit deutlichen Kursverlusten reagierten, wenn die Notenbanken
(vorübergehend) nicht bereit waren, angesichts von Rezessionsängsten an der Zins-
schraube zu drehen. Leitzinssenkungen wurden zum Pawlowschen Reflex, sobald
das Wirtschaftswachstum sich verlangsamte. Die Politik des billigen Geldes bildete
den wichtigsten Ausgangspunkt für den schon beschriebenen Liquiditätsüberfluss,
der einige Spekulationsblasen befeuert hat. Neben der US-Notenbank, die vor allem
nach dem Konjunktureinbruch 2001/2002 die Leitzinsen zu lange zu niedrig ansetzte
(Taylor 2009: 2-5), stach auch die Bank of Japan hervor, deren Niedrigstzinsen über
Jahre hinweg auf günstigen Yen-Darlehen basierende Zins- und Währungsspekula-
tionen (‚Carry-Trades') auslösten. Signale spekulativen Überschwangs wurden von
den Notenbanken meist ignoriert oder allenfalls rhetorisch adressiert. Um die ökonomischen Wachstumspotenziale voll auszuschöpfen, wurden Vermögenspreisblasen
billigend in Kauf genommen. Alan Greenspan behauptete, Notenbanken könnten
derartige Blasenbildungen auf Immobilien- oder Rohstoffmärkten weder erkennen
noch bekämpfen.

Dass das allgemeine, von den Kriseninterventionen der Notenbanken zusätzlich
befeuerte Geldmengenwachstum in der OECD-Welt kaum Inflationsdruck verursachte, hatte auch damit zu tun, dass es mehrheitlich durch anschwellende Bankbilanzen absorbiert wurde. Entgegen der allgemeinen Erwartung, in der die Notenbanken als Taktgeber der Geldmengensteuerung angesehen werden, sind es tatsächlich
schon lange Geschäftsbanken, die – eingeschränkt durch Eigenkapitalrichtlinien,
aber ansonsten unbeaufsichtigt – den weitaus größten Teil des umlaufenden Geldes
im alltäglichen Kreditgeschäft schöpfen (Huber 2004, Häring 2009). Dieses sogenannte Giralgeld wird praktisch aus dem Nichts geschaffen – deshalb der englische
Begriff Fiat-Money –, wenn Banken neben ihrem Eigenkapital die Sichteinlagen ihrer
Kunden, die jederzeit wieder abgezogen werden könnten, als Sicherheit bei der Kreditvergabe heranziehen. Im modernen Giralgeldsystem ist jede Kreditausleihung nur
noch zu einem sehr geringen Teil mit Eigenkapital der Bank unterlegt, die aber als

Rückversicherung bei ihrer Zentralbank eine Mindestreserve hinterlegen muss (im Euro-Raum reichen der EZB gerade einmal zwei Prozent der verwalteten Einlagen). Im Gegenzug sichert die Notenbank den Geschäftsbanken massive Liquiditätshilfen für den Fall zu, dass zu viele Kunden auf einmal ihre Einlagen zurückfordern und die Bank, weil sie ihrerseits nicht alle von ihr vergebenen Kredite kurzfristig kündigen kann, zahlungsunfähig zu werden droht. Praktisch droht bei einem ‚Bankrun‘ auch dem solidesten Institut der Kollaps, weshalb die wichtigste Existenzberechtigung der Notenbanken heute darin besteht, im Notfall als Kredit- und Liquiditätsgarant der letzten Instanz das Finanzsystem zu stabilisieren. Faktisch müssen damit die Notenbanken, nicht die Banken selbst, die Belastbarkeit langfristiger Kreditverträge garantieren, während sie bei der durch Kreditvergabe sich vollziehenden Geldschöpfung nur Zuschauer sind. Das klassischen Bankgeschäften inhärente Risiko, dass die (für die Institute billige) Beschaffung kurzfristiger Mittel zusammenbricht und dadurch die (lukrativen) langfristigen Ausleihungen platzen, ist in diesem Arrangement beinahe komplett sozialisiert worden. Natürlich können sich Banken immer noch überheben und bankrott gehen (wenn es ihnen nicht gelungen ist, eine als systemrelevant eingeschätzte Bilanzgröße zu erreichen) – das Insolvenzrisiko tragen der Staat und die Aktionäre, nicht die Bankkunden. Es erscheint fast müßig darauf hinzuweisen, dass es politisch-regulative Entscheidungen waren, die zu dieser Situation geführt haben. Weil sie, vorgeblich, um die Banken zu stärken, die Eigenkapitalvorschriften in den vergangenen Jahrzehnten beständig herunter gesetzt haben, sehen sich die Staaten heute erheblicher geldpolitischer Gestaltungsspielräume beraubt. ‚Die Abkehr der Zentralbanken von der Geldmengenpolitik und ihre kompensatorische Hinwendung zur Zinspolitik, in der Hoffnung, wenigstens auf diese Weise das Geldmengenwachstum zu kanalisieren, spricht faktisch eine deutliche Sprache‘ (Huber 2004: 8). Die Geldmenge steigt nämlich nahezu unkontrolliert. Sie ist, unabhängig vom Leitzinsniveau, in den letzten beiden Jahrzehnten in der OECD-Welt im Durchschnitt mindestens drei bis vier mal so stark gewachsen wie das BIP. Die Kriseninterventionen der Notenbanken ab Sommer 2007 haben die Geldmengenblase noch einmal deutlich vergrößert.

Das Giralgeldsystem erlaubt den Banken nicht nur Geldschöpfung, sondern impliziert auch faktische Autonomie gegenüber den Regulierungsbehörden bei der Ausleihung von Krediten. Nur die Kreditwürdigkeit eines Schuldners, nicht die eigene Kapitalbasis, beeinflusst, fern jeder Aufsicht, die Bankentscheidung, ob ein Kredit bewilligt wird oder nicht. Der inzwischen hohe Wertberichtigungsbedarf in den Bankenbilanzen zeigt, dass vor der Krise die Kreditwürdigkeit vieler Schuldner von den Banken überschätzt wurde. Aufsichtsbehörden taten sich offensichtlich schwer (oder versäumten bewusst), die von den Instituten gegebenen Finanzzusagen kritisch zu hinterfragen (ein Problem, das u.a. die deutschen Landesbanken betraf). Auch die Aufsichtsbehörden vertrauten auf die scheinbar leicht zu beschaffende Liquidität zur Refinanzierung. Das rapide Wachstum der Bankenbilanzen vor der Krise ist zusätz-

lich durch den Trend der ‚Fair-Value'-Bilanzierung (oder ‚Mark-to-Market') angetrieben worden. Politische Deregulierungsentscheidungen haben auch hier maßgeblich
den Weg bereitet, indem Bilanzvorschriften sukzessive gelockert oder neu entstehende Finanzprodukte bzw. ganze Marktsegmente (z.B. CDS) nur unzureichend reguliert wurden. Mit der ‚Fair-Value'-Bilanzierung konnten auf Wunsch der Institute
alle Aktiva (gehaltene Wertpapiere, mit einem immer höheren Anteil an Derivaten)
in den Bilanzen nicht mehr nur (konservativ) zu den Erwerbs-, sondern zu den am
Markt erzielbaren Preisen verbucht werden. Das schuf ein enormes Aufwertungspo-
tenzial und vergrößerte Bilanzen, Gewinne sowie ausgeschüttete Erfolgsbeteiligun-
gen. Für die bei Preiseinbrüchen oder einem kompletten Marktkollaps drohenden
Verluste bzw. die Abschreibungsrisiken in den Bilanzen war die Politik weitgehend
blind. Viele Staaten, darunter die USA und die EU, reagierten auf den Wertberichtigungsbedarf des Finanzsektors in der Krise, der daraus resultierte, dass sich für viele ‚toxische' Produkte kaum mehr Käufer fanden, mit weiteren bankenfreundlichen
Schritten. Beispielsweise wurde den Instituten ermöglicht, illiquide Wertpapiere (vorübergehend) zu einem selbst festgesetzten Preis in ihrer Bilanz zu verbuchen.
    Mit dem eben dargestellten Entgegenkommen eng verbunden sind zwei weitere
regulative Leerstellen, die ebenfalls auf einem Übermaß an Marktvertrauen beruh-
ten: zum einen das weitgehend den Finanzinstituten überlassene Risikomonitoring,
zum anderen das Problem der Ratingagenturen. Unter Verweis auf selbst entwickelte
‚Value-at-Risk'-Modelle konnten regulierte Finanzinstitute den Behörden suggerieren,
ihre Marktrisiken im Griff zu haben. Wie stressresistent diese Modelle waren, wie
hoch der Kredithebel ausfiel oder wie stark die Bilanzen auf kurzfristigen Refinanzierungsmöglichkeiten am Interbankenmarkt aufgebaut waren, wurde kaum beachtet.
Hedgefonds oder andere unregulierte Finanzmarktakteure konnten sogar noch größere Risiken eingehen (wobei viele Hedgefonds offenbar vorsichtiger waren als einige Investmentbanken). Bei der Einstufung von Wertpapieren, vor allem aber bei der
Bewertung von Ausfallwahrscheinlichkeiten, verließen sich die Aufsichtsbehörden,
anstatt eigene Berechnungen vorzunehmen, extrem einseitig auf Urteile von Ratingagenturen. Deren Risikoabschätzung war, wie sich herausstellen sollte, zumindest
suboptimal.
    Auch hier rückt wieder der Erwartungsrahmen in den Blick: Finanzmarkt-
freundlichkeit galt als prosperitätsfördernd. Vor der Krise wurden Finanzinstitute als
Wachstumsfinanzierer und zunehmend selbst als Wachstumstreiber angesehen. Politische Entscheidungen halfen maßgeblich, das Kreditwachstum voranzutreiben: fast
überall können z.B. Zinszahlungen von Individuen und Unternehmen steuerlich gel-
tend gemacht werden. Die ‚Hausbesitzerdemokratie' (Ferguson 2008: 266) gehorchte
dem sozialpolitischen Imperativ, der breiten Bevölkerung beim Immobilienerwerb
zu helfen. Auch andere Weichenstellungen der Politik, wie z.B. Steueranreize für
private Altersvorsorge, haben den Finanzinstituten neue Kundenkreise erschlossen.
Um ihren nationalen Finanzplatz im internationalen Wettbewerb attraktiver zu ma-

chen, setzten alle Regierungen der OECD-Welt auf Deregulierung. Die Einführung
innovativer Finanzprodukte wurde kaum behindert, vielmehr vorangetrieben, weil
sie die Umsätze der Finanzkonzerne steigen ließen und gleichzeitig die Risiken besser
und auf mehrere Schultern zu verteilen versprachen. Die Politik zeigte außerdem star-
kes Interesse an international wettbewerbsfähigen Finanzkonzernen, die gerade nicht
kleine Nischenunternehmen, sondern breit aufgestellt und auf vielen Geschäftsfel-
dern aktiv sein sollten. Eine große Bilanzsumme galt in dieser Perspektive nicht als
Systemrisiko, sondern als Voraussetzung für internationale Wettbewerbsfähigkeit.
Größe sollte zugleich auch Stressresistenz sicherstellen.

In der Krise wurden alle staatlichen Rettungsmaßnahmen mit dem Argument
gerechtfertigt, es gebe keine Alternative. Tatsächlich wären die Alternativen volkswirtschaftlich verheerend und politisch kaum verantwortbar gewesen. In die strategische Falle des TINA-Prinzips (There Is No Alternative) haben sich die Staaten aber
selbst manövriert, weil sie den Finanzsektor insgesamt und speziell einzelne Großin-
stitute schlicht zu groß hatten werden lassen: dem Wachstum der Bilanzen wurde kein
Riegel vorgeschoben und Bankfusionen konnten auf politische Unterstützung hoff-
fen; nicht zuletzt wurden die (nach der Weltwirtschaftskrise eingeführten) Grenzen
zwischen Kapitalmarkt- und Einlagengeschäft sukzessive beseitigt. In allen OECD-
Staaten übersteigen die Bilanzsummen der Finanzinstitute inzwischen den Wert des
jährlichen BIP. In vielen Staaten, vor allem in Island, Großbritannien oder Irland, ist
bereits der Bilanzwert einzelner Institute größer als die volkswirtschaftliche Gesamt-
leistung. Allein aufgrund seiner Größe ist der Finanzsektor damit selbst zu einem
systemischen Risiko für die Weltwirtschaft geworden: auch er ist ‚too big to fail‘ und
kann, gerade im Krisenfall nicht sich selbst überlassen bleiben. Gerade wegen dieses
grundsätzlichen Systemrisikos hätte die Politik die Risiken auf den Finanzmärkten
aber besser erkennen und regulieren müssen. Stattdessen hat ein Mix aus falschen
Prioritäten (Wachstumsunterstützung, internationale Wettbewerbsfähigkeit des
Bankensektors) und vernachlässigten Aufsichtspflichten die Spekulationsdynamik
noch verstärkt. Auf der Basis politischer Entscheidungen wird seit den 1970er Jahren
das Gemeingut Finanzmarktstabilität tendenziell übernutzt (Reich 2008: 70-96). Die
Systemrisiken der Finanzmärkte wurden, weil ihre Akteure selbst sie für beherrschbar
gehalten haben und die Politik keine höheren Risikopuffer gefordert hat, fast vollständig externalisiert – auf die Gesellschaften bzw. die Steuerzahler.

Im Verlauf der Krise haben fast alle Staaten konsequent der Logik der impliziten
Beistandspflichten gehorcht, die sie durch mangelnden Regulierungswillen selbst geschaffen haben. Durch Rettungspakete sind sie entweder direkt an Finanzinstituten
beteiligt oder haben ihnen mit sogenannten ‚Bad Banks‘ bei der Entsorgung von Alt-
lasten geholfen. Ob die Staaten als Aktionäre der Banken – mit welchem Zeithorizont
auch immer – aber einen grundlegend anderen Kurs als zuvor verfolgen werden, ist
fraglich. Denn viele der politischen Ursachen und Katalysatoren der Euphorieökono-
mie bestehen fort: Wachstum genießt unverändert Priorität. Nur wenn die Banken

schnell wieder auf die Beine kommen und die Märkte für Derivate auftauen, können die Staaten die Kosten der Rettungspakete in Grenzen halten. Gleichzeitig ist eine Erholung des Finanzsektors Vorbedingung für ein Ende der Rezession. Um dies sicherzustellen, haben die Notenbanken die Leitzinsen weit herabgesetzt, so dass erneut extrem niedrige oder negative Realzinsen zu verzeichnen sind. Gleichzeitig überschwemmt Notenbankliquidität die Märkte. Die durch Solvenzzweifel und Risikoaversion hervorgerufene Kreditklemme kann damit aber nicht überwunden werden. Außerdem hat sich das Moral-Hazard-Problem durch die Verhinderung einer Kernschmelze im globalen Finanzsystem eher noch vergrößert, haben die Staaten doch demonstriert, dass sie bereit sind, die Finanzmärkte buchstäblich um jeden Preis zu stabilisieren. Auch das Argument des ‚too big to fail‘ ist nicht vom Tisch, weil die Konzentrationsprozesse im Finanzsektor sich während der Krise eher noch beschleunigt haben und sich systemische Risiken noch stärker als zuvor clustern. Gerade nach der Pleite von Lehman Brothers garantiert Größe nach wie vor die Rettung vor dem Kollaps. Ohne tiefgreifende Regulierungsreformen dürfte diese implizite Staatsbürgschaft für Finanzoligopole auch zukünftig in Anspruch genommen werden.

5   Ausblick: der ‚Graue Schwan‘ der Staatsverschuldung

‚Schwarze Schwäne‘ lassen sich definitionsgemäß nicht prognostizieren und erlauben keine angemessene Vorbereitung. Ein Ereignis, mit dem (fast) alle rechnen, wird für die wenigsten unerwartet kommen. Selbst wenn es grundstürzende Folgen hätte, wie z.B. ein von Astronomen bereits Jahre im Voraus prognostizierter schwerer Asteroideneinschlag, wäre die Bezeichnung als ‚Schwarzer Schwan‘ unpassend, denn der Erwartungsrahmen hätte sich bereits im Vorfeld entsprechend angepasst. Deshalb soll das Problem der immer weiter wachsenden Staatsverschuldung, das in diesem Beitrag abschließend erörtert wird, als ‚Grauer Schwan‘ bezeichnet werden. Das Problem ist im Grundsatz bekannt, seine Folgen scheinen beherrschbar. Weder die Politik, noch die Steuerzahler oder die internationalen Anleihemärkte sehen akuten Handlungsbedarf. Die grundlegenden Mechanismen der Staatsschuldendynamik sind weit über den Kreis der Haushaltspolitiker hinaus bekannt, z.B. werden die durch wachsende Zinsaufwendungen nachlassenden Gestaltungsmöglichkeiten der Politik oder das Problem der Generationengerechtigkeit immer wieder diskutiert. Das tatsächliche Ausmaß der Verschuldung wird dabei aber kaum in den Blick genommen. Die impliziten Deckungslücken in den Umverteilungssystemen (Soziales, Gesundheit, Rente) finden wenig Beachtung. Außerdem ist bisher kaum erkennbar, dass die Verschuldung ernsthafte Beunruhigung und entsprechende politische Gegenmaßnahmen ausgelöst hätte. Dem allgemeinen Erwartungsrahmen zufolge können Staaten zwar in Zahlungsschwierigkeiten geraten, aber nicht bankrott gehen; diese Gefahr scheint insbesondere für große Staaten wie die USA oder Deutschland ausgeschlos-

sen werden zu können. Doch auf welchen Voraussetzungen und Heuristiken basiert
diese Sicherheitsillusion? Die hier nur kurz zu skizzierende Antwort lautet: Auf sozialpsychologischen und ökonomischen Selbstvergewisserungsmechanismen, die jenen
ähneln, die im Vorfeld der Finanzkrise dominant gewesen sind. Auch beim Thema
Staatsschulden lässt sich ein weitgehend unreflektierter Vertrauensvorschuss feststellen, während Risiken – wider besseres Wissen – ignoriert werden.

Die Zahlungsfähigkeit aller Staaten beruht auf Grundlagen, die sich politischer
Einflussnahme weitgehend entziehen. Neben den Einnahmen, die den Staatshaus-
halten aus Steuern zufließen, sind beinahe alle Staaten zur Deckung ihrer Ausgaben
auf weitere Mittelzuflüsse angewiesen, z.B. aus direkten Budgethilfen, Zolleinnahmen oder Staatsanleihen. Staatsschulden entstehen, wenn Haushaltsdefizite nicht nur
kurzfristig auftreten, sondern strukturell werden und sich die Differenz zwischen
Ausgaben und Einnahmen nur noch durch die Aufnahme neuer Schulden beglei-
chen lässt. Genau in dieser Situation sind die meisten OECD-Länder seit über 30
Jahren. Das ist nicht grundsätzlich problematisch. Gefährlich wird es aber, wenn die
Solvenz der Staaten sukzessive abnimmt. Die Zahlungsfähigkeit eines Staates leitet
sich nicht, wie verschiedentlich argumentiert wird, aus seiner Wirtschaftskraft oder
den zukünftig erwarteten Steuereinnahmen ab; sie beruht vielmehr maßgeblich auf
der Bereitschaft von Gläubigern, Tag für Tag, Monat für Monat und Jahr für Jahr
von den Staaten begebene Schuldtitel zu zeichnen und zu halten. Diese Bereitschaft
ist vorhanden – gerade in der Krise gelten große Staaten als besonders ausfallsichere
Schuldner –, aber nicht selbstverständlich; sie kann unterstützt und animiert, aber
in offenen Volkswirtschaften nicht mehr erzwungen werden. Kurz gesagt: über die
Solvenz verschuldeter Staaten wird täglich von den Akteuren auf den (inter)nationa-
len Anleihemärkten entschieden. Wenn Bondauktionen platzen oder sich zu wenig
Nachfrage für die Schuldpapiere findet, müssen entweder höhere Zinsen in Kauf
genommen oder, wenn auch bei höheren Risikoprämien keine Gläubiger zu zeichnen
bereit sind, die Zahlungsunfähigkeit erklärt werden. Alternativ bleibt die Option,
durch einen Notkredit des Internationalen Währungsfonds (IWF) vorübergehend
Liquidität zu sichern. Zu viele Unterstützungsaktionen könnten den IWF allerdings
überfordern, weshalb eine der wichtigsten politischen Stabilisierungsmaßnahmen
während der Finanzkrise in der Zusage des G20-Gipfels in London bestand, die
IWF-Mittel drastisch anzuheben (auf 1.000 Mrd. US$). Ob diese Mittel allerdings
aufgebracht werden können, erscheint der angespannten Haushaltslage in allen maßgeblichen IWF-Staaten, zweifelhaft.

Aus der Tatsache, dass moderne Wohlfahrtsstaaten kaum Schwierigkeiten haben sich kurzfristig zu refinanzieren, sollte keine Sorglosigkeit im Hinblick auf ihre
Zahlungsfähigkeit abgeleitet werden. Dass diese auf fragilen Voraussetzungen beruht,
sollte alarmieren. Denn es ist (lediglich) die Erwartung ihrer Zahlungsfähigkeit, die
die Solvenz der Staaten sichert. Legt man den juristischen Maßstab für Insolvenz
an – zu geringe Geldmittel des Schuldners, um seinen laufenden Zahlungsverpflich-

tungen nachzukommen –, wären die meisten Industriestaaten ohne die permanente Refinanzierungsmöglichkeit auf den Anleihemärkten (wo nicht nur die Neuverschuldung aufgenommen, sondern noch weitaus größere Beträge an Altschulden rolliert, also umgeschuldet werden müssen) entweder als insolvent anzusehen oder gezwungen, ihre Ausgaben massiv zu reduzieren. Das Finanzgebaren moderner Wohlfahrtstaaten grenzt zunehmend an Insolvenzverschleppung: zum einen spricht mittel- und langfristig wenig dafür, dass die in der Vergangenheit entstandenen Schuldenberge abgetragen werden können (der Trend geht eindeutig in die andere Richtung). Zum anderen werden aus demografischen Gründen die Transferausgaben tendenziell vermutlich deutlich stärker steigen als die Volkswirtschaften wachsen. In dem Moment, in dem Solvenz von Staaten von einigen Marktteilnehmern – dabei muss es sich nicht einmal um die Mehrheit handeln – bezweifelt würde, litte ihre Kreditwürdigkeit unmittelbar. Dies führte dann umstandslos zu einer Abwertung ihres Kreditratings. Neuverschuldung würde unter diesen Umständen entweder erheblich teurer oder ganz unmöglich. Stockt aber die Refinanzierung, werden alle Gläubiger zunehmend nervös – und gleichzeitig immer zurückhaltender. Die Staaten steckten dann selbst in einer Kreditklemme. Ansteckungseffekte, also ein Übergreifen der Vertrauenskrise auf andere Schuldner, wären wahrscheinlich. Das eingangs angeführte Zitat von Walter Bagehot paraphrasierend, kann festgehalten werden: wenn Staaten gegenüber ihren Gläubigern ihre Kreditwürdigkeit nachzuweisen bemüht sein müssen, hat ihre Kreditwürdigkeit (und damit auch ihre Solvenz) bereits nachhaltig Schaden genommen. Diese sich selbst verstärkende Abwärtsdynamik kann in den Verlaufsformen vergangener Krisen studiert werden (Laeven/Valencia 2008: 50-55, Krugman 2009).

Allein die Änderung des allgemeinen Erwartungsrahmens, ein ,Minsky-Moment', könnte also ausreichen, um die Staaten praktisch zahlungsunfähig werden zu lassen. Die Finanzkrise hat gezeigt wie schnell sich Bewertungsmaßstäbe ändern können, wie blanke Panik innerhalb weniger Wochen an die Stelle mangelnden Risikobewusstseins treten und damit zu einer allgemeinen Vertrauenskrise beitragen kann. Hier seien nur zwei Beispiele genannt: Das Schneballsystem des Milliardenbetrügers Bernhard Madoff, das über mindestens 25 Jahre dadurch funktionierte, dass stabile, aber fiktive Vermögenszuwächse die Anleger in Sicherheit wogen, während das Kapital von neuen Anlegern zur Auszahlung der alten benutzt wurde, scheiterte in dem Moment, als die Auszahlungsanforderungen rapide zugenommen hatten. Die Preise von auf Hypothekenkrediten basierenden Derivaten brach innerhalb weniger Wochen fast völlig zusammen, als aufgrund leicht sinkender Preise auf dem US-Häusermarkt Neuemissionen solcher Papiere nahezu unmöglich wurden. Auch wenn Parallelen schwer zu ziehen sind, kann nicht ausgeschlossen werden, dass auch Staatsanleihen, die noch vor wenigen Monaten als ,sicherer Hafen' gesucht wurden, sich über kurz oder lang ebenfalls als substanzlose, ,toxische' Zahlungsversprechen erweisen könnten. Dass dies in den letzten Jahrzehnten bei ,sicheren' Staaten nicht vorgekommen ist, sollte nicht zu dem Schluss verleiten, es sei unmöglich. Vielmehr hat die Ausfallwahrscheinlichkeit durch die Auswirkungen der Krise auf die Staaten (Wachstumsdelle, zurückgehende Steuereinnahmen, wachsende Staatsverschuldung) erheblich zugenommen. Die Indizien für steigendes Risikobewusstsein mehren sich: viele Staaten haben inzwischen schlechtere Kreditratings erhalten und im Sommer 2009 musste beispielsweise für eine Versicherung gegen den Zahlungsausfall Deutschlands (mit sogenannten Credit Default Swaps, CDS) im Schnitt mehr als zehn mal soviel gezahlt wie zwei Jahre zuvor. Sich gegen einen Ausfall der USA, deren jährliches Haushaltsdefizit nach Projektionen in den nächsten zehn Jahren kaum unter drei Prozent des BIP fallen dürfte, zu versichern war sogar um den Faktor 15 teurer geworden. Die Märkte für Staatsanleihen, die zu den wichtigsten Taktgebern der internationalen Finanzmärkte zählen (Ferguson 2008), haben sich nach Spekulationen über ein Auseinanderbrechen der Eurozone (und steigende Risikoaufschläge für als unsicher eingeschätzte Staaten wie Island, Irland, Italien, Griechenland oder Lettland) zwar wieder beruhigt. Wie in vielen früheren Krisen zeigen sie ein kurzes Gedächtnis, was nicht bedeutet, dass sich ihre Bewertungsrahmen nicht rapide ändern könnten.

In den nächsten Jahren werden sich nach bislang vorliegenden Projektionen (IWF 2009: 24-48) die meisten Staaten, um mit Minskys Terminologie zu sprechen, von spekulativen Schuldnern zu ‚Ponzi-Schuldnern‘ entwickeln. Sie sehen sich – bei ohnehin zerrütteten Staatsfinanzen – Schulden aufzunehmen gezwungen, deren absoluter Betrag beispiellos ist und deren relative Höhe (im Vergleich zum BIP) bisher nur in Kriegszeiten erreicht wurde. Damit wird versucht werden, die Hinterlassenschaften der Finanzkrise zu beseitigen: Banken sollen rekapitalisiert, die Schulden des Finanzsektors monetarisiert und die Folgen der Krise in der Realwirtschaft abgemildert werden. Die Konjunktur soll wieder Fahrt aufnehmen, wozu zuvor die Kreditmärkte ‚aufgetaut‘ werden müssen. Damit die Staaten diesen Schuldenberg aufnehmen können, werden jedoch Gläubiger bereit (und in der Lage) sein müssen, Ersparnisse anzugreifen. Die Bereitschaft dazu dürfte sich – ohne den ‚Schwarzen Schwan‘ einer Hyperinflation – angesichts der sich nominal verdoppelden Schuldenberge und wachsender Gefahren von Zahlungsausfällen in Grenzen halten.

Nicht zuletzt werden mit dem wachsenden strukturellen Finanzierungsdefiziten die staatliche Fähigkeiten zur Krisenintervention dramatisch beschnitten. Dadurch wird den Finanzmärkten bei zukünftigen Krisen – dass diese eintreten werden, ist im Hinblick auf die empirischen Trends wahrscheinlicher als ihr Ausbleiben – ihr wichtigstes Sicherheitsnetz nicht mehr in gewohntem Umfang zur Verfügung stehen. Staatliche Liquiditäts- und Stabilitätsgarantien wären kaum noch belastbar. Eine solche Entwicklung, die die Finanzmärkte auf sich selbst zurückwürfe und zu institutioneller Selbsteinhegung zwänge, könnte wiederum Dynamiken in Gang setzen, die auf den Finanzmärkten vermutlich nicht sehr viele Anhänger fänden: ‚Am Ende bleibt für die Bekämpfung der Krise in einer Eigentumsgesellschaft kein anderer Weg als bei der Etablierung dieses Systems. Der Staat müßte wie ein Romulus handeln, also durch die radikale Verteilung von Eigentum die Verschuldungsfähigkeit wiederherstellen.' (Heinsohn/Steiger 2009: 441).

Literatur

Akerlof, George A./Shiller, Robert J. (2009): Animal Spirits. Wie Wirtschaft wirklich funktioniert. Frankfurt a.m.: Campus.

Barro, Robert J./Ursúa, José (2009): Stock-Market Crashes and Depressions. NBER Working Paper 14760. Cambridge, MA: National Bureau of Economic Research.

Caballero, Ricardo J./Krishnamurthy, Arvind (2009): Global Imbalances and Financial Fragility In: NBER Working Paper 14688. Cambridge, MA: National Bureau of Economic Research.

Cooper, George (2008): The Origin of Financial Crises. Central Banks, Credit Bubbles and the Efficient Market Fallacy. New York: Vintage Books.

Danielsson, Jón (2008): Blame the Models. Journal of Financial Stability 4 (4): 321-328.

Ferguson, Niall (2008): The Ascent of Money. A Financial History of the World. London: Allen Lane.

Galbraith, John Kenneth (2008): Der große Crash 1929. Ursachen, Verlauf, Folgen. München: Finanz-Buch. 4. völlig überarbeitete Neuauflage.

Häring, Robert (2009): Es werde Geld – es werde Krise, In: Handelsblatt 24.6.2009. Abrufbar unter: http://www.handelsblatt.com/politik/nachrichten/es-werde-geld-es-werdekrise;2386105.

Heinsohn, Gunnar/Steiger, Otto (2009): Eigentum, Zins und Geld. Ungelöste Rätsel der Wirtschaftswissenschaft. Marburg: Metropolis. 5. Aufl.

Huber, Joseph (2004): Reform der Geldschöpfung. Wiederherstellung des staatlichen Geldregals und der Seigniorage durch Vollgeld. In: Der Hallesche Graureiher 2004-5.

IWF (Internationaler Währungsfonds) (2009): The State of Public Finances. Outlook and Medium-Term Policies after the 2008 Crisis. Washington D.C.: International Monetary Fund.

Johnson, Simon (2009): The Quiet Coup. How Bankers Took Power, and How They're Impeding Recovery, In: The Antlantic Monthly 253 (5): 46-53.

Krugman, Paul (2009): Die neue Weltwirtschaftskrise, Frankfurt: Campus.

Laeven, Luc/Valencia, Fabian (2008): Systemic Banking Crises. A New Database, In: IMF Working Paper WP/08/224. Washington D.C.: International Monetary Fund.

Mandelbrot, Benoit B./Hudson, Richard L. (2008): Fraktale und Finanzen. Märkte zwischen Risiko, Rendite und Ruin, München: Piper. 2. Auflage.

Minsky, Hyman P. (1982): Can ‚It' Happen Again? Essays on Instability and Finance. Armonk (NY): M.E. Sharpe.

Minsky, Hyman P. (1986): Stabilizing an Unstable Economy. New Haven: Yale University Press.

Shiller, Robert J. (2005): Irrational Exuberance. New York: Currency Doubleday. 2. Aufl.

Reich, Robert (2008): Superkapitalismus. Wie die Wirtschaft unsere Demokratie untergräbt, Frankfurt a.M.: Campus.

Taylor, John B. (2009): The Financial Crisis and the Policy Responses. An Empirical Analysis of What Went Wrong. In: NBER Working Paper 14631. Cambridge, MA: National Bureau of Economic Research.

Wohlgemuth, Michael (2008): Asche auf ihrem Haupt, In: Internationale Politik 63 (12): 48-53.

Angaben zu den Autorinnen und Autoren

Mark Beeson, Prof. Ph.D.
Winthrop Professor für Politikwissenschaft und Internationale Beziehungen an der University of Western Australia. Beeson promovierte an der Murdoch University, bevor er unter anderem an der University of Warwick und der University of York forschte und unterrichtete. 2007 wurde er zum Professor für Internationale Politik an der University of Birmingham ernannt und folgte 2010 einem Ruf an die University of Western Australia. Seine Forschungsinteressen umfassen Internationale Politische Ökonomie und Internationale Beziehungen mit Fokus auf der asiatisch-pazifischen Region.

Hans-Jürgen Bieling, Prof. Dr.
Professor für Politik und Organisation der Zivilgesellschaft im europäischen und globalen Kontext an der Hochschule Bremen. Bieling promovierte 1999 und habilitierte 2008 an der Philipps – Universität Marburg. Vor seinem Ruf an die Hochschule Bremen zum Wintersemester 2010 hatte er Vertretungsprofessuren an der Universität Hamburg und der TU Darmstadt inne. Seine Forschungsinteressen umfassen Internationale Politische Ökonomie, Europäische Integration/Europäisches Regieren und staatlich – zivilgesellschaftliche Beziehungen in der internationalen Politik. Bieling ist Mitglied des Netzwerks 'World Financial Crisis: Systemic Risks, Financial Crises and Credit'

Marcel Heires, M.A.
Wissenschaftlicher Mitarbeiter der Professur für Politikwissenschaft mit dem Schwerpunkt Internationale Beziehungen und Internationale Politische Ökonomie an der Goethe-Universität Frankfurt am Main. Nach dem Studium der Politikwissenschaft an der TU Darmstadt und der VU Amsterdam arbeitete er von 2006 bis 2008 in einem Forschungsprojekt zur Politik internationaler technischer Standardisierung an der Universität Lausanne mit. Marcel Heires ist Mitglied des DFG-Nachwuchsnetzwerkes 'Politische Ökonomie der globalen Finanzielisierungsprozesse' und beschäftigt sich in seinem Dissertationsprojekt diskursanalytisch mit den politischen Reaktionen auf die jüngste Finanzmarktkrise.

Oliver Kessler, Prof. Dr.
Professor für Geschichte und Theorie der Internationalen Beziehungen an der Universität von Groningen (NL). Zuvor wissenschaftlicher Mitarbeiter an der Universität Bielefeld. Oliver Kessler Seine Forschungsinteressen umfassen Theorien der Internationalen Beziehungen, Weltgesellschaftsforschung und Unsicherheitsforschung. Er leitet das COST-Netzwerk ISo902 und ist Forschungskoordinator des Economic

Sociology Research Network of the European Sociology Association und Research Area Koordinator für Finanzökonomik der European Association for Evolutionary Political Economy.

Danko Knothe, Dr. phil.
Arbeitet momentan im Thüringer Ministerium für Bau, Landesentwicklung und Verkehr. Zuvor war er Wissenschaftlicher Mitarbeiter an der Universität Halle/Saale.

Andreas Langenohl, Prof. Dr.
Professor für Soziologie mit Schwerpunkt Allgemeiner Gesellschaftsvergleich an der Justus-Liebig Universität Giessen. Langenohl forschte und lehrte vor seinem Ruf nach Giessen 2010 in St. Petersburg, Gent, Zürich und Luzern. Er leitete von 2003 bis 2008 das Forschungsprojekt ‚Professionelle Erinnerung an der Börse: Die Markt-Zeit der Globalisierung‘ des Sonderforschungsbereich ‚Erinnerungskulturen‘ an der Justus-Liebig Universität Giessen.

Daniel Mügge, Ph.D.
Assistant Professor für Internationale Beziehungen und Internationale Politische Ökonomie an der Universiteit van Amsterdam. Für seine Dissertation ‚Widen the Market, Narrow the Competition. The Emergence of Supranational Governance in EU Capital Markets‘ erhielt Mügge 2008 den Jean Blondel Preis des European Consortium for Political Research für die beste Dissertation im Bereich Politikwissenschaft. Mügge ist Mitglied des Netzwerks ‚World Financial Crisis: Systemic Risks, Financial Crises and Credit‘ und des DFG-Nachwuchsnetzwerkes ‚Politische Ökonomie der Finanzialisierungsprozesse‘.

Franziska Müller, M.A.
Mitglied des Promotionskollegs ‚Global Social Policies and Governance‘ der Universität Kassel. Müller studierte Politikwissenschaft, Kulturanthropologie und Volkwirtschaft in Tübingen, Birmingham und Frankfurt. Ihre Dissertation verfasst sie zu dem Thema ‚Wandel außenpolitischen Regierens. Die EU-Afrika-Beziehungen zwischen Handel, Entwicklung und normativem Dialog‘.

Andreas Nölke, Prof. Dr. habil.
Professor für Politikwissenschaft mit dem Schwerpunkt Internationale Beziehungen und Internationale Politische Ökonomie an der Goethe-Universität Frankfurt am Main. Nölke unterrichtete und forschte in Konstanz, Leipzig und Amsterdam. Zwischen 1988 und 1996 beriet er die Gesellschaft für Technische Zusammenarbeit (GTZ), die Europäische Kommission und die Weltbank in Fragen der Entwicklungszusammenarbeit. Er ist Mitkoordinator des Projekts ‚Transnational Political

Economy of Corporate Governance Regulation' und Mitglied des Netzwerks: ‚World Financial Crisis: Systemic Risks, Financial Crises and Credit'.

Nils Remmel, MSc
Doktorand, Mitglied der Forschungsplattform ‚Alexandria' der Universität St. Gallen und promoviert über ‚Kollektive Formen von Moral Hazard als Quelle systemischer Risiken im Finanzsystem'.

Timothy Sinclair, Ph.D., D.Litt.
Associate Professor für Internationale Politische Ökonomie an der Warwick University. Sinclair forschte und unterrichtete vor seinem Ruf an die Warwick University in Toronto und York. Seine Interessen umfassen Global Governance Theorien und die Finanzmarktkrise 2007-2009. Er ist Mitglied des Netzwerks: ‚World Financial Crisis: Systemic Risks, Financial Crises and Credit'.

Thomas Teichler, PhD
Wissenschaftlicher Mitarbeiter an der Manchester Business School der University of Manchester. Er hat am Europäischen Hochschulinstitut in Florenz promoviert. Seine Forschungsinteressen umfassen Sicherheits-, Verteidigungspolitik- und Entwicklungspolitik.

Brigitte Young, Prof. Ph.D.
Professorin für Politikwissenschaft, Internationale/Vergleichende Politische Ökonomie (unter Berücksichtigung von Feministischer Ökonomie) an der Westfälischen Wilhelms-Universität Münster. Young forschte und unterrichtete in Berlin, Washington D.C. und Paris. Young war 2000 Sachverständige der Enquete-Kommission des Deutschen Bundestages ‚Globalisierung der Weltwirtschaft' und 2007 Sachverständige der Warwick Commission zum Thema ‚The Multilateral Trade Regime'. Sie ist Mitglied des Netzwerks: ‚World Financial Crisis: Systemic Risks, Financial Crises and Credit'.

MIX
Papier aus verantwortungsvollen Quellen
Paper from responsible sources
FSC® C105338

FSC
www.fsc.org

In case Publisher is established outside the EU,
the EU authorized representative is:
Springer Nature Customer Service Center GmbH
Europaplatz 3, 69115 Heidelberg, Germany

Printed by Libri Plureos GmbH
in Hamburg, Germany